El Corán

Estudio introductorio y traducción
de Antonio de Diego González

ALMUZARA

Primera edición: junio de 2024

Editorial Almuzara • Espiritualidad
Director editorial: Antonio Cuesta
Editora: Ángeles López
Corrección: Nieves Porras
Corrección técnica: Humera Syeda
Maquetación: Joaquín Treviño
Ilustración imagen de cubierta: Yusuf Dinah

www.editorialalmuzara.com
pedidos@almuzaralibros.com - info@almuzaralibros.com

Editorial Almuzara
Parque Logístico de Córdoba. Ctra. Palma del Río, km 4
C/8, Nave L2, nº 3. 14005 - Córdoba

Imprime: Liberdúplex
ISBN: 978-84-11318-79-2
Depósito legal: CO-693-2024
Hecho e impreso en España - *Made and printed in Spain*

Índice

بسم الله الرحمن الرحيم

Prólogo

Enfrentarse al Corán no es tarea sencilla, pero tampoco es imposible. La línea entre la conciencia de majestad (*jalal*) y la idolatría (*shirk*) es tan fina que en cualquier momento nuestros precavidos miedos o nuestra atrevida valentía pueden transformarse en idolatría. Un creyente debe trabajar siempre desde esa línea, sabiendo que no es él mismo quien actúa, sino que es Allah quien le dirige. Y esto en nuestros días es muy difícil de aceptar.

Vivimos tiempos inciertos y oscuros, no tan diferentes de cuando descendió el Corán, en los que la falta de creencia más allá de lo material nos ha sumido en una crisis vital y global. Sin embargo, el Corán tiene el poder de traer la palabra transformadora que es sagrada a un mundo mundano (*dunya*). Su mensaje, a pesar de tener quince siglos, sigue vigente y mucho de lo que cuenta contiene algo que los más atrevidos llamamos verdad.

Fue durante el confinamiento, en la pandemia, cuando comprendí que mi relación con el Libro de Allah tendría que ir a más, no podía seguir siendo un simple lector como hasta entonces. Lo había leído y estudiado durante años, lo había trabajado e incorporeizado, pero el Corán pedía algo más. Así que, en aquellos momentos de zozobra, me atreví a traducir la aleya de la luz (Corán 24: 35) y publicarla en mi cuenta de Instagram. Aquel pequeño experimento fue tornando a más hasta que consideré traducir el Corán hacia octubre de 2020. Era un proyecto que ansiaba desde hace años, aunque no me sentía preparado. Desde el principio, ya enero de 2021, diseñé una edición colectiva del Corán: varias voces, miradas y sensibilidades, pero, a medida que pasó el tiempo, acabé trabajando casi en solitario. En todo este tiempo la única persona que estuvo ahí fue mi esposa Humera, con un rol de guardiana de la tradición y consejera infatigable.

Pero más allá de las anécdotas sentimentales, hacer una edición interpretada —los musulmanes no hablamos de *traducir* el Corán, sino de interpretarlo— ha sido una experiencia profunda y meditativa, de encuentros y desencuentros, de poética y búsqueda de la verdad. Y, en cierta medida, me he encontrado conmigo mismo en el viaje, una travesía que comenzó hace ya catorce años, cuando empecé a interesarme por el islam. Más de veinte desde que me sumergí en el fascinante mundo de las humanidades, de la mano de mis profesoras de griego, Aurora Botella, y de filosofía, Josefina Inglés, quienes no solo me enseñaron a traducir, sino a oír al texto clásico y hacerlo mío.

Unos años antes el Corán era un libro lejano, extraño, zozobrante y complejo, tiempo después descubriría que esto no se debía al Corán, sino a sus interpretaciones, que cambiaban radicalmente cuando se recitaba en árabe. Yo provenía del mundo de las artes y sus recitaciones me fascinaban, aunque no entendiese nada. Pronto comencé a estudiar árabe en la Universidad y se abrió ante mí un vasto horizonte de significados, significantes, raíces trilíteras y ¡maestros vivos! Mis contactos frecuentes con Abdelmumin Aya, desde finales de 2010 hasta mediados de 2014, me marcaron profundamente. Su forma de comprender e interpretar el islam fue clave para mí. Él, y otros tantos como Muhammad Abderrahman Maanan, proponían leer el Corán como los antiguos, a través de una hermenéutica dinámica y dejar el peso de la interpretación en el lector. Y durante ese tiempo me hizo dos regalos que aún conservo: el Corán, traducido por Rafael Cansinos Assens, y el Corán, más bien la última parte, traducida y comentada por Maanan. Esto cambió mi percepción del Corán y me motivó a seguir con el árabe y la islamología. En aquellos días de 2012 fue cuando me hice musulmán en la comunidad de *Dar al-Salam* en Almodóvar del Río, Córdoba.

A partir de entonces viajé, leí, conversé, escuché y viví el Corán. Me ha acompañado desde entonces y gracias a diversos compañeros de tránsito he ido y voy perfeccionando mi relación con él. Esta edición se nutre de todo esto. Quiero que se entienda, no es este un trabajo esencialmente académico ni filológico, sino un proyecto vital y teológico propio, mi interpretación del Corán. En este texto que el lector tiene entre manos hay cientos de horas de lecturas, de charlas, de dudas, de miedos y de alegrías, porque el Corán es vida, es movimiento, es vibración y sonido, es zozobra y verdad.

Para ello he elegido una mezcla entre literalismo y poética, imitando a los moriscos y a aquellos pueblos *islamicate* que, no siendo el árabe su lengua materna, cuidan el Corán como su tesoro más valioso. Me fascina, por ejemplo, como Shah Rafi'uddin Dehlavi, primer traductor del Corán al urdu, es capaz de entretejer lo literal y lo poético, sin olvidar la matriz árabe y el conocimiento impertérrito de la tradición. Sabios como él me inspiraron a hacer lo mismo en español y para un público muy amplio, algo que en mis primeras aproximaciones al Corán no pude tener. Por esta razón, quiero reivindicar que el Corán puede ser interpretado en una lengua como la nuestra, cargada de palabras de origen arábigo y con una esencia *islamicate* que ha dejado una fuerte impronta en nuestra identidad. Yo no renuncio a ese cruce de culturas y, sobre todo, al vernos con el otro como si fuera un espejo. Ese es un bello ejercicio tanto para el musulmán como para el no musulmán.

Con esto he querido hacer algo parecido a lo que hizo Raimon Panikkar con los Vedas en *Mantramañjari* (1977) y ofrecerlo festivamente a los lectores. Admiro a Panikkar porque fue valiente al traducir como un sabio más que como un filólogo, él sabía que lo importante era el mensaje total, no solo la textualidad, así contó mejor que nadie cuál era el corazón del mundo védico. Yo no aspiro a hacer tanto, solo espero inspirar al lector a buscar en tiempos oscuros.

¿Qué se va a encontrar el lector? Pues una edición que intenta transmitir lo arcano y poético del Corán —a menudo olvidado frente a lo racional y lo *must be* (lo que debe ser)—, que recupera arcaísmos y léxico morisco, que busca la imaginalidad sobre el concepto y que intenta llegar más allá partiendo siempre desde los olvidados trascendentales. Una invitación a entrar en la tradición del islam, en la auténtica tradición que enraíza con las verdades de los antiguos y con hechos que estaban por descubrirse. Un libro que opera más allá del tiempo ordinario, en un *kairos* presente, aunque de ejemplos del pasado. Un símbolo inagotable y una puerta para conocernos a nosotros mismos, para aspirar a algo más. Como todo texto sagrado, es una experiencia de límite, con partes bellas y también incómodas, con ejemplos y contraejemplos, con lo sagrado y lo profano. Y al final todo remite a la Unidad, a Allah. Y este se lo brinda al ser humano para que recuerde.

La lectura del Corán no es una lectura ordinaria, es un recuerdo de lo que sabíamos en nuestra *fitra* (estado primordial) y olvidamos. Nuestra misión es recordar y mantener viva la palabra divina. Eso hacen millones de personas que memorizan este libro, que lo hacen suyo y lo han convertido en su guía.

Comprenderá el lector por qué el Corán es tan importante para los musulmanes y tenga bien leerlo sabiendo que tiene un valor más que el de la simple lectura ordinaria. Por eso propongo una lectura poética, a veces compleja y desafiante, para que tenga que sentir y esto le haga ver más allá de la comodidad de las notas al pie de página y los corchetes intratextuales.

Cuando Manuel Pimentel, mi editor, me ofreció publicar esta obra, me hizo una propuesta: reducir al mínimo toda erudición accesoria (notas al pie, comentarios eruditos, transcripciones precisas) y dejar que el texto hablase como lo hace un clásico. La autonomía y la inmortalidad de un clásico que, como un símbolo, no se agota en sus lecturas. Y yo accedí encantado, sin pensar demasiado, a lo que contesté con una pregunta: ¿y si dejase hablar al Corán como me hablaba a mí? Y lo dejé hablar. Al Corán no le costó hablarme y pude transcribir en este trabajo de edición e interpretación lo que me decía. El resultado lo tiene el lector aquí, entre sus manos.

Este Corán es un sueño y un testamento. Un sueño porque me ha permitido integrar todo el conocimiento que he podido acumular durante dos décadas para ponerlo al servicio de un libro extremadamente valioso para mí. Un testamento porque el lector podrá descubrir que me ha susurrado a mí el Corán, en un momento concreto, en mi intimidad.

Espero que el lector lo disfrute tanto como yo y que se sumerja en cada una de las aleyas y suras que lo componen, que la *baraka* le inunde y que le ayude a mirar todos esos símbolos de lo divino que Allah, el Altísimo, pone en esta tierra. Es cierto que hay dificultades, pero más allá de ellas nos espera el Jardín. Y deseo que el lector comprenda mi intención y mi interés, para con esta edición, que no sea muy severo con el planteamiento que presento y que lo disfrute tanto como yo he disfrutado elaborándolo. Como se dice en el mundo tradicional al terminar de componer una obra de este tipo: *todos los logros de esta edición son de Allah y los errores míos, pues es Allah quien sabe más.*

Antonio Sulayman de Diego González
Londres-Málaga, Ramadán de 2024 /1445 *hég.*

Agradecimientos

Esta edición es el fruto del empeño de muchas personas que apostaron por esta idea desde el principio y a ellos les debo un agradecimiento y una dedicatoria en unas pocas líneas.

El primero es Manuel Pimentel, editor de Almuzara, por ver lo que otros fueron incapaces de ver en este proyecto. Su confianza desde el primer día ha sido para mí fundamental, poniendo a mi disposición toda clase de recursos editoriales. Un humanista de los que hay pocos en este mundo. Al igual que mi editora y amiga, Ángeles López, quien se arriesgó conmigo a esta aventura fascinante, asistiéndome técnicamente y soportándome durante todas las fases del proyecto. Así como al equipo de edición: Óscar Córdoba, Ana Cabello, Nieves Porras y Joaquín Treviño que han cuidado con mucho mimo las fases finales de este Corán.

A mis compañeros en el mundo académico, que en menor o mayor medida se han implicado en este Corán en alguna de sus fases: Fernando Wulff, Juan J. Padial, Antonio Piñero, Carlos Segovia, José Antonio Antón, Andrés Ortigosa, Antonio Navarro, Leandro Pinkler, Ferran Iniesta, Ricardo Albert, Gracia López, Elisa Barbero, Jaime Rossell, Zoila Combalía y Abdelali Oamroni. Todos me han apoyado y enriquecido con su sabiduría. A Javier Agudo, que desde su sabiduría de corazón siempre me ha brindado luz.

A Abdelmumin Aya, porque sin todo lo que él trabajó hace años, y después me enseñó, este Corán no existiría. A Mohammed Abderrahman Maanan, por iniciarlo todo en la mítica calle Valle de

Sevilla. A Rasha al-'Areed, por traerme aquel primer Corán desde Jordania y ayudarme a leer aquellas líneas.

A mis compañeros y compañeras de EULEMA (*Majlis* de Líderes Musulmanes Europeos) y en especial al imam Yahya Pallavicini y al muftí Mustafa Cerić, que me alentaron en este complejo proyecto. A Suhaib Molina, Nuria Ribelles, Ismain Perera y Aicha Fernández, por darme su opinión sobre los borradores previos a la edición final. Al Shaykh Mohammed Idrissi, por sus consejos simples y contundentes.

A mis maestros espirituales, los que aún están y los que ya partieron. A al-Hajj al-Mishry, a Papa Cheikh Tidiane Niasse y Shaykh Mahy b. Macky Niasse. A *Shehu* Moustapha Hassane, quien me abrió la puerta de todo este mundo en el otoño de 2012.

A mi familia, especialmente, a mis padres, por la paciencia que han tenido conmigo y por su apoyo incondicional, que este texto les permita saborear lo que a mí me transformó. A mi suegra, Amtul Moid Syeda, por su sabiduría y rigor, por clarificar las dudas con la sabiduría de la tradición.

A mi esposa Humera, la persona que más creyó en este proyecto desde el principio. No tengo palabras para poder agradecerle todo lo que ha hecho, sin ella difícilmente estaría editada esta obra. Ella ha estado en los buenos y los malos momentos que este texto ha procurado. Además, asumió la ímproba tarea de corregir palabra por palabra este Corán. Es un trabajo complejísimo y que ha tomado gran tiempo, pero que ha mejorado el resultado final. Gracias por compartir generosamente conmigo la sabiduría de tu familia, en especial de Nanna Hazrat, y hacer que este trabajo sea mejor desde el corazón.

A todos, gracias.

Introducción

¿QUÉ ES EL CORÁN?

El Corán es el mayor símbolo vivo para los musulmanes. Es uno de los libros sagrados de la humanidad. En sí, se trata de un símbolo entramado con cientos de signos (aleyas) que el lector no debería solamente leer, sino también recitar y hacerlas suyas, incorporándolas e incluso viviéndolas en su propio cuerpo. El Corán es, también, un relato visionario, apocalíptico, de naturaleza universal, que tiene como objetivo guiar a la humanidad hacia la plenitud en esta vida y en la próxima. Esto es lo que el texto coránico denomina *din islami*, es decir, vivir pacificado en lo divino.

Aunque pueda sorprender, el Corán no es ni un texto literario ni narrativo ni científico aunque todo esto coparticipe en él. El Corán tampoco es un libro material, sino más bien la palabra de Allah (*kalimat Allah*) dada a la humanidad. Una realidad vivida a través de la revelación, la cual experimentó el profeta Muhammad (570-632) durante veintitrés años entre las ciudades de La Meca y Medina, ambas sitas en la actual Arabia Saudí. Una revelación divina, dada por Jibril (el ángel Gabriel), que, además de la doctrina, la ética y la práctica islámica, actúa como un recordatorio (*tadhkira*) de las revelaciones anteriores a las llamadas gente del Libro (*Ahl al-Kitab*), que son judíos y cristianos, durante generaciones.

El Corán es un mensaje revelado que ni busca ni pretende ser una obra original, tal y como lo entendemos en el occidente moderno.

Tampoco es un texto narrativo al uso, sino la superposición de cientos de ideas e historias hilvanadas con cierta lógica interna en un formato donde no falta ni el ritmo ni la poesía, al estilo de los Salmos bíblicos o los himnos del cristianismo siriaco. Si el lector lee atentamente el texto coránico, reconocerá cientos de motivos de la Antigüedad clásica y la Antigüedad tardía que se rediseñan en sus miles de aleyas para un público nuevo, mucho más cosmopolita. Se nos insiste en que es un recuerdo (*tadhkira*) de lo pasado y de lo que ha de venir desde la visión profética (*tanzil*, *basira*, *kerygma*). Esto hace que el Corán no sea un texto historicista, ni siquiera histórico, sino que en él prime lo simbólico y una hermenéutica dinámica y activa (*ta'wil*) que haga posible verlo como una manifestación de lo divino, una hierofanía. Y, a la vez, este remite a la tradición cultural semita y de la Antigüedad tardía, de la que intersecciona con muchos elementos como la apocalíptica judía y cristiana, la filosofía gnóstica o la sabiduría de la antigüedad oriental filtrada por el mundo siriaco.

El fundamento del Corán es la oralidad, como indica su propio nombre, proveniente de la raíz árabe *qaf-ra-hamza* que significa «la recitación». En el mundo tradicional su valor no está en su forma escrita (*mushaf*), sino en su forma recitada y presentificada. El poder del Corán está en su recitación, que se usa, a menudo, como protección o como sanación para los creyentes. Hay una gran interrelación entre el sonido sacro y el contenido, por eso se busca la recitación (*qara'*) antes que una lectura silente o reflexiva. El sonido del Corán transforma. El Corán no puede estar en silencio. Ni tampoco puede reducirse a una realidad logocéntrica, grafocéntrica e intelectual tan propia de la modernidad occidental.

El Corán solo se conoce viviéndolo, incorporeizándolo, convirtiéndose, como el propio Muhammad, en un *Corán andante* —tal y como reza el *hadiz* (narración profética) narrado por su esposa Aisha[1]—. En el mundo islámico tradicional, desde Senegal hasta Indonesia, lo importante no es tanto el contenido significante del

1 Sahih Muslim, 746.

Corán como lo que implica a nivel vital y espiritual. Los niños memorizan el sonido y aprenden a recitarlo antes de conocer el significado de este en sus propias lenguas. Solo cuando les pertenezca, cuando sea parte de sí, se les dará acceso al significado e interpretación (*tafsir*), algo que, sin embargo, está en las antípodas de lo que la modernidad entiende por conocimiento. El musulmán tradicional percibe rápidamente que el Corán es un símbolo al que volver, una y otra vez, sin que se agote. No es una alegoría que sintetiza y moraliza, sino un símbolo puro. Un símbolo que tiene mil caras irradiando una verdad profunda.

Actuando como realidad visionaria es la recepción de una hierofanía por Muhammad, una hierofanía —en el sentido que lo explicaba Mircea Eliade— que de imágenes, visiones y exhortaciones se transforma en sonido y fonemas y, posteriormente, a grafemas, conceptualizándose como un texto de su época, pero con una clara vocación universal. La revelación (*wahy*), es decir, la manifestación de Allah como hierofanía y la concreción en nuestro mundo, propicia que esta sea una experiencia más allá de lo físico. Por esta razón, se dice que desciende (*tanzil*) sobre la humanidad a través de la experiencia profética.

El Corán recoge la experiencia de un dictado de la realidad (*haqiqa*) de Allah y una traducción a nuestra forma de comprender el mundo. Es el profeta Muhammad el encargado de construir todo esto, el encargado de verbalizar la hierofanía, la persona que debe dar sentido a lo visto, a lo percibido y a lo vivido para que otros lo entiendan, para que deje de ser inconmensurable. La visión de Jibril a Muhammad se transforma, posteriormente, en palabras finitas y materiales que ponen por escrito los compañeros del Profeta. Tras ello, poco después de la muerte del profeta Muhammad, 'Uthman ibn 'Affan (573-656), el tercero de los Califas bien guiados, lo dispondrá como un códice, un libro tal y como lo conocemos.

Esta situación hace que puedan generarse cientos de niveles hermenéuticos sobre el Corán, así que es imposible que se agote su lectura. Desde lecturas filológicas, jurídicas o intelectualizantes a lecturas místicas, gnósticas y simbólicas, disquisiciones sobre la profundidad de cada una de sus letras a través de la ciencia de las letras (*'ilm al-huruf*) o la numerología, como el cordobés Ibn Masarra (883-931) o el sevillano Ibn Barrajan (m. 1141), e incluso una incardinación del Corán con hechos históricos y científicos como hizo Muhammad al-Tabari (839-923) en su magna obra. Los dos coranes, el cósmico (*al-qur'an al-takwini*) y el escrito (*al-qur'an al-tadwini*), se superponen para aquel que busca el símbolo y viaja del segundo al primero buscando respuestas hacia la complejidad del cosmos.

Cada lector debería aproximarse al Corán consigo mismo y transponerlo a sí mismo, de modo que el Corán le pueda ofrecer lo que él va buscando. Por este motivo, decía que requiere y necesita, por parte del lector, una hermenéutica activa. Si estas condiciones no se cumplen, seguramente el Corán se convierta en una obra difícil y sin sentido, llena de advertencias, proclamas e historias inconexas, que se alza amenazante sobre la tranquilidad mundana del lector. Y, probablemente, sea una experiencia tan dura que el lector lo cierre para no abrirlo nunca más. Ante esto, puede ayudar acercarse a una obra simbólica, revelada para los musulmanes, desde una perspectiva eminentemente filológica o historicista que elimine la tan necesaria imaginación activa (*khayal*) que nos hace vivir y revivir los símbolos que presenta, permitiéndonos contemplar los signos que se muestran dentro de esos símbolos. Sin imaginación no se vivifican esos símbolos y sin vivificación son tan solo frases y palabras finitas. Por eso, la recitación y la imaginación activa (*khayal*) lo devuelve a la vida y abre infinitas posibilidades con el Corán, recordando (*tadhkira*) todo lo que es posible. En aquella línea de la hermenéutica que proponía el islamólogo francés Henry Corbin: la hermenéutica suponía la transmutación de lo visible en el símbolo, el acceso a un mundo nuevo, a un plano superior del ser.

De esta manera, la lectura atenta, la comprensión de algunas claves básicas y de las líneas discursivas principales convierten la lectura del Corán en una experiencia sin igual, con referencias cruzadas a la Antigüedad tardía, con mensajes de gran actualidad y una rica poética de imágenes, historias y visiones o el desafío de descubrir quién es ese Allah que domina el texto o cómo el mensaje, más de quince siglos después, del Corán puede exhortarnos a repetir lo que se dicta tal y como lo hizo el Profeta. Es fascinante su fuerza y por eso esta obra no puede ser reducida a una experiencia museística o literalizante. La falsa literalidad, la búsqueda del significado unívoco, genera una asfixia espiritual que es del todo incompatible con el Corán.

La propia tradición islámica nos indica que el Corán es pura luz[2], pero ello implica —desde una óptica tradicional— que si no se tiene cuidado puede llegar a cegar a la persona que lo contempla. Esto es algo que, desgraciadamente, hemos visto muy a menudo en la historia del islam, limitando la interpretación del símbolo por la búsqueda de significados unívocos. Por eso, es tan importante la interpretación y sobre todo el conocimiento de su sentido, de sus lógicas y de su lenguaje. El Corán no es ni un libro fácil ni pretende serlo. Ni siquiera es un libro al uso, sino el ritmo y la melodía del Ser por excelencia. Mediante ello se enfatiza el poder de la recitación, del sonido y de la palabra frente a lo gráfico. Es un texto arcano, simbólico y apocalíptico que no pretende ser narrativo sino envolvente y holístico.

En la mente de los musulmanes, lo primero que significa el Corán es palabra de Dios (*kalimat Allah*). Es la fuente de la cual emana la ley (*sharía*) y también donde se articula la lógica de las realidades, ya sea el visto (*hadhir*) o el no visto (*ghayb*) con las que el musulmán, más allá de su formación o etnicidad, convive en su día a día. El Corán es más que un texto, en cuanto que es profecía, es vida y esperanza. Por ello, muchos musulmanes lo aprenden y lo incorporan a sí mismos. Es un elemento de uso diario y no de uso exclusivamente litúrgico o ceremonial, pues está muy presente en la vida cotidiana de cualquier musulmán. El Corán se oye, se recita, se ve y se vive. Esa luz despeja la oscuridad y hace conocer y vivir de forma distinta.

El Corán es evocado cotidianamente por los musulmanes para hacer su azalá, su oración ritual, cinco veces al día. Se recita la

2 Corán 14: 1.

primera sura (capítulo), y algunas aleyas (versículos), todos los días por más de mil quinientos millones de musulmanes a lo largo del mundo y, tras ella, otra de libre elección. Además de esa azalá, los musulmanes recitan el Corán en privado y en público, aunque no sepan hablar fluidamente árabe, repitiendo el espíritu de aquella aleya coránica que dice:

> ¡Lee! En el nombre de tu Rabb, que creó al ser humano de un coágulo de sangre. ¡Lee! Que tu Rabb el más Generoso es quien enseñó las artes del cálamo, quien enseñó al ser humano aquello que no sabía.[3]

Ese enseñar del Corán aquello que el ser humano no sabía como experiencia vivencial está unida, necesariamente, al discernimiento, a la reflexión y meditación. Con el Corán se discierne entre los pares de la creación (bueno-malo, bello-feo, verdad-falsedad, el Jardín-la Gehena) y dirige al creyente hasta la tan islámica unicidad (*tawhid*) de Allah, al final toda la pluralidad desemboca en Él. De la pluralidad al Uno, proponiendo así una respuesta, una vía epistemológica hacia la comprensión del cosmos. Un discernir (*furqan*) al que invita el Corán en innumerables ocasiones y que se manifiesta en las esferas de lo ético, de lo político o de lo jurídico, pero también en las esferas de lo sapiencial o de lo espiritual. El Corán habla solamente para quien quiere oírlo.

El tiempo del Corán es el presente, el presente de Allah. Es un *kairós*, el tiempo de Dios, y no un *cronos*, el tiempo del ser humano. Por eso, no pretende ser una fuente histórica o una narración historicista, como ocurre, por ejemplo, con la Biblia y, por tanto, tampoco pretende ofrecer una lógica cronológica. El texto coránico es profético

3 Corán 96: 1-5.

y ahistórico, en un sentido que traspasa la temporalidad del tiempo *cronos*, es garante de un tiempo divino. Claramente, está más cerca del género apocalíptico y visionario que del narrativo. Gran parte del Corán son visiones y manifestaciones, dadas al profeta Muhammad, de lo que ocurrió, de lo que habrá de venir con gran lujo de detalles. A modo de apocalipsis, Muhammad contempla la teofanía en forma de narraciones altamente visuales, se le hace repetir preceptos y respuestas ante esas visiones y se le invita a compartirlo con la primera comunidad. Recupera la visión de los antiguos chamanes al ver y actuar en el presente sin tiempo.[4] Y, a la vez, la continua alabanza del salmista en el libro más bello de la Biblia. No hay otro objetivo para Muhammad que hacer recordar (*tadhkira*) a su comunidad el presente de Allah en una época de olvido, de decadencia social y moral. Donde el fin del mundo está próximo.

El Corán recuerda las actuaciones de Allah sobre la creación, haciendo presentes las historias de los enviados anteriores, desde Adam hasta 'Isa (Jesús) y a su madre Maryam (María), sin olvidar a los patriarcas del libro del Génesis como Ibrahim (Abraham), Yusuf (José) o Musa (Moisés), entre otros. Todas historias que, junto con sus símbolos asociados, son bien conocidas por la Biblia y la literatura apócrifa judeocristiana. A ellas, el Corán añade personajes diversos como el misterioso Khidr, el verdecido, del que ni siquiera se menciona su nombre en el texto coránico, pero que tan importante es para la construcción de Musa como profeta[5], o el no menos misterioso Dhu-l Qarnayn (el bicorne) quien parece una transposición simbólica de Alejandro Magno, resignificado por la tradición siriaca, como enviado de Allah[6], que junto a la historia cristiana de los durmientes de Éfeso[7] se recogen en la sura decimoctava titulada *La caverna*.

4 Aya, 2007.

5 Corán 18: 61-82.

6 Corán 18: 83-98. Véase también Czeglédy, 1957: 231-249; Monferrer-Sala, 2011: 41-72 y Zuwiyya, 2011: 73-112.

7 Corán 18: 9-26.

Las historias de los profetas coránicos están rehechas para el lector de su tiempo. Se puede percibir, fuertemente, la presencia de la literatura bíblica apócrifa y pseudoepigráfica imprimiendo una visión alejada de la habitual historia para un lector proveniente de la tradición clásica cristiana. El mundo del judaísmo del segundo templo y los ciclos fantásticos de Enoc, de los evangelios y apocalipsis cristianos, de la gnosis, del zoroastrismo o de las religiones árabes preislámicas convergen para modular el mensaje haciéndolo incluso si cabe más rico y sugerente, convirtiendo al Corán en una obra universal pero incardinada en su tiempo. Pareciere que quisiera hacer pervivir, recordar, lo que otros descartaron de los cánones, aproximándose más a la religión imperial que al mundo del judeocristianismo, lleno de indefiniciones, liminalidades y heterodoxias.[8] Las disputas ideológicas de su tiempo, el excesivo celo en la ortopraxis de judíos y las doctrinas paganizadas de los cristianos se manifiestan en el Corán con fuerza y, posteriormente, son criticadas por exceder la mesura y el *salam* (equilibrio) entre la praxis y la vida cotidiana. Esto convierte al Corán en un texto que se hace eco de los problemas religiosos de su época y que advierte del riesgo de no usar una hermenéutica activa unida con una ortopraxis sólida. Sin embargo, y a pesar de todo ese ejercicio de recuerdo, estas historias concretas solo están como signos, aleyas, para que el lector o el oyente reflexione sobre el símbolo coránico general. No se trata de historias conclusivas ni exclusivamente doctrinales, sino ejemplos concretos para poder ser evocados a través de la imaginación creadora (*khayal*). De nuevo es el símbolo el que debe manifestarse para reflexionar en profundidad, para ser vivido y no el signo concreto y finito.

---

8 Veáse el brillante libro de Daniel Boyarin *Espacios fronterizos. Judaísmo y cristianismo en la Antigüedad tardía* (2013) en el que se expone que la separación del judeocristianismo en cristianismo y judaísmo rabínico no se produjo hasta el siglo v y que se produjo una ruptura de discursos y una resignificación en la praxis religiosa análogamente a la partición del Imperio romano. Esto sitúa de forma muy interesante al islam en la ecuación, especialmente en la asunción en sus discursos de historias no canónicas y doctrinas consideradas heréticas por ambos grupos.

El tiempo coránico podría parecernos lineal en el signo, pero, si lo observamos desde una perspectiva simbólica, el tiempo es cíclico, como el propio universo, en el cual van descendiendo profetas en los que alguna gente confían y otros yerran, aprendiéndose lecciones profundas, en un eterno presente hasta el fin de los tiempos. El Corán, como los otros textos revelados y mencionados en él, es un texto imbricado en su época, pero, al pesar más el contenido simbólico, también se presenta como ahistórico, atemporal y universal. Está en el Aión, el tiempo más allá del tiempo, el tiempo de la completitud, como lo describe C. G. Jung. El lector debe revivirlo y sentirlo, tanto lo aparentemente bueno como lo aparentemente malo. El Corán está revelado para toda la humanidad, para todos los mundos, aunque no los conozcamos del todo. En la sura de *La abeja* se dice: «Y así Nosotros enviamos a cada comunidad un Mensajero que dijo: "Reconoced a Allah y evitad a los falsos dioses"».[9] He ahí uno de los mayores puntos de conflicto en el texto coránico, que es cómo comprender su sentido escatológico: ¿es una escatología inmediata o es la escatología un símbolo más?

En mi opinión, la escatología coránica es otro símbolo más lleno de signos claros y narrativos: el Día final, la salvación, el juicio, el Jardín o la Gehena (el Infierno). Signos que se engarzan en un gran símbolo: la promesa de un mundo nuevo, previo juicio, que dará la oportunidad de saborear (*dhawq*) lo que cada uno merece. El sentido de justicia (*'adl*) invade cada rincón del texto coránico. Así, resulta impactante que aquellos que desoigan los signos mandados por Allah experimentarán el Fuego de la Gehena. Y esto se contrapone, al mismo tiempo, con un ampuloso Jardín donde acabarán los justos y los que Allah juzgue como justos. Dos realidades radicalmente distintas, pero que siempre aparecen una tras otra, de nuevo exhortando a hacer ver que más allá de la multiplicidad o la dualidad hay una unicidad divina. Todo pertenece a Allah.

---

9 Corán 16: 36.

Leer el Corán implica partir de la premisa de que todo es de Allah, nada se escapa a Su control, donde el ser humano es un simple elemento más. En este sentido, el Corán no es un texto antropocéntrico ni teocéntrico, sino cosmocéntrico. Allah es el creador del universo que es lo que percibimos, en la que Él, aparentemente, permanece ignoto. El ser humano solo es una pieza en un cosmos infinito, su deber es dejarse llevar (*tawakkul*) y comprender que esa Creación múltiple converge en la unicidad divina (*tawhid*). De nuevo, la hermenéutica se le presenta al creyente como contemplación-interpretación de lo que es revelado, ya sea la palabra, el Corán, la Creación o el mismísimo Allah.

Allah, como hemos dicho, es ignoto, incognoscible y, a la vez, de Él conocemos tan solo sus atributos, los cuales nos son dados en sus nombres a través del lenguaje. Nombres con los que se presenta en el Corán y que la tradición islámica ha consagrado para meditar y recordar. Pero Allah poco se manifiesta como un ser, siempre está en la lejanía y, paradójicamente, más cerca que la propia vena yugular.[10] La experiencia desde el texto coránico supone todo un desafío a la materialidad del mundo (*dunya*) y la concreción positivista a la que estamos acostumbrados. De hecho, nos acerca más a una experiencia hierofánica arcaica, de encuentro personal y de recuerdo de la primera realidad. Y esto es extensible al propio texto coránico. De lo contrario, el ser humano malinterpretará el Corán y lo leerá como un simple libro, como un relato, y este perderá su riqueza, su presente y su universalidad. Creerá que el mundo material es central y que él dispone del último significado, a causa del olvido del símbolo, e intentará reducir la revelación a un dogma que cumplir. Incluso tendrá la audaz y estéril idea de materializar a Allah. Y, entonces, la riqueza coránica se convertirá en un campo baldío.

De esa forma, el Corán será incapaz de dar respuesta y el signo claro (*ayat mubin*) se tornará en opresivo, reduciendo los símbolos, las analogías o las alegorías a imágenes finitas e incapaces de transmitir

10 Corán 50: 16.

a los que habitan nuestros días y portan nuestra mentalidad. Sobre ellas, y ese es el drama del mundo moderno del que el islam no se salva, se construirá una narrativa unívoca y populista. Sin capacidad de salvar a la persona por su conciencia (*taqwa*) y donde la confianza (*amana*) en Allah se convertirá en simple ideología. Manifestándose con fuerza esta ideología, en cuanto que la *idea* (la imagen) domina sobre el *logos* (la palabra), con toda la carga idolátrica de la imagen sobre la palabra sagrada perdiéndose el símbolo y produciéndose lo que decía el teólogo indo-catalán Raimon Panikkar: «Cuanto más perfecta es una ideología menos tolerante es».[11] Y se debe a que a la ideología no le interesa la hermenéutica simbólica, sino moralizar y dominar a la persona.

Es por ello que el propio Corán nos advierte muy a menudo de los peligros de la idolatría (*shirk*) hacia la creación, en cuanto que el creyente puede sentir la tentación de asociar a Allah con algo material, con algo finito, con una idea que ponga límites a su ilimitada naturaleza. Una apariencia, el ídolo, que en nada puede influir en la vida del ser humano, solo genera ilusiones. Algo, que, por otra parte, es muy propio del ser humano.

La idolatría es la gran enemiga de los hombres sabios y gran amante de los tiranos, pues se alimenta de la tendencia natural al miedo y al apego. La idolatría, como concepto teológico, no es más que reducir los símbolos dados por Allah a signos materiales y finitos, dándoles credibilidad ontológica absoluta. De ahí nace la intolerancia, el dogma, el miedo. Irrumpe, entonces, el reino Moloch —siguiendo la metáfora de John Milton en *El paraíso perdido*—, pidiendo que le sacrifiquemos a nuestro niño interior, nuestra pureza, para darnos una fantasía. El gran riesgo del creyente es ser seducido por los ídolos que le prometen conocimiento y acción sin meditación ni trabajo interior. Al comenzar a conocer, podemos tener la tentación de creer que nosotros o lo nuestro es la verdad, que los símbolos son

11 Panikkar, 2007: 51.

unívocos y que la realidad se ciñe a la materia. Todo es dado inmediatamente por contraprestación, la creencia se instaura y el conocimiento reflexivo desaparece. Ya solo queda dogmatismo, fanatismo e intolerancia. En el templo de los idólatras no cabe, para nada, el símbolo ni su trabajo. La realidad es finita y la espiritualidad no existe y esto lo advierte una y otra vez el Corán. Nuestro mundo adolece de un exceso de idólatras, materialistas y Molochs, dispuestos a cuestionar, con su aparente relatividad, la virtud e imponer sus visiones. Para ellos ya no existen secretos, ni se reconocen estatus diferentes, ni tan siquiera los usos ni las costumbres de gente igual que tú. Los ídolos se rompen con el conocimiento y la luz, con la *razón poética* —como intuía María Zambrano— y con la virtud, algo que durante el texto coránico nos recuerdan los principales profetas como Ibrahim, Musa o 'Isa.

Las grandes polémicas que algunos invocan en el Corán, como por ejemplo la desigualdad hacia la mujer, la esclavitud, la llamada «guerra santa» o los castigos corporales, son fruto de una lectura sesgada, interesada e ideológica, sin ver que los versos inmediatamente posteriores o anteriores dificultan todo esto y nos hacen vislumbrar el valor alegórico, como también ocurre en la Torá judía y en la literatura apócrifa cristiana. Nos quedamos con palabras materiales, pero somos incapaces de leer los significados que aporta la tradición. Estos son elementos que descontextualizados de esa tradición están inconexos de su contexto y se convierten en realidades sociales e históricas que, a menudo, aparecen cuestionados o replanteados desde la Sunna (tradición) del profeta Muhammad. La mayoría de los críticos leen la aleya *problemática* descontextualizada, sin análisis semántico, ni tan siquiera leer las anteriores. Así el texto se vuelve baldío, austero y pobre, y las polémicas, en su mayoría anacronías, surgen de una hermenéutica deficiente.

Anacronías que destacan para nosotros, tan acostumbrados a un tiempo lineal, a una lógica secuencial y a una ética binaria. Esta es una paradoja que bastantes problemas le ha causado en la historia al propio islam, pues los que toman el Corán y las experiencias coránicas y muhammadianas como una ideología política destruyen las posibilidades de esa hermenéutica activa que indaga transportar el símbolo hacia nosotros mismos. Tan solo se lee lo que aparentemente pone, lo que literalmente dice, obviando que la literalidad coránica exige que el símbolo se traduzca en cada uno de nosotros. No niego que puede ser difícil, quizás, para un lector hispanohablante educado en un universo cultural distinto, pero, a la vez, es fascinante para quien se presta a saborear las palabras, a intentar traducir las imágenes antes que los conceptos. La hermenéutica puede cuestionar a la ideología y al literalismo, dos formas peligrosísimas de idolatría. Quebrar el ídolo del materialismo filológico debe ser uno de los mayores triunfos de aquel que se aproxima al Corán. La filología, con la semántica y la pragmática, debe ser una herramienta y no un absoluto epistémico, una ciencia constrictora.

Las propias paradojas, además, de un texto revelado se presentan en la época actual, donde reina la inmediatez, la voluntad humana y la hiperrealidad. Sin embargo, frente a la inmensidad de la interpretación, el lector es quien debe preguntarse qué busca en el Corán y quizás lo encuentre. Y aquellos problemas de lectura, aquellos anacrónicos momentos provocados por nuestra mente, se desvanecerán, degustando el lector los símbolos transcendentales que apuntalan el simbolismo del Corán. El lector que busca más allá del materialismo o el historicismo se verá gratamente recompensando.

Son estos puntos los que habría que replantearse en la lectura profunda del Corán hoy en día. Los grandes maestros espirituales de la tradición islámica, como el murciano Muhy-l Din ibn 'Arabi (1165-1240) o el senegalés Ibrahim Niasse (1900-1975), clamaban por lecturas profundas de «reconocimiento» (*ma'rifa*), en una acción consciente, profunda y meditada, previa al camino espiritual. El Corán no es límite de la vida, sino senda por la que empezar a buscar a Allah. Por eso, antes que la modernidad europea irrumpiese en el mundo islámico, era tan importante mostrar que el Corán no es solo un objeto intelectual, sino el símbolo de los símbolos en nuestra vida cotidiana. No se piensa teórica o intelectualmente, sino que se vive.

Desde esta hermenéutica, más compleja para una mente occidental, se nos invita a saborear cada sonido, cada momento, cada historia y cada silencio. En las postraciones obligatorias, esos determinados momentos del Corán, se obliga al lector a pararse y poner su frente en el suelo (*sujud*), para que sienta un instante del infinito del latir cósmico en el corazón (*qalb*) algo que la razón (*'aql*) no puede sentir. No se lee con la mente, ni con los ojos, sino con todo el cuerpo.

El Corán se articula en torno a los trascendentales metafísicos como manifestaciones de Allah: belleza (*jamal*), verdad (*haqq*) y bien (*khayr*), así como sus respectivos contrarios. Manifestaciones descendidas (*tanzil*) en la Creación (*khalq*) como hierofanías: estética, conocimiento y ética son las ramas, valores trascendentales, de la que dimanan la realidad metafísica (*haqiqa*) y la ley cotidiana, la *sharía*, que constituyen la vida del verdadero creyente (*mu'min*).

La visión antropológica es, de nuevo, paradójica porque el ser humano es califa, vicerregente de Allah, en esta Creación. A la vez es un ser contingente en la historia de esta, diminuto ante el eterno presente de Allah, pero inmenso en la Creación por su inteligencia y voluntad. Decía que es una paradoja porque el mensaje del Corán va dirigido hacia él y, sin embargo, no deja de manifestarse la Creación como una prueba de la omnipotencia divina. Allah crea y destruye, es Todopoderoso (*al-Aziz*), quien todo conoce (*al-'Alim*) y ha dispuesto el *qadr*, el poder, el mandato manifiesto con el que rige el universo. El ser humano puede elegir con un límite, pero su destino está determinado en lo esencial por un *qadr* (mandato) que Allah ha escrito para la humanidad y la Creación.[12] Y aun así, al ser humano se le sugiere que viva, que saboree (*dhawq*), que actúe guiado por su naturaleza en la Creación, bien sirviéndola, o bien destruyéndola y ocultándola. Si hace lo primero será alguien que la reconozca (*'abd*) sirviéndola, si hace lo segundo será un cafre (*kufr*) cuyo objetivo será destruir.

Ambas son formas de ser propias del ser humano y para ellos habrá o el Jardín o la Gehena. El ser humano representa, como indica el propio texto coránico, la dualidad de lo creado —«Nosotros creamos al ser humano moldeándolo de la más bella manera y luego hicimos en él lo más bajo de lo bajo [...]»[13]— frente a la unicidad (*tawhid*) absoluta y perfecta de Allah. No es algo malo, sino connatural a la experiencia humana que tiene que vivir el límite y la finitud una y otra vez. Sin embargo, el ser humano aspira a la perfección dada en los profetas a lo largo de los ciclos y manifestada, en última instancia, por el profeta Muhammad, el sello de la profecía. Es la perfección que reconocen el propio Allah y sus ángeles cuando hacen azalá sobre su Profeta frente a un mundo que le humilla y le insulta[14]. Como decía, el ser humano es pura dualidad que busca transcendencia, que busca reconocer (*ma'rifa*) su origen adámico de hombre perfecto (*insan al-kamil*), de ser capaz de comprender la teofanía y no caer en la más honda locura. Para eso le dispone Allah la ley (*sharía*) y la ética (*akhlaq*). El ser humano debe buscar el orden cósmico y protegerlo frente al caos intrínseco de la creación, al egoísmo y a los susurros del Shaytan.

Es Shaytan otro personaje clave en esta historia. Un ser que hereda su rol de la Biblia judaica y los apócrifos del Segundo Templo.[15]

---

12 Véase el origen y la conexión con el concepto de *qadr* en el *Libro de los Jubileos* 21: 25 y 22: 10. Muy interesante el paralelismo entre las siete tablas que aparecen en el texto (cfr. Díez Macho, 1980, vol. I, 181-182) y «la tablilla bien guardada» (*lahw*) que menciona el Corán. El *Libro de los Jubileos* es canon en la Biblia etíope, pero apócrifo en las demás iglesias cristianas.

13 Corán 95: 4-5.

14 Corán 33: 56-57.

15 *Isaías*, 6: 3; *Libro de los Jubileos* 25: 11 y 31: 29; *1 Enoc* 6-11; *Vida de Adam y Eva* (Apoc. Moisés) 12-18. Estos últimos en cfr. Díez Macho, 1980-2011.

Frente a un Allah ignoto y Uno, por una parte, y un ser humano dual y frágil, por otra, Shaytan que se presenta como Iblis, un *jinn* (genio) rebelde, orgulloso y ortodoxo frente al paradójico mandato de Allah de postrarse ante un ser creado, ante un ser finito.[16] Su caída se produce en ese momento, pero no deja de ser un siervo de Allah dedicado a probar su obra. Shaytan representa un tipo de mal concreto, muy focalizado en tentar, en corromper y en la rebeldía hacia el *qadr*. Se trata de un mal propio de los seres creados, focalizado en su propio egoísmo, centrando el mundo hacia su propia existencia. Y, sin embargo, no es el único mal que nos propone reflexionar el Corán.

El sentido del mal en el Corán se abre a diferentes lecturas, pues, como decíamos, si el mal del Shaytan corrompe la Creación probándola desde el orgullo, el ego del ser humano cuando mira para sí-mismo también corrompe el mundo. Además de estos dos, por último, hay «un mal ignoto» que no sabemos cómo ocurre, pero que ocurre por mandato de Allah y que se fundamenta en la aleya: «Se ha dictado sobre vosotros que combatáis, aunque os disguste. Puede que lo que os disguste sea bueno para vosotros y algo que améis sea malo para vosotros. Y es que Allah sabe y vosotros no sabéis».[17] Una aleya que conecta con las andanzas de Musa y el Khidr y los aparentes males que este inflige en la sura de *La caverna* o la experiencia límite de Ayub (Job) a lo largo de varias suras del Corán. Este mal es paradójico y desafiante para la lógica, pero no para la confianza en Allah. La experiencia del mal, en sus múltiples manifestaciones, es necesaria para que el bien (*khayr*) se constituya como la gran esperanza.

Ante esta experiencia del mal y su posible caída, el ser humano reclama el olvido de sus faltas (*ghafara*), algo que Allah hace con sus siervos. Permite olvidar, aliviando al ser humano y seguir viviendo, libera a aquellos que tienen *tawba*, es decir, se reorientan hacia Él

16 Corán 7: 12.
17 Corán 2: 216.

volviendo al recto sendero. Se libera al creyente del peso del recuerdo del error y se le hace recordar la generosidad (*fadila*) de Allah. El Corán es guía (*hady*), recuerdo (*tadhkira*) y advertencia (*nadhr*), pero también es una manifestación de la *rahma* (matricialidad) de Allah ante el límite y la incomprensión.

El Corán llama a Allah, casi por primera vez en el texto, el *Rahman* y el *Rahim*. Se usa esta fórmula en la *basmala* que encabeza cada sura del Corán menos una. La *rahma* —simplificadamente traducida por misericordia— es un concepto complejísimo cuya raíz profunda invita a pensar en la matricialidad (*arham* es matriz en árabe) que hace fecunda la vida y nos libera de las faltas más allá de nosotros mismos.[18] La *rahma* aparece una y otra vez en el Corán para advertirnos que el ser humano no es autosuficiente y que necesita a Allah de muchas formas, pero la más importante es la que le hace pleno para enfrentarse a las paradojas del existir. Decía el gran teólogo y traductor sefardí-tunecino André Chouraqui[19] que deberíamos traducir *rahma* por matricialidad —como lo hizo él en su traducción del Corán y su Biblia, dos referencias indiscutibles para cualquier interesado en la espiritualidad de las Religiones del Libro—, recuperando un sentido vivificante en un mundo abrasado por el individualismo, el ego y el terror que se desvanecen ante un abrazo de esa energía matricial. Yo he optado, a veces, por traducirla así y otras veces he optado por dejarla en árabe para que el lector reflexione sobre por qué lo he hecho.

Es desde ahí, desde la matricialidad, donde tiene sentido que el supuesto perdón sea más bien un olvido de la falta, una liberación de la carga que otorga Allah a sus siervos que desean alejarse del error y volver hacia Él. A los otros, a los que deliberadamente eligen ser cafres, solo les queda disfrutar la Gehena. Del olvido de la realidad divina en forma de fuego abrasador que consuma al sujeto, ese es el infierno que, por supuesto, puede darse en vida.

---

18 Véase Monturiol, 2006, 89.

19 Véase en el breve ensayo bibliográfico las referencias a su persona y a sus traducciones.

Y con base a estas premisas se dictan las normas de convivencia para la sociedad. El Corán dispone de un corpus legal muy extenso e innovador que produjo una auténtica revolución social. Las suras legales otorgan normas que serán matizadas por el Profeta para su aplicación cotidiana, reelaborando fundamentalmente las prescripciones de la Torá y la *Halajá* (ley judía). Se construye una ética finalista y se reelabora desde la idea de que el ser humano es un guardián de la Creación, siendo Muhammad y el resto de los profetas el espejo en el que mirarse. Pero en el fondo de todo, en el Corán late un espíritu de *metapolítica*.

De nuevo, Panikkar glosaba la *metapolítica* como un equilibrio amalgamado entre lo político y lo espiritual-trascendental.[20] En el Corán estas esferas no van separadas, no hay una secularización de ambas en el momento de la revelación y el mejor ejemplo es el profeta Muhammad que encarnaba las dos esferas. Pero no deberíamos olvidar que la *metapolítica* exige de una hermenéutica muy profunda sobre el símbolo para no convertirse en fundamentalismo y en dogmatismo, exige una constante renovación y acercamiento al símbolo. Decía Ibn 'Arabi en su magna enciclopedia de ciencias islámicas *Futuhat al-Makkiyya* que la ley (*sharía*) nunca debería convertirse en un fin en sí mismo, sino que debe ser un apoyo para llegar a Allah.[21]

La vocación *metapolítica* del texto coránico está muy presente desde la propia creación del ser humano, ya que este es el *califa* (vicerregente) de Allah.[22] El ser humano debe gobernar protegiendo toda la creación y siendo consciente que esta misión es simplemente temporal. El poder es transitorio y es otra gran prueba de fidelidad hacia el mandato divino que ha sido revelado a todos los seres. Al ser humano se le dan las herramientas legales (*sharía*) y cognoscitivas (*ma'rifa*) para recordar su misión, recordar al Creador y, por lo tanto, a la historia pasada, pero con la vocación de vivir el presente con conciencia (*taqwa*). Es ese el objetivo de vida que a través de su voluntad y de sus

20 Panikkar, 2001, 31-32.

21 Ibn 'Arabi, 2013, vol. 6, 652-653.

22 Corán 2: 30.

acciones puede construir y sobre el que será juzgado tras su muerte. Otros aspectos del camino vital ya están predeterminados por Allah a través del *qadr* (el mandato) que ha dispuesto para cada ser humano.

El ser humano debe esmerarse, imitándole, por ser un *insan al-kamil* (hombre perfecto) que la tradición identifica con los profetas desde Adam a Muhammad. Un equilibrio entre los planos de lo exotérico (*zahir*) y lo esotérico (*batin*), ejemplo de transmisión del mensaje revelado y de acción social, constructores de un mundo nuevo bajo la alabanza hacia Allah.[23] Así, los trascendentales son mostrados en cada acción, en cada manifestación, en cada momento del tiempo humano. De esa forma se hace efectiva la *metapolítica*, la construcción de una comunidad bendita que se llamarán musulmanes y que estén pacificados con el *salam* (paz). Este es el objetivo y la plenitud de la antropología coránica.

El Corán aspira a que los creyentes tengan, primero, confianza en Allah y su Creación, que los respeten y honren y, finalmente, que sean conscientes de la inmensidad e inconmensurabilidad de Allah. Y esto conlleva pensar mucho más con el corazón cuerdo (*lubb*) que con la razón analítica (*'aql*), porque ese pensar es más bien un recordar a Allah, más allá del dualismo que ofrecen sus sentidos.

El ser humano en el Corán puede y debe salvarse con una vida humilde, consciente y de recuerdo, pero también puede condenarse por su orgullo y negación. Todo dependerá de cómo eligió vivir su vida, de su voluntad y de su conciencia de la realidad. El Corán nos dice, una y otra vez, que es guía y recuerdo manifiesto, que hay salvación y recompensa preparada para quien ejecute una vida moderada y consciente. De lo contrario, el cafre que voluntariamente elija serlo paladeará el castigo del Fuego. Al final, la retribución de la vida será equitativa con las decisiones tomadas en esta. La libertad del ser humano —otro de los grandes símbolos que se hallan en el Corán— termina donde los signos marcan la línea roja de un cosmos mejor y en paz (*salam*).

---

23 Corán 51: 56.

EL CORÁN ENTRE LA HISTORIA Y EL SÍMBOLO

El tiempo histórico en el que se revela el Corán, como libro, es la Antigüedad tardía.[24] Un mundo en plena ebullición social e intelectual, globalizado, intercultural y con la mirada en la Antigüedad clásica que se desvanece en el día a día. Una aparente decadencia que escondía uno de los periodos más ricos y fértiles en la historia de la humanidad, con un nivel de globalización y transculturación importante. La historiografía contemporánea tuvo que desarrollar esta categoría como un salvavidas ante el paso abrupto de la Antigüedad a la Edad Media, para poder explicar las transformaciones del siglo III al siglo VI de nuestra era.

El mundo que vivió Muhammad no está tan alejado del nuestro, un mundo de contrastes e intercambios en un proceso de cambio y, aparente, crisis, lleno de identidades, márgenes y heterodoxias. Bizancio había heredado la legitimidad de Roma, el mundo siriaco se alzaba como el espacio de intercambio cultural entre el mundo clásico-mediterráneo y las rutas de Oriente, y Etiopía se había convertido en un espacio intercultural que había canonizado obras olvidadas que hablaban de ángeles y viajes al cielo, que no debían extrañar a los africanos que desde las fuentes del Nilo Blanco visitaban la próspera Aksum (la actual Etiopía). Un mundo en constante movimiento y al que no le faltaban contactos con los lejanos mundos asiáticos, y de sobra conocidos en la Antigüedad grecolatina, de la India y de China.[25] Y es que nunca hubo un aislamiento cultural o una pretendida originalidad, pues el mundo de la Antigüedad tardía es ante todo y por excelencia el espacio de amalgama cultural. Y el Corán, una estupenda representación de este contexto tan extrañamente familiar.

---

24 Brown, 2020.

25 Véase el libro de Fernando Wulff *A orillas del tiempo. Historias entre mundos dos mil años atrás* (2024) donde se desarrollan, desde la historia global, estas fructíferas conexiones culturales entre la Antigüedad mediterránea, India y China.

Las diversas manifestaciones religiosas jugaron un papel central durante la Antigüedad tardía, pues, además de un vector identitario muy fuerte, fueron el mecanismo para poder transmitir ideas y, finalmente, comprender un mundo dinámico y cambiante. Con el paganismo en extinción en Oriente Medio, en la zona de influencia del Imperio bizantino era el cristianismo el que dominaba con notoria fuerza influido por este. Por su parte, los judíos usaron los mecanismos rabínicos para legitimar la ortopraxis tras la desaparición del Segundo Templo de Jerusalén.[26] En la zona de Arabia, donde aparecerá el Corán, los antiguos cultos politeístas de los árabes convivían con un judeocristianismo sui géneris que, a su vez, miraba al mundo siriaco como su biblioteca doctrinal. Ese judeocristianismo partía de la idea, simplificada, de adorar a un Dios único, a una serie de profetas y respetar unas normas claras. Frente al mundo imperial, el judeocristianismo que vivirá Muhammad será el de los obispos, monjes y anacoretas cristianos que, como los rabinos judíos y los hábiles *kahin* (hechiceros) árabes preislámicos, son capaces de predecir, creer y comprender mucho más allá de las doctrinas oficiales del Imperio tan preñadas de paganismo antropocéntrico. Esta es una religión de los márgenes, de la comprensión de una realidad más compleja, de interpretación de símbolos, de conciencia ante los signos. De tiempos sin tiempos.

La Antigüedad tardía es un mundo difuminado en las fuentes —idealizado por unos y odiado por otros— donde aún se puede vivir en cuevas o creer en visiones y profecías o, incluso, adorar a múltiples dioses. Muhammad crece en ese ambiente, la tradición legitima que él fuera tocado por la profecía varías veces en su vida antes que se revelara el Corán —las señales premonitorias[27], el episodio de

26 Para este contexto véase el libro de Daniel Boyarin *Border Lines. The Partition of Judaeo-Christianity* (2004), donde el autor traza y explica el asunto de la separación del cristianismo y el judaísmo de forma sumamente heterodoxa.

27 Sirat ibn Ishaq, 107-111. Hay, además, un interesantísimo análisis sobre estos signos proféticos desde una perspectiva contemporánea en el libro de Uri Rubin *The Eye of the Beholder: the Life of Muhammad as Viewed by the Early Muslims* (1995).

la apertura del pecho[28] o su descubrimiento por el monje Sergius Bahira[29]—. Mas, si analizamos la literatura de la época, vemos que la vida de Muhammad no es una excepción y que los textos y la vivencia del cristianismo siriaco, la herencia del judaísmo del Segundo Templo o los textos apocalípticos mazdeos en Irán preparaban un tiempo de tránsito hacia el Jardín.[30] A los cuarenta años de su vida, en una noche de finales del mes de Ramadán, el ángel Jibril le recitaba las primeras aleyas del Corán al profeta Muhammad exigiéndole que lea a quien no sabía leer.

Un mundo diverso y complejo que aparece bien reflejado y reconocido en los comentarios tradicionales (*tafasir*) que han realizado los sabios musulmanes y sobre los que se consideran, por ejemplo, estas fuentes judeocristianas de la Antigüedad tardía bajo el nombre de *isra'iliyyat*. Historias de los profetas que, en un primer momento, serán recogidas por Wahb ibn Munabbih (655-732) o ibn 'Abbas (619-687) y reafirmadas en la tradición islámica del comentario coránico por autores como Tabari (839-823), al-Thalabi (m. 1035) o ibn Kathir (1301-1373). Una muestra del nivel de transculturación de las ideas y doctrinas en el Corán y su posterior legitimación en la tradición.

En este sentido, el Corán no puede entenderse sin todo este repertorio de ideas, símbolos, conceptos y promesas. Un conocimiento simbólico que se entrelaza con signos y textos concretos y que debe ser activado con la imaginación creadora. Una esperanza para un mundo con crisis de identidad, globalizado y fragmentado, dependiente de la herencia del mundo clásico y de la compleja tradición semítica, un mundo aparentemente frágil para la gente de su tiempo. Es este contexto el que hace que el Corán sea una obra tan actual, tan cercana, si se le ofrece al lector desde una hermenéutica dinámica y no como un *texto muerto*. Como decíamos anteriormente su

28 Sirat ibn Ishaq, 86-78.

29 Sirat ibn Ishaq, 95-97.

30 Véase el variadísimo contexto e influencias del Corán en el volumen 1 de *Le Coran des Historiens*.

mensaje es universal, ahistórico y simbólico en la línea de lo que proponía. Sin embargo, su lenguaje, su narrativa y los códigos que usa corresponden a su momento histórico, a la amalgama cultural tan propia de la península arábiga, del mundo postimperial.

Para algunos historiadores, la muerte de Muhammad en el año 632 de nuestra era y la expansión política y cultural de los primeros musulmanes supone el fin de la Antigüedad tardía y el comienzo de la Edad Media. Sin embargo, yo prefiero plantear, tras la revelación del Corán y el establecimiento del islam, lo que se produce es un nuevo retorno al mundo clásico mediterráneo donde el humanismo y la espiritualidad volverán a florecer en Bagdad, Córdoba, Constantinopla, Toledo, Bolonia o París. Un nuevo ciclo de reencuentros y descubrimientos culturales, religiosos y científicos. Y para ello, el Corán será una herramienta clave, desde ese momento, una referencia cultural indiscutible. Toda la cultura del mundo islámico pivotará sobre él, todo pensamiento será mediado por su hermenéutica. Es la base sobre la que sustentar ese nuevo recordar (*tadhkira*) de las tradiciones anteriores, de la *harmonica abrahamica* que anhelaba Corbin.

Desde ese momento hasta la actualidad, para aquellos que se reconocen como musulmanes, el Corán se convertirá en una guía simbólica indispensable, un libro de cabecera, símbolo de lo divino en la tierra y la prueba manifiesta de la guía de Allah en el mundo. Más allá de las diversas interpretaciones que se han hecho a lo largo de estos quince siglos, el Corán sigue siendo un espacio privilegiado para dejarnos imbuir por el símbolo y ver entre sus fonemas y grafemas la propia creación de Allah.

En un mundo amenazado por los populismos, sectarismos e individualismos, leer el Corán como un símbolo vivo, sentir su sonido como protección sanadora y encontrar en él nuestra propia historia frente a la unicidad de Allah es una experiencia impactante, un recordatorio para ser más universales, tolerantes y humildes. El Corán, como buena manifestación simbólica, tiene mucho de espejo y quizás nos refleje lo que somos. Pero esto es algo que debe experimentar cada lector frente al texto.

¿PARA QUÉ UNA NUEVA EDICIÓN E INTERPRETACIÓN DEL CORÁN EN ESPAÑOL?

Se podría preguntar el lector por qué presento una nueva edición e interpretación del Corán en español cuando hay ya muchas y algunas bastante reseñables en el mercado. La verdad es que este ha sido un proyecto muy personal que quizás algunos comprendan y otros no, pero que yo veía necesario y urgente. Se trata de abordar una nueva edición para un lector hispanohablante que, musulmán o no, sienta una profunda curiosidad por la experiencia coránica más allá de los tópicos.

Con esta edición mi objetivo es realizar una lectura espiritual-teológica del Corán desde el punto de vista de un musulmán español y europeo del siglo XXI. Y resalto esto, a pesar del tabú que supone decir esto en un contexto académico, porque es en realidad lo que soy. Mi propuesta intenta recapitular parte de estos doce años de estudio que he dedicado al Corán y al islam como islamólogo y, sin que sea menoscabo, como creyente. Este texto que el lector tiene entre manos contiene encuentros y desencuentros, conversaciones, estudio meditativo e, igualmente, la escucha atenta de muchos sabios vivos y la lectura de muchos sabios de tiempos lejanos. Todo ello intento plasmarlo en estas páginas que el lector tiene ya entre manos.

En el momento de mi conversión al islam, a finales de 2011, me di cuenta de que no había un Corán que pudiera satisfacer a un lector hispanohablante no arabófono que buscase espiritualidad y el simbolismo en el Corán. Mucho más fácil era encontrar versiones filológicas como la de Vernet (1963), la de Cortés (1979) o la de Melara (1995), excelentes todas en su forma, pero que perdían parte de la espiritualidad traduciendo conceptos o pasando por encima de imágenes que eran incómodas. Estas versiones tenían algo en común: aligeraban la carga poética en «aparente beneficio de la comprensión del lector». Digo en aparente beneficio, y entrecomillo la frase, porque eliminar la poética de un texto, aunque facilite aparentemente su lectura, no ayuda de ninguna forma al lector, sino que limita su experiencia del texto. Es como si eliminásemos la poética de la *Ilíada* o de la *Divina comedia*, los textos se quedarían vacíos, tan solo serían cúmulos de ideas.

Lo mismo ocurre con versiones excesivamente analíticas y racionalizadas como algunas editadas recientemente, que limitan significativamente la experiencia hermenéutica y simbólica del lector por medio de aclaraciones entre paréntesis y una determinada ideología vertidas en ellas. Pareciere que tuvieran miedo a que el lector pudiera interpretar por sí solo, mostrando un excesivo *paternalismo teológico*. Y es que en un texto sagrado —al menos en mi opinión— el editor o traductor debe intervenir lo mínimo y reservar estas aclaraciones para la exégesis o interpretación siempre fuera del propio texto.

Mi edición e interpretación está mucho más cerca de la edición en catalán que preparó el islamólogo Mikel de Epalza (2001), tanto en sensibilidad como en intención poética. De hecho, ha sido una versión con la que he contrastado mi traducción durante el proceso de edición final. Y, a la vez, son distintas en motivación, pues mi edición es vocacionalmente confesional y todo su sentido se articula desde ahí. Sin embargo, la edición de Epalza me parece la mejor en lenguas ibéricas, junto con la de Cansinos Assens (1951), de cuantas se han editado en lenguas peninsulares. Ambos, tanto Cansinos como Epalza, son capaces de entrar en la polisemia semítica y el juego simbólico al que el texto invita al lector/intérprete. Otra referencia que se aproxima al enfoque de esta edición, tanto en forma como en fondo, es el Corán de Toledo (1606), una obra hecha por mudéjares y copiada, posteriormente, por moriscos que ofrece una traducción realizada por musulmanes nativos de nuestro país. Con una experiencia teológica propiamente en español, este Corán ofrece opciones muy serias junto a toda una gama de propuestas y recursos para entender el islam en nuestro idioma. Quizás el ejercicio más sincero de islam en español junto a la *Tafsira del Mancebo de Arévalo*.

De igual forma, las ediciones del Corán más accesibles en español no ofrecen un enfoque historiográfico y hierohistórico —en el sentido corbiniano— suficiente para que el lector goce del texto. Es decir, trazar un equilibrio entre lo exotérico-histórico y lo esotérico-doctrinal en conexión con la Antigüedad tardía. La mayoría son versiones alejadas de las actuales visiones histórico-críticas que se han venido desarrollando y que, de acuerdo con ellas o no, nos dan importantes pistas para interpretar o pensar el Corán de manera más amplia. Esto es algo habitual en las interpretaciones surgidas del mundo anglófono o francófono, pero muy olvidado en el hispanohablante. No hay que renunciar a la historia, pero tampoco al símbolo.

En este sentido, me he propuesto realizar una edición que sea más espiritual-teológica que filológica-histórica, que tenga como eje lo poético y lo simbólico en el texto coránico, y un enfoque histórico e intelectual contemporáneo. Mi intención es que, desde unas claves concretas, el lector se enfrente al texto desnudo, a los símbolos y al lenguaje profundo y arcano que posee el propio Corán como una experiencia de riqueza. La *razón poética* zambraniana debe primar en cada línea de la interpretación por encima de una razón materialista u objetiva. En mi opinión, el intérprete/traductor debe facilitar claves y una lectura para que el lector construya su propia visión, su viaje a través del Corán sin condicionarlo en exceso.

Yo no soy filólogo de formación, soy filósofo e historiador y eso altera mis prioridades en esta edición. Para mí lo más importante en un texto es la búsqueda del símbolo, su interpretación y, desde otra perspectiva ya como creyente, la reproducción/imitación de la estética del Corán desde lo que yo he estudiado de forma académica y tradicional. Me he sentido inspirado y cerca de Raimon Panikkar, Henry Corbin, Carl Gustav Jung, André Chouraqui, Richard Wilhelm, Joseph Campbell, Arthur J. Arberry, Toshihiko Izutsu, Anne Marie Schimmel, Owen Barfield, María Zambrano, Seyyed Hossein Nasr, Luis Alonso Schökel, Agustín García Calvo o Maurice Gloton a la hora de enfrentar la traducción, y los futuros comentarios, de este Corán. En el ámbito islámico soy heredero de mis maestros tradicionales de Mauritania, Senegal, Níger y Nigeria que me enseñaron a leer y a vivir el Corán como un texto vivo, como un símbolo eterno. Tampoco puedo desdeñar la tradición del subcontinente indio que, gracias a mi esposa Humera, he podido trabajar en estos últimos años, tan llena de sabiduría y análisis textual, pivotando entre lo poético y lo racional. Y por supuesto, le debo mucho a la escuela de pensamiento neoandalusí iniciada por Muhammad Abderrahman Maanan y Abdelmumin Aya, quienes trabajaron profusamente el Corán y sus conceptos de «descristianización» del islam. Sin ellos, las bases teológicas de esta edición no existirían.

Soy consciente de que esta opción que he elegido puede no satisfacer a algunos lectores que busquen una lectura filológica-académica o una interpretación más clara y dogmática del texto coránico. Yo, quizás, estoy en una órbita más tradicional al elaborar mi versión como una transposición de lo que siento y percibo cuando me aproximo al Corán. Más cerca de lo que hacen un urdu parlante, un persa o un hausa cuando elaboran su comentario-traducción en sus lenguas. Desde mi punto de vista, esta es una interpretación y en ningún momento aspiro a reproducir la complejidad ni la completitud del texto coránico, sino a dar algunas pinceladas, aproximándome, en la medida de lo posible, al original en árabe. Intento trasladar emociones e imágenes al lector antes que narrativas.

Por eso, creo que era importante, y urgente, ofrecer al lector hispanohablante una edición del Corán desde esta clave simbólica, tan necesaria en estos tiempos, y que el musulmán de habla hispana pueda reconocerse también en ella. A mi juicio, es algo que las ediciones filológicas olvidan. Se trata de volver a la vivencia del Corán como la realizaron, por ejemplo, los españoles moriscos en ese Corán de Toledo. Mi idea es que el lector bilingüe, árabe-español, construya puentes entre los significados y que, por su parte, el lector hispanohablante pueda paladear un poco de esa poética y esas imágenes simbólicas del texto original árabe. El futuro comentario, sin duda heterodoxo y filosófico, que saldrá más adelante en esta misma editorial, pretende mostrar la sensibilidad de un musulmán español y europeo en el que convergen variadas tradiciones y enfoques hermenéuticos, desde los más tradicionales hasta las tendencias más contemporáneas en islamología.

¿Cómo usar este libro?

SOBRE LAS MÚLTIPLES LECTURAS DE ESTA EDICIÓN

Esta edición tiene múltiples maneras de poder aproximarse a ella. Como he explicado en la introducción, se trata de una lectura espiritual-teológica que pretende realzar la poética y el símbolo sobre otros elementos discursivos en el texto coránico. Por lo tanto, permítame el lector que le pueda sugerir algunos itinerarios de lectura de este libro a modo de sugerencia.

El primero, y que recomendaría más vivamente, se plantea como una lectura desnuda del texto coránico para percibir impresiones de su poética, de sus símbolos, de su expresividad. Tengo que advertir que esta lectura puede ser más compleja y puede confrontar a un lector, no habituado al contexto coránico, por no poder matizar los contenidos. Sin embargo, puede ser una interesante forma de ver cuánto nos puede decir el Corán de nosotros mismos. La advertencia es un aviso ante el esfuerzo (*jihad*) que puede suponer para nosotros mismos leer el Corán de esta manera, mucho más salvaje y desnuda. Esta es una puerta abierta a la lectura más espiritual y profunda, paladeando conceptos y símbolos, pero a la vez es un desafío para los modelos culturales y educativos que poseemos la mayoría de los hispanohablantes.

El segundo itinerario es una lectura del texto coránico en su contexto histórico e intelectual. A mi juicio es el mejor para empezar, pues permite establecerse en el contexto de la propia sura y, posteriormente, enfrentarla como texto. Reseño en la nota bibliográfica algunas referencias y comentarios —a falta del mío propio que aparecerá en los próximos años— que pueden ser de utilidad para el lector, siempre enfatizando el equilibrio entre historia y espiritualidad. Leer este Corán junto a *Le Corán des Historiens* podría ser un buen equilibrio para descubrir el Corán como experiencia histórica.

El tercer itinerario que propongo al lector es elaborar una lectura compartida en círculo experiencial, junto a otras personas, reflexionando sobre el propio Corán, sobre sus suras, secciones dentro de las suras o incluso conceptos. La lectura conjunta, un diálogo intrarreligioso, nos puede ayudar a pensar espacios que desde nuestras lecturas solitarias y silentes no éramos conscientes. Desde mi punto de vista, este itinerario es el más enriquecedor, el más pleno y en el que el Corán puede funcionar mejor. Y no solo es una propuesta para musulmanes, sino una magnífica oportunidad para iniciar un diálogo interreligioso más profundo y sincero desde el símbolo y la espiritualidad compartida.

Estas son tres de las muchas formas con la que aproximarnos a una obra inagotable, a un símbolo vivo que se muestra para todo aquel que quiera acercarse. Ahora, le corresponde al lector cómo hacerlo vivir, a través de su imaginación creadora, de una hermenéutica activa.

NOTAS BIBLIOGRÁFICAS SOBRE LOS MATERIALES USADOS EN ESTA EDICIÓN

El Corán no es un libro sencillo, pues nunca acaba de mostrar su finitud ni sus límites. Su extraordinaria naturaleza simbólica requiere de gran erudición y sabiduría para acercarse a él. Sin embargo, la sensación que siempre se tiene frente a él es de incompletitud, de incapacidad de cerrar sus significados. La tradición *islamicate* ha producido una ingente literatura, inabarcable para un lector normal, la cual intenta esclarecer aspectos diversos del Corán, con más o menos fortuna, bajo el omnipresente género del comentario (*tafsir*).

Por su parte, la islamología ha hecho en occidente algo parecido, elaborando un corpus de análisis basado en las tendencias académicas basadas en las humanidades.

Por eso, una edición e interpretación como esta no ha podido hacerse si no es con mucho material auxiliar: comentarios, traducciones a diversos idiomas, diccionarios, gramáticas, historias, literatura secundaria. No necesariamente todo este material ha sido escrito, también hay un porcentaje elevado de material oral que me ha acompañado desde hace doce años, cuando empecé a interesarme por estos temas. Mi intención es hacer un repaso —no exhaustivo— por todos esos materiales que me han ayudado a moldear este libro que el lector tiene entre manos, por si le pueden servir para ampliar o profundizar.

Con respecto al material oral debo agradecer a quienes han sido mis *maestros tradicionales* como Hajj al-Mishry (Mauritania), la familia Niasse (Senegal) y *shehu* Moustapha Hassane (Níger) por las lecciones de Corán y *tafsir* que he recibido durante estos años. Gran parte de ellas las recibí mientras preparaba mi tesis doctoral (2012-2016) en los trabajos de campo que realicé en África. Así me familiaricé con los comentarios coránicos de Jalalayn y de Ibrahim Niasse, ambos son básicos en la preparación de la edición y, sobre todo, en la construcción de la interpretación que ofrezco en español. *Shehu* Hassane contribuyó con algunas apreciaciones de la tradición hausa. Igual pasa con los comentarios coránicos que me han transmitido tanto mi esposa, Humera Syeda, como mi suegra, Amtul Moyd Syeda, provenientes de la tradición *persianate* y urdu del subcontinente. Ambas recogen esa precisión tradicional de lo oral y de haber aprendido directamente de los *maestros*. En otro orden, también me he beneficiado de las clases y conferencias en línea, y orales, de sabios actuales como Hamza Yusuf, Omar Sulayman o Nouman Ali Khan, disponibles en plataformas de vídeo en *streaming* y *podcasting*. Todos estos materiales orales configuran un sedimento vivo que fortalece lo que esta edición del Corán quiere transmitir. El Corán no es solo un libro, sino que es un texto dinámico que es reinterpretado por el lector bajo unos principios hermenéuticos claros.

Con respecto al material escrito, y proviniendo yo de un contexto académico, es amplio y variado. No he escatimado en lecturas ni fuentes de todas las épocas y enfoques. Así, en este pequeño ensayo dividiré mis fuentes en tres: técnicas-lingüísticas, tradicionales islámicas e islamológicas. Además, tendría que reseñar algunos títulos de la literatura secundaria.

Dentro de las fuentes técnicas, relacionadas con el aspecto lingüístico, tengo que resaltar, en primer lugar, *The Quranic Arabic Corpus* <https://corpus.quran.com> (2009-2017). Ha sido mi principal herramienta y me ha ayudado a comprender mejor la morfología y la sintaxis del árabe coránico, además de permitirte acceder a un corpus que ha facilitado mis tareas de traducción. Muy útil es, también, su aplicación de ontología de los conceptos coránicos que me ha ayudado bastante a clarificar relaciones entre conceptos. Otro de los libros clave que he manejado ha sido *A Concordance of the Qur'an* (UCLA Press, 1983) de Hanna E. Kassis, al igual que el tratado de Maurice Gloton, *Une Approche du Coran par la Grammaire et le Lexique* (Albouraq, 2018), que me ha servido como corpus auxiliar y me ha clarificado dudas sobre los términos. El diccionario comparativo entre el árabe coránico y otras lenguas semíticas de Martin R. Zammit, *A Comparative Lexical Study of Qur'ānic Arabic* (Brill, 2001), me ha sido extremadamente útil para construir significados profundos de los términos desde una visión histórica, especialmente con el hebreo, arameo y *geez*. El ya clásico diccionario de árabe de Edward W. Lane (ed. or. Williams & Northgate, 1863) [Disponible online en: <https://lexicon.quranic-research.net>] ha sido mi diccionario de uso principal. Por último, en este capítulo de fuentes técnicas, la *Encyclopaedia of Islam, THREE* (Brill, 2023) y la *Encyclopaedia of the Qur'an* (Brill, 2001) editada por Jane Dammen McAuliffe, las cuales me han sido de gran ayuda para caracterizar conceptos, historias y problemas historiográficos que sus magníficos artículos resuelven.

Con respecto a las fuentes tradicionales del mundo islámico, que determinan parte del enfoque de la traducción e interpretación, he manejado los principales comentarios coránicos disponibles. Entre los que destacaría el *Tafsir Jalalayn* (Maktaba Lubnan Bashirun, 2003), *Fī Ryad al-Tafsir* de Ibrahim Niasse (Dakar, 2011) y *Tafsir al-Qurtubi* (al-Resala Foundation, 1986). De este último, hay una excelente traducción al español realizada por Zakariyya Maza y publicada por Madrasa Editorial en 2008. También me he valido de apreciaciones de carácter más metafísico y místico que Muhammad Ibn 'Arabi realizó en sus *Futuhat al-Makkiyya* (General Egyptian Book Organization, 2013). He contextualizado algunos pasajes históricos y técnicos de los comentarios del *Tafsir al-Tabari* (Dar Ibn Hazm, 2020) y el *Tafsir al-Fakhr al-Razi* (Dar al-Fikr, 2005). Incluyo también, aunque no es un comentario *per se*, el *tafsir* que hace sobre aleyas concretas el *shaykh* Ahmad al-Tijani en *Jawahir al-Ma'ani* (Dar al-Kitab Ilmiyyah, 1997), por ser uno de los que más me ha influido en mi formación teológica islámica. Por último, y no menos importantes, he sentido gran afinidad por un *tafsir* doble de la tradición del subcontinente indio: *Tarjuma-i-Quran* de Shah Rafi'uddin Dehlavi y *Bayal al-Quran* de Shah Ashraf Ali Thanwi, presentados ambos en el volumen *Mojiz numa kalah Quran Sharif mutarjam* (FBD, 1934). Mi edición y traducción está muy inspirada por este trabajo de Shah Rafi'uddin Dehlavi, hijo del gran Shah Waliullah Dehlavi, en espíritu y forma.

Dentro de las fuentes tradicionales es necesario citar el *Corán aljamiado de Toledo* (Ediciones Trea, 2011) que proviene del ms. 235 de la Biblioteca de Castilla La Mancha. Aunque no es un texto propiamente en árabe, sí es *islamicate* y muy importante para la tradición del islam en español. Una edición preparada por un morisco en 1606, el texto es una impresionante interpretación de la tradición islámica a punto de desaparecer. Para mí ha sido muy especial, ya que me ha permitido adquirir y legitimar léxico islámico nativo en español y aplicarlo posteriormente en mi edición. Así, mi trabajo debe mucho a esta versión lingüísticamente y en cosmovisión. Y supone un punto de anclaje para mi propia propuesta, ya que me permite hablar de una experiencia del Corán desde el español, combinando el literalismo y el apego al texto —algo muy morisco— con la poética.

Con respecto a las fuentes islamológicas contemporáneas podría dividirlas en tres categorías: traducciones, historiográficas, teológico-filosóficas. Estas componen el grueso de la bibliografía utilizada, no tanto en el proceso de traducción como en el estudio previo a la traducción y sobre todo en la construcción de los sentidos y las intertextualidades.

Como en cualquier traducción seria, he tenido que utilizar otras traducciones no solo para buscar inspiración, sino para poder confrontar mi propio trabajo. Por comodidad remitiré las que me han sido útiles, salvo en español, por motivos de espacio. Previamente al trabajo de traducción e interpretación del Corán, realicé un estudio minucioso de las traducciones disponibles.

En español, en mi opinión, hay dos traducciones de referencia y que a mí me han servido: la de Cansinos Assens (Arca Ediciones, 2006 [ed. or., 1954]) y la parcial con comentarios de Abderrahman Muhammad Maanan (Zawiya, 2000). Ambas recogen un sabor más cercano al Corán como es en árabe y se preocupan de que el lector saboree y sienta el literalismo aun sacrificando convencionalismos y facilidad. No son ediciones fáciles, pero son auténticas. Aunque no es en español, sino en catalán, la traducción de Mikel de Epalza es posiblemente la mejor —en mi opinión— en una lengua peninsular en la actualidad. *Alcorà* (Proa, 2001) es un trabajo delicado y sensible que intenta dialogar con el texto árabe y que busca la poética del texto original. Un trabajo que me ha servido como herramienta durante el proceso de traducción y edición.

Las restantes, ya he explicado anteriormente, las he leído para tener visión amplia de lo que estaba escrito en español, pero no las he utilizado como herramientas de trabajo. Por ejemplo, las versiones de Juan Vernet (Penguin, 2015 [ed. or., 1963]), la de Julio Cortés (Herder, 2000 [ed. or., 1979]) o la de Abdel-Ghani Melara (King Fahd Complex, 1995) son interesantes, pero demasiado filológicas. De ese modo, en la búsqueda de una objetividad pierden la poética o la espiritualidad en algunos momentos clave. Las restantes, como la de Bahige Mulla Huech (Plutón Ediciones, 2020 [ed. or., 2004]) o la de 'Isa García (Qatar Foundation, 2014), abusan de la contextualización y tienen cierto *paternalismo teológico*, interviniendo constantemente sobre el texto traducido, y no dejando que el lector haga su lectura hermenéutica, saboreando el texto.

En otros idiomas —inglés, francés, alemán e italiano— debo reseñar algunas versiones que me han sido de ayuda durante la preparación de mi edición. Han sido textos de consulta y de matización, de aprendizaje y crítica.

En inglés, la edición de A. Arberry, *The Koran Interpreted* (Oxford University Press, 2008 [ed. or., 1964]), es, posiblemente, mi edición favorita en lengua extranjera por su extraordinaria calidad y uso del lenguaje. Traductor de Iqbal y Rumi, es capaz de transmitir el mensaje del Corán en un inglés casi shakespeariano y con gran gusto poético. Con esta edición he resuelto muchas dudas y me ha inspirado sobre todo para arcaizar el lenguaje de mi edición. También en inglés las ediciones ya clásicas de Marmaduke Pickthall, *The Meanings of the Holy Quran* (Alfred Knopf, 1930), y la de Abdullah Yusuf Ali, (Muhammad Ashraf Publishers, 1979), son textos de consulta con un sabor tradicional y auténtico. La traducción de A. J. Droge, *The Qur'an. A new annotated translation* (Equinox, 2017), me ha sido útil por su intertextualidad con la Antigüedad tardía y algunas notas aclaratorias, así como *The Qur'an and the Bible* (Yale University Press, 2018) con la traducción de Ali Quli Qarai y los comentarios de Gabriel Said Reynolds. La traducción de Muhammad Abdul Haleem, *The Qur'an* (Oxford University Press, 2004), ha sido también muy útil por su claridad y muy interesante junto a su complemento, el libro *Understanding the Quran* (Taurus, 2001). *The Study Quran* (Harper One, 2015) editado por Seyyed Hossein Nasr con la asistencia de Caner K. Dagli, Maria M. Dakake, Joseph Lumbard y Mohammed Rustom, es una obra esencial. Es el principal *tafsir* contemporáneo en inglés que compila, al modo de las biblias de estudio, materiales y ensayos para una comprensión profunda del Corán. Los ensayos auxiliares incluyen autores, además de los ya citados, como W. Chittick o H. Yusuf. La traducción y comentario de Muhammad Assad, *The Message of the Qur'an* (Dar Al-Andalus 1980 [ed. en esp. Junta Islámica, 2001]), es interesante y particular.

Aunque abusa de los paréntesis intratextuales, sus comentarios son buenos e interesantes.

En francés hay dos traducciones que he utilizado y estudiado en profundidad. La primera es la brillante y originalísima traducción de André Chouraquí *Le Corán: L'Appel* (Robert Laffont, 1991). Realizada desde un escrupuloso literalismo y lectura hermenéutica, propia de un sabio como Chouraqui, recupera el sabor auténtico del Corán, descristianizándolo del todo y devolviéndolo a la matriz semita. Es con la de Arberry mi traducción favorita y, sobre todo, mi fuente de inspiración para la traducción en el aspecto lingüístico, estético y poético. Tras ella, está la póstuma de Maurice Gloton, *Le Coran. Essai de traduction et annotations* (Albouraq, 2018), de gran riqueza léxica e intelectual. Es una edición muy valiente que me ha ayudado a comprender y decidir aspectos de traducción en compañía de su trabajo *Une Approche du Coran par la Grammaire et le Lexique.* En italiano debería reseñar la de Alessandro Bausani (Rizzoli, 2006), una traducción poética y cuidada del traductor de Muhammad Iqbal al italiano. Y en alemán la de Rudi Paret *Der Koran* (1971) y, posteriormente, sus útiles concordancias y su comentario (1977), que en algunos momentos puntuales me ha sido de gran utilidad.

Con respecto a las fuentes historiográficas, debo reseñar en primer lugar a *Le Corán des Historiens* (Cerf, 2019), editado bajo la dirección de Mohammad Ali Amir-Moezzi y Guillaume Dye. Es, posiblemente, el mejor comentario histórico contemporáneo sobre el Corán. En el primer volumen, caracteriza aspectos historiográficos, geográficos e intelectuales y construye el marco epocal del Corán. En el segundo volumen, realiza un extensísimo comentario, sura por sura, analizando aspectos profundos en cada sura. Su proyección intertextual, especialmente con el contexto judeocristiano, es impresionante. Es una obra que, aunque pueda estar en desacuerdo en algunos puntos por su historicismo, ha sido clave para poder elaborar mi lectura del Corán y dotarla de sentido. Este trabajo está en conexión con algunos textos editados por autores que han participado en él, y que me han ayudado sus trabajos durante el proceso de estudio del Corán, como Guillaume Dye y Amir-Moezzi con su *Histoire du Coran: Contexte, origine, rédaction* (Cerf, 2022) o de este último su *Dictionnaire du Coran* (Robert Laffont, 2007). Gabriel Said Reynolds con su libro *The Qur'an and it's Biblical Subtext* (Routledge, 2012) o Carlos Segovia con *El Corán. Religión, hombre y sociedad* (Biblioteca Nueva, 2007) o *The Quranic Jesus. A new interpretation* (De Gruyter, 2019). Un libro clave para contextualizar el periodo histórico en el que vivió Muhammad ha sido: *The Eye of the Beholder: The Life of Muhammad as Viewed by the Early Muslims* (Darwin Press, 1995). También he consultado sobre estos temas en *Geschichte des Qorâns* de Theodor Noldeke (Brill, 2013), *The History of Quranic text* (UK Islamic Academy, 2003) de Muhammad Mustafa al-Azami y *The Qur'an and the Late Antiquity* (Oxford University Press, 2019) de Angelika Neuwirth.

Dentro de las fuentes historiográficas debo mencionar complementos al Corán que me han sido muy útiles a la hora de contextualizar, y que tendré muy en cuenta en un futuro comentario coránico, como son los textos judeocristianos. La Biblia la he seguido en dos versiones, la católica de Luis Alonso Schökel, *Biblia del Peregrino* (Verbo Divino, 1980), y la protestante de Reina-Valera, en al edición de 1960. De Schökel he utilizado, además, como una herramienta esencial su *Herméneutica de la palabra* (Cristiandad, 1987) que es quizás el mejor tratado en castellano para la traducción de un texto religioso abrahámico. Para los apócrifos bíblicos sigo los *Apócrifos del Antiguo Testamento* (Cristiandad, 1982-2011), comenzados bajo la dirección Alejandro Diez Macho y proseguidos por Antonio Piñero. Para los textos gnósticos las ediciones que hicieron Josep Montserrat, *Los gnósticos* (Gredos, 1990), Francisco García Bazán, *La gnosis eterna* (Trotta, 2003-2017), y la que ambos realizarían con Antonio Piñero de *La Biblioteca de Nag-Hammadi* (Trotta, 2018). Complemento todo este material con *La Bible* de André Chouraqui (Cerf, 2020) y el comentario de la Torá que hace R. E. Friedman (Harper Collins, 2003). Otros textos que he tenido en cuenta han sido el texto siriaco de *La Cueva de los Tesoros* (Ciudad Nueva, 2004) y *Los himnos sobre el Paraíso* de Efrén de Nísibe (Nuevo Inicio, 2017). Un texto clásico que me ha ayudado a trazar estos temas ha sido el libro de Abraham Geiger *Was hat Mohammed aus dem Judentume aufgenommen?* (F. Baaden, 1833). Para temas de Antigüedad tardía y su contexto en la historia global he tenido presente a Fernando Wulff y su libro *A orillas del tiempo. Historias entre mundos dos mil años atrás* (Siruela, 2024), dónde el autor traza las conexiones del mundo clásico con India y China. Igualmente he utilizado los trabajos de Peter Brown, *El mundo de la Antigüedad tardía* (Taurus, 2020), y el de Daniel Boyarin, *Espacios fronterizos. Judaísmo y cristianismo en la Antigüedad tardía* (Trotta, 2013).

Las fuentes teológico-filosóficas constituyen el último gran bloque bibliográfico, siendo este altamente heterogéneo. Para la elaboración del Corán, los trabajos de Fazlur Rahman, en concreto *Major Themes of the Qur'an* (University of Chicago Press, 2009), han sido de gran ayuda. Al igual que la mayor parte de la obra de Henry Corbin y Toshiko Izutsu. De este último, especialmente, *God and Man in the Quran* (Islamic Book Trust, 2002) y *Ethico-Religious Concepts in the Qur'an* (McGill University Press, 2002). El trabajo editado por Jane Dammen McAuliffe, *The Cambridge Companion of the Qur'an* (Cambridge University Press, 2006), es un texto fundamental para trazar el contexto teológico del Corán.

Conforma el núcleo teológico de esta lectura los trabajos de los autores neoandalusies. Los textos de Abdelmumin Aya, *El Secreto de Muhammad* (Kairos, 2006), *El islam no es lo que crees* (Kairos, 2010) e *Islam sin Dios* (Kairos, 2013). Los escritos por Yaratullah Monturiol *Términos clave del Islam* (Junta Islámica, 2006) e *Islam y Derechos Humanos* (Junta Islámica, 2009). El primero es una clara referencia para todo el vocabulario desplegado en esta traducción. Y, por último, los de Hashim Cabrera *Islam y Arte Contemporáneo* (Junta Islámica, 1994) y *Jutbas de Dar al-Salam* (Junta Islámica, 2007). Además de los artículos publicados en *Verde Islam* y *VerIslam*. Una última lectura es autorreferencial, pues un libro interesante para el lector de este Corán es *Khutbas de Dar al-Rum* (Junta Islámica, 2022) <https://archive.org/details/khutbas-de-dar-al-rum>, donde desarrollo términos y algunos comentarios que fueron elaborados mientras trabajaba en la edición de este Corán.

Un libro muy interesante para ver el Corán más allá de la historia, como pura performatividad, ha sido el libro de Rudolph Ware III *The Walking Qur'an* (University of North Carolina Press, 2014), que sitúa el valor esotérico del Corán en la tradición África Occidental.

Para aspectos relacionados con la lectura de género y el papel de la mujer he utilizado los libros de Asma Barlas *Believing woman in Islam* (University of Texas Press, 2002), Asma Lamrabet *El Corán y las mujeres* (Icaria, 2011) y *Women and Men in the Qur'an* (Palgrave McMillan, 2018), y de Yaratullah Monturiol *María Desvelada* (Mandala, 2017).

Finalmente, como sustrato filosófico de esta propuesta está presente la obra de Raimon Panikkar, Carl Gustav Jung, Martin Heidegger, Gilles Deleuze, René Guénon, Blas Infante, Marie Louise von Franz, James Hillman, Richard Wilhelm, Joseph Campbell, Owen Barfield, María Zambrano, Richard Tarnas, Luce López Baralt, William Chittick y Seyyed Hossein Nasr. Mencionar cada una de las obras de estos autores llenaría una decena de páginas, y no tenemos más espacio para ello, por eso solo quiero que sepa el lector que son una influencia directa e importante en mi edición y lectura del Corán.

NOTA SOBRE ASPECTOS TÉCNICOS DE LA EDICIÓN

Como el objetivo de la traducción es asimilar un tono arcaizante y alejado de la lengua común, más cercano al árabe coránico, intencionalmente por cuestiones teológicas y de estilo, se ha decidido tomar una serie de decisiones durante la traducción del texto.

Se mantienen los términos árabes que históricamente han pertenecido o pertenecen al patrimonio de la lengua española, como axarquía y agarvía, azalá, azaque, alheña, etc. Igualmente, se mantienen en la traducción los nombres en árabe de todos los personajes coránicos y topónimos (véase el glosario), así como algunos de los nombres de Allah en la medida que ofrezcan limitaciones de traducción en español como por ejemplo *Rahman*, *Rahim* y *Rabb*. Lo mismo ocurre con los conceptos teológicos complejos y que pueden generar ambigüedad en una traducción como *din, rahma*, *sakina*, *'asr*, *fajr*, *dhuhr*, *jizya*, *sijin*, etc. Para aclarar estos conceptos claves, además del estudio introductorio en las páginas previas, remito al libro de Yaratullah Monturiol *Términos clave del Islam* (Junta Islámica, 2006) que es de donde se han extraído los sentidos y significados teológicos de estos términos. La intención —como ya he explicado— es que el lector pueda construir su propia interpretación sin forzarle a un significado limitado por su contexto. En este sentido, se sigue la tradición *islamicate* (urdu, farsi, hausa, etc.) de mantener las mayores conexiones posibles con la lengua árabe y su sabor. Esto mismo puede apreciarse en la construcción de la sintaxis que, en muchos casos, es más próxima al árabe que al español.

Para los términos en árabe que se mantienen o se citan en el texto he tomado de referencia la transliteración de la Biblioteca del Congreso de Estados Unidos (ALA-LC). Se omiten los signos diacríticos para las vocales alargadas. Se mantiene la letra ع (*'ayn*) que es transliterada como '. La letra خ (el sonido como *j* castellana) se translitera con *kh*, mientras que la letra ج (el sonido como la *j* inglesa) lo hace como *j*. La letra ء (*hamza*) de inicio y final de palabra ha sido omitida. Se simplifican sonidos próximos con *s* (س/ص), *t* (ت/ط), *d* (د/ض), y *h* (ه/ح). Se mantienen en las letras de inicio de sura. Para los plurales he optado por el plural español añadiendo una *s* final para facilitar la lectura.

Se incluye el signo de postración ۩ para indicar donde el creyente debe prosternarse mientras realiza la lectura del Corán.

Esta edición se subdivide, para facilitar su lectura, siguiendo el consenso tradicional en todo el mundo islámico e *islamicate*. Así, la aleya es cada verso del Corán. La sura cada capítulo del Corán. El *juz*, conocido como *para* en el sur de Asia, representa un treintavo del Corán para ser leído en treinta días. El *hizb* representa un sesentavo del Corán para ser leído en sesenta días. Y, por último, el *manzil* que es la división para ser leído en una semana, al dividir el Corán en siete partes, siendo este un séptimo.

Glosario de nombres propios, lugares y conceptos

Para personajes conocidos solo se dará el nombre tal y como se conoce en español, mientras que para conceptos, personajes y lugares poco conocidos se ofrecerá una pequeña explicación. Los nombres originales se dan en transcripción simplificada como se explicó, previamente, en la *Nota sobre aspectos técnicos de la edición y la traducción.*

Allah: Es el nombre en el islam que se le otorga al Dios que reconoce la tradición abrahámica.

'Ad: Un antiguo pueblo árabe, de tradición preislámica, que rechazó las enseñanzas de Hud y que vivió, presumiblemente, en Yemen.

'Asr: Tiempo de azalá de mitad de la tarde.

Abu Lahab: Tío paterno y enemigo del profeta Muhammad.

Adam: Adán.

Ahmad: «El digno de alabanza». Es uno de los nombres que se le otorga al profeta Muhammad.

Aleya: Versículo del Corán, también se puede referir a la palabra signo.

Ansar: Compañeros del profeta Muhammad de la ciudad de Medina.

Ayub: Job.

Azalá: Oración ritual en el islam.

Azar: Padre del profeta Ibrahim.

Badr: Valle desértico próximo a la ciudad de Medina. Allí tuvo lugar una histórica batalla entre el profeta Muhammad y los Quraysh.

Baraka: Energía benéfica que proviene de Allah y que transmite prosperidad física y espiritual.

Dawud: El rey David.

Din: Disposición para enfrentarse al absoluto, forma de vida. A menudo se mal traduce como religión.

Dhuhr: Tiempo de la azalá poco después de mediodía.

Dhu-l Kifl: «El que posee los dos pliegues» en significado literal. Se piensa que es el profeta bíblico Ezequiel, pues la tradición judía situaba su tumba en la ciudad de Kifl (actual Iraq).

Dhu-l Nun: «Aquel a quien es del pez». Es el epíteto para Jonás [=> véase infra Yunus].

Dhu-l Qarnayn: «Aquel que posee dos cuernos». Aunque está disputado, muchos reconocen en este enigmático personaje a Alejandro Magno por su casco que llevaba cuernos de carnero y las proezas que recoge la tradición. Un análisis histórico de la sura de *La caverna* revela la fuerte influencia de las versiones siriacas y etíopes de *La vida de Alejandro.*

Elisha: Eliseo, profeta que aparece en la Biblia en el segundo libro de Reyes.

Gehena: Es el término para el infierno bíblico y neotestamentario, proviene del hebreo *Gaibenhinon* (valle de Hinon), en griego es *Geénna* y en árabe es *jahanam.*

Gog: Personaje de la apocalíptica semítica que desafía a Allah y a los creyentes [=> vease Magog].

Fajr: Tiempo de oración al amanecer.

Hajj: Es uno de los ritos centrales prescrito en el islam que se desarrollan en la ciudad de La Meca [=> véase infra] durante el mes de Dhu-l Hijja.

Hanif: Es aquel que sigue el ejemplo de Abrahán (Ibrahim) y practica un monoteísmo sincero, su búsqueda espiritual le acerca a la *fitra* perdida.

Haman: Derivado de la palabra egipcia *Ha-Amana*, el sumo sacerdote de Amón. En el Corán es el visir y sacerdote de la corte de Faraón.

Harun: Aarón, hermano de Moisés (Musa).

Harut: Es uno de los dos ángeles, junto con Marut [=> véase infra], que advirtió de los peligros del uso de la magia en Babilonia.

Hijr: Un antiguo pueblo árabe, de tradición preislámica, que rechazó las enseñanzas de Salih y que vivió cerca de Medina y era famoso por sus construcciones excavadas en piedra.

Hud: Profeta árabe enviado a las gentes de 'Ad.

Hunayn: Es el valle situado entre La Meca y las montañas de Sarawat.

Iblis: «Quien tiene el espíritu roto». Es el primer nombre revelado para lo demoniaco en el Corán y hace referencia al *jinn* [=> vease infra] que no quiso postrarse ante Adán.

Ibrahim: Abrahán, patriarca bíblico y padre del monoteísmo.

Idris: Enoc, patriarca bíblico y personaje de la apocalíptica judeocristiana.

Ilyas: Elías, profeta bíblico.

Imran: Padre de María y tío de Juan el Bautista (Yahya), en la tradición cristiana se le otorga el nombre de Joaquín.

Imram: Nombre de una ciudad de altas columnas en Wadi Rum, muy posiblemente se refiera al imperio Nabateo.

Ishaq: Isaac, patriarca bíblico e hijo de Abrahán (Ibrahim).

Ismail: Ismael, patriarca bíblico, hijo de Abrahán (Ibrahim) y, tradicionalmente, fundador del linaje árabe.

'Ibada: Rito, reconocimiento de Allah en lo cotidiano. La azalá, el azaque, el ayuno o el *Hajj* son 'ibada.

'Isa: Jesús de Nazaret, hijo de María (Maryam) y segundo profeta más importante en el islam. El texto coránico lo llama el Mesías (*Masih*), el muchacho purificado, la Palabra de Allah (*kalimat Allah*), la aleya o el signo, el honorable y prueba de Verdad.

'Isha: Tiempo de azalá a mitad de la noche.

Jalut: Goliat, enemigo del rey Saúl (Talut) y del rey David (Dawud).

Jibril: Ángel mensajero de Allah encargado de anunciar y descender la revelación. En la tradición judeocristiana es el arcángel Gabriel. Él es el *Ruh al-quddus*, el viento insondable. Él —de acuerdo con la tradición islámica— purificó, junto a Mikail, el corazón del profeta Muhammad.

Jinn: «Genio», son seres creados de fuego que habitan en otro plano de realidad. Su naturaleza es inicialmente destructora, benéfica si son creyentes o maléfica si son cafres. Una de las especies de jinn más significativos son los Ifrit, uno de los cuales era el sirviente privado de Sulayman.

Jizya: Impuesto de protección prescrito para los creyentes no islámicos, a quienes no aplica el azaque.

Judi: Monte en el que, según la tradición islámica, atracó el arca de Noé. Equivalente al monte Ararat bíblico.

Kaaba: «El Cubo», es el lugar de homenaje a Allah construido por Adán, reconstruida por Abrahán e Ismael y, por último, restituida y purificada por el profeta Muhammad. Está en la ciudad de La Meca (actual Arabia Saudí) [=> véase Inviolable Mezquita].

Lut: Lot, patriarca bíblico y sobrino de Abrahán (Ibrahim).

La inviolable Mezquita: *al-Masjid al-Haram*, es la mezquita fundada por el profeta Muhammad que retoma la tradición del lugar sagrado donde se encontraba la Kaaba, construida por Adán (Adam) y reconstruida por Abrahán (Ibrahim) y su hijo Ismael (Ismail).

Luqman: Profeta y sabio árabe de la época preislámica. Algunos comentaristas tradicionales lo asocian con un consejero del rey David (Dawud).

Madyan: Midián, pueblo antiguo asentado en ‘Aqaba que rechazó las advertencias del profeta Shuayb.

Magog: Personaje de la apocalíptica semítica que desafía a Allah y a los creyentes [=> véase Gog].

Maghrib: Tiempo de azalá a la caída de la tarde.

Malik: Es el ángel guardián de las puertas de la Gehena.

Maryam: María, madre de ‘Isa (Jesús), cuñada de Zakariyya (Zacarías) y tía de Yahya (Juan el Bautista).

Marut: Es uno de los dos ángeles, junto con Harut [=> véase supra], que advirtió de los peligros del uso de la magia a los habitantes de Babilonia.

Marwa: Una de las dos montañas de La Meca, junto con Safwa, que se recorren durante el Hajj, la peregrinación sagrada para los musulmanes.

La Meca: Es la ciudad sagrada para el islam, en la actual Arabia Saudí, donde nació el profeta Muhammad. Allí se encuentra la Kaaba [=> véase supra] y la Inviolable Mezquita [=> véase supra].

Medina: Es la ciudad sagrada para el islam, en la actual Arabia Saudí, donde emigró el profeta Muhammad. Allí se encuentra su tumba.

Mikail: Ángel encargado de otorgar la provisión (*rizq*), fenómenos naturales como la lluvia y encargado del ejército de Allah. En la tradición judeocristiana es el arcángel Miguel. La tradición islámica lo identifica como parte importante de la victoria de la batalla de Badr. A menudo se le identifica con quien purificó, junto a Jibril, el corazón del profeta Muhammad.

Musa: Moisés, patriarca bíblico y liberador del pueblo judío de la esclavitud en Egipto.

Nuh: Noé, patriarca bíblico.

Quraysh: Tribu de pertenencia del profeta Muhammad y que se opuso a su ascenso como profeta del islam.

Rabb: Su raíz en árabe alude a la nutrición, al crecimiento, a la educación, a la emancipación y al convertirse en autónomo. También es el que da sostén y sustento. Normalmente se traduce como Señor, pero en muchas aleyas se excede este significado creando lazos con los otros descritos.

Rahim: «El matricial». Otro de los noventa y nueve nombres de Allah, su significado proviene de *rahma* [=> véase infra]. Aparece en la invocación de apertura (*basmala*) junto al-Rahman.

Rahma: «Matricialidad; capacidad de germinar». A menudo se traduce como misericordia, sin embargo, trasciende este significado, siendo la capacidad para hacer aflorar la vida y la creación.

Rahman: «El que hace germinar la existencia». Este es uno de los noventa y nueve nombres de Allah, su significado proviene de *rahma* [=> véase infra]. Aparece en la invocación de apertura (*basmala*) junto al-Rahim.

Safwa: Una de las dos montañas de La Meca, junto con Marwa, que se recorren durante el Hajj, la peregrinación sagrada para los musulmanes.

Sakina: Es el viento calmado que envía Allah y que los creyentes sienten como satisfacción, acogimiento, serenidad. Es homólogo del concepto hebreo bíblico de *shekhiná*.

Salam: es el estado al que invita el islam y aspira todo musulmán, que incluye salud y seguridad. A los profetas y mensajeros se les saluda ritualmente con salam, y los creyentes reciben el saludo «*al-salam 'alaykum*».

Salih: Profeta árabe preislámico enviado a las gentes de Thamud.

Shaytan: Satán, símbolo de la infelicidad con la Realidad y con Allah. Es una fuerza destructora, lo demoniaco. Se personifica en Iblis [=> véase supra].

Shuayb: Profeta árabe preislámico enviado a las gentes de Madyan.

Sijin: La parte más profunda y terrible de la Gehena.

Sulayman: El rey Salomón, hijo de David (Dawud).

Sura: Es el nombre para el capítulo del Corán.

Ta-Ha: Es uno de los nombres del profeta Muhammad, tradicionalmente significa belleza incognoscible.

Talut: Es el rey Saúl, antecesor del rey David (Dawud).

Tasnim: Es un agua, de sabor muy agradable, que fluye del manantial de Salsabil en el Jardín, reservada para los que sean salvados.

Tawaf: Circunvalación ritual en torno a la Kaaba.

Thamud: Un antiguo pueblo árabe, de tradición preislámica, que rechazó las enseñanzas de Salih y que vivió cerca del monte Athlab (actual Arabia Saudí).

Tubba: Es el árbol del paraíso por excelencia, representa el *axis mundi*. Es el símbolo opuesto al arbusto de Zaqqum [=> véase infra].

Tuwa: Es el valle, a los pies del monte Sinaí, donde Moisés (Musa) recibió la revelación de Allah.

Umrah: Ritual de visita a La Meca cuando no es tiempo del Hajj [=> véase supra].

Uzayr: Se le identifica, habitualmente, con Esdras. En el Corán se dice que ciertos judíos creían y proclamaban que él era el hijo de Allah porque, como explica Ibn Kathir, había sido el último guardián de la Biblia. Mientras que otros autores como Ibn Hazm lo consideran el gran falsificador de la Biblia que sobrevivió al cautiverio de Babilonia.

Yaqub: Jacob, hijo de Isaac (Ishaq), nieto de Abrahán (Ibrahim) y padre de José (Yusuf).

Yathrib: Nombre preislámico de la ciudad de Medina [=> véase supra].

Yahya: Juan, el Bautista. La tradición coránica lo llama el revivificador. Es hijo de Zacarías (Zakariyya), sobrino de María (Maryam) y primo de Jesús ('Isa).

Yunus: Jonás, profeta bíblico. También es conocido como Dhu-l Nun [=> veáse supra].

Yusuf: José, patriarca bíblico e hijo de Jacob (Yaqub).

Zakariyya: Zacarías, profeta bíblico y sacerdote del Templo de Jerusalén. Es padre de Juan (Yahya), cuñado de María (Maryam) y tío de Jesús ('Isa).

Zaqqum: Arbusto terrible, punzante y de frutos amargos que crece en la Gehena. Es el símbolo opuesto al árbol de Tubba [=> véase supra].

Zayd: Compañero e hijo adoptivo del profeta Muhammad y el único de su círculo que aparece nombrado, directamente, en el Corán.

El Corán,
una interpretación en español

Juz 1

۞ Hizb 1

1. LA QUE ABRE

1. 1. En el nombre de Allah, el *Rahman*, el *Rahim*,
1. 2. Loor sea sobre Allah, *Rabb* sobre todos los Mundos,
1. 3. el *Rahman*, el *Rahim*,
1. 4. Soberano del Día del Juicio.
1. 5. Solo a Ti te reconocemos, solo a Ti demandamos auxilio.
1. 6. Guíanos por el recto sendero,
1. 7. sendero de aquellos sobre los que es Tu favor, y no el de aquellos sobre los que está Tu ira, ni el de los que tan yerrados están.

2. LA BECERRA

En el nombre de Allah, el *Rahman*, el *Rahim*

2. 1. *Alif, Lam, Mim.*
2. 2. Sea este un Libro del cual no quepa duda alguna, una guía para los que de Allah tienen conciencia,
2. 3. para aquellos que en lo oculto creen, que establecen su azalá y que donan de lo que Nosotros los hemos provisto.
2. 4. Para aquellos que creen en lo que se ha descendido sobre ti y, también, antes de a ti, que confían en la vida que habrá de venir.
2. 5. Aquellos que son guiados por su *Rabb* son los que habrán de prosperar.
2. 6. En verdad a los cafres lo mismo les da que les adviertas o no, pues nunca van a ser creyentes.
2. 7. Selló Allah sus corazones y sus oídos, y cubrió sus ojos... y ¡qué castigo más excelso tendrán!
2. 8. Y algunos de ellos dicen: «Creemos en Allah y en el último Día», más no creen...
2. 9. Intentan engañar a Allah y a los que creen, pero, no se engañan más que a sí mismos, sin darse cuenta.
2. 10. Hay en sus corazones una enfermedad que Allah incrementó aún más. Y para ellos habrá un doloroso tormento por todo lo que mentían.
2. 11. Cuando se les dice: «¡No corrompáis la tierra!», ellos responden: «Tan solo reformamos...»,
2. 12. mas, en verdad, solo extienden la corrupción y ni siquiera lo perciben.

2. 13. Cuando se les dice: «¡Creed como los otros creen!», ellos responden: «¿Acaso como ilusos vamos a creer?». Mas, ellos son los ilusos y ni siquiera lo saben.

2. 14. Y, cuando encuentran a los creyentes, les dicen: «¡Creemos!», pero, después, cuando con los diabólicos seres se quedan a solas, les dicen: «En verdad estamos con vosotros, solo nos mofábamos»,

2. 15. Allah sí que se mofará de ellos y prolongará su rebeldía. ¡Qué ciegos vagan!

2. 16. Son esos los que tomaron el error en vez de la guía. Qué mal negocio han hecho ellos, ni fructifica ni están en la guía correcta.

2. 17. Su ejemplo es como aquel que un fuego enciende: cuando todo lo que rodea este ilumina, Allah se lleva su luz y le deja totalmente a oscuras, incapaces de ver,

2. 18. sordos, mudos y ciegos, y nunca volverán.

2. 19. O como si una nube negra viniera del cielo, con tinieblas, truenos y relámpagos. Cuando golpea el rayo se tapan los oídos temiendo la muerte… y es Allah el que a los cafres asedia.

2. 20. Por poco el rayo la vista les arrebata. Cuando ilumina bien, caminan con su luz, mas, cuando se oscurece, se detienen. Y es que, si Allah hubiera querido, les podría haber quitado el oído y la vista. Y Allah sobre toda cosa es poderoso.

2. 21. ¡Oh, humanidad! Reconoced a vuestro *Rabb*, que os creó a vosotros y a vuestros ancestros. Quizás así tengáis conciencia de Allah.

2. 22. Él que hizo para vosotros de la tierra lecho y del cielo dosel, que hizo descender del cielo agua con la cual emergen los frutos que os sustentan. No otorguéis, pues lo conocéis, rivales a Allah.

2. 23. Y si tenéis dudas sobre lo que Nosotros hemos revelado a Nuestro siervo, haced una sura igual que esta. Y si fuese verdad lo que decís, llamad a otros en vez de Allah para que os refrenden.

2. 24. Mas, si esto no hiciereis, y nunca podréis hacerlo, sed conscientes del Fuego, del que es combustible hombres y piedras, preparado para los cafres.

2. 25. Y anuncia la buena nueva a los creyentes y a los que obran justamente, que ellos tendrán jardines bajo los que arroyos fluyen. Se les proveerá por siempre de frutos como sustento y dirán: «Este es igual al que se nos dio antes». Y se les dará algo parecido. Y ellos tendrán compañeras purificadas y por siempre permanecerán allí.

2. 26. En verdad Allah no se avergüenza de exponeros ejemplos, aunque sea sobre un pequeño mosquito, pues los creyentes que saben la Verdad saben que proviene de su *Rabb*, mas los cafres dicen: «¿Qué quiere decir Allah con este ejemplo?». Y así Él hace yerrar a muchos y a tantos otros, Él guía. Y solo hace yerrar a los réprobos.

2. 27. Aquellos que rompen el pacto con Allah después de haberlo confirmado, cortan los lazos que les unían con lo que Allah les había ordenado y extienden la corrupción en la tierra, esos serán los perdedores.

2. 28. ¿Cómo podéis ser unos cafres frente a Allah? Si cuando no teníais vida, Él os la dio, luego causará vuestra muerte y os revivificará, después, a Él habréis de volver.

2. 29. Él es quien creó para vosotros todo lo que hay en la tierra, regresando al cielo e hizo los siete cielos. Y de toda cosa Él es conocedor.

2. 30. Y cuando tu *Rabb* les dijo a sus ángeles: «Voy a poner en la tierra un califa». A lo que respondieron ellos: «¿Pondrás a uno que la corromperá y verterá sangre, mientras que nosotros te exaltamos con loas y te santificamos?». Dijo él: «Ciertamente, Yo conozco lo que vosotros no sabéis».

2. 31. Y Él enseñó a Adam todos los nombres, luego Él compareció ante los ángeles y dijo: «Reveladme de estos nombres si es que sois de los sinceros».

2. 32. Dijeron: «¡Exaltado seas! No conocemos salvo lo que Tú nos has enseñado. Ciertamente, Tú eres el que todo conoce, el Sabio».

2. 33. Él dijo: «¡Oh, Adam! Revélales sobre sus nombres». Así cuando les reveló sobre sus nombres, Él dijo: «¿Nos os dije que conozco lo oculto de los cielos y la tierra, y que conozco lo que enseñáis y lo que ocultáis?».

2. 34. Y cuando Nosotros le dijimos a los ángeles: «¡Prosternaos ante Adam!», todos se prosternaron, excepto Iblis. Lo rechazó y fue arrogante, pues él era de los cafres.

2. 35. Y Nosotros dijimos: «¡Oh, Adam! Vivid tú y tu esposa en el Jardín y comed de él con libertad, donde querais, pero ninguno de los dos os aproximéis a ese árbol. Pues de lo contrario, la oscuridad con ambos será».

2. 36. Mas les sedujo el Shaytan y Él les expulsó de donde moraban. Y dijimos Nosotros: «¡Fuera de aquí todos! Unos y otros enemigos seréis. Que por un tiempo sea la tierra vuestro hogar y sustento».

2. 37 Así recibió Adam de su *Rabb* las palabras y Él aceptó que a Él tornaran. Ciertamente, a Él se orientan, pura *rahma* Él es.

2. 38. Nosotros les dijimos: «¡Fuera de aquí todos! Cuando hacía vosotros una guía Mía venga, quien la siga no tendrá que temer ni sufrir,

2. 39. pero aquellos que sean cafres y nieguen Nuestros Signos, a esos los acompañará el Fuego por siempre».

2. 40. ¡Oh, hijos de Israel! Recordad cómo os concedí Mi favor, sed fieles al pacto que hicisteis conmigo y Yo seré fiel al pacto que hice con vosotros. ¡Y solo ante Mí rendíos!

2. 41. Confiad en lo que Yo he revelado confirmando lo que recibisteis. No seáis de los primeros en ser cafres. No cambiéis Mis Signos por nimiedades... ¡Y solo de Mí tened conciencia!

2. 42. Y no vistáis la verdad con falsedad, ni escondáis la verdad que vosotros conocéis.

2. 43. ¡Estableced la azalá! ¡Dad el azaque! Inclinaos con aquellos que se inclinan...

2. 44. ¿Acaso le decís a la humanidad aquello que es correcto y lo olvidáis vosotros? ¡Aun recitáis las Escrituras! ¿Es que no tenéis sensatez?

2. 45. Buscad ayuda en la paciencia y en la azalá. Y, ciertamente, es algo grande, mas no para los humildes,

2. 46. que son los que certeza tienen de encontrar a su *Rabb* y, ciertamente, quieren volver a Él.

2. 47. ¡Oh, hijos de Israel! Recordad cómo os concedí Mi favor y os preferí sobre los otros mundos.

2. 48. Sed conscientes del Día en que nadie podrá satisfacer al otro, en el que la intercesión no se aceptará como tampoco la compensación o ninguna ayuda.

2. 49. Y cuando os salvamos de las gentes del Faraón, que os afligían terribles sufrimientos, degollando a vuestros hijos y dejando con vida solo a vuestras mujeres... ¡Qué gran prueba de vuestro *Rabb* fue!

2. 50. Y cuando Nosotros partimos el mar y os salvamos, ahogando a las gentes del Faraón mientras vosotros mirabais.

2. 51. Y cuando llamamos a Musa durante cuarenta días, vosotros adorasteis a un áureo becerro ¡Cómo entrasteis en las tinieblas!

2. 52. Aun así, os aliviaremos vuestras faltas... Quizás, así, vosotros fueseis agradecidos...

2. 53. Y cuando le dimos a Musa el Libro y el criterio... Quizás, así, vosotros fueseis bien guiados...

2. 54. Y cuando Musa le dijo a su pueblo: «¡Oh, pueblo mío! ¿Cómo entrasteis en las tinieblas vosotros mismos al elegir al becerro? ¡Retornad a vuestro Sustentador y mataos los unos a los otros! Esto es lo mejor ante los ojos de vuestro *Rabb*, pues así os perdona. Él os hace retornar, Él es pura *rahma*».

2. 55. Y cuando dijisteis: «¡Oh, Musa! No creeremos hasta que nosotros no veamos a Allah cara a cara». Entonces el Rayo, mientras mirabais, se os llevó,

2. 56. luego os revivimos tras vuestra muerte. Quizás, así, vosotros fueseis agradecidos...

2. 57. Y os ensombrecimos con nubes sobre vosotros y Nosotros descendimos el Maná y las codornices... ¡Comed de las cosas saludables de las que os hemos proveído! No hicieron el mal contra Nosotros, sino consigo mismos.

2. 58. Y Nosotros os dijimos: «¡Entrad en este pueblo y comed todo lo que querais! Entrad por la puerta, prosternaos y decid: ¡Aliviadnos!». Así Nosotros aliviaremos vuestras faltas e incrementaremos la recompensa para los que el bien hacen.

2. 59. Pero aquellos que estaban en las tinieblas cambiaron las palabras que se les dijeron por otras. ¡Tremendo castigo del cielo es para los que obran con perversión!

2. 60. Y, cuando pidió agua Musa para su pueblo, Nosotros le dijimos: «¡Golpea con tu cayado la roca!», y doce manantiales brotaron de ella y cada una de la gentes conoció su lugar. ¡Comed y bebed de lo que Allah os da!, y ¡no actuéis perversamente en la tierra corrompiéndola!

2. 61. Y cuando dijisteis: «¡Oh, Musa! No aguantamos un solo tipo de alimento... Clama a tu *Rabb* que nos traiga algo de lo que en la tierra crece: verduras y pepinos, ajos, lentejas y cebollas...». Y él dijo: «¿Acaso cambiaréis algo tan mundano por lo excelso? ¡Id a Egipto y tendréis lo que pedís!». Y la humillación y la miseria les alcanzó, y fue sobre ellos la ira de Allah, pues eran cafres con los Signos de Allah y habían matado a los profetas sin derecho alguno, fueron desobedientes y transgresores.

2. 62. Ciertamente, aquellos que creen, y los judíos, los cristianos y los sabeos, todos creen en Allah y en el último Día, y son de los que obran bien. Así tendrán su recompensa junto a su *Rabb* y no habrá en ellos temor ni aflicciones.

2. 63. Y cuando tomamos el pacto con vosotros, levantamos la montaña sobre vosotros: «¡Aferraos con fuerza a aquello que os damos y recordad lo que dentro está! Quizás así tengáis conciencia de Allah».

2. 64. Luego, tras esto, os alejasteis volviendo atrás, mas, si no llega a ser por el favor de Allah sobre vosotros y Su *rahma,* seríais, de hecho, de los perdedores.

2. 65. Y, ciertamente, sabéis de aquellos de entre vosotros que violaron el *sabbat*, así les dijimos Nosotros: «¡Seréis como simios desorientados!».

2. 66. Así un ejemplo hicimos Nosotros para aquellos que frente a ellos estaban y los que vinieron después. ¡Sea una exhortación para aquellos que tienen conciencia de Allah!

2. 67. Y cuando Musa le dijo a su gente: «¡Ciertamente, Allah os ordena que sacrifiquéis una becerra!», ellos le respondieron: «¿Te estás riendo de nosotros?». A lo que él dijo: «¡Protéjame Allah de ser un ignorante!».

2. 68. Ellos le dijeron: «Pregunta de nuestra parte a tu *Rabb* que nos muestre cómo debe ser ella». Él respondió: «Él dice, en verdad, que es una becerra, que no es vieja ni joven, sino que entre ambas está. ¡Haced lo que se os ordena!».

2. 69. Ellos le dijeron: «Pregunta a tu *Rabb* de nuestra parte que nos muestre el color que ha de tener». Él respondió: «Él dice, en verdad, que es una becerra de un amarillo vibrante, que agrade a quien la contemple».

2. 70. Ellos le dijeron: «Pregunta a tu *Rabb* de nuestra parte que nos muestre la que es, pues, ciertamente, todas las becerras nos parecen iguales. Si Allah quiere, seremos de los que tienen buena guía».

2. 71 Él respondió: «Él dice, en verdad, es una becerra sin mácula, pues no se ha usado para labrar la tierra ni portar el agua». Ellos le dijeron: «¡Portas la verdad!», y la sacrificaron, si bien estuvieron a punto de no hacerlo.

2. 72. Y cuando vosotros matasteis un hombre y os acusabais los unos a los otros, es Allah quien muestra todo lo que ocultáis.

2. 73. Así, Nosotros os dijimos: «¡Golpeadlo con un pedazo de la becerra!». Es así como Allah devuelve la vida a los muertos y os muestra Sus Signos… Quizás comprendáis…

2. 74. Luego de esto, se endurecieron vuestros corazones, volviéndose como rocas o aún más fuertes en su dureza. Y, en verdad, hay piedras de las que emanan ríos, otras se quiebran y de ellas el agua sale, y otras que se rompen por humildad ante Allah. Y Allah atento está a lo que vosotros hacéis.

Hizb 2

2. 75. ¿Esperáis que se os crea, cuando algunos de los que escuchaban las palabras de Allah luego las alteraban, aun comprendiéndolas?

2. 76. Y es que cuando ellos se encuentran a un creyente les dicen: «¡Nosotros creemos!», mas cuando en privado se encuentran con los suyos, dicen: «¿Acaso vais a contar lo que Allah ha revelado? Podrían usarlo contra vosotros ante vuestro *Rabb*… ¿No tenéis razón?».

2. 77. Mas ¿no conocen, ciertamente, que Allah conoce todo lo que ocultan y muestran?

2. 78. Hay entre ellos analfabetos que no conocen el Libro, solo desean fantasear y no hacen otra cosa que suponer.

2. 79. Pues ¡ay de los que escriben la escritura con sus manos! y luego van diciendo: «¡Esto proviene de Allah!», y luego lo venden por un precio bajo! ¡Ay de eso que sus manos escribieron!, y ¡ay de lo que produjeron!

2. 80. Y dicen ellos: «Nos tocará el Fuego, pero pocos días». Di: «¿Acaso os lo ha prometido Allah? Allah nunca rompe Su pacto. ¿O mencionáis algo de Allah que ni siquiera sabéis?»,

2. 81. ¡ay que sí! Quienes obraron mal y sean asediados por sus errores vivirán, eternamente, en el Fuego,

2. 82. y quienes hayan confiado y obrado bien, ellos vivirán, eternamente, en el Jardín.

2. 83. Y cuando pactamos con los hijos de Israel: «¡No reconozcáis a otro que no sea Allah! Con vuestros padres sea solo la excelencia, lo mismo que con vuestros parientes, a los huérfanos y los necesitados ¡tratadlos con dulzura! Y estableced la azalá y entregad el azaque». Aun así, os desviasteis, excepto algunos, y lo rechazasteis.

2. 84. Y cuando pactamos con vosotros: «¡No derraméis la sangre del otro ni os desahuciéis de vuestras casas los unos de los otros!». Así lo ratificasteis, testigos sois.

2. 85. Mas ahora sois vosotros los que a los otros matan y desahuciáis de sus casas a algunos de los vuestros, apoyáis a quien va contra ellos con crímenes y agresiones. Si ellos son vuestros prisioneros, ¿los liberais? El desahuciarlos te era prohibido. ¿Acaso creéis en una parte del Libro y en otra no? Sea la recompensa de la desgracia en esta vida mundana, que ya el Día de la Alzada se os hará retornar a un tremendo castigo... Y Allah atento está a lo que vosotros hacéis.

2. 86. Esos son los que han comprado la vida mundana en vez de la próxima. ¡Ay, no! No se aligerará el tormento ni encontrarán quien les auxilie.

2. 87. Y, ciertamente, le dimos a Musa el Libro y Nosotros enviamos tras él mensajeros. Y le otorgamos a 'Isa, hijo de Maryam, pruebas claras y le sostuvimos con el Espíritu Santo. ¿Por qué, cuando un mensajero os trae algo que no os gusta, os volvéis arrogantes llamándoles impostores a unos o asesinando a otros?

2. 88. Y ellos responden: «Nuestros corazones son impenetrables». ¡Ay, no! Les maldijo Allah por ser cafres, pues muy poco confían...

2. 89. Y cuando vino a ellos un Libro que provenía de Allah, el cual confirmaba lo que tenían, mientras clamaban por una victoria contra los cafres, ni caso le hicieron. ¡Sea la maldición de Allah sobre los cafres!

2. 90. Mal negocio hacéis con vosotros mismos, pues siendo cafres con lo que descendió Allah, pues os rebeláis porque Allah favoreció a los que quiso de entre Sus siervos. Pero vosotros en Su ira incurrís. Y para los cafres un castigo humillante hay.

2. 91. Cuando se les dice: «¡Aferraos a lo que descendió Allah!», ellos responden: «Creemos en los que se ha descendido». Mas, son cafres con lo que viene detrás, que es la Verdad, confirmándoles aquello que tenían. Di: «¿Por qué asesinasteis a los profetas de Allah si antes erais creyentes?».

2. 92. Y, en verdad, os aportó Musa pruebas claras, pero optasteis por el becerro de oro en vez de Él, ¡qué impíos fuisteis!

2. 93. Y cuando pactamos con vosotros y se alzó la montaña sobre vosotros: «¡Mantened lo dado y escuchad!», y ellos respondieron: «Oímos y no obedeceremos». Absorbieron vuestros corazones, por haber sido unos cafres, el amor por el becerro de oro. Di: «Nefasto es lo que ordena vuestra creencia si es que sois creyentes».

2. 94. Di: «Si vuestra morada próxima junto a Allah es solo para vosotros excluyendo a los otros: ¡Sed sinceros! ¡Desead la muerte!».

2. 95. Mas, nunca la desearán por lo que sus manos hicieron. Que bien conoce Allah a los criminales.

2. 96. Y verás como estos son los más codiciosos con la vida, más que los idólatras. Una vida de mil años ellos anhelan, pero ni eso los librará del castigo. Y Allah observa bien sus acciones.

2. 97. Di: «Si alguien fuere enemigo de Jibril, quien descendió el Mensaje a tu corazón con el permiso de Allah como lo hizo con lo que antes les vino y que para los creyentes es buena nueva,

2. 98. si alguien fuere enemigo de Allah, de Sus ángeles, de Sus mensajeros, de Jibril y Mikail, sea Allah enemigo de los cafres».

2. 99. Y así Nosotros descendimos sobre ti Signos clarificados que tan solo los cafres pueden negar.

2. 100. ¿Cómo es que cuando hacen un pacto algunos de ellos lo rompen? ¡Ay, no! La mayoría son cafres…

2. 101. Y cuando se les envía un Mensajero de parte de Allah confirmándoles lo que se les había enviado, un grupo de ellos a los que les dimos el Libro, el Libro de Allah lo esconden en sus espaldas como si nada supieran,

2. 102. y siguen las historias de los shaytanes sobre el reino de Sulayman. Y no, no fue un cafre Sulayman, pues solo los shaytanes fueron cafres. Ellos enseñaron la hechicería a la gente y lo que se reveló a los dos ángeles, Harut y Marut, en Babilonia. Ambos jamás enseñaron a nadie sin advertirles que era una tentación y que ¡no fuesen cafres! De ellos aprendieron a cómo hacer romper a un hombre con su esposa, aun con ello no dañaban a nadie sino a quien Allah quería. Aprendieron aquello que les dañaba y no lo que les beneficiaba y llenos de conocimiento sabían que quien eso tomaba no tendría lugar en el Más Allá. ¡Qué mal negocio para sí mismos han hecho! Si tan solo supieran…

2. 103. Y si hubieran confiado y hubieran sido conscientes de Allah, qué recompensa de Él hubieran tenido. Si tan solo supieran…

2. 104. ¡Oh, vosotros que creéis! No digáis: «Míralos» sino «míranos», y escuchadle, pues qué tremendo castigo para los cafres habrá.

2. 105. Los cafres, tanto de la gente del Libro como de los idólatras, no desean nada bueno que provenga de vuestro *Rabb*, mas la *rahma* se la da Allah a quien quiere. Y es Allah de la excelsa generosidad el poseedor.

2. 106. Si Nosotros abrogamos alguna aleya o la hacemos olvidar, traemos una mejor o similar. ¿Acaso no sabes que Allah sobre toda cosa es poderoso?

2. 107. ¿Acaso no sabes que de Allah son los reinos de los cielos y la tierra y que no hay, fuera de Él, protección o auxilio?

2. 108. ¿O es que preferís preguntar al Mensajero, como Musa fue preguntado antes? Quien cambie ser un creyente por un cafre, yerra del recto sendero.

2. 109. A muchos de la gente del Libro les gustaría convertiros en cafres tras haber sido creyentes simplemente por envidia, aunque bien saben de la Verdad evidente. Así que haced olvidad y obviadlos hasta que Allah cumpla su mandato. Ciertamente, Allah sobre toda cosa es poderoso.

2. 110. ¡Estableced la azalá! ¡Otorgad el azaque! Y todo el bien que hagáis se guardará para vosotros mismos, lo encontraréis en Allah. Ciertamente, Allah ve todo lo que hacéis, pues todo lo ve.

2. 111. Y dicen: «Nadie entrará en el Jardín solo si es judío o solo si es cristiano», esos sus vanos anhelos son. Di: «¡Traedme una prueba si, ciertamente, estás diciendo la verdad!».

2. 112. ¡Ay que sí! Quien se pacifique directamente en Allah y haga el bien una recompensa tendrá de su *Rabb*. Nada tendrán que temer y no habrá tristeza alguna.

2. 113. Y dicen los judíos: «Nada sustenta a los cristianos», y dicen los cristianos: «Nada sustenta a los judíos». Así leen las Escrituras y los que carecen de conocimiento lo mismo dicen. Mas, Allah les juzgará el Día de la Alzada sobre aquello que disentían.

2. 114. ¿Hay alguien más vil que aquel que prohíbe en las mezquitas de Allah mencionar Su nombre y se empeña en destruirlas? Esa gente no debe entrar a no ser que teman... Ruina haya para ellos en este mundanal mundo y en el próximo un excelso castigo.

2. 115. Y de Allah son la axarquía y la agarvía, así donde quieras que te vuelvas estará la faz de Allah. Ciertamente, es Allah el que todo lo oye, el que todo lo sabe.

2. 116. Y dicen: «Ha tomado Allah un hijo...». ¡Alabado sea Él! ¡Ay, no! Suyos son los cielos y la tierra, todo a su voluntad obedece.

2. 117. Creador de los cielos y la tierra, cuando Él decreta algo tan solo dice: «¡Sé!», y es.

2. 118. Los que no tienen el conocimiento dicen: «¿Por qué no nos habla Allah o viene a nosotros un signo?». Lo mismo decían sus ancestros, que similares son sus corazones. De hecho, esclarecimos Nuestras pruebas para gente que de verdad cree.

2. 119. Ciertamente, Nosotros te enviamos a ti con la Verdad, portador de buenas nuevas eres y advertencias para ellos. No se te preguntará por ninguno de los habitantes de la Gehena.

2. 120. Nunca estarán satisfechos contigo ni judíos ni cristianos mientras no sigas sus creencias. Di: «Ciertamente, de Allah es la Guía», y si sigues las pasiones después de que el conocimiento llegue a ti, no tendrás protección ni ayuda en Allah.

2. 121. Aquellos a los que les dimos la Escritura y la recitan como debe ser recitada, esa es gente que cree. Y, en cambio, los cafres son los perdedores.

2. 122. ¡Oh, hijos de Israel! Recordad el favor que os otorgué a vosotros prefiriéndoos sobre otros mundos.

2. 123. Sed conscientes de un Día en el que nadie podrá satisfacer a otro. Ninguna compensación será aceptada, ni habrá intercesión, ni auxilio alguno.

2. 124. Así probó a Ibrahim su *Rabb* con palabras. Cuando las cumplió, Él le dijo: «Ciertamente, Yo, quien te hizo, te haré guía para la humanidad», y el respondió: «¿Y a mi descendencia?». Y Él le contestó: «Mi pacto no se extiende a los impíos».

2. 125. E hicimos de la Casa lugar de encuentro y refugio para la humanidad. Y: «Del lugar de Ibrahim haz un lugar de azalá». Así hicimos un pacto con Ibrahim y con Ismail, quienes purificaron Mi Casa para aquellos que harán *tawaf*, los que permanecieren, los que se inclinan y se prostran.

2. 126. Y así dijo Ibrahim: «¡*Rabb* mío! Haz de esta tierra segura y da prosperidad a su gente con frutos para aquellos que crean en Allah y en el último Día». Dijo: «Y aquellos que cafres son disfrutarán breve tiempo y luego les empujaré al Fuego castigador. ¡Qué terrible final!».

2. 127. Y cuando fue alzada por Ibrahim e Ismail los cimientos de La Casa y dijeron: «¡*Rabb* nuestro! Acepta esto de nosotros pues, ciertamente, eres el que todo lo oye, el que todo lo sabe.

2. 128. ¡*Rabb* nuestro! En Ti pacifícanos, pacifica como una comunidad a nuestras generaciones, enséñanos los ritos y oriéntate hacia Nosotros. Ciertamente, eres Tú quien vuelve, tan matricial…

2. 129. ¡*Rabb* nuestro! Alza entre ellos a un Mensajero, que recite tus aleyas y les haga conocer el Libro purificándoles con Sabiduría. En verdad, Tú eres el más Poderoso, eres el más Sabio».

2. 130. ¿A quién podría disgustarle la creencia de Ibrahim? ¡Solo a un necio! Así Nosotros le elegimos para este mundo y para el próximo será de los justos.

2. 131. Cuando su *Rabb* le dijo: «¡Entrégate!», respondió: «Me entrego al *Rabb* de todos los Mundos».

2. 132. E Ibrahim a sus hijos, e incluido fue Yaqub, dijo: «¡Oh, hijos míos! Ciertamente, Allah os ha escogido para este *din*. ¡No muráis mientras no estéis pacificados!».

2. 133. ¿O es que acaso podéis dar testimonio de lo que ocurrió cuando a Yaqub le sobrevino la muerte? Dijo a sus hijos: «¿A quién reconoceréis después de que me vaya?», y ellos respondieron: «Reconoceremos a tu Dios, Dios de tus antepasados, de Ibrahim, de Ismail y de Ishaq, pues Uno es lo divino y nosotros nos pacificamos en Él».

2. 134. Esa comunidad ha pasado, recibió lo que le correspondía como vosotros recibiréis lo que os corresponderá, mas no seréis preguntados por lo que ellos hicieron.

2. 135. Y dicen: «Si sois judíos o cristianos bien guiados seréis», pero di: «¡Ay, no! La creencia de Ibrahim es la de *hanif* y él no era un idólatra».

2. 136. Responded: «Nosotros creemos en Allah y en lo que nos ha descendido, en lo que se le descendió a Ibrahim, a Ismail, a Ishaq, a Yaqub y a las tribus, y en lo que se reveló a Musa y a 'Isa, y en lo dado a los profetas por su *Rabb*. No hay distinción entre ellos y nos pacificamos en Él».

2. 137. Pues si creen en lo que tú crees bien guiados serán. Mas, si dan la espalda, entonces habrán errado enfrentándose. Te bastará Allah contra ellos, pues Él es quien todo lo oye, quien todo lo sabe.

2. 138. ¡Teñido por Allah todo está! ¿Quién mejor que Allah para teñir? Y somos Nosotros de aquellos que a Él reconocemos.

2. 139. Di: «¿Nos vais a discutir sobre Allah, siendo *Rabb* nuestro y también *Rabb* vuestro? Sean para nosotros nuestras acciones, sean las vuestras para vosotros. Sinceros somos hacia Él.

2. 140. ¿Acaso diréis de Ibrahim, Ismail, Ishaq y Yaqub y las Tribus que fueron judíos o cristianos?». Diles: «¿Acaso sabéis vosotros más que Allah? ¿Hay alguien tan vil que aquel que esconde

un testimonio dado por Allah? Y es que Allah no olvida las acciones que hacéis».

2. 141. Esa comunidad ha pasado, recibió lo que le correspondía como vosotros recibiréis lo que os corresponderá, mas no tendréis que responder por lo que ellos hicieron.

Juz 2

Hizb 3

2. 142. Te dirán los necios de entre las gentes: «¿Qué te hizo cambiar la quibla de donde la solías tener?». Di: «De Allah son la axarquía y la agarvía. Él guía a quien quiere por recto sendero».

2. 143. Y así, como una comunidad equilibrada, Nosotros os constituimos para que seáis testigos a la humanidad y para que el Mensajero dé testimonio de vosotros. Nosotros no dispusimos la quibla hacia la que antes te orientabas, sino para saber quién seguía los pasos del Mensajero de quien la espalda le daba. En verdad, gran prueba es, pero no para aquellos a quien Allah guía. Allah no marchitará vuestra creencia. Ciertamente, es Allah con la humanidad pura suavidad, tan matricial...

2. 144. Cuántas veces vimos como tu rostro se orientaba al cielo, mas Nosotros haremos que tengas una quibla que plenitud te dé. ¡Orienta tu rostro a la Inviolable Mezquita! ¡Donde quiera que estéis orientad vuestros rostros en esa dirección! En verdad, a aquellos a los que se les dio el Libro conocen, ciertamente, que la Verdad proviene de su *Rabb.* Y Allah no es ignorante de lo que hacéis.

2. 145. Aunque aportes lo que se te ha dado en el Libro con todos Sus Signos, ellos no podrán seguir tu quibla, ni tú deberás seguir la suya, pues no seguirán la quibla de otros. Si tú siguieras sus vacuos deseos, después de todo el conocimiento que vino a ti, ciertamente, tú serías de los impíos.

2. 146. Aquellos a los que les otorgamos el Libro la conocen tan profundamente como conocen a su prole. Y, aun así, un grupo de ellos esconden la Verdad sabiéndola.

2. 147. La Verdad es de tu *Rabb*. Así que no seas de aquellos que dudan...

2. 148. Cada comunidad tiene una quibla hacia la que orientarse. ¡Competid en el bien! Allá donde estéis Allah os unirá. En verdad, Allah sobre toda cosa es poderoso.

2. 149. De cualquier sitio que partas, ¡orienta tu rostro hacia la Inviolable Mezquita! Cierta es la Verdad que proviene de tu *Rabb*. Y Allah no es ignorante de lo que hacéis.

2. 150. De cualquier sitio que partas, ¡orienta tu rostro hacia la Inviolable Mezquita! Da igual donde estéis, orientad vuestro rostro hacia ella, así nadie podrá decir nada contra vosotros, excepto aquellos que viles son. Así que no os humilléis ante ellos, sed vosotros humildes ante Mí. Y así otorgaré Mi bendición sobre vosotros y quizás seáis bien guiados.

2. 151. Ya os enviamos, entre vosotros, a un Mensajero que recita Nuestras aleyas para purificaros y enseñaros el Libro y la Sabiduría. Os enseña cosas que ni siquiera sabíais.

2. 152. Así que ¡recordadme y Yo os recordaré! ¡Agradecedme y no seáis ingratos!

2. 153. ¡Oh, vosotros que creéis! Ayudaos con la paciencia y la azalá. En verdad, Allah está con los pacientes,

2. 154. y no digáis de quienes han muerto por la senda de Allah que han muerto... ¡Ellos viven! Pero no lo percibís...

2. 155. Y así os probaremos, seguramente, con miedo, con hambre, perdiendo vuestras vidas y cosechas, mas Nosotros daremos buena nueva a los que pacientes son,

2. 156. aquellos que cuando os golpea la desgracia dicen: «Ciertamente, de Allah somos y a Él tendremos que volver»,

2. 157. son aquellos sobre los que serán la azalá de su *Rabb* y su *rahma*. Son ellos los que en buena guía están.

2. 158. En verdad, *Safa* y *Marwa* son símbolos de Allah. Cualquiera que hace *Hajj* o la *Umrah* a la Casa, no tiene problema en hacer *tawaf* entre ellas. Y si uno, desde su voluntad, lo hiciera será recompensado por Allah quien es el que más agradece, quien todo conoce.

2. 159. Ciertamente, a aquellos que ocultan lo que Nosotros hemos revelado y la buena guía, después de clarificarla a la humanidad en el Libro, los maldice Allah y los otros lo maldicen también,

2. 160. pero, si se orientan, reformándose, diciendo la verdad, a esos Yo haré volver. Yo soy al que se retorna, Yo soy matricial.
2. 161. Ciertamente, quien sea un cafre y muera siéndolo, sobre ellos sea la maldición de Allah, la de los ángeles y la humanidad en su conjunto.
2. 162. En ella permanecerán eternamente, no se aligerará el castigo ni espera posible habrá.
2. 163. Vuestra divinidad solo es un Uno. No hay otros dioses sino Él, el *Rahman*, el *Rahim*.
2. 164. En verdad, en la creación de los cielos y la tierra; en la alternancia de las noches y los días; en los barcos que por el mar navegan con aquello que beneficia a la humanidad; en el agua que Allah desciende del cielo, agua que vivifica después la tierra yerma extendiéndose toda clase de seres sobre ella; en la dirección de los vientos y las nubes subyugadas entre el cielo y la tierra hay Signos para gente que tienen razón.
2. 165. Mas, gente hay que toma, fuera de Allah, a otros como si fueran Él. Ellos le aman como aman a Allah. Y los creyentes aman con más fuerza a Allah. Si pudieran ver los impíos el castigo, pues todo poder es de Allah y, en verdad, es Allah quien severamente ajusticia.
2. 166. Aquellos a los que les siguieron eximidos serán de responsabilidad cuando vean el castigo y se rompa la relación que les unía.
2. 167. Entonces, los seguidores les dirán: «Si pudiéramos tener una última oportunidad, no somos responsables, como ellos dicen de nosotros». Mas, Allah sus obras mostrará a su pesar… ¡Por toda la eternidad en el Fuego permanecerán!
2. 168. ¡Oh, humanidad! Comed de la tierra lo que os es lícito y saludable y no sigáis los pasos del Shaytan. En verdad, enemigo declarado él es para vosotros.
2. 169. Solo os ordena lo malo y lo humillante, y que digáis contra Allah aquello que no sabéis.
2. 170. Y cuando se les dice a ellos: «¡Seguid lo que ha revelado Allah!», responden: «¡Ay, no! Seguiremos la cultura de nuestros padres», y ¿si sus padres no hubieran comprendido nada y no tuvieran buena guía?

2. 171. Un ejemplo son los cafres que es como cuando a uno grita, mas no oye otra cosa que su grito: sordos, mudos y ciegos son, no entienden nada.

2. 172. ¡Oh, vosotros que creéis! ¡Comed lo que es saludable de entre lo que os hemos provisto y agradeced a Allah! Si es que a Él solo reconocéis.

2. 173. Solo os ha prohibido la carroña y la sangre, la carne de puerco y toda carne que no haya sido ofrecida a Allah, pero, si por necesidad desobedecéis, no incurrís en delito por eso. Ciertamente, es Allah el que toda falta alivia, tan matricial...

2. 174. Ciertamente, aquellos que ocultan lo que ha revelado Allah en el Libro y lo venden por nimiedades, les saciarán sus vientres con Fuego, no les hablará Allah el Día de la Alzada y Él no les purificará. ¡Qué doloroso castigo tendrán!

2. 175. Estos son aquellos que cambiaron la buena guía por el extravío, el olvido de sus errores por el castigo. ¿Cómo pueden ser tan pacientes frente al Fuego?

2. 176. Esto es porque Allah reveló su Libro con la Verdad. Y, ciertamente, quienes polemizan sobre la Escritura se oponen, alejándose.

2. 177. La virtud no es que orientes tu rostro en quibla a la axarquía y la agarvía, sino en que confíes en Allah y en el último Día, y en los ángeles y en el Libro y en los profetas. Que des bienes, por mucho apego que les tengas, a la familia, a los huérfanos, a los necesitados, a los viajeros, mendigos y esclavos. Que establezcas la azalá y otorgues el azaque, que cumplas los pactos otorgados, siendo paciente en la desgracia, en la adversidad y en tiempos de tribulaciones. Esos son creyentes sinceros, esos son los que tienen conciencia de Allah.

2. 178. ¡Oh, vosotros que creéis! Se ha dictado sobre vosotros la ley de la retribución en casos de asesinato: el hombre libre por el hombre libre, el esclavo por el esclavo, la mujer por la mujer. Mas, si el culpable es perdonado por el hermano agraviado, que se cumpla de justa manera y el culpable pague la deuda con buena voluntad. Así vuestro *Rabb* mitiga, es pura *rahma*, mas, si después volviera a delinquir, que un doloroso castigo para él sea.

2. 179. Esta ley de la retribución es vida ¡Oh, hombres de corazón cuerdo! Quizás así tengáis conciencia de Allah.

2. 180. Se ha dictado sobre vosotros que, cuando la muerte se aproxime, hagáis testamento en favor de vuestros padres y familia según lo prescrito. Es deber para aquellos que tienen conciencia de Allah.

2. 181. Si alguno lo alterase, luego de haberlo oído, un crimen cometerá aquel que lo cambie. Ciertamente, Allah todo lo oye, todo lo sabe.

2. 182. Pero, si alguien teme que el testador esté en un error o una injusticia y arreglase un acuerdo entre los herederos, no comete un crimen. Ciertamente, es Allah el que toda falta alivia, tan matricial...

2. 183. ¡Oh, vosotros que creéis! Se ha dictado sobre vosotros el ayuno, al igual que vuestros ancestros. Quizás así tengáis conciencia de Allah.

2. 184. Ayunad ciertos días, quien de vosotros esté enfermo o de viaje que lo haga en otros. Y los que aun pudiendo no lo hagan, que a un necesitado alimenten. Y si uno así hace el bien, qué bueno será para él. Mas, ayunar os conviene. Si conocierais...

2. 185. En el mes de Ramadán os fue revelado el Corán como guía para la humanidad y prueba evidente de buena guía y discernimiento. Cuando quien sea testigo de este mes, entonces, que se ayune, pero quien esté enfermo o de viaje, que haga igual número de días después. Allah quiere para vosotros facilidad y no la dificultad, completad igual número de días y engrandeced a Allah por haberos guiado. Quizás así seáis agradecidos.

2. 186. Y cuando te pregunten Mis siervos por Mí, estoy cerca y siempre cuando alguien Me invoca a la invocación respondo. Así que dejadme responder y confiad en Mí. Quizás así sean bien guiados.

2. 187. Permitido os está por las noches, tras el ayuno, yacer con vuestras esposas. Ellas son vestiduras para vosotros, como vosotros sois para ellas. Allah sabía cómo os engañabais vosotros mismos, mas Él ha vuelto a vosotros y os ha perdonado. Ahora podréis yacer con ellas, como os ha ordenado Allah, y comer y

beber hasta que despunte el fino hilo del alba distinguiendose de la oscuridad de la noche. Entonces ayunad hasta la caída de la noche. No yazcáis con ellas cuando de retiro en las mezquitas estéis. Lindes dispuestos por Allah estas sean, así que no os excedáis. Allah explica, de esta manera, Sus Signos a la humanidad. Quizás así tengan conciencia de Él.

2. 188. No os apropiéis, injustamente, de la propiedad de otros. Ni con ella sobornéis a los jueces para apropiaros de los bienes de la gente ilegalmente a sabiendas...

2. 189. Te preguntan sobre las lunas nuevas, diles: «Demarcan a la humanidad los tiempos y el *Hajj*». La virtud no consiste en entrar, por la puerta de atrás, en las casas, sino que el virtuoso es el que tiene conciencia de Allah. ¡Entrad en casas por la puerta principal y sed conscientes de Allah! Quizás así prosperéis...

2. 190. Y lidiad por el favor de Allah contra quienes os ataquen, pero no excedáis los límites. Allah no ama a quienes se exceden.

2. 191. Derrotadlos allá donde se encuentren, expulsadlos de donde os expulsaron, pues la *fitna* es peor que el asesinato. No combatáis cerca de la Inviolable Mezquita, a no ser que allí os ataquen. Si combaten contra vosotros, derrotadles, recompensa es para los cafres,

2. 192. mas, si se rinden, Allah toda falta alivia, es pura *rahma*.

2. 193. Derrotadlos hasta que no hagan más *fitna* y acepten el *din* de Allah, si se rinden que, ciertamente, no haya más lizas salvo para los criminales.

2. 194. El mes inviolable por otro mes inviolable y que las faltas sean bajo la ley de la retribución. Si alguien os atacase, atacadle como él lo hizo. Tened conciencia de Allah, pues, ciertamente, Allah está con los que tienen conciencia.

2. 195. Gastad por el favor de Allah y no contribuyáis con vuestras manos a la corrupción. Y haced el bien, pues Allah ama a los que hacen el bien.

2. 196. Haced el *Hajj* y la *Umrah* por Allah. Si os fuera imposible, haced un sacrificio según vuestros medios. No os afeitéis la cabeza hasta que la res no llegue al sacrificio. Si alguno de vosotros estuviera enfermo o tuviera una dolencia en la cabeza,

que dé limosna, ayune u ofrezca un sacrificio. Si estáis bien, aprovechad para hacer la *Umrah,* mientras llega el *Hajj*, y que ofrezca un sacrificio que pueda permitirse. Si no tuviera qué sacrificar, que ayune tres días durante el *Hajj* y siete a su regreso, durante diez días. Esto es para el que no viva cerca de la Inviolable Mezquita. ¡Tened conciencia de Allah! ¡Conoced que, ciertamente, es Allah quien es severo en la retribución!

2. 197. El *Hajj* se hará en los meses prescritos, quien decida hacerla se abstendrá de las relaciones carnales, de la impiedad y de la vana discusión. Allah bien conoce todo lo que hacéis. Aprovisionaos bien, mas la mejor provisión es la conciencia de Allah... ¡Sed conscientes de Mí, oh, hombres de corazón cuerdo!

2. 198. Ninguna falta cometéis cuando anheláis la generosidad de vuestro *Rabb.* Y, cuando partáis de *'Arafat*, recordad a Allah en el Sagrado lugar, ¡recordad cómo os guió!, y cómo fuisteis antes tan errados...

2. 199. ¡Partid, después, con la otra gente! ¡Pedid que vuestras faltas Allah olvide! Ciertamente, es Allah quien alivia todos los errores, es pura *rahma*...

2. 200. Así, cuando hayáis completado vuestros ritos, ¡recordad a Allah como lo hacéis con vuestros ancestros o con más grande recuerdo! Y en la humanidad hay quienes dicen: «¡*Rabb* nuestro! Danos este mundo material», para ellos nada habrá en el próximo,

2. 201. mientras que los que dicen: «¡*Rabb* nuestro! Danos el bien en este mundo material y el próximo, y protégenos del castigo del Fuego»,

2. 202. estos tendrán según fueron sus méritos. Y Allah presto es en saldar las cuentas.

Hizb 4

2. 203. Recordad a Allah en ciertos días. Si lo adelantáis un par de días, no hacéis mal alguno, ni mal alguno para aquel que se retrase habrá. Y sed conscientes de Allah para que Él sea consciente, conoced que vosotros compareceréis ante Él.

2. 204. Y entre la humanidad hay a quien disfruta hablando de esta vida mundana, mas es Allah testigo de lo que en su corazón hay. Es él un polemista, un oponente.

2. 205. Así, cuando da la espalda, se esmera en extender la corrupción en la tierra y anegar las cosechas y el ganado. Y Allah no ama la corrupción.

2. 206. Cuando se le dice: «¿Eres consciente de Allah?», le posee una arrogancia maligna. Baste para él la Gehena... ¡Qué calamitoso lecho!

2. 207. Y entre la humanidad hay quien se entrega a sí mismo con el objetivo de agradar a Allah. Y es Allah amable con los que le sirven.

2. 208. ¡Oh, vosotros que creéis! ¡Pacificaos por completo y no sigáis los pasos del Shaytan! En verdad, enemigo declarado él es para vosotros.

2. 209. Mas, si después de estas evidencias clarificadas yerraseis, conoced que, ciertamente, Allah es poderoso, es Sabio.

2. 210. ¿Acaso esperan que Allah y sus ángeles vengan a ellos entre las sombras de las nubes? Ya está decretado todo y todo a Allah habrá de retornar.

2. 211. Pregunta a los hijos de Israel cuántos Signos clarificados Nosotros les dimos. Si uno cambia la bendición de Allah, aun después de recibirla, tremendo castigo recibirá de Allah.

2. 212. Engalanan los cafres la vida mundana y ridiculizan a los creyentes, pero aquellos que son conscientes de Allah estarán sobre ellos el Día de la Alzada. Y es Allah el que da sin límite a quien Él quiere.

2. 213. La humanidad está conformada por una sola comunidad, alzó Allah profetas, portadores de buenas nuevas que os exhortaban e hizo descender el Libro con Verdad y Sabiduría para la humanidad que discrepaba. Solo aquellos que discrepaban, tras signos evidentes que llegaron a ellos, se convirtieron en rivales. Así quiso Allah guiar hacia la Verdad a los creyentes frente a los que discrepaban. Allah dirige a quien Él quiere por recto sendero.

2. 214. ¿Acaso pensáis que entraríais en el Jardín sin pasar por lo que pasaron vuestros ancestros? Sufrieron desgracia y dureza, y

fueron agitados hasta que el Mensajero y los creyentes dijeron: «¿Cuándo vendrá la ayuda de Allah?». No hay duda de que la ayuda de Allah próxima está.

2. 215. Te preguntan qué deben dar, di: «Aquello que deis que sea por vuestros padres, familia, huérfanos, necesitados y viajeros». Y todo lo que hacéis bien Allah lo conoce.

2. 216. Se ha dictado sobre vosotros que combatáis, aunque os disguste. Puede que lo que os disguste sea bueno para vosotros y algo que améis sea malo para vosotros. Y es que Allah sabe y vosotros no sabéis.

2. 217. Te preguntan sobre si combatir en *Muharram*, di: «Combatir en este mes es una falta terrible, pero obstaculizar el camino de Allah y ser un cafre en la Inviolable Mezquita, expulsando a la gente de ella, es peor ante Allah, pues la *fitna* es peor que matar». Si fuesen capaces, no pararían de hostigaros hasta conseguir que os deis la espalda a vuestro *din*. ¡Vanas sean las obras, en este mundo mundano y en el que habrá de venir, de los traidores al *din* que mueran como cafres! ¡Compañeros del Fuego por toda la eternidad serán!

2. 218. Mas, quienes creyeron y se exiliaron, esforzándose por la senda de Allah, pueden esperar la *rahma* de Allah. Y es Allah el que toda falta hace aligera, tan matricial…

2. 219. Te preguntan acerca de las bebidas alcohólicas y los juegos de azar, di: «En ambas hay un gran perjuicio y algunos beneficios para la humanidad, el perjuicio de ambas es mayor que sus beneficios». Te preguntan que deben dar, di: «El excedente». De esta forma Allah os explica Sus Signos. Quizás así reflexionéis

2. 220. sobre este mundo material y el más allá. Te preguntan acerca de los huérfanos, di: «Bueno es mejorar su posición, mas, si mezcláis vuestros bienes con los suyos, tratadlos como hermanos». Bien distingue Allah al corrupto del excelente. Si Allah hubiera querido, habría dispuesto dificultades, pues de Allah es el poder, es la sabiduría.

2. 221. Y no os caséis con mujeres idólatras hasta que crean. Una esclava creyente es mejor que una idólatra libre, incluso os guste más ella. No os caséis con idólatras hasta que crean. Un

esclavo creyente es mejor que un idólatra libre, incluso él os guste más. Ellos invocan al Fuego para vosotros, mientras que Allah para vosotros invoca al Jardín y os aliviará vuestros errores si Él quiere. Así explica Sus Signos a la humanidad. Quizás así os beneficiéis del recuerdo...

2. 222. Te preguntan acerca de la menstruación, di: «Dolorosa es, no yazcáis con vuestras mujeres durante su menstruación. No tengáis relaciones hasta que estén purificadas, mas, cuando purificadas estén, id a ellas como os lo ha ordenado Allah». Allah ama a quienes vuelven a Él y a quienes en pureza están.

2. 223. Sean vuestras mujeres para vosotros como tierra labrada, así que id a la tierra labrada plenos y haced algo bueno para ambos. Sed conscientes de Allah y conoced que con Él os habréis de encontraros, anunciad la buena nueva a los creyentes.

2. 224. Y que no sea un juramento por Allah la excusa para no ser virtuoso y bueno hacia la humanidad. Y Allah todo oye, todo lo sabe.

2. 225. Mas, no valorará los juramentos vanos, sin embargo, sí contará lo que se produjo en vuestros corazones. Y Allah toda falta alivia, Él es tolerante.

2. 226. Aquellos que juren que no se aproximarán a sus esposas tendrán cuatro meses, pero, si se retractaran, es Allah el que toda falta alivia, es matricial...

2. 227. Y si deciden el divorcio, es Allah quien todo lo oye, quien todo conoce.

2. 228. Las divorciadas deben esperar tres lunas antes de casarse. No pueden esconder lo que ha creado Allah en sus vientres si es que confían en Allah y en el último Día. Y sus maridos pueden tomarlas, de nuevo, durante esta espera, si desean reconciliarse. Las esposas tienen las mismas obligaciones sobre esto, pero los hombres tienen un grado de obligación mayor. Y de Allah es el poder, es la sabiduría.

2. 229. El divorcio puede ocurrir dos veces y la mujer o se queda con el reconocimiento que merece o se va de buena manera. Y no os es lícito tomar nada de lo que le distéis, si es que los dos no pueden mantenerse en los límites de las leyes de Allah. Pero si teméis las leyes de Allah, no consideren, entonces, que

ella tenga su libertad dándole algo a su marido. Son estas las normas que Allah ha dispuesto, no las transgredáis. Quienes transgreden las leyes de Allah son criminales.

2. 230. Si el marido divorciase a su mujer, que a él le sea ilícita hasta que ella no tome otro esposo. Si este la divorciase, no haya problema para que ella y su primer marido vuelvan el uno con el otro. Si creen, que la norma dada por Allah observen. Sean estas las normas de Allah clarificadas para la gente que conoce.

2. 231. Cuando divorciéis a una esposa y estas cumplan el tiempo prescrito, que se queden con vosotros reconociéndolas como tal o que se vayan de buena manera. ¡No las sometáis ni por fuerza ni violando las leyes de Allah! Quien esto hace tan solo injusto es con uno mismo. ¡No os burléis de las aleyas de Allah! Recordad que la generosidad de Allah es con vosotros y que os reveló el Libro y la Sabiduría para daros consejo. ¡Sed conscientes de Allah y conoced que Allah toda cosa conoce!

2. 232. Cuando divorciéis a una esposa y estas alcancen el tiempo prescriptivo, no impidáis que se vuelvan a casar, si ellas lo acuerdan de buena manera. Así se os exhorta a los creyentes en Allah y el último Día. Esta es la virtud y la pureza. Y Allah bien conoce lo que vosotros no sabéis.

2. 233. Las madres amamantarán a sus hijos por dos años completos, si ella desea hacerlo de la manera plena. El padre deberá mantenerlas y vestirlas de buena manera. Se le exigirá según se pueda. Nadie dañará a la madre por su hijo, ni tampoco al padre. Deber similar le incumbe al heredero de su padre. No hay problema, si el padre y la madre quieren, tras consultarlo, en destetarlo. Y si quisierais una nodriza para los hijos, nada malo hacéis, pero pagadla justamente. ¡Sed conscientes de Allah y conoced que Allah ve todo lo que hacéis!

2. 234. Las que sean viudas, de entre vosotras, deberán esperar cuatro meses y diez días antes de volverse a casar. Cuando completen este tiempo, no hay problema para que elijan con criterio, por ellas mismas. Bien informado está Allah de lo que hacéis.

2. 235. No hay nada malo en proponerles a ellas matrimonio, o en ocultar vuestra intención. Sabe bien Allah lo que pensáis de ellas. Mas, no prometáis nada en secreto, sino hablad como

se debe y no hagáis el matrimonio antes del tiempo marcado. Bien sabe Allah lo que en vuestro interior hay, así que ¡atención a Él! Mas es Allah el que toda falta alivia, es tolerante.

2. 236. No hay mal en divorciar a una mujer mientras no hayáis consumado con ella u otorgado la prescriptiva dote. Proveedlas de bienestar, el rico según su poder, el pobre según su poder. Esta es la realidad para aquellos que hacen las cosas bien.

2. 237. Si divorcias a una mujer antes de consumar, pero ya le has otorgado la dote, dale la mitad de lo otorgado, excepto si renuncia. Renunciar es lo más próximo a la conciencia de Allah, pero no olvidéis entre vosotros la generosidad. En verdad, Allah ve todo lo que hacéis.

2. 238. Sed cuidadoso con las azalás, sobre todo con la azalá de *'asr*, y estad cercanos a Allah.

2. 239. Si en peligro estáis haced azalá sentados o cabalgando. Mas, cuando estéis seguros, recordad a Allah como os ha enseñado, como os ha enseñado aquello que no conocíais.

2. 240. Por si alguno de vosotros muere dejando viudas, haced testamento para ellas y que las mantengan en el hogar durante un año. Y si ellas se fuesen, no será vuestra culpa, y ellas podrán irse con honradez. Y es Allah el Poderoso, el Sabio.

2. 241. Y las divorciadas deben ser mantenidas de forma digna. Sea un deber para los que tienen conciencia de Allah.

2. 242. De esta manera da pruebas fehacientes Allah sobre Sus Signos. Quizás así reflexionéis…

2. 243. ¿Acaso no vistes a aquellos miles que dejaron sus hogares por miedo a la muerte? Allah les dijo: «¡Morid!», y luego les devolvió la vida. En verdad, Allah es generoso con la humanidad, pero la mayoría de la humanidad no lo agradece.

2. 244. Y ¡lidiad por el favor de Allah! Pues has de conocer que Allah todo lo oye, todo lo sabe.

2. 245. Quien quiera que haga un buen préstamo a Allah, Él se lo devolverá incrementado después. Allah es el que restringe y dona abundantemente. ¡Es a Él al que habréis de volver!

2. 246. ¿No vistes a los notables de entre los hijos de Israel? Cuando después de Musa le dijeron a un profeta de entre ellos: «Nombra un Rey entre nosotros para que lidiemos por el favor

de Allah». Él respondió: «Podríais no combatir aun cuando se os dicte». Y ellos le dijeron: «Pero ¿cómo no lidiaremos por el favor de Allah si se nos ha expulsado a nosotros y a nuestros hijos de nuestras casas?». Mas, cuando se les dictó que tenían que combatir, excepto unos pocos, ellos dieron la espalda. Qué bien conoce Allah a los transgresores.

2. 247. Y su profeta les dijo: «Allah os ha nombrado a Talut como vuestro Rey». Ellos respondieron: «¿Cómo va a ser Rey sobre nosotros cuando nosotros tenemos más legitimidad que él? Ni siquiera tiene una gran riqueza...». Él, de nuevo, dijo: «Allah es quien lo ha nombrado sobre vosotros dándole más conocimiento y fuerza». Y es Allah quien otorga su dominio a quien Él quiere. Pues Allah es el que todo lo oye, el que todo lo conoce.

2. 248. Le dijo su profeta: «En verdad, el signo de su legitimidad será que volverá a vosotros el Arca de la Alianza y con ella la calmada *sakina* de vuestro *Rabb*, que os dejó la familia de Musa y Harun, que será portada por los ángeles, pues, ciertamente, un signo hay ahí si es que sois creyentes».

2. 249. Y, cuando Talut partió con sus huestes, les dijo: «Allah os probará con un río, quien beba de él no será de los míos. Quien no beba de él será de los míos, excepto si bebe una sola vez del hueco de la mano». Bebieron de él y solo pocos se salvaron. Y, cuando creyeron que lo habían cruzado, dijeron: «No tenemos fuerza contra Jalut y su ejército, hoy». Mas, los que quisieron encontrarse con Allah dijeron: «Cuántas veces un pequeño ejército ha vencido a un gran ejército con el permiso de Allah. Y está Allah con los que tienen paciencia».

2. 250. Y, cuando enfrentaron a Jalut y sus huestes, dijeron: «¡*Rabb* nuestro! ¡Haz fluir en nosotros paciencia y mantennos firmes! ¡Ayúdanos contra este pueblo de cafres!».

2. 251. Derrotados fueron con el permiso de Allah. Mató Dawud a Jalut y Allah le dio el Reino y la Sabiduría, enseñándole todo lo que Él quiso. Si Allah no se hubiera valido de unos hombres sobre otros, seguramente hubieran corrompido la tierra. Mas, es Allah generoso con todos los mundos.

2. 252. Estas son las aleyas de Allah en las que Nosotros te recitamos la Verdad. Ciertamente, eres tú uno de los mensajeros.

Juz 3

۞ Hizb 5

2. 253. Estos son los mensajeros, elegimos a unos sobre otros. Allah le habló a alguno de ellos, a otros, Él elevó su rango. Le otorgamos a 'Isa, hijo de Maryam, Nuestras pruebas fehacientes y le fortalecimos con el Espíritu Santo. Si Allah lo desease, los que le siguieron no lucharían unos contra otros después de haber recibido las verdaderas pruebas. Pero ellos están en desacuerdo, pues unos son creyentes y otros son cafres. Si Allah quisiera, ellos no volverían a luchar, pero Allah hace lo que quiere.

2. 254. ¡Oh, vosotros que creéis! Dad de lo que os hemos otorgado antes de que venga un Día en el que ya no tenga sentido el comercio, ni la amistad, ni la mediación. Son los cafres, qué réprobos son.

2. 255. Allah, no existe divinidad que no sea Él. ¡Dador de vida! ¡Prevalece Él! No existe cansancio alguno ni sueño que se apodere de Él. Todo lo que hay en los cielos y la tierra a Él pertenece. ¿Acaso, sin su permiso, quién podría interceder ante Él? Conoce Él lo que fue antes y lo que ocurrirá después, pero ellos, de Su conocimiento, nada pueden aprehender, excepto si Él quiere. Y Su trono se extiende sobre los cielos y la tierra, mas no le pesa ser guardián de ambos. Es el Altísimo, es el Excelso.

2. 256. No cabe compulsión en el *din*. Así, se distingue la recta guía del yerrar, pues quien rechaza a los falsos ídolos y cree en Allah, de firme asidero se ase que nunca se quebrará. Y es Allah quien todo lo oye, quien todo lo sabe.

2. 257. Allah es íntimo de aquellos que creen, pues les conduce de la oscuridad a la luz. Y, sin embargo, para aquellos que cafres son, íntimos de los falsos ídolos, a ellos les conduce de la luz a la oscuridad: son los moradores del Fuego y allí permanecerán, por toda la eternidad.

2. 258. ¿No viste aquel que disputaba con Ibrahim porque Allah el Reino le otorgó? Cuando Ibrahim dijo: «¡*Rabb* mío es aquel que da la vida y da la muerte!», mas el otro dijo: «Yo doy la vida

y doy la muerte». Ibrahim le respondió: «Allah trae el sol por la axarquía, desde la agarvía tráelo tú». Así fue la confusión con el cafre, pues Allah no dirige a un pueblo de criminales.

2. 259. O también aquel que transitaba por una ciudad en ruinas diciendo: «¿Cómo podría Allah revivificar esta ciudad después de su muerte?». Allah le dio muerte y así permaneció durante cien años, luego le devolvió la vida y dijo: «¿Cuánto tiempo has permanecido?», y él respondió: «¿Un día? ¿Quizás menos de una mañana?». Él le dijo: «No, has permanecido por cien años, mas tu bebida y comida no se ha podrido. Contempla tu asno... Eres un signo para la humanidad... ¡Contempla los huesos, como los alzamos y los recubrimos de carne!». Así lo vio claro y exclamó: «Ya sé que Allah es el que tiene poder sobre todas las cosas».

2. 260. Y cuando Ibrahim dijo: «¡*Rabb* mío! Muéstrame cómo revivificas a los muertos». Y Él le dijo: «¿Acaso no confías?», y respondió: «Sí, confío, pero quiero que descanse mi corazón». Y Él dijo: «Toma cuatro pájaros y desuéllalos. Luego pon en cada monte un trozo de ellos e invócalos luego. Irán, rápidamente, a ti. Has de saber que Allah es Todopoderoso, es Sabio».

2. 261. Aquellos que gasten sus bienes por la causa de Allah son semejantes a una semilla que produce siete espigas, cada una cien granos contiene. Es así como Allah mejora a quien quiere. Es Allah quien todo lo oye, quien todo conoce.

2. 262. Quienes gasten sus bienes por la causa de Allah sin jactarse y sin ser hirientes, obtendrán de su *Rabb* la recompensa. Nada tendrán que temer sobre ellos ni nunca estarán tristes.

2. 263. Una palabra amable y un arrepentimiento valen más que la caridad seguida de acciones o palabras hirientes. Allah es suficiente, es tolerante.

2. 264. ¡Oh, vosotros que creéis! No deis en vano vuestra caridad jactándoos o siendo hirientes después, pues como quien da su herencia para ser visto por otros y no creen en Allah ni en el último Día. Como una roca guarecida por un manto de tierra ese es, que cae fuerte la lluvia y la deja completamente desnuda. Ellos no tienen capacidad de guardar recompensa por sus acciones y es que Allah no guía a los cafres.

2. 265. Sin embargo, aquellos que dan sus bienes para agradar a Allah, por sus acciones se fortalecen como un Jardín plantado en un alcor. Aun caiga fuerte la lluvia sobre él y dé doble cosecha, y si no cae la fuerte lluvia es regada por el rocío. Bien ve Allah lo que hacéis.

2. 266. ¿Acaso desearía alguno tener un jardín de palmeras datileras y viñas, en el que fluyen arroyos, con toda clase de frutos, mas que cuando envejezcáis siendo vuestra prole aún débil, este se incendiaría por un torbellino de fuego? Es así como os explica Allah Sus Signos. Quizás así reflexionéis…

2. 267. ¡Oh, vosotros que creéis! Dad de las buenas cosas que tenéis y de aquello que sale de vuestra tierra. No elijáis las cosas malas como una dádiva para otros, como no lo haríais para vosotros, excepto si tenéis los ojos cerrados. Allah se basta a sí mismo, de loor es digno.

2. 268. El Shaytan os promete pobreza y os incita a la inmoralidad. Y es Allah quien os promete aliviar vuestros errores y daros su generosidad. Allah es infinito, todo lo sabe,

2. 269. concede la Sabiduría a quien Él quiere, a quien esa Sabiduría recibe se le otorga muchísimo bien. Mas, no puede el recuerdo tomar a aquellos que no tengan un corazón cuerdo.

2. 270. Sea lo que sea aquello que deis, cualesquiera que sean los pactos que vosotros pactéis, Allah lo conoce. Y los criminales no tendrán auxilio alguno.

2. 271. Si públicamente dais la caridad, qué bueno es, pero aún mejor es si podéis darla ocultamente. Mejor será para vosotros y os protegerá de vuestras malas acciones. Y está Allah informado de todo lo que hacéis.

2. 272. No eres tú quien tiene que guiarles, pues es Allah quien guía a quien quiere. El bien que hagáis irá en vuestro propio beneficio, mas no lo hagáis por aparentar ante Allah. Todo lo bueno que hagáis devuelto os será y no habrá nada injusto para vosotros.

2. 273. Que sea para aquellos necesitados que están ocupados en Allah y no pueden viajar. El necio cree que son ricos porque no lo muestran, mas les reconocerás por su aspecto, ya que no mendigan. Allah bien conoce lo que dais.

2. 274. Los que dan sus bienes, por la noche o por el día, en secreto o en público, junto a Su *Rabb* una buena recompensa tendrán, pues nada tendrán que temer sobre ellos ni estarán tristes.

2. 275. Mas, aquellos que practican la usura no se alzarán, sino idos estarán, pues el Shaytan les ha tocado. Y ellos dirán en consecuencia: «Pero si el comercio y la usura son lo mismo», mas Allah permitió el comercio y prohibió la usura. Cualquiera que, tras recibir la exhortación de Allah, renuncie a ser usurero, conservará lo que ha ganado. Allah los juzgará, y los que lo repetían serán moradores del Fuego en el que por siempre permanecerán.

2. 276. Destruye Allah la usura, enriquece la caridad. Y es que Allah no ama a nadie que sea un cafre, un inicuo.

2. 277. En verdad, los que confiaron e hicieron buenas acciones, establecieron la azalá y otorgaron el azaque, serán recompensados junto a su *Rabb*: nada tendrán que temer sobre ellos ni estarán tristes.

2. 278. ¡Oh, vosotros que creéis! ¡Sed conscientes de Allah! ¡Renunciad a la usura! Si es que sois creyentes,

2. 279. pues si no lo hacéis, se os informa de guerra por parte de Allah y su Mensajero, pero, si retornáis, tendréis vuestras riquezas, y no seáis injustos y no seréis tratados injustamente.

2. 280. Y si en dificultades estuviera aquel, otorgad un plazo hasta que se mejore su situación. Mejor sería para vosotros que perdonaseis su deuda. ¡Ay!, si vosotros supierais…

2. 281. Y sed conscientes del Día en el cual retornaréis a Allah. Después cada uno recibirá lo que merece, sin injusticias.

2. 282. ¡Oh, vosotros que creéis! Cuando contraigáis una deuda, ponedlo por escrito. Que un escriba tome fehaciente nota de vosotros, sin que perjuicio haya en lo que Allah le haga entender. ¡Qué escriba! Que el deudor dicte con conciencia de su *Rabb* y que nada falte. Y si el deudor fuese discapacitado, débil o no pudiere dictar, que dicte a su guardián con fidelidad. Que dos hombres sean vuestros testigos y, si no hubiera uno, que sean un hombre y dos mujeres de quien gustéis. De modo que, si una se equivoca que la otra lo subsane. Que no evadan los testigos su responsabilidad cuando se les convoque.

Que no os provoque rechazo suscribir una deuda, pequeña o grande, marcando cuando vence. Justo es esto ante Allah, un testimonio fehaciente y pocas dudas habrá, a menos que sea algo entre vosotros solos, entonces no hace falta testimonio escrito. Que estén siempre los testigos cuando vendáis algo y no dañéis al escriba o al testigo porque si no un crimen será. ¡Tened conciencia de Allah! Así os enseña Allah y es Allah de toda cosa conocedor.

2. 283. Y si estuvierais de viaje y no hubiese escriba, dejad un depósito. Cuando uno otorga un depósito a otro, debe restituir el depósito por la conciencia de Allah. No escondáis las pruebas, quien lo esconde tiene un corazón vil. Y bien sabe Allah lo que hacéis.

2. 284. Es de Allah lo que hay en los cielos y la tierra, y sabe lo que está en vosotros, aunque lo ocultéis. De ello, Allah os pedirá cuentas. Alivia sus faltas y castiga al que Él quiere. Todo poder de Allah es.

2. 285. El Mensajero cree en todo lo que le ha sido descendido por su *Rabb*, lo mismo hacen los creyentes. Todos creen en Allah, en Sus ángeles, en Sus Libros y Sus mensajeros. No hay distinción en Sus enviados. Y ellos han dicho: «¡Oímos y obedecemos! ¡Alivia nuestras faltas *Rabb* nuestro! ¡A ti hemos de regresar!».

2. 286. Nada pide Allah a cada uno que esté fuera de su capacidad. Lo que uno hizo bien será en su propio beneficio y, también, sufrirá su propio mal. ¡*Rabb* nuestro! No castigues si olvidamos o erramos… ¡*Rabb* nuestro! No nos cargues con un peso como el que cargaste a nuestros antepasados… ¡*Rabb* nuestro, no nos cargues con una carga mayor a la que podamos cargar! ¡Libéranos! ¡Alivia nuestras faltas! ¡Sé matricial con nosotros! ¡Sé nuestro protector! ¡Auxílianos contra los cafres!

3. LA CASA DE IMRAN

En el nombre de Allah, el *Rahman*, el *Rahim*

3. 1. *Alif, Lam, Mim.*
3. 2. Allah, no hay otro dios sino Él. Dador de vida, que prevalece.
3. 3. Él, que sobre ti descendió un Libro con la Verdad confirmando lo que antes vino y que ya os reveló la Torá y el Evangelio
3. 4. primero, una guía para la humanidad, y os asentó el discernimiento. Ciertamente, para aquellos que son cafres con las aleyas de Allah habrá un tremendo castigo. Allah es el más Poderoso, Él que es capaz de dar la retribución.
3. 5. De Allah, en verdad, no hay nada en la tierra que se pueda esconder:
3. 6. Él es quien en las matrices os dio forma como quiso. No hay otros dioses sino Él, el Poderoso, el Sabio.
3. 7. Él es quien hizo descender sobre ti el Libro: algunos son versos llenos de sabiduría que son como madre de la Escritura, otros son alegorías. Aquellos que tienen un corazón perverso buscan las ambigüedades por pura polémica. Y tan solo Allah conoce su sentido profundo. Aquellos que se arraigan en el conocimiento dicen: «¡Creemos en esto! Todo proviene de nuestro *Rabb...*», mas no aceptan el consejo salvo los del corazón cuerdo.
3. 8. ¡*Rabb* nuestro! Que no se desvíen nuestros corazones después de habernos guiado, sea para nosotros tu *rahma*, pues, ciertamente, Tú eres aquel que toda dádiva otorga.
3. 9. ¡*Rabb* nuestro! Tú juntarás a la humanidad en ese Día cierto. Ciertamente, Allah nunca falta a su promesa.
3. 10. En verdad, a los cafres de nada servirán sus riquezas ni sus hijos frente Allah. Y esos del Fuego leños serán.

3. 11. Como ocurrió con la gente del Faraón y sus ancestros. Negaron Nuestros Signos y Allah les castigó por sus faltas. Y es Allah quien más severamente retribuye.

3. 12. Diles a los cafres: «Derrotados seréis y en la Gehena se os reunirá». ¡Qué terrible morada!

3. 13. Ya tuvisteis un Signo en la batalla de los dos ejércitos: uno de ellos lidiaba por la senda de Allah y otro de cafres era. Les pareció que estos les doblaban a los que con sus ojos lo vieron, mas es Allah que da Su ayuda a quien Él quiere. Ciertamente, es una lección para aquellos que ven más allá.

3. 14. Qué apetecible es para la humanidad el amor a aquello que los seduce: las mujeres y los hijos, y quilates aquilatados de oro y plata, caballos de pura sangre, rebaños de ganado y tierras labradas… Este sustento es para la vida mundana, mas junto a Allah qué excelso lugar de retorno es.

3. 15. Di: «¿Podría contaros que hay algo con más bien que eso?». Para aquellos que tienen conciencia de Allah, junto a su *Rabb*, hay jardines en los que debajo fluyen arroyos, donde permanecerán junto a su par purificado y en la satisfacción de Allah. Y es Allah quien profundamente contempla a los que le reconocen,

Hizb 6

3. 16. aquellos que dicen: «¡*Rabb* nuestro! ¡Ciertamente, creemos! Así que alivia nuestros errores, protégenos del castigo Fuego»,

3. 17. los que tienen paciencia y son sinceros, los que obedecen y caritativos, e imploran el olvido de sus errores al albor del alba.

3. 18. Así lo atestigua Allah, pues no hay dioses sino Él, y sus ángeles y los poseedores del conocimiento, arraigado en la justicia. No hay dioses sino Él, el Poderoso, el Sabio.

3. 19. En verdad, el *din* para Allah es el encontrar el equilibrio. Y no es el de aquellos que polemizan con otros, a los que les fue dado el Libro, aun después de haber recibido el conocimiento. Y quien es cafre con los signos de Allah… Ciertamente, Allah presto es en saldar las cuentas.

3. 20. Si te discuten, diles pues: «Me pacifiqué en Allah y lo mismo mis seguidores». Y díselo a quienes recibieron el Libro y a los ignorantes. «¿Os vais a pacificar?», si así se pacificaran, estarán bien guiados, mas, si ellos dan la espalda, no te incumbe nada más que transmitirlo. Y es Allah el que profundamente ve a los que le reconocen.

3. 21. Ciertamente, a los que son cafres con los Signos de Allah y sin legitimidad matan a los profetas y a los hombres que ordenan lo justo para la humanidad, anuncia la buena nueva de un doloroso castigo.

3. 22. De estos vanas sean sus obras en este mundo material y el próximo, y no habrá quien pueda ayudarles.

3. 23. ¿Acaso no has visto a quienes les fue dado un fragmento del Libro? Cuando se les invitó a aceptar lo escrito por Allah para que juzguen, prefirieron algunos volver la espalda e irse,

3. 24. porque dicen: «Nos tocará el Fuego, pero pocos días». Les hacen errar en su *din* sus propias mentiras.

3. 25. ¿Qué ocurrirá el Día innegable que Nosotros les juntemos? Ese en el que cada uno habrá de recibir lo que sembró, en el que no habrá injusticia alguna.

3. 26. Di: «¡Oh, Allah! Rey del Reino, Tú que otorgas y retiras el Reino a quien quieres, que honras y deshonras a quien quieres... Esté en Tu mano el bien, ciertamente, sobre toda cosa tienes Tú el poder.

3. 27. Tú que transformas la noche en día y el día en la noche. Tú que transformas al vivo en muerto y al muerto en vivo. Tú que sin límite provees a quien quieres».

3. 28. Que no tomen los creyentes a los cafres como aliados en vez de a otros creyentes, mas quien esto hiciera nada tendrá con Allah, excepto si os coartan. Y os advierte Allah que tengáis cuidado de Él. Y es Allah el último final.

3. 29. Di: «Lo que escondéis en vuestros pechos o lo que mostráis bien lo conoce Allah y conoce lo que ocurre en los cielos y en la tierra. Y es Allah el que tiene poder sobre todas las cosas».

3. 30. Un Día cada uno se encontrará con lo bueno que hizo ante él y el mal que hizo, deseando que este esté bien lejos. Y os

advierte Allah que tengáis cuidado de Él. Y Allah es el más
suave con los que le reconocen.

3. 31. Di: «Ciertamente, si amáis a Allah, seguidme y os amará
Allah y os aliviará vuestros errores. Y es Allah el que toda falta
alivia, tan matricial...».

3. 32. Di: «¡Obedeced a Allah y a su Mensajero!», pero si vuelve la
espalda... Allah no ama a los cafres.

3. 33. Ciertamente, Allah eligió a Adam y a Nuh, y a la casa de
Ibrahim y a la de Imran sobre todos los mundos,

3. 34. a sus descendientes los unos de los otros. Y Allah todo lo oye,
todo lo conoce.

3. 35. Cuando dijo la esposa de Imran: «¡*Rabb* mío! Juro que solo a
Ti he de dedicar lo que en mi vientre se halla. ¡Acepta, pues,
lo que de mí viene! Ciertamente, Tú todo lo oyes, todo lo
conoces»,

3. 36. mas, cuando dio a luz, dijo: «¡*Rabb* mío! A una niña parí...
Y Allah sabe mejor el porqué nació una hembra, pues un
varón no es como una hembra. La llamaré Maryam y busco
refugio en Ti para ella y también para su descendencia, frente
a Shaytan, el maldito».

3. 37. Así, con aceptación, aceptó su *Rabb* y bien la hizo crecer
creciendo en la beatitud, confiándosela a Zakariyya. Siempre
que entraba Zakariyya para verla en la sagrada cámara del
Templo, la encontraba con sustento y le decía: «¡Oh, Maryam!
¿De dónde obtuviste todo esto?», y ella le respondió: «Esto
proviene de Allah, pues, en verdad, es Allah el que, sin límites,
a quien quiere otorga el sustento».

3. 38. Ahí, entonces, fue cuando Zakariyya imploró a su *Rabb*,
diciendo: «¡*Rabb* mío! Otórgame Tú una descendencia
purificada y excelsa, Tú que escuchas a quien te implora».

3. 39. Así le exhortaron los ángeles mientras con firmeza en la sagrada
cámara del Templo la azalá hacía: «Ciertamente, Allah te da la
buena nueva de Yahya, que confirma que la Palabra procede
de Allah. Y será noble, casto y profeta entre los justos».

3. 40. Él respondió: «¡*Rabb* mío! ¿Cómo habrá un hijo para mí, si la
vejez me ha alcanzado y yerma es mi mujer?», a lo que se le
dijo: «Así sea, pues Allah hace lo que Él quiere».

3. 41. Él dijo: «¡*Rabb* mío! ¡Muestra un Signo!», y se le dijo: «Sea tu Signo que, durante tres días, no podrás hablar con la gente, excepto por gestos. ¡Recuerda a tu *Rabb* en abundancia y alaba a tu *Rabb* a la caída de la tarde y en las mañanas!».

3. 42. Y cuando dijeron los ángeles: «¡Oh, Maryam! Ciertamente, Allah te ha elegido y purificado, eligiéndote sobre todas las mujeres de todos los mundos.

3. 43. ¡Oh, Maryam! ¡Obedece!, y ¡prostérnate inclinándote con los que se inclinan!».

3. 44. Estas son historias ocultas que Nosotros te revelamos a ti. Tú no estabas con ellos, pero lanzaban cañas para ver quién iba a quedarse con Maryam y no estuviste presente cuando discutían.

3. 45. Así como cuando los ángeles dijeron: «¡Oh, Maryam! Ciertamente, Allah te da la buena nueva de Su Palabra: lo llamarás el Mesías 'Isa, hijo de Maryam, que honrado ha de ser en este mundo mundano y en el que ha de venir, pues uno de los cercanos a Allah será

3. 46. y hablará a la humanidad ya desde la cuna y en la adultez. De los justos él habrá de ser».

3. 47. Respondió ella: «¡*Rabb* mío! Pero ¿cómo podré tener un hijo si no me ha tocado ningún varón?». Él dijo: «Así sea, pues Allah crea lo que Él quiere, cuando Él decreta algo tan solo dice: "¡Sea!", y es.

3. 48. Él le hará conocer el Libro y la Sabiduría, la Torá y el Evangelio».

3. 49. Será enviado a los hijos de Israel: «Yo vine a vosotros como un Signo de vuestro *Rabb*: modelaré arcilla, para vosotros, en forma de pájaros, exhalaré sobre ellos y, con el permiso de Allah, en pájaros se convertirán. Curaré al ciego y al leproso y revivificaré a los muertos con el permiso de Allah. Y os diré qué comer y qué guardar en vuestras casas. Este es, ciertamente, un Signo si es que sois creyentes.

3. 50. Y habré de confirmar lo que había antes de mí, la Torá, y os haré lícitas cosas que antes ilícitas os eran. Yo os traigo un Signo que proviene de vuestro *Rabb*. ¡Sed conscientes de Allah y obedecedme!

3. 51. Pues, en verdad, Allah es *Rabb* mío y *Rabb* vuestro, así que ¡reconocedle a Él! Este es el recto sendero».

3. 52. Así, cuando percibió 'Isa a los cafres, dijo: «¿Quiénes me auxiliarán para con Allah?». Los apóstoles respondieron: «Nosotros somos los que auxiliaremos para con Allah. Confiamos en Allah y testimonia que somos de los pacificados.

3. 53. ¡*Rabb* nuestro! Confiamos en lo que Tú has descendido y seguimos al enviado. Así que anótanos entre los que dan testimonio».

3. 54. Y aun conspiraron unos, mas Allah también conspiró. Y es Allah el mejor de los conspiradores.

3. 55. Cuando dijo Allah: «¡Oh, 'Isa! Yo te elegiré y te elevaré ante Mí, Yo te he de purificar frente a esos cafres y haré que tus seguidores estén por encima de los cafres el Día de la Alzada. Después, a Mí habréis de retornar, juzgándoos así sobre aquello en lo que diferíais.

3. 56. A los cafres les castigaré con severo castigo en este mundo mundano y en el que ha de venir. Y no tendrán quienes les protejan.

3. 57. Sin embargo, a quienes crean y hagan lo justo les otorgaré una recompensa plena. Y es que Allah no ama a los criminales».

3. 58. Esto Nosotros recitamos sobre ti en las aleyas y en sapiente recuerdo.

3. 59. Ciertamente, 'Isa es para Allah como Adam, a quien creó de arcilla y luego le dijo: «¡Sé!», y así fue.

3. 60. La Verdad proviene de tu *Rabb*, así que no dudes.

3. 61. Si alguien disputa sobre esto, aun después de haber venido a ti con conocimiento, di: «¡Venid! Llamad a nuestros hijos y a los vuestros, a nuestras mujeres y a las vuestras, a nosotros y a vosotros, e implorad y pedid la maldición de Allah sobre los mentirosos».

3. 62. Ciertamente, esta narración es verdad y no hay otros dioses sino Allah y, en verdad, es Él el Poderoso, el Sabio.

3. 63. Mas, si, en verdad, volvieran la espalda, Allah bien sabe de los corruptos.

3. 64. Di: «¡Oh, gente del Libro! Venid a una palabra igualitaria para nosotros y vosotros, para que no reconozcamos a otro que Allah, para que no idolatremos a nadie y no tomemos a ninguno de nosotros, a nadie como divinidad, excepto

Allah». Y si dan la espalda, a ellos diles: «¡Testigos sois de que pacificados estamos!».

3. 65. ¡Oh, gente del Libro! ¿Por qué discutís sobre Ibrahim? ¿No fueron descendidos la Torá y el Evangelio sino después de él? ¿Acaso no reflexionáis?

3. 66. Aquí estáis aquellos que cuestionabais lo que conocéis, mas ¿vais a cuestionar lo que no sabéis? Y es Allah el que sabe mientras vosotros no sabéis.

3. 67. No fue Ibrahim ni judío ni cristiano, un *hanif* pacificado él fue y no un idólatra.

3. 68. Y los más íntimos con Ibrahim fueron los que le siguieron a él, así como este Profeta y aquellos que creen. Y es Allah íntimo de los creyentes.

3. 69. Desea un grupo de entre la gente del Libro extraviaros, mas no se dan cuenta de que solo a sí mismos se extravían.

3. 70. ¡Oh, gente del Libro! ¿Por qué cuestionáis los Signos de Allah si sois testigos de ellos?

3. 71. ¡Oh, gente del Libro! ¿Por qué mezcláis la Verdad con la falsedad? ¿Por qué escondéis la Verdad si la conocéis?

3. 72. Y dicen algunos de la gente del Libro: «Creed en lo que se reveló a los creyentes al comenzar al día y sed cafres al final... Pues, quizás así se retorne,

3. 73. y no creáis sino a los que siguen vuestro *din*». Respóndeles: «En verdad la Guía es la guía de Allah. Nada se dará como lo que os dimos, así que no discutan sobre vosotros, sobre vuestro *Rabb*». Respóndeles: «Ciertamente, la generosidad está en la mano de Allah, Él da a quien quiere». Y Allah todo lo abarca, todo lo conoce,

3. 74. elige para su *rahma* a quien Él quiere. Y es Allah quien posee una excelsa generosidad.

3. 75. Y entre la gente del Libro hay a quien le prestas un gran bien y te lo devuelve, mas hay a quien le prestas un solo *dinar* y no te lo devuelve, si no estás insistiéndole constantemente. Esto es así porque dicen: «No tenemos obligación alguna hacia los ignorantes». Y, a sabiendas, mienten contra Allah.

3. 76. Pero ¡sí! Si uno cumple sus pactos y tiene conciencia de Allah, Allah le ama.

3. 77. Aquellos que mercadean con el pacto de Allah y sus propios juramentos por un precio muy bajo, no se les compartirá nada en la vida que habrá de venir, ni tampoco Allah les hablará, ni les mirará el Día de la Alzada y no se les purificará y para ellos habrá un horrible tormento...

3. 78. Y, en verdad, algunos de entre ellos con sus lenguas desvirtúan la escritura haciendo creer que algo viene de Allah, mas no viene de Allah, pues mienten sobre Allah. A sabiendas son mentirosos.

3. 79. No es posible que a nadie Allah le haya dado el Libro, la Sabiduría y la Profecía y le diga a la gente: «¡Reconocedme a mí y no a Allah!», mas cuando es: «¡Sed del *Rabb*! Ya que estudiáis y enseñáis el Libro...».

3. 80. Y no os ordena Él que toméis como *Rabb* a ángeles y a profetas, ¿acaso iba a ordenar que os volváis cafres después de haberos pacificado?

3. 81. Y cuando tomó Allah el pacto de los profetas: «Si después de haberos dado el Libro y la Sabiduría un Mensajero viene confirmando lo que os hemos dado, debéis confiar en él y auxiliarle». Él dijo: «¿Afirmáis y aceptáis la condición para que sea Mi pacto?». Ellos respondieron: «Lo afirmamos». Él respondió: «Así, sed testigos, Yo también soy, junto a vosotros, de los que atestiguan».

3. 82. Aquellos que vuelvan su espalda, después de esto, son los perversos.

3. 83. ¿Acaso otro *din* del de Allah anhelan? Mientras en Él pacificado está todo lo que hay en los cielos y la tierra, ya sea voluntaria o involuntariamente, pues a Él habrán de retornar.

3. 84. Di: «Creemos en Allah y en lo que ha descendido sobre nosotros, en lo que descendió sobre Ibrahim e Ismail, Ishaq y Yaqub y las tribus, y lo que le fue dado a Musa, a 'Isa y a los profetas que de su *Rabb* recibieron. Nosotros no hacemos distinción entre ellos y nos pacificamos en Él».

3. 85. Si alguien anhela otra cosa que un *din* pacificado, no le será aceptado y perderá en la vida que ha de venir.

3. 86. ¿Cómo guiará Allah a un pueblo de cafres habiendo sido creyentes, después de testificar que el Mensajero es la Verdad

y de haber venido a ellos pruebas evidentes? Y es que Allah no guía a un pueblo criminal.

3. 87. Esos serán recompensados con la maldición de Allah y de sus ángeles y de la humanidad en su conjunto,

3. 88. permaneciendo eternamente en ella, mas no se les mitigará el castigo ni serán indultados,

3. 89. a excepción de aquellos que retornen y, tras eso, se reformen. Pues, en verdad, Allah es el que toda falta alivia, tan matricial…

3. 90. Pero, ciertamente, aquellos cafres que después de haber sido dignos de confianza sean aún más cafres, no se les aceptará el retorno. Esos son los que han yerrado…

3. 91. Si un cafre muere como cafre no será salvo, aun si llenase toda la tierra de oro y lo ofreciese como rescate. Un doloroso castigo para ellos habrá y no encontrarán quien les proteja.

Juz 4

۞ Hizb 7

3. 92. Nunca alcanzaréis la virtud mientras no deis algo que amáis. Todo lo que dais, ciertamente, Allah bien lo conoce.

3. 93. Toda la comida era lícita para los hijos de Israel, salvo lo que ellos dispusieron ilícito antes que la Torá les fuera descendida. Di: «¡Traed la Torá y leedla! Si es que sinceros sois…».

3. 94. Aquel que fabrique una infamia contra Allah, después de esto, esos son criminales.

3. 95. Di: «Sincero es Allah, así que seguid las creencias de Ibrahim. *Hanif* fue y no un idólatra».

3. 96. En verdad, la primera Casa dispuesta por la humanidad fue la de La Meca. Bendito lugar es, guía para todos los mundos.

3. 97. En ella Signos claros hay. Es el lugar de Ibrahim y seguro estará aquel que entre en ella. Y Allah dispone sobre la humanidad el *Hajj* a la Casa, si es posible, como camino. Y los cafres…, pues Allah, sea en el mundo que sea, de ellos puede prescindir.

3. 98. Di: «¡Oh, gente del Libro! ¿Por qué sois tan cafres con los Signos de Allah? Y es Allah testigo de lo que hacéis…».

3. 99. Di: «¡Oh, gente del Libro! ¿Por qué obstaculizáis la senda de Allah a aquellos que creen, anhelando su perdición, mientras de ello sois testigos? Y no está Allah desprevenido a todo lo que hacéis».

3. 100. ¡Oh, vosotros que creéis! Si obedecéis a aquel grupo que les fue dado el Libro, os convertirán en cafres,

3. 101. y ¿cómo podréis ser cafres mientras sobre vosotros se recitan las aleyas de Allah y entre vosotros se halla un Mensajero? Quien se aferre a Allah se le guiará a través del recto sendero.

3. 102. ¡Oh, vosotros que creéis! Sed conscientes de Allah, Verdad es esa conciencia hacia Él y no muráis, excepto cuando pacificados estéis.

3. 103. Y aferraos todos juntos a la cuerda de Allah y no os separéis. Y recordad el favor que Allah a vosotros os otorgó, cuando erais enemigos os reconcilió y por su favor os hizo hermanos. Cuando estabais al borde del fuego, Él os salvó. Así muestra Allah Sus Signos, así, quizás, seáis bien dirigidos.

3. 104. Y sed entre vosotros una comunidad que invite al bien, goza la justicia y prohíbe el mal. Y esos los victoriosos serán.

3. 105. Y no seáis como aquellos que se dividieron, discutiendo, después de que les llegarán pruebas evidentes. Y para ellos habrá un excelso castigo.

3. 106. Ese Día cuántos rostros brillarán y cuántos otros se oscurecerán. A aquellos que se les oscureció el rostro: «¿Acaso fuisteis cafres después de haber creído? ¡Paladead el castigo por todo lo cafres que fuisteis!».

3. 107. Mas, a aquellos cuyo rostro brille estarán en la *rahma* de Allah en la que permanecerán por toda la eternidad.

3. 108. Estas son las aleyas de Allah, recitamos sobre ti la Verdad. Y es Allah el que no quiere la vileza sobre ninguno de sus mundos.

3. 109. Y de Allah es todo lo que hay en los cielos y la tierra. Y toda cosa a Allah retornará.

3. 110. Sois, ciertamente, la mejor comunidad que jamás haya sido suscitada para la humanidad: disfrutáis de aquello que merece ser disfrutado, advertís sobre lo perjudicial y creéis en Allah. Si la gente del Libro se aferrara a esto, mejor les iría, pues entre ellos hay creyentes y aquellos que le desobedecen.

3. 111. Nunca os podrán derrotar, solo os infligirán un pequeño daño. Y si os combaten huirán, mas a ellos nadie habrá de auxiliarles,
3. 112. golpeados sean por la humillación dondequiera que estén, a menos que se aferren a un sutil pacto con Allah o con la humanidad. Incurrieron en la ira de Allah y así se les golpeó: ¡ruina sobre ellos!, pues solían ser unos cafres con las aleyas de Allah y sin derecho alguno mataban profetas. Esos son los que desobedecieron y solían ser corruptores del límite.
3. 113. Mas, no todos son iguales, hay entre la gente del Libro una noble comunidad que, en vigilia, recitan las aleyas de Allah durante las horas nocturnas y se prosternan,
3. 114. que creen en Allah y el último Día, que invitan a la justicia, prohíben el mal y se esfuerzan en hacer el bien. Esos están entre los justos.
3. 115. No se les negará el bien que hagan. Y es que Allah bien conoce a los que de Él tienen conciencia.
3. 116. En verdad, a los cafres de nada les servirán ni sus riquezas ni sus hijos frente a Allah y compañeros del Fuego serán, yaciendo en él por toda la eternidad.
3. 117. Un ejemplo de los que en esta vida mundana gastan es como el viento helado que golpea y destruye la cosecha de gente que se equivocaron ellos mismos. Y jamás es Allah injusto con ellos, son ellos injustos consigo mismos.
3. 118. ¡Oh, vosotros que creéis! Que no sean íntimos nadie fuera de vosotros, pues no buscarán sino vuestra ruina. Ellos desean dañaros. Manifiesto es el odio de sus bocas, mas aquello que ocultan sus pechos es aún peor. Por eso, os clarificamos estas aleyas para que meditéis.
3. 119. ¡Ay! Vosotros los amáis, mas ellos no os aman. Creéis en los Libros, mas ellos, cuando os encuentran, os dicen: «Creemos...», pero, cuando están a solas, muerden la punta de sus dedos del odio que os tienen. Di: «¡Os consuma la rabia!». Y es que Allah bien conoce qué hay en los pechos.
3. 120. Si os toca el bien lo lamentan y si os golpea la desgracia se alegran... Mas, si vosotros sois pacientes y tenéis conciencia de Allah, no os dañarán con nada Suyo. Ciertamente, Allah todo lo ronda.

3. 121. Y cuando al alba abandonaste tu hogar para apostar a los creyentes en sus puestos de batalla. Y es Allah quien todo lo oye, quien todo lo conoce.

3. 122. Cuando dos grupos de entre los tuyos perdieron su valor, mas Allah fue su protector, pues es sobre Allah aquel que los creyentes tienen que poner su confianza.

3. 123. Y así, ciertamente, os auxilió Allah en el valle de Badr cuando erais débiles. Así que ¡tened conciencia de Allah! Quizás seáis agradecidos...

3. 124. Cuando le dijiste a los creyentes: «¿No os basta que os refuerce vuestro *Rabb* con tres mil ángeles descendidos?».

3. 125. ¡Ay que sí! Si sois pacientes y tenéis conciencia de Allah e irrumpen de improviso, el refuerzo de vuestro *Rabb* será de cinco mil ángeles ya dispuestos.

3. 126. Y no muestra Allah sino buenas nuevas para vosotros y calmar vuestros corazones con ello. Y no hay victoria que no provenga de Allah, el Poderoso, el Sabio,

3. 127. así puede romper sus flancos a los cafres o derrotarlos volviendo así defraudados.

3. 128. No te incumbe si Él se orienta sobre ellos o les castiga, pues criminales son.

3. 129. Y es que de Allah es todo lo que hay en los cielos y en la tierra, alivia las faltas y castiga a quien Él quiere. Y es Allah quien todos los errores alivia, tan matricial...

3. 130. ¡Oh, vosotros que creéis! No os alimentéis con la usura, doblándola y multiplicándola, tened conciencia de Allah y quizás así tengáis la gloria.

3. 131. Y sed conscientes del Fuego, el cual para los cafres preparado está...

3. 132. Y obedeced a Allah y a su Mensajero, y quizás así recibáis la *rahma*.

3. 133. Apuraos a que vuestro *Rabb* os alivie vuestras faltas y obtengáis un Jardín tan extenso como los cielos y la tierra, preparado para aquellos que son conscientes de Allah,

3. 134. para aquellos que dan en la facilidad y la desgracia, para aquellos que controlan su rabia y perdonan a la humanidad. Y es que Allah ama a los que hacen el bien.

3. 135. A aquellos que si transgreden las leyes, ellos mismos recuerdan a Allah, pidiendo que Allah les alivie por sus errores, ¿Quién podría, acaso, hacer olvidar esos errores si no es Allah? Y sabiéndolo, ya no persisten en sus errores.

3. 136. Su recompensa sea el olvido de sus errores por parte de su *Rabb* y un Jardín por el que debajo fluyen arroyos donde permanecerán por toda la eternidad ¡Qué placentera recompensa para quien trabaja!

3. 137. Así ocurrió, de este modo, antes de vosotros. ¡Viajad la tierra atravesando y contemplad como terminaron los mentirosos!

3. 138. Esta es una prueba para la humanidad, una guía y una advertencia para los que tienen conciencia de Allah.

3. 139. Mas, que no os alcance el desánimo ni os invada la tristeza, pues victoriosos seréis si sois creyentes,

3. 140. si sufrierais una herida, ellos también han sufrido otra como esta... Nosotros hacemos que se turnen los días para la humanidad, haciéndoos evidente a Allah para que entre estos tome a sus creyentes y aquellos que den testimonio. Y es que Allah no ama a criminales.

3. 141. Y, así, purifica Allah a los creyentes y destruye a los cafres.

3. 142. ¿Acaso pensáis que entraréis en el Jardín sin que señale Allah quién, de entre vosotros, se esforzó y tuvo paciencia?

3. 143. Y aunque solíais desear la muerte antes de encontrarla, pues la visteis con vuestra propia mirada.

3. 144. Y no es Muhammad sino un mensajero como otros tantos mensajeros antes que él. Si él muriera o lo asesinaran, ¿huiríais? Quien huya no le causará ningún daño a Allah, mas Allah ama a los agradecidos.

3. 145. Y nadie puede morir si no es con el permiso de Allah, es sentencia firme. Y aquel que deseé recompensa en el mundo mundano, Nosotros se la daremos. Y aquel que desee recompensa en el que ha de venir, Nosotros se la daremos también. La recompensa será para los agradecidos.

3. 146. Y cuántos profetas que, junto a tantos rabinos, combatieron y no perdieron su valor por lo ocurrido en la senda de Allah, ni decayeron ni cedieron. Y es que Allah ama a los que tienen paciencia.

3. 147. Y no tenían otras palabras que: «¡*Rabb* nuestro! Alivia nuestros errores y excesos, nuestros pasos fortalece y danos la victoria sobre el pueblo de los cafres».

3. 148. Así, le otorgó Allah la recompensa en este mundo material y una excelsa recompensa en el próximo. Y es que Allah ama a los que hacen el bien.

3. 149. ¡Oh, vosotros que creéis! Si obedecéis a los cafres, retrocederéis y volveréis siendo perdedores.

3. 150. ¡Ay, no! Pues Allah es vuestro protector y Él es el mejor auxilio.

3. 151. Infundiremos Nosotros en los corazones de los cafres tal terror por haber idolatrado a otro que Allah, al que Él no ha otorgado autoridad. ¡Que se refugien en el Fuego! ¡Qué terrible es el hogar de los criminales!

3. 152. Y así, ciertamente, cumple Allah su pacto, pues si los aniquilaste fue gracias a Su permiso, hasta que, al final, rendidos comenzasteis a discutir sobre el mandato y desobedecisteis, a pesar de que Él os mostró la victoria que anhelabais. Entre vosotros unos desean la vida mundana, mientras otros desean la que ha de venir, así que os hizo que perdierais para probaros, mas, en verdad, Allah esto hizo olvidar. Y es que Allah es generoso con los creyentes.

3. 153. Subíais la loma, sin cuidado de nada, mientras que el Mensajero os llamaba desde atrás, y así Allah os recompensaba con tribulaciones para que no sintierais la tristeza por lo que os había ocurrido. Y es que Allah bien sabe todo lo que hacéis.

3. 154. Después, Él descendió sobre vosotros, tras la angustia, la calmada *sakina* e, incluso, alguno de vosotros quedó dormido. Otros, sin embargo, preocupados por su sino, pensaron de Allah de forma errónea, como los ignorantes diciendo: «¿Somos responsables nosotros de esto?». Respóndeles: «Ciertamente, todo asunto es de Allah». Bien ocultan ellos lo que no te muestran, pues dicen: «Si fuere por nosotros no habría habido muertos». Respóndeles: «Aun si hubieran estado en sus casas, la muerte les habría sorprendido, pues aquello ya estaba decretado sobre ellos en el lugar de su muerte. Y así Allah prueba lo que hay en vuestros pechos y purifica vuestros corazones. Y Allah bien sabe lo que hay en los pechos».

3. 155. Si alguno de los vuestros huyó cuando se encontraron los dos ejércitos, solo fue porque el Shaytan revivió algún error de ellos ante Allah, pero es Allah, ciertamente, el que toda falta alivia.

3. 156. ¡Oh, vosotros que creéis! No seáis como los cafres y sus hermanos, que están de viaje allende la tierra o en conquista, y dicen: «Si hubieran estado con nosotros no habrían muerto, no les habrían asesinado...». ¡Haga Allah que les pese en sus corazones! Es Allah quien da la vida y da la muerte. Y es Allah el que en profundidad ve lo que hacéis.

3. 157. Y si antes caéis en la senda de Allah o después morís, Allah os aliviará vuestros errores y la matricialidad será mucho mejor que lo que ellos guardan...

3. 158. Si caéis en la senda de Allah o morís, seguro se os reunirá con Allah.

3. 159. Por la *rahma* de Allah fuiste amable con ellos, mas, si hubieras sido tosco y rudo de corazón, ciertamente, se habrían escapado de tu lado. Olvida sus faltas y pide que Allah se las alivie y que busquen otra palabra... Cuando tomes una decisión, fortalécete por completo en Allah. Ciertamente, Allah ama a quien confía.

3. 160. Si os auxilia Allah, nada podrá derrotaros, pero, si Él os abandona, ¿quién que no sea Él podría auxiliaros? Y sobre Allah debe apuntalarse el creyente.

3. 161. No es propio de un Profeta cometer un engaño, quien engañe llevará su fraude el Día de la Alzada. Después, cada uno recibirá lo que se merece, no habrá injusticia.

3. 162. ¿Acaso uno que busca agradar a Allah es como el que provoca Su ira y tiene como hogar la Gehena? ¡Qué terrible final!

3. 163. Tienes diferentes grados frente Allah. Y es Allah el que profundamente ve lo que hacen.

3. 164. Así, Allah sobre los creyentes otorgó el favor alzando un Mensajero de entre ellos, que les recitan Sus aleyas, purificándoles y ensenándoles el Libro y la Sabiduría. Antes estaban claramente errados...

3. 165. O cuando os toca la desdicha, después de haberla infligido doblemente, y decís: «¿De dónde proviene?», respóndeles: «¡De

vosotros mismos!». Ciertamente, Allah tiene poder sobre todas las cosas.

3. 166. Y lo que ocurrió aquel día que se encontraron los dos ejércitos lo permitió Allah para que conocierais quiénes eran los creyentes

3. 167. y quiénes eran los hipócritas, y se les dijo: «¡Vamos! Lidiad por la causa de Allah o defendeos», mas respondieron: «Si supiéramos luchar, os seguiríamos...». Ese Día ellos estarán más cerca de los cafres que de los creyentes, pues no dicen sus lenguas lo que no está en sus corazones y Allah bien sabe lo que esconden.

3. 168. Son ellos los que, de sus hermanos, mientras se quedaban en sus hogares, dicen: «Si nos hubieran obedecido, no los hubieran matado», respóndeles: «¡Evitad nuestra muerte, si es que decís la verdad».

3. 169. Y no penséis que quienes mueran por causa de Allah han muerto... ¡No! Vivos y con sustento están junto a su *Rabb*,

3. 170. regocijándose por la recompensa que les ha otorgado Allah y recibiendo buenas nuevas de los que no les han seguido, nada tienen que temer y la tristeza no les alcanzará.

۞ Hizb 8

3. 171. Reciben, con gozo, la buena nueva del favor de Allah, pues Allah no cesa de recompensar a los creyentes.

3. 172. Para aquellos que escucharon a Allah y a su Mensajero, tras sentir la herida, hicieron el bien y fueron conscientes de Allah, una recompensa excelsa hay,

3. 173. es para aquellos que se les dijo: «Ciertamente, la humanidad se ha confabulado contra vosotros: ¡Temedles!», pero con esto su confianza aumentó y respondieron: «¡No es suficiente Allah! ¡Quien mejor dispone es Él!».

3. 174. Y regresaron, por el favor de Allah, sin sufrir ningún daño. Y siguieron satisfaciendo a Allah. Y es Allah el dueño del excelso favor.

3. 175. Solo el Shaytan aterroriza a sus íntimos... Mas, si creyentes sois, no debéis temerle, ¡temedme a Mí!.

3. 176. Que no te invada la tristeza por aquellos que, tan rápido, se vuelve cafres, pues ningún daño le harán a Allah. Es Allah quien no va a darles ni una porción de la próxima vida, pues hay para ellos un sublime castigo.

3. 177. Aquellos que se vendan para ser cafres ningún daño hacen a Allah y para ellos un castigo terrible habrá,

3. 178. que ni se imaginen los cafres que el tiempo que Nosotros les damos es un bien para ellos. En verdad, les concedemos el tiempo para que aumenten sus crímenes. ¡Qué humillante castigo van a tener!

3. 179. Allah no va a dejar a los creyentes en esta situación hasta que separe lo malo de lo bueno. Ni os mostrará lo oculto, pues Allah elige a sus mensajeros de entre los que Él quiere y creen en Allah. ¡Confiad y tened conciencia de Allah! Pues vais a tener una excelsa recompensa.

3. 180. Que no piensen esos, que son avaros de la recompensa de Allah, que eso les favorece. ¡Ay, no! Mala cosa para ellos es. Sus cuellos sean rodeados con ella el Día de la Alzada. Y a Allah pertenece la herencia de los cielos y de la tierra. Y bien informado está Allah de todo lo que hacéis.

3. 181. Allah oye las palabras de quienes dicen: «Ciertamente, Allah es pobre y nosotros ricos…». Nosotros anotaremos lo que dijeron y, como sin derecho asesinaron a profetas, les responderemos: «¡Paladead el castigo de la Gehena!».

3. 182. Esto es lo que merece lo que con vuestras manos hicisteis y, ciertamente, Allah no es injusto con Su creación».

3. 183. Los mismos son que dicen: «En verdad, Allah pactó una alianza con nosotros: que no confiemos en un mensajero hasta que Él nos traiga un sacrificio que consuma el fuego», respóndeles: «Ciertamente, vinieron mensajeros antes de mí que os trajeron evidencias y lo que habíais pedido… ¿Por qué los asesinasteis? ¡Sed sinceros!».

3. 184. Si te rechazan, ya otros fueron rechazados antes de ti porque evidencias llegaron, revelaciones descendidas y el brillante Libro.

3. 185. Todos, y cada una de vuestras almas, saboreará la muerte, mas toda la recompensa será el Día de la Alzada. Entonces, quien

evite el Fuego y entre en el Jardín habrá triunfado. La vida mundana no es sino vano gozo.

3. 186. Se os probará con vuestros bienes y con vosotros mismos. Y, ciertamente, oiréis de aquellos que les dimos el Libro antes de vosotros y de los idólatras cosas hirientes, pero si sois pacientes y tenéis conciencia de Allah, esa es de las mejores acciones.

3. 187. Y cuando Allah hizo el pacto con los que recibieron el Libro: «¡Clarificádselo a la humanidad y no lo escondáis!», pero lo escondieron y, tras ello, lo vendieron por un precio nimio… ¡Qué mal negocio!

3. 188. No creas que, aunque se alegren de lo que hacen y disfrutan de halagos por lo que no han hecho, se van a librar del castigo. Y para ellos habrá un doloroso castigo…

3. 189. Y de Allah es el Reino de los cielos y la tierra. Y es Allah quien tiene poder sobre todas las cosas.

3. 190. Ciertamente, en la creación de los cielos y la tierra, en la alternancia de las noches y los días, signos hay para aquellos que usan el corazón cuerdo,

3. 191. para aquellos que recuerdan a Allah alzados, sentados y yaciendo sobre sus costados, que reflexionan sobre la creación de los cielos y la tierra: «¡*Rabb* nuestro! No has podido crear todo esto en vano… ¡Exaltado seas!, y ¡guárdanos del castigo en el Fuego!

3. 192. ¡*Rabb* nuestro! Tú que al que admites en el fuego lo humillas, que los criminales no tengan quien les auxilie.

3. 193. ¡*Rabb* nuestro! Oímos a uno que nos llamaba llamado a creer: "¡Confiad en vuestro *Rabb*!" y así creímos. ¡*Rabb* nuestro! Alivia nuestros errores y arranca de nosotros nuestras malas acciones… ¡Recíbenos entre los justos cuando muramos!

3. 194. ¡*Rabb* nuestro! Otórganos lo que nos prometiste a través de tus mensajeros y haz que no seamos desgraciados el Día de la Alzada. ¡Tú!, que, ciertamente, no faltas a tus promesas».

3. 195. Así, le respondió su *Rabb*: «No permitiré que las acciones de ninguno de vosotros se pierdan, pues lo mismo es varón que hembra, el uno es como el otro. Enjuagaré las malas acciones de los que migrasteis, expulsados de vuestros hogares, de quienes sufrieron por Mi causa, de quienes combatieron

en combate cayendo y les introduciré en jardines en los que debajo fluyen arroyos: sea esta la recompensa de Allah». Y hay una bella recompensa junto a Allah.

3. 196. ¡Que no te engañen las idas y venidas de los cafres por la tierra!

3. 197. ¡Que en vano disfrute! Tras eso, su hogar será la Gehena... ¡Qué terrible morada!

3. 198. Sin embargo, los que tuvieron conciencia de su *Rabb*, para ellos habrá jardines en los que debajo fluyen arroyos, en los que por toda la eternidad estarán, como morada que Allah les da. Y estar junto Allah es lo mejor para los virtuosos.

3. 199. Y, ciertamente, hay gente del Libro que cree en Allah y en lo que os descendimos a vosotros y a ellos. Humildes ante Allah, no han vendido las aleyas de Allah por un precio ridículo. Esos son los que han de recibir la recompensa de su *Rabb*. Ciertamente, Allah presto es en saldar las cuentas.

3. 200. ¡Oh, vosotros que creéis! Sed pacientes y aún más pacientes, manteneos firmes y conscientes de Allah, pues así es como prosperaréis.

4. LAS MUJERES

En el nombre de Allah, el *Rahman*, el *Rahim*

4. 1. ¡Oh, humanidad! Sed conscientes de vuestro *Rabb*, aquel que de un único ser os creó, que de él a su par creó y de ellos dos, tanto hombres y mujeres, se diseminaron. Es en Allah, ya sean vuestras cuestiones, ya sea en las matrices, donde vuestro deber tenéis que honrar. Ciertamente, Allah siempre sobre vosotros vigilante está.

4. 2. Dad a los huérfanos lo que les pertenece, no sustituyáis lo bueno por lo malo y no gastéis su herencia añadiéndola a la vuestra... ¡Qué gran crimen es!

4. 3. Si temierais injusticia con las huérfanas, casaos con aquellas que sean adecuadas, ya sean dos, tres o cuatro. Pero si teméis que no podréis ser justo, entonces casaos solo con una o con vuestra esclava. Así es más apropiado, no seréis injustos,

4. 4. y a vuestras mujeres su dote entregad amablemente. Pero, si ellas renunciaran, con satisfacción y sosiego disfrutadla.

4. 5. Y no le deis a los imprudentes vuestra riqueza, la que Allah os ha dado para vuestro bienestar. De ella, haced que subsistan y vestidles y habladles amablemente.

4. 6. Y tantead a los huérfanos hasta que puedan casarse y, cuando creáis que tienen juicio en sus manos, otorgadles su herencia. No la gastéis antes de que alcancen la mayoría de edad. El rico debería refrenarse. El que sea pobre dejadle que, amablemente, coma. Cuando su herencia le entreguéis, exigid testigos. Allah toma nota de todo lo que hacéis.

4. 7. Para los hombres sea una parte de lo que sus padres y familiares dispongan. Y para las mujeres sea una parte de lo que sus

padres y familiares hayan dispuesto. Poco o mucho es una parte obligatoria.

4. 8. Si al reparto asisten familiares, huérfanos, pobres, dadles algo y amablemente habladles.

4. 9. Y los que teman dejar tras de sí una progenie débil, ¡que sean de Allah conscientes y digan las palabras justas!

4. 10. En verdad, para aquellos que gasten injustamente la riqueza de los huérfanos, un Fuego consumirá sus entrañas y con resplandor arderán.

4. 11. Acerca de tus hijos, Allah ordena que un hijo debe tener la parte equivalente a dos hijas. Si estas son dos o más, le corresponderán dos tercios. Si es hija única, la mitad. A cada uno de los padres les corresponderá un sexto si tiene hijos, pero, si no tuviere y le heredan solo los padres, sea un tercio para la madre. Si tuviera hermanos, sea para la madre un sexto. Esto es tras satisfacer los legados y las deudas. No sabéis quién es más beneficioso si vuestros hijos o vuestros padres. Es mandato de Allah. Y es, ciertamente, Allah quien todo conoce, quien todo lo sabe.

4. 12. Y sea para vosotros la mitad de lo que vuestras esposas dejen si no tienen hijos. Si los tuvieren, heredad un cuarto de su testamento después del pago de deudas. Si no tuvierais hijos que ellas hereden un cuarto, pero si tenéis hijos que sea un octavo. Si un hombre o una mujer muere sin hijos ni padres, pero con un hermano o una hermana, que él o ella tome un sexto. Si tuviera más parientes que compartan un tercio. Que todo sea de su testamento tras pagar las deudas, que no dañe a ninguno. Es mandato de Allah. Y es, ciertamente, Allah quien todo conoce, quien todo lo sabe.

4. 13. Esto es lo que ha determinado Allah para quienquiera que obedezca a Allah y a Su Mensajero. Él le admitirá en jardines en los que fluyen arroyos, en el que permanecerán por siempre... ¡Qué gran éxito es!

4. 14. Pero a aquellos que desobedezcan Allah y a su Mensajero y transgredan sus límites, los admitiremos en el Fuego en el que permanecerán por siempre... ¡Qué humillante castigo!

4. 15. Y si vuestras mujeres cometieren un acto lascivo, llamad a cuatro testigos de entre ellas. Si testifican que es culpable, confinadlas bien hasta que a ellas la muerte sobrevenga o que Allah les otorgue otro camino.

4. 16. Y si fueren dos de entre vosotros quien lo cometiese, castigad a ambos. Pero si se arrepienten y lo correcto hacen, dejadles marchar. Allah es a quien se retorna, es matricial.

4. 17. Allah solo acepta el arrepentimiento de quienes yerran por ignorancia y de nuevo se orientan hacia Él enseguida. Entonces Allah lo reajusta, pues es Allah el que todo conoce, es sabio.

4. 18. Que no espere orientarse aquel que a conciencia yerra y, cuando la muerte se acerca, dice: «¡Ahora quiero arrepentirme!», ni tampoco aquellos que mueren siendo cafres… ¡A estos les hemos preparado un tormento doloroso!

4. 19. ¡Oh, creyentes! No os es lícito heredar mujeres contra su voluntad, ni tratar mal a vuestras mujeres para quitarle lo que les habíais dado, a menos que abiertamente sean inmorales. ¡Vivid junto a ellas con dulzura! Y si una os incomodase, aunque os disguste, puede que Allah haya puesto en eso mucho bien.

4. 20. Y si quisierais cambiar de esposa, ¡no toméis su dote! Incluso si mucho oro le disteis… ¿Acaso vais a ser tan viles, tan infames?

4. 21. Y ¿cómo tomarlo después de haber yacido y haber hecho un firme pacto con ella?

4. 22. No os caséis con las mujeres con las que han estado casados vuestros padres. Eso es vergonzoso, aborrecible… ¡Qué mal camino!

4. 23. Prohibidas os sean tomar a vuestras madres, hijas, hermanas, tías paternas y maternas, hijas de hermanos y hermanas, vuestras nodrizas y hermanas de leche, vuestras suegras, vuestras hijastras que estén bajo vuestra protección, las nacidas de mujeres con las que habéis yacido, las esposas de vuestros hijos, así como dos hermanas al mismo tiempo, a excepción de lo que ocurrió antes de esto. Allah toda falta alivia, es matricial.

Juz 5

۞ Hizb 9

4. 24. Y prohibidas os sean las mujeres casadas, mas no las esclavas. ¡Es mandato de Allah! Se os permiten todas las otras mujeres para buscar riquezas y matrimonio, no para fornicar. Si deseáis gozar con una esposa, ¡pagad su dote! No hay problema en que, después de cumplir con el mandato, decidáis algo consensuado. Ciertamente, Allah todo lo conoce, todo lo sabe.

4. 25. Quien de vosotros no dispusiera medios para desposar a una creyente libre, que despose a una joven esclava creyente. Allah conoce bien vuestra confianza. Desposadla, con permiso de sus amos, y dadle una dote merecida como a una mujer honesta que no sea ni una fornicadora ni una que tiene amantes secretos. Si estas mujeres se casaran y fuesen adulteras, que sufran la mitad de castigo que las mujeres libres. Esto va dirigido para que seáis humildes ante los errores. ¡Sed pacientes, pues es mejor! Y Allah todo lo alivia, es matricial.

4. 26. Desea Allah traer claridad sobre vosotros y guiaros por el camino de los que estuvieron antes de vosotros. Desea que vosotros os orientéis hacia Él. Es Allah el que todo conoce, el que todo sabe.

4. 27. Allah quiere orientarse hacia vosotros, pero aquellos que nada más que desean sus instintos satisfacer quieren que os desviéis... ¡Qué gran desvío!

4. 28. Desea Allah aliviaros a vosotros, y es que el ser humano fue creado débil.

4. 29. ¡Oh, vosotros que creéis! No despilfarréis injustamente la riqueza de otro, pues es diferente si comerciáis de común acuerdo. ¡No os matéis! Ciertamente, Allah pura matricialidad es.

4. 30. Y quien esto transgreda e injusto sea, muy pronto, Nosotros le arrojaremos a un Fuego. Y qué fácil es esto para Allah...

4. 31. Si esos grandes errores que se os ha prohibido evitáis, Nosotros os cubriremos esas acciones perversas y os haremos entrar en la entrada del honor.

4. 32. Y ¡no codiciéis aquello que Allah les ha dado a otros en vez de a vosotros! Los hombres serán recompensados según sus acciones y según sus acciones serán recompensadas las mujeres. ¡Pedid a Allah Su generosidad! Ciertamente, Allah de toda cosa es conocedor.

4. 33. Y nosotros hemos dispuesto herederos para todos, sean los padres, los familiares cercanos y aquellos que vuestras manos diestras un juramento unió. Les sea dado su parte. Ciertamente, Allah de toda cosa es testigo.

4. 34. Que los hombres den lo mejor a las mujeres, pues Allah ha dispuesto a unos más que a otros y así puedan gastar en su bienestar. Sea que las mujeres justas, de corazón pleno, protectoras son, aún no las vean, de lo que Allah dispone. Y si se enajenaran… ¡avisadlas! ¡Dejadlas yacer en sus lechos! ¡De ellas alejaos! Mas, si en razón entraran, injustos con ellas no seáis. Es Allah, verdaderamente, el Altísimo, el más Grande.

4. 35. Y si entre los dos una ruptura temierais, nombrad un mediador de vuestra familia y otro de la suya. Si desearan una reconciliación, Allah hará que a un acuerdo lleguen. Allah todo lo sabe, de todo está bien informado.

4. 36. Y reconoced a Allah y nada asociéis como Él. Sed excelentes con vuestros padres, con los familiares, con los huérfanos, con los pobres, con los vecinos de aquí y de allá, el viajero y con vuestros siervos… Allah, ciertamente, no ama ni al orgulloso ni al fanfarrón,

4. 37. ni a aquellos que son avaros y a la avaricia a otros incitan, ni a los que ocultan las recompensas de Allah. Qué humillante castigo hemos preparado para esos cafres…,

4. 38. como para aquellos que gastan su sustento con el fin de aparentar ante la gente, sin creer ni en Allah ni en el último Día. Y si alguno tomase al Shaytan por compañero, ¡qué mal compañero tendrá!

4. 39. ¿Acaso habría ido en detrimento suyo creer en Allah y en el último Día?, y ¿donar aquello que Allah les otorgó en provisión? Qué bien los conoce Allah…

4. 40. En verdad, Allah no será injusto, ni siquiera en el peso de un átomo, con nadie. Y si hubiere hecho algo bueno, la duplicará y otorgará, por Su parte, una magnífica recompensa.

4. 41. Pero ¿qué pasará cuando Nosotros traigamos un testigo de cada comunidad y te traigamos a ti a testificar contra esta gente?

4. 42. Ese Día, los que cafres fueron y al Mensajero desoyeron querrán ser tragados por la tierra..., y ¡no!, incapaces serán de esconder cosa alguna ante Allah.

4. 43. ¡Oh, creyentes! No vayáis a la azalá mientras estéis embriagados, esperad a saber lo que decís, ni vayáis mientras estéis en estado de impureza a menos que estéis de viaje o que os hayáis bañado. Mas, si enfermos o de viajes estáis, si viniera uno de vosotros de aliviarse o de haber yacido con mujeres y agua no encontráis, haced ablución con tierra limpia en vuestros rostros y vuestras manos. Ciertamente, es Allah el que con alivio vuestras faltas hace aliviar.

4. 44. ¿Acaso no has visto a quiénes dimos una parte del Libro? ¡Cómo venden el error y quieren que vosotros del Camino os extraviéis errando!

4. 45. Y es Allah quien mejor conoce a vuestros enemigos, os basta con la protección de Allah y como auxilio Allah os vuelve a bastar.

4. 46. Algunos de entre los judíos distorsionan las palabras y sin saber dicen: «Os escuchamos y os desobedecemos... Escucha sin que se pueda oír. ¡Obsérvanos!», mientras sus lenguas tuercen y atacan el *din*... Si hubieran dicho: «Os escuchamos y os obedecemos. ¡Míranos!», sería para ellos mejor y más próspero. Sea la maldición de Allah por ser cafres, pues muy pocos creían.

4. 47. ¡Oh, gente del Libro! Confiad en lo que descendimos, pues de lo que ya teníais es confirmación, antes que Nosotros vuestros rostros deshagamos, antes que os pongamos del revés o que os maldigamos como maldijimos aquellos que violaron el *sabbat*. ¡Siempre se cumple el mandato de Allah!

4. 48. Allah no alivia sus faltas a quienes a Él otro asocia, aún alivia faltas a quien Él quiere. Aquel que asocia a otro con Allah, ¡qué tremendo error comete!

4. 49. ¿Acaso no viste a aquellos que se creen purificados a sí mismos? ¡Ay, no! Es Allah quien purifica a quien Él quiere y no habrá

injusticia, ni siquiera del tamaño de un cabello en el hueso de un dátil.

4. 50. ¡Mirad! Cómo inventan calumnias sobre Allah… Basta eso como un claro error…

4. 51. ¿Acaso no has visto a quienes dimos una parte del Libro? Si en supercherías e ídolos confían y dicen de los cafres: «Estáis mejor guiados que los creyentes».

4. 52. A estos son los que sobre ellos pesa la maldición de Allah y jamás encontrarán Su ayuda,

4. 53. aun teniendo el Reino no darían ni una pizca del hueso de un dátil…

4. 54. ¿O es que envidian la recompensa que ha dado Allah a su gente? Ciertamente, le dimos a la familia de Ibrahim el Libro y la Sabiduría y les otorgamos un excelso Reino.

4. 55. Mientras que unos confían y otros se apartan de ella… ¡Les bastará la resplandeciente Gehena!

4. 56. Ciertamente, a los cafres que Nuestras aleyas desoyen, ¡qué pronto arderán en Fuego! Cuando sus pieles se chamusquen se las volveremos a restituir, así saborearán el castigo. Es Allah el más poderoso, el que todo lo sabe,

4. 57. y para aquellos que confíen y obren bien les haremos entrar en jardines, bajo los que riachuelos fluirán, en los que permanecerán por toda la eternidad. Tendrán compañía purificada y se les cubrirá con sombreada sombra.

4. 58. Así es como Allah os ordena que devolváis las propiedades a sus propietarios y cuando juzguéis con justicia lo hagáis. ¡Qué excelso es lo que Allah os pide! Pues, Allah todo lo oye, más allá aún ve.

4. 59. ¡Oh, creyentes! Obedeced a Allah y a su Mensajero y a aquellos que sobre vosotros tengan autoridad. Y si por algo discutís, remitíos a Allah y a Su Mensajero, si es que confiáis en Allah y el último Día. Este es el mejor, el más apropiado fin.

4. 60. ¿No has visto a aquellos que dicen que confían en lo que se te ha revelado y en lo que se reveló antes de ti?, y, sin embargo, ¿en los juicios se apoyan en ídolos cuando se les ha ordenado rechazarlos? Es el Shaytan quien para ellos un hondo extravío anhela.

4. 61. Y cuando se les dice: «¡Venid a lo que ha revelado Allah! ¡Venid a lo que se le ha revelado a Su Mensajero!», veis cómo los hipócritas se apartan por completo de ti...

4. 62. Cuando un terrible desastre les golpee por culpa de lo que sus manos hicieron y a ti vengan jurando por Allah: «No quisimos sino hacer bien y reconciliar...».

4. 63. Qué bien conoce Allah lo que en sus corazones hay. Así que ¡apártate de ellos!, ¡ignora aquello que dicen!, ¡enséñales con penetrantes palabras!

4. 64. Y Nosotros no enviamos a ningún mensajero sino para que, con el permiso de Allah, lo obedezcan. Y aun habiendo sido injustos consigo mismos, hubieran venido a ti reclamando la clemencia de su *Rabb* y el Mensajero, para sí pidiendo clemencia, estaría para ellos Allah, al que hemos de volver, el pleno de *rahma*.

4. 65. Pero ¡no!, por tu *Rabb* que no confiarán hasta que te hagan juez en sus disputas, así no se resistan en aceptar tu decisión y entregados se entregarán a ti.

4. 66. Mas, si hubiésemos prescrito sobre ellos la muerte: «¡Arrancaos vuestras vidas!» o «¡fuera de vuestras casas!», tampoco lo habrían hecho, tan solo unos pocos de ellos... En cambio, si hubieran aceptado lo que les advertimos... ¡Qué bueno hubiese sido para ellos! ¡Con qué fuerza les habríamos fortalecido!

4. 67. Y les habríamos dado Nosotros una magnífica recompensa,

4. 68. guiándoles por recto sendero.

4. 69. Aquellos que obedecen a Allah y a su Mensajero son los que Allah sitúa junto a los profetas, los veraces y los que testifican y los que justos son. Y ¡qué excelsa compañía!

4. 70. Así es la recompensa de Allah. Suficiente es Allah, quien todo lo sabe.

4. 71. ¡Oh, creyentes! ¡Estad atentos! Marchad en grupos o todos juntos.

4. 72. Y aquel que rezagado queda, si una desgracia os sobreviene, dice: «El favor de Allah ha sido sobre mí, pues con ellos no estaba allí»,

4. 73. mas, cuando Allah os otorga su recompensa, en verdad, como si amistad ninguna existiese entre vosotros, dice: «¡Oh! Desearía haber estado con ellos, un éxito excelso habría logrado».

4. 74. ¡Combate por el favor de Allah! Si es que quieres cambiar esta mundana vida por la que habrá de venir. Aquel que combate por el favor de Allah, pereciendo o venciendo, una excelsa recompensa pronto les otorgaremos.

4. 75. ¿Por qué no queréis lidiar por el favor Allah y por los oprimidos, ya sean hombres, mujeres y niños, cuando dicen: «¡*Rabb* nuestro! ¡De esta ciudad de viles habitantes rescátanos! ¡Danos un paladín por Ti designado!»?

4. 76. Los creyentes lidian por el favor de Allah. Los cafres lo hacen en favor de los ídolos. Así que ¡luchad contra los aliados del Shaytan! En verdad, tan débiles sus ardides son…

4. 77. ¿Acaso no viste a aquellos a los que se les dijo: «¡Refrenad vuestras manos! ¡Estableced la azalá y entregad el azaque!»? Así, cuando prescribimos el combate, muchos tienen más miedo a los hombres que a Allah y dicen: «*Rabb* nuestro, ¿por qué nos ordenas combatir?, ¿por qué no lo pospones para un poco más tarde?». Diles: «El gozo del mundanal mundo ínfimo es frente al de la próxima vida para cualquiera que sea consciente de Allah y no habrá injusticia, ni del tamaño de un cabello en el hueso de un dátil, siquiera».

4. 78. Dondequiera que estéis, aun en elevado torreón, la muerte os alcanzará. Si algo bueno les ocurre, responden: «Esto de Allah proviene», mas si les alcanza un mal, dicen: «Esto de ti viene…». Di: «Todo esto de Allah proviene». ¿Acaso no comprenden lo que se les ha dicho?

4. 79. Todo lo bueno que te sucede de Allah proviene, la causa última de tu mal es por el ego. Nosotros te enviamos a la humanidad como Enviado y Allah es suficiente testigo.

4. 80. Aquel que al Mensajero obedece, obedece a Allah. Pero quien le da la espalda, ¡Nosotros no te enviamos para ser su guardián!

4. 81. Y dicen: «¡Obedecemos!», pero en cuanto salen de tu presencia, de noche, traman para hacer una cosa diferente de la que tú les dices. Y Allah toma nota de lo que ellos en la noche traman… ¡Aléjate de ellos! ¡Confía en Allah! ¡Allah te basta como protector!

4. 82. ¿Acaso no piensan en el Corán? Si viniera de otro y no de Allah demasiadas contradicciones habría

4. 83. y, cuando algo referente a la seguridad o al temor llega a ellos lo difunden. Si lo hubieran referido al Mensajero y a quienes tienen la autoridad entre ellos, aquel significado que anhelaban lo hubieran encontrado. Si no llega a ser por la generosidad de Allah y Su *rahma* sobre vosotros, todos, excepto muy pocos, seguiríais al Shaytan.

4. 84. Así que ¡combate por Allah! Solo de ti mismo eres responsable... y ¡empodera a los creyentes! Pues quizás Allah reduzca el poder de los cafres..., y es Allah más poderoso, más fuerte aflige.

4. 85. Quien intercediendo para el bien intercede, tendrá parte de ella y quien intercediendo para el mal intercede, tendrá parte de ella. Y es Allah guardián de toda cosa.

4. 86. Y cuando os saluden, saludad, devolviéndolo, con un mejor saludo. Y es Allah que en cuenta toma toda cosa.

4. 87. Allah no es ningún dios, solo Él es. Os congregará, sin duda, el Día de la Alzada, ¿quién es más sincero que Allah cuando algo os cuenta?

Hizb 10

4. 88. ¿Por qué vais a dividiros en dos grupos por causa de los hipócritas? Allah les ha premiado con rechazo por lo que hicieron... ¿Acaso queréis guiar a quien ha extraviado Allah? Para quien es extraviado por Allah no hay camino alguno.

4. 89. Deseaban que todos vosotros fueseis cafres como ellos, que cafres son, pero ¡no! No os hagáis íntimos de ellos hasta que emigren por Allah. Si cambiaran de propósito, prendedlos y combatidlos allá donde los encontréis. Ni los toméis como aliados ni aceptéis su amistad,

4. 90. a menos que sus aliados fuesen gentes con un pacto sobre vosotros, o que vengan con el corazón compungido por batallar contra vosotros o contra su gente. Si hubiera querido Allah, les habría empoderado frente a vosotros, habrían luchado en vuestra contra. Si se mantuviesen aparte, si se abstienen de combatiros y os ofrecen paz, no tenéis justificación alguna ante Allah contra ellos.

4. 91. Habrá otros que desean seguridad junto a vosotros y con su gente, pero siempre que son tentados caen en ella. Si no se rinden, si no alzan sus manos, prendedlos y derrotadlos allá donde los encontréis. Frente a ellos tienes pleno poder.

4. 92. Un creyente no puede combatir contra otro creyente, excepto por error. Quien mate a un creyente deberá liberar a un creyente esclavo y pagar una compensación a la familia de la víctima, a menos que ellos renuncien, que sea entonces caridad. Si la víctima era un creyente y era de gente enemiga, que se libere un esclavo creyente, mas, si era de la gente a la que os une un pacto, que la compensación se pague a la familia de la víctima, además del esclavo. Quien no dispusiera de medios que ayune dos meses seguidos reorientándose hacia Allah. Y es Allah de todo el conocer, sabio.

4. 93. Mas, quien mate a un creyente, de forma premeditada, tendrá como recompensa la Gehena. Caiga la ira de Allah sobre él, le maldecirá y un excelso castigo Él le preparará.

4. 94. ¡Oh, creyentes! Aseguraos que cuando combatáis por Allah a quien os ofrezca un saludo de paz, no digáis: «¡Tú no eres creyente!», anhelando las recompensas de esta mundanal vida, pues Allah dispone de más para vosotros. Así antes erais vosotros y Allah os fue generoso. Ciertamente, Allah está muy bien informado de todo lo que hacéis.

4. 95. No son iguales en rango entre los creyentes aquellos que permanecen sentados, sin estar incapacitados, frente a los que se esfuerzan por la causa de Allah con sus bienes y dando todo de sí. A todos Allah ha prometido lo mejor, mas Él otorga generosamente una excelsa recompensa a aquellos que se esfuerzan en vez de a los que se mantienen sentados.

4. 96. Un alto grado Él les concede, así como el olvido de sus faltas y Su *rahma*. Y es Allah el que toda falta alivia, el Rahim.

4. 97. Ciertamente, a aquellos a los que los ángeles los lleven y hayan sido injustos consigo mismos, estos les advertirán: «¿En qué condición estabais?». Responderán: «Qué oprimidos estuvimos en la tierra...». Y se les dirá: «¿No era la tierra de Allah suficientemente grande para emigrar?». Así, ellos tendrán un refugio en la Gehena... ¡Qué terrible final!

4. 98. Mas, no los oprimidos de entre hombres, mujeres y niños que no disponen de poder y no pueden seguir la senda.

4. 99. A estos puede ser que Allah les dé una oportunidad. Allah es el que todo disculpa, el que alivia toda falta.

4. 100. Quien emigre por la causa de Allah en la tierra encontrará muchos y abundantes lugares donde refugiarse. Y si por Allah y su Mensajero dejara su hogar como refugiado sorprendiéndole la muerte, ciertamente, obtendrá una segura recompensa de Allah. Y es Allah el que alivia toda falta, el matricial.

4. 101. Y, cuando viajéis por tierra, no hay problema en que acortéis la azalá si teméis que los cafres os puedan agredir. Los cafres son un enemigo cierto para vosotros.

4. 102. Y, cuando estés con ellos y adalides la azalá, que un grupo se mantenga en pie empuñando las armas. Y, cuando finalicen su postración, que retomen su posición y que el otro grupo haga la azalá contigo. Con cuidado y con las armas empuñadas. Quieren los cafres vuestro descuido para lanzarse en combate singular, mas no hay inconveniente alguno en dejar vuestras armas si hay fuerte lluvia o estáis enfermos. Tened cautela… ¡Qué castigo terrible ha preparado Allah para los cafres!

4. 103. Cuando la azalá hayáis terminado, ¡recordad a Allah!, ya sea alzados, sentados o yaciendo. Y una vez que os sintáis seguros estableced la constante azalá, pues a los creyentes a horas dispuestas se le ha prescrito.

4. 104. No mostréis debilidad alguna por esa gente. Os supondrá un terrible sufrimiento, como a ellos también, pero vosotros tenéis la esperanza de Allah que ellos no tienen. Allah todo lo conoce, todo lo sabe.

4. 105. Ciertamente, Nosotros hicimos descender el Libro sobre ti con la Verdad para que disciernas entre los seres humanos como te muestra Allah. ¡No supliques por los lánguidos traidores!

4. 106. ¡Pide a Allah que tus faltas alivie! Ciertamente, Allah es quien alivia toda falta, tan matricial.

4. 107. Y ¡no argumentes en favor de aquellos que son injustos consigo mismos! Allah no ama al que es un lánguido traidor, al criminal

4. 108. que se esconde de los hombres, mas no puede hacerlo de Allah. Él está presente cuando en la noche traman lo que a Él no le complace. Y está Allah atento a todas sus acciones.

4. 109. Ahí estáis vosotros que suplicáis por ellos en esta mundanal vida, mas ¿quién ha de defenderles frente a Allah el Día de la Alzada? ¿Quién ha de ser su defensor?

4. 110. Quien actúa mal o falta contra sí mismo, si después pide a Allah que alivie sus faltas, encontrará a Allah, el que alivia toda falta, el matricial.

4. 111. Y quien comete una falta, solo falta contra sí mismo. Y es Allah quien todo lo conoce, quien todo lo sabe.

4. 112. Y quien comete una falta o una ofensa y acusa a un inocente, ¡sobre sí sea una manifiesta ofensa!

4. 113. Y si no fuese por la generosidad y la *rahma* de Allah que es sobre ti, algunos de ellos habrían querido dirigirte al extravío. Mas, solo se extravían ellos mismos y no son capaces de dañarte. Descendió Allah sobre ti el Libro y la Sabiduría enseñándote aquello que no sabías. Inmensa es la generosidad de Allah sobre ti.

4. 114. En la mayoría de los cuchicheos no hay bien, a menos que sean buscando caridad, la amabilidad o por la reconciliación entre gentes. A quien con esto busque el favor de Allah, pronto tendrá una excelsa recompensa.

4. 115. Y a quien se oponga al Mensajero después de haber mostrado la guía y siga otra senda de la de los creyentes... ¡Les abandonaremos como ellos le abandonaron!, y ¡les arrojaremos a la Gehena! ¡Qué terrible final!

4. 116. Ciertamente, Allah no olvida a los que le asocian con otros, más alivia otras cosas a quien Él quiere. Quienquiera que asocie a Allah está tan extraviado...

4. 117. Aquellos que, en vez de pedirle a Él, invocan a diosas. Mas, no invocan sino a un rebelde Shaytan.

4. 118. ¡La maldición de Allah sea sobre él! Dijo: «Tomaré, ciertamente, un número de los que te reconocen

4. 119. y los extraviaré, inspiraré vacíos deseos, que corten las orejas del ganado y que manipulen la creación de Allah». Quien tome como amigo a Shaytan, en vez de tomar a Allah, extraviado está en manifiesto extravío.

4. 120. Promesas les hace e inspira vacíos deseos, más el Shaytan solo vanas ilusiones promete.

4. 121. La morada de esa gente la Gehena será y no hallarán forma de escapar,

4. 122. pero a los que confíen y obren el bien, Nosotros les admitiremos en jardines en los que fluyen arroyos, en el que permanecerán por toda la eternidad. Promesa cierta es de Allah. ¿Quién es más sincero que Allah cuando habla?

4. 123. Esto no depende de vuestro deseo, ni del deseo de la gente del Libro. Aquel que obre mal así se le retribuirá y no encontrará protector o ayuda alguna frente a Allah.

4. 124. Y cualquiera que haga lo correcto, ya sea varón o hembra, y sea creyente, entrará en el Jardín y no habrá injusticia ni siquiera del tamaño de un cabello en el hueso de un dátil.

4. 125. ¿Quién fue mejor en el *din* que uno que se entregó por completo a Allah, hace el bien y sigue la creencia de Ibrahim, el *hanif*? Allah tomó a Ibrahim como amigo.

4. 126. Y de Allah es todo lo que hay en los cielos y la tierra. Allah está muy bien informado de todo.

4. 127. Y buscan respuestas sobre las mujeres. Diles: «Allah ya os ha dado a conocer Sus normas. Además de lo que se te ha recitado en el Libro a propósito de huérfanos que no le distéis lo que le correspondía y queréis casaros con ellas, a propósito de los niños en necesidad para que tratéis a los huérfanos con justicia». Mas, Allah sabe perfectamente lo que hacéis bien.

4. 128. Y si una mujer temiese desprecio o desdén por su marido, no hay inconveniente alguno en que se reconcilien, pues es mejor. El ego es tan codicioso por su ánimo, mas haced el bien y tened conciencia de Allah. Allah sabe perfectamente lo que hacéis.

4. 129. Jamás llegaréis a ser justos con vuestras mujeres, aunque lo deseéis con ímpetu. Nunca ignoréis a una mujer frente a otra, dejándola apartada. Así que remediadlo y tened conciencia de Allah. Y es Allah quien toda falta perdona, es matricial.

4. 130. Y si se divorciase, Allah le enriquecerá a cada uno con Su abundancia. Y es Allah el que da con abundancia, es el que todo lo sabe.

4. 131. Es de Allah todo lo que hay en los cielos y la tierra. Nosotros ya ordenamos a aquellos que, antes de vosotros, recibieron el Libro, igual que a vosotros, tener conciencia de Allah. Y, ciertamente, si cafres sois, es de Allah todo lo que hay en los cielos y la tierra. Allah se basta y es suficiente consigo mismo, es Digno de loa.

4. 132. Y de Allah es todo lo que hay en los cielos y la tierra. Y se basta Allah como protector.

4. 133. Ciertamente, si Él lo deseara, os eliminaría y pondría a otros. Y es Allah todopoderoso para hacer eso.

4. 134. Si alguno deseara recompensa mundanal, que sepa que Allah tiene recompensas en este mundo y en el que ha de venir. Y es Allah quien todo lo oye, quien todo lo contempla.

4. 135. ¡Oh, creyentes! Sed guardianes de la justicia como testigos de Allah, aun en vuestra contra, en la de vuestros padres o parientes, o sea rico o pobre. Allah cuidará de ellos. No sigáis los deseos que puedan desviaros. Si mentís o rechazáis la justicia, Allah sabe perfectamente lo que hacéis.

4. 136. ¡Oh, creyentes! Confiad en Allah y en el Libro, que Él hizo descender a Su Mensajero, como en los libros que antes se os revelaron. Y quien cafre es con Allah, con Sus ángeles, con Sus Libros, con Sus enviados y con el último Día... ¡Qué extraviado está!

4. 137. Aquellos que crean y se conviertan en cafres, que vuelvan a creer y, de nuevo, cafres vuelvan ser, más cafres aún serán. Allah no puede hacerles olvidar ni guiarlos por la senda.

4. 138. ¡Da la buena nueva a los hipócritas que, ciertamente, un doloroso castigo tendrán!

4. 139. Aquellos que toman a los cafres como amigos, en vez de los creyentes, ¿acaso buscan honores? Más el honor solo es junto a Allah.

4. 140. Os reveló a vosotros un Libro: «Cuando oigáis que no confían en las aleyas de Allah y se burlan de ellas, con ellos no os sentéis, excepto si cambian la conversación, si no seréis como ellos». Allah congregará a los hipócritas y a los cafres, juntos, en la Gehena.

4. 141. Y esperan para ver qué os ocurre. Si tenéis éxito, con la ayuda de Allah, os dicen: «¡Estamos con vosotros!». Mas, si los cafres consiguen un éxito, os dicen: «No pudimos venceros, pero os defendimos de los creyentes». Os juzgará Allah a vosotros el Día de la Alzada y no permitirá que los cafres superen en la senda a los creyentes.

4. 142. Aun los hipócritas intenten engañar a Allah, es Él quien los ilusiona. Cuando con pereza hacen la azalá, solo para ser vistos, poco recuerdan a Allah,

4. 143. todo el tiempo vacilante, no se decantan ni por uno ni por otro. Si Allah extravía a alguien, jamás encontrará el camino.

4. 144. ¡Oh, creyentes! No toméis a los cafres como amigos, en vez de tomar a los creyentes. ¿Deseáis dar a Allah una prueba clara en contra vuestra?

4. 145. Ciertamente, en la más honda profundidad del Fuego estarán los hipócritas y nadie encontrarán para auxiliarles,

4. 146. solo si retornan, se retoman y se aferran firmemente a Allah y son sinceros con el *din* de Allah. Así estarán junto a los creyentes y una magnífica recompensa dará Allah.

4. 147. ¿Por qué iba Allah a castigaros si sois agradecidos o confiáis? Y Allah es el agradecido, el que todo lo sabe.

Juz 6

Hizb 11

4. 148. No ama Allah a quien maldice en público, a menos que haya sido tratado con injusticia. Allah todo lo oye, todo lo sabe

4. 149. si hacéis el bien, ya sea en público o en privado, o perdonéis una ofensa. Allah toda falta le alivia, es poderoso.

4. 150. Ciertamente, aquellos que son cafres con Allah y Sus mensajeros y quieren discriminar entre ellos diciendo: «Confiamos en unos, pero de otros desconfiamos...». Y ellos, que una postura equidistante desean,

4. 151. son los auténticos cafres. Y ya Nosotros hemos preparado para los cafres un terrible castigo.

4. 152. Mas, aquellos que confíen en Allah y Sus mensajeros y no discriminen entre ellos, muy pronto Él les recompensará. Y es Allah el que toda falta alivia, el matricial.

4. 153. Te exige la gente del Libro que hagas descender un libro físico del cielo, mas ya le exigieron a Musa algo peor que eso cuando le dijeron: «¡Muéstranos de manera manifiesta a Allah!», y fueron castigados con un rayo por su impía actitud. Luego, adoraron a un becerro aun habiéndoles Nosotros otorgado irrefutables aleyas. Después les aliviaremos su falta y Nosotros le dimos a Musa autoridad manifiesta.

4. 154. Alzamos una montaña sobre ellos como Signo del pacto y les dijimos: «¡Al entrar por la puerta prosternaos!», y les dijimos también: «¡No violéis el *sabbat*!». Y así Nosotros pactamos con ellos una alianza excelsa.

4. 155. Mas, luego violaron la alianza y fueron cafres con nuestros Signos, asesinaron injustamente a profetas y dijeron: «¡Sellados están nuestros corazones!». ¡Ay que no! Que los selló Allah por haber sido cafres, así que solo un poco confían...

4. 156. Y porque son cafres dijeron contra Maryam una magna difamación,

4. 157. diciendo: «¡Nosotros matamos al Mesías, 'Isa, hijo de Maryam, el Mensajero de Allah!», pero ni lo mataron ni le crucificaron, aunque a ellos eso les pareció. Los que discrepaban sobre él están llenos de dudas. No le conocen, solo conjeturan, pues, en verdad, no le mataron.

4. 158. ¡Ay, no! Pues Allah hacia Él le ascendió. Y es Allah el más poderoso, el que todo lo sabe.

4. 159. Y no hay nadie de entre la gente del Libro que no crea en él antes de su muerte. Y en el Día de la Alzada se usará como prueba de cargo contra ellos.

4. 160. Por las impías acciones de algunos judíos, Nosotros prohibimos cosas que antes eran lícitas, pues tanto se desviaron de la senda de Allah

4. 161. por haber tomado la usura y por haber especulado, injustamente, con la hacienda del otro. Y hemos preparado para los cafres un terrible castigo.

4. 162. Mas, para aquellos que sobre el conocimiento se alzan entre los creyentes, confiando en lo que se ha descendido para ti y antes de ti, estableciendo la azalá y entregando su azaque y confiando en Allah y en el último Día... a esos Nosotros les daremos una excelsa recompensa.

4. 163. En verdad, Nosotros te lo revelamos a ti como ya hicimos con Nuh y los profetas antes de él, a Ibrahim, a Ismail, a Yaqub y a las tribus, a 'Isa, a Ayub, a Yunus, a Harun y a Sulayman. Y los Salmos que le otorgamos a Dawud.

4. 164. Hay mensajeros que ya te hemos mencionado y mensajeros que Nosotros nunca te hemos mencionado. Y habló Allah a Musa directamente.

4. 165. Mensajeros portadores de buenas nuevas y avisos para que la humanidad no pudiera excusarse ante Allah, una vez fuesen enviados Sus mensajeros. Y es Allah es el más poderoso, el más sabio.

4. 166. Mas, es Allah testigo de lo que ha revelado sobre ti, un conocimiento revelado. Y los ángeles lo testimonian y les es suficiente Allah que es el mejor testigo.

4. 167. Ciertamente, los cafres y los que se desvían del camino de Allah qué errados en su errar están.

4. 168. A los cafres y a los impíos Allah no les aliviará sus faltas ni les guiará por ningún camino,

4. 169. excepto por el camino de la Gehena en la que por toda la eternidad permanecerán. ¡Qué cosa tan sencilla es para Allah!

4. 170. ¡Oh, humanidad! A vosotros ha venido un Mensajero que porta la Verdad de vuestro *Rabb*, así que confiad, pues es mejor para vosotros. ¡Ay, pero cafres sois! Pues de Allah es todo lo que hay en los cielos y la tierra. Y es Allah el que todo conoce, el que todo lo sabe.

4. 171. ¡Oh, gente del Libro! No os excedáis en vuestro *din* y no digáis de Allah sino la verdad: que el Mesías, 'Isa, hijo de Maryam, es solamente un enviado de Allah, Su palabra, que ha comunicado a Maryam. Es Espíritu que proviene de Él. Confiad en Allah y Sus mensajeros, mas no digáis más que son Tres. Desistid, pues es mejor para vosotros. Allah es solo una divinidad, el Uno. ¡Alabado sea! ¿Que tenga un hijo? ¡Si

suyo es todo lo que está en los cielos y la tierra! Y baste Allah como el mejor de los protectores.

4. 172. El Mesías nunca despreciará ser un siervo de Allah, ni lo harán Sus ángeles cercanos. Y a cualquiera que desprecie servirle y arrogantes hayan sido los llamará hacia Él.

4. 173. Pero aquellos que confiaron e hicieron buenas acciones, Él les otorgará una recompensa y recompensados con generosidad serán aún más. Pero aquellos que despreciaron servirle a Él y arrogantes fueron, les otorgará un castigo terrible. ¡No encontrarán fuera de Allah ni amigo ni auxilio!

4. 174. ¡Oh, humanidad! A vosotros vino una prueba de vuestro *Rabb* y Nosotros hicimos descender sobre vosotros una luz evidente.

4. 175. A quienes confíen en Allah y a Él se aferren, participarán de Su *rahma* y Su generosidad que les guiarán por un recto sendero.

4. 176. Te preguntan por las normas. Di: «Allah normas os da para heredar como huérfano. Si alguien muere sin descendencia, mas tiene una hermana, que esta herede la mitad de lo que deja. Y si ella muere sin descendencia, que él herede todo. Si el que fallece deja dos hermanas, que hereden dos tercios de sus bienes. Si tuviera hermanos, hombres y mujeres, a cada hombre le corresponderá tanto como a dos hermanas. Os lo clarifica Allah para que no erréis. Y Allah es de toda cosa buen conocedor».

Final del primer Manzil

5. LA MESA BIEN DISPUESTA

En el nombre de Allah, el *Rahman*, el *Rahim*

5. 1. ¡Oh, vosotros que creéis! ¡Cumplid vuestros pactos! Lícitas os sean las bestias de cuatro patas que como ganado pastan, excepto las que vamos a contarte. No os sea lícita la caza mientras estéis en sagrado peregrinar. Ciertamente, Allah sentencia lo que Él quiere.

5. 2. ¡Oh, vosotros que creéis! No profanéis los ritos de Allah, ni el sagrado mes, ni los animales que van a ser sacrificados, ni aquellas que estén engalanadas, ni a aquellos que a la sagrada Casa van anhelando la recompensa y la alegría de su *Rabb*, mas, cuando dejéis de estar en sagrado peregrinaje, se os permite, de nuevo, cazar. No permitáis que el odio que tuvisteis por esa gente, aquella que os apartaba de la Inviolable Mezquita, os haga quebrantar la ley. Ayudaos los unos a los otros a alcanzar la virtud y a ser conscientes de Allah, mas no ayudéis al otro a caer en el delito y la transgresión. ¡Sed conscientes de Allah! Pues severo es Allah en la retribución.

5. 3. Ilícita os sea la carroña y la sangre, la carne de puerco y aquella que haya sido dedicada a otro que no sea Allah o que haya sido estrangulada o por maltrato muerta, tan maltratada o muerta tras ser arrojada, que abatida por animales salvajes sea, aunque lo sacrifiquéis vosotros o sea sacrificada en altares de piedra. ¡Y qué gran desobediencia es la belomancia! El día de hoy los cafres ya han perdido las fuerzas para imponeros su *din*. ¡Ay, no! ¡No les temas a ellos, sino a Mí! Hoy Yo he perfeccionado vuestro *din* y completo es Mi favor sobre vosotros y mi gozo de tener un

din pacificado. Si os vierais forzados por el hambre, comed comida prohibida sin la intención de faltar... Y es que Allah es el que toda falta alivia, tan matricial...

5. 4. Te preguntan qué es lícito para ellos, respóndeles: «Lícito para vosotros sean las cosas puras que Yo os he enseñado: de lo que vuestros animales enseñados para la caza cacen, enseñándoles que fue Allah quien os enseñó, así que comed lo que cacen para vosotros... ¡Recordad el nombre de Allah en ese momento!». Y sed conscientes de Allah. Ciertamente, Allah ajustando las cuentas presto es.

5. 5. Os son lícitas las cosas saludables. La comida que le fue dada a la gente del Libro es lícita para ti y vuestra comida es lícita para ellos. Y lo son también las virtuosas mujeres creyentes y las virtuosas de entre aquellos que les fue dado el Libro, dadles la dote desposándolas legalmente y no fornicándolas ni como amantes secretos. Y aquel que un cafre sea con lo que ha de reconocer que vanas sean sus acciones y cuánto habrán de perder en la vida que ha de venir.

5. 6. ¡Oh, vosotros que creéis! Cuando vayáis a la azalá, haced ablución sobre vuestros rostros y vuestras manos hasta los codos, mojad vuestros cabellos y lavad vuestros pies hasta los tobillos. Y si, completamente, en impureza estáis, ¡purificaos!, Mas, si estuviereis enfermos o de viaje, o si alguien de vosotros de evacuar viene o de yacer con una mujer y no encontráis agua, haced ablución con tierra limpia en vuestros rostros y vuestras manos. No pretende Allah cargaros con dificultades a vosotros, tan solo quiere que estéis purificados y sea Su favor sobre vosotros. Quizás así seáis agradecidos...

5. 7. Y recuerda el favor de Allah que otorgó sobre vosotros y el pacto que pactéis con Nosotros al que respondisteis: «Nosotros oímos y obedecemos». ¡Sed conscientes de Allah! Ciertamente, Allah bien sabe lo que hay en vuestros pechos.

5. 8. ¡Oh, vosotros que creéis! Mostraos firmes ante Allah como testigos de la justicia y no permitáis que el odio de la gente os haga actuar sin justicia. Ser justo es lo más próximo a tener conciencia y a tener conciencia de Allah. Ciertamente, Allah está de todo bien informado.

5. 9. Y Allah ha prometido a los creyentes y a los que hagan el bien hacerles olvidar sus faltas y una sublime recompensa,

5. 10. pero a los cafres y a los que nieguen Nuestros Signos, esos serán compañeros en la Gehena.

5. 11. ¡Oh, vosotros que creéis! Recordad el favor de Allah sobre vosotros de cuando erais un pueblo sobre el que ellos intentaron alzar sus manos, mas Él para vosotros ató sus manos ¡Sed conscientes de Allah! ¡Qué los creyentes se abandonen en Allah!

5. 12. Y, ciertamente, Allah tomó un pacto con los hijos de Israel y doce adalides alzó de entre ellos y les dijo: «Yo estoy con vosotros si establecéis la azalá y otorgáis el azaque, confiáis en Mis mensajeros y les apoyáis. Y haced un préstamo a Allah, un generoso préstamo, y Yo desvaneceré vuestros errores y os admitiré en jardines en los que debajo fluyen riachuelos. Mas, el que de entre vosotros cafre sea, después de esto, ese yerrando lejos del camino estará».

5. 13. Así a los que rompieron el pacto Nosotros les maldijimos y endurecimos sus corazones. Alteran el significado de las palabras y olvidan parte de lo que les recordamos. No cesará la traición en ellos, excepto unos pocos. Así que a esos, perdónales, déjales marchar. Ciertamente, Allah ama a los que obran bien.

5. 14. Y de aquellos que dicen: «¡Ciertamente, nosotros somos cristianos!», Nosotros tomamos su pacto, mas olvidaron gran parte de lo que se les recordó. Así Nosotros provocamos la enemistad entre ellos y el odio hasta que sea el Día de la Alzada. ¡Qué pronto les informará Allah de lo que solían hacer…!

5. 15. ¡Oh, gente del Libro! Vino a vosotros nuestro Mensajero, clarificándoos mucho de lo que vosotros ocultabais sobre la Revelación y revocando otro tanto. Ciertamente, os vino de Allah una luz y un clarificado dictamen

5. 16. que guía a aquellos que anhelan Su favor por caminos pacificados y a quienes saca de la tiniebla hacia la luz con Su voluntad. Les guía Él hacia un recto sendero.

5. 17. Qué cafres son cuando dicen: «Ciertamente, Allah es el Mesías, hijo de Maryam», respóndeles: «Si esa hubiera sido la voluntad

de Allah, ¿quién podría haberse opuesto a Allah, si esa fuese Su voluntad, a que destruyeran al Mesías, hijo de Maryam, su madre y todos los que habitan la tierra?». Y es a Allah quien pertenece el dominio de los cielos y la tierra y todo lo que en ellos está. Él crea lo que quiere y Allah sobre toda cosa tiene poder.

5. 18. Y dicen los judíos y los cristianos: «Somos hijos de Allah, sus amados», respóndeles: «Entonces, ¿por qué os castiga por vuestros errores? ¡Ay, no! Tan solo mortales sois. Él os creó, Él os alivia vuestros errores a quien Él quiere y castiga a quien Él quiere». Y de Allah es el Reino de los cielos y la tierra y de lo que está y en Él está el último final.

5. 19. ¡Oh, gente del Libro! Vino a vosotros Nuestro Mensajero para daros claridad sobre el cese de los mensajeros, mas no digáis: «No tenemos buenas nuevas y nadie nos advierte», pues sí que las buenas nuevas han venido a vosotros y alguien que os advierte. Y es Allah el que tiene poder sobre todas las cosas.

5. 20. Y cuando dijo Musa a su pueblo: «¡Oh, pueblo mío! Recordad que el Favor de Allah fue sobre vosotros, cuando de entre vosotros profetas alzó, y Reyes Él os otorgó. Os dio lo que a ningún otro pueblo entre todos los mundos.

5. 21. ¡Oh, pueblo mío! Entrad en tierra santificada, la cual ha determinado Allah para vosotros y no os volváis, pues si no mucho habréis de perder...».

5. 22. Ellos le respondieron: «¡Oh, Musa! Hay en ella un pueblo de gigantes y no entraremos hasta que ellos salgan. Si salen, nosotros entraremos».

5. 23. Dijeron dos hombres prudentes, favorecidos por Allah: «Entrad contra ellos por la puerta y cuando la crucéis, entonces, vuestra será la victoria. Y así, entregaos por completo en Allah si es que sois creyentes».

5. 24. Ellos respondieron: «¡Oh, Musa! En verdad, no vamos a entrar jamás mientras ellos estén ahí... Así que ¡ve tú junto a tu *Rabb*! Combatidles que nosotros esperaremos aquí...».

5. 25. Él dijo: «¡*Rabb* mío! No tengo mandato alguno excepto sobre mí mismo y mi hermano, así que diferencia entre nosotros y este perverso pueblo».

5. 26. Se le respondió: «Que prohibida les sea durante cuarenta años, pues vagarán por la tierra. Que no haya pesar por este perverso pueblo».

۞ Hizb 12

5. 27. Recítales la verdadera historia de los dos hijos de Adam, que ofrecieron un sacrificio y fue aceptado por uno y por el otro no, y dijo: «¡Te mataré!», respondió el otro: «Solo acepta Allah de aquellos que son conscientes de Él,

5. 28. mas, si alzas tu mano para matarme, no alzaré la mía para matarte. Ciertamente, temo a Allah, *Rabb* de todos los mundos.

5. 29. En verdad, prefiero que cargues con mis crímenes y con tus crímenes y así te acompañe el Fuego ¡Recompensa es para los criminales!».

5. 30. Urgiole su ego a matar a su hermano y así le mató, de esa forma, en un extraviado se convirtió.

5. 31. Mas, envió Allah un cuervo, que horadó la tierra para enseñarle cómo esconder el cadáver de su hermano, y él dijo: «¡Ay de mí! No soy capaz de ser como este cuervo y esconder el cadáver de mi hermano», de esa forma él se avergonzó.

5. 32. Por eso, Nosotros dictamos a los hijos de Israel que quien mate a una persona sin motivo, que no expandiera la corrupción en la tierra, es como si hubiese matado a la humanidad entera. Y quien salve una vida, es como si hubiese salvado a la humanidad entera. Y, de esa forma, vinieron Nuestros mensajeros a ellos con pruebas evidentes y, aun así, cuántos siguieron excediendo los límites en la tierra.

5. 33. Que la recompensa para los que libran una batalla contra Allah y Su Mensajero, esforzándose por promover la corrupción en la tierra, sea la muerte, la crucifixión, la amputación de manos y pies opuestos o el exilio de la tierra. Sea para ellos la desgracia en esta mundanal vida y aún más excelso el castigo en la próxima será,

5. 34. excepto si recapacitando retornan antes de que vuestro poder sea sobre ellos, entonces sabed que Allah es el que todo error alivia, tan matricial…

5. 35. ¡Oh, vosotros que creéis! ¡Tened conciencia de Allah y manteneos cerca de Él! ¡Esforzaos por Su causa! Quizás así seáis exitosos…

5. 36. Ciertamente, si los cafres poseyeran, dos veces, todo lo que hay en la tierra y como rescate lo ofrecieran para librarse del castigo el Día de la Alzada, nada de ellos les sería aceptado y es que un terrible castigo para ellos hay.

5. 37. Desearán salir del Fuego y no podrán salir de él. Y para ellos un duradero castigo habrá.

5. 38. Y que al ladrón y a la ladrona se les corten las manos como recompensa por sus méritos, es una disuasión que viene de Allah. Y Allah es el Poderoso, el Juez,

5. 39. mas, si después de hacer lo incorrecto se reforman, Allah se orientará hacia él. Ciertamente, Allah es el que todo error alivia, tan matricial…

5. 40. ¿Acaso no sabes que de Allah es el Reino de los cielos y la tierra? Él castiga a quien quiere y alivia sus faltas a quien Él quiere. Y es Allah el que tiene poder sobre todas las cosas.

5. 41. ¡Oh, Mensajero! No te preocupes por aquellos que prestos cafres se tornan, pues son aquellos que dicen con sus bocas que creen, mas en sus corazones no se halla creencia. Y los judíos que escuchan a gente que ni te conoce, que alteran el significado de las palabras y dicen: «Si se os da esto, tomadlo. Si no se os da, cuidado…». Si Allah quiere que alguien yerre, nada puedes hacer tú contra Allah. Estos son a los que Allah no quiere purificar sus corazones y en este terrenal mundo serán desgraciados y un terrible castigo en el próximo sufrirán.

5. 42. Oídos prestan a la falsedad empachándose de lo ilícito. Si ellos vienen a ti, arbitra entre ellos o apártate. Si lo haces no podrán jamás dañarte, pero, si arbitras, hazlo con justicia. Ciertamente, Allah ama a los que actúan con justicia.

5. 43. Pero ¿cómo pueden proponerte juez teniendo la Torá en la que hay Sabiduría de Allah? Y aun así de ella se apartan… Esos no son creyentes.

5. 44. Ciertamente, Nosotros descendimos la Torá como Guía y Luz. Juzgaban con ella los profetas, que estaban pacificados en Allah, así como los rabinos y los sabios que confiaron en el Libro de Allah siendo testigos de ello. ¡Ay, no! No os humilléis ante la humanidad, hacedlo ante Mí. No vendáis Mis aleyas por un precio nimio. Y aquellos que no juzguen según lo descendido por Allah a los cafres pertenecen.

5. 45. Y en ella Nosotros dictaminamos sobre esto: «Vida por vida, ojo por ojo, nariz por nariz, oreja por oreja, diente por diente y equidad en la herida, mas, si alguno diere caridad sincera, que sirva de compensación». Y aquellos que no juzguen según lo descendido por Allah pertenecen a los réprobos.

5. 46. Y Nosotros os enviamos, más tarde, a 'Isa hijo de Maryam que con sus manos confirmó la Torá y Nosotros le dimos el Evangelio que es guía y luz, corroborando lo que dijo la Torá que es guía y advertencia para aquellos que tienen conciencia de Allah.

5. 47. Y deja que juzgue la gente del Evangelio de acuerdo con lo que se les ha descendido por Allah. Y aquellos que no juzguen según lo descendido por Allah pertenecen a los que desobedecen.

5. 48. Y Nosotros te descendimos a ti un Libro verdadero, confirmando todo lo que ya estaba dictado y que viene a ser guardián. Arbitra entre ellos de acuerdo con lo que te descendió Allah. Y no sigas sus bajas pasiones, aquellas que te apartarían de la Verdad. Para cada uno Nosotros hemos hecho una ley y un método, si Allah hubiera querido os habríamos hecho una sola comunidad, mas quiso probaros según lo que Él os otorgó, así que competid haciendo el bien, pues todos juntos retornaréis a Él. Entonces os informará de aquello que diferíais.

5. 49. Y lo que arbitres entre ellos que sea según Allah lo ha descendido y desapégate de sus bajas pasiones, protégete de ellos pues que no te alejen de lo que Allah para ti ha descendido. Y si te dan la espalda, no te preocupes por sus errores pues debes saber que Allah es quien les aflige por sus faltas. Y es que, ciertamente, gran parte de la humanidad son desobedientes.

5. 50. ¿Acaso desean un pagano arbitrio? ¿Hay un juez mejor que Allah para aquellos que son un pueblo de creyentes?

5. 51. ¡Oh, vosotros que creéis! No toméis a los judíos y cristianos como vuestros íntimos, aliados son entre ellos. Quien intime en exceso con ellos, se hace uno de ellos. Ciertamente, Allah no es guía de réprobos.

5. 52. Contemplas a los que tienen un corazón enfermo que dicen con ligereza: «¡Tememos que nos golpeé la desgracia!», mas solo es Allah el que otorga la apertura u otra decisión Suya. Ya les atormentará lo que esconden dentro de sí mismos...

5. 53. Y responderán los creyentes: «¿Esos son los que fuertemente juraban por Allah? ¿Están con vosotros? Vanas serán sus obras y se arruinarán».

5. 54. ¡Oh, vosotros que creéis! Si uno da la espalda a su *din*, les remplazará con gente que Él ama y que le aman, humildes con los creyentes y recios con los cafres, que se esfuerzan por la causa de Allah y que no temen al reproche de los reprochadores. Sea el favor de Allah con ellos, Él se lo da a quien quiere. Y Allah todo lo abarca, todo lo conoce.

5. 55. Solo íntimo vuestro es Allah y Su Mensajero y los creyentes que establecen la azalá, otorgan el azaque y se prosternan.

5. 56. Y quien sea íntimo de Allah, de Su Mensajero y de los creyentes, los que están en rodeados por Allah, serán los victoriosos.

5. 57. ¡Oh, vosotros que creéis! No os acojáis a los que después de haber recibido el Libro, antes de vosotros, ridiculizan y juegan con vuestro *din* y son íntimos de los cafres... ¡Sed conscientes de Allah si sois creyentes sinceros!

5. 58. Cuando llamáis a la azalá la ridiculizan y se burlan, esos son un pueblo de inconscientes.

5. 59. Di: «¡Oh, gente del Libro! ¿Acaso os extraña que confiemos en Allah y en lo que nos ha descendido y lo que, anteriormente, descendió? La mayoría de vosotros sois desobedientes».

5. 60. Di: «¿Debería informaros que algo peor que la retribución de Allah os aguarda? A aquellos que por Allah son malditos y que Su ira es sobre ellos, aquellos a los que Él convirtió en simios y puercos, y los que servían a los ídolos. En qué situación tan mala se encuentran y los que alejados están del camino».

5. 61. Y cuando vengan a vosotros, os dirán: «¡Nosotros somos creyentes!», pero entran siendo cafres y salen igual. Y Allah bien sabe lo que ocultan.

5. 62. Contemplas cómo muchos de ellos van prestos al mal y a la transgresión devorando lo ilícito. ¡Qué terrible es lo que hacen!

5. 63. ¿Por qué los rabinos y los sabios no les dicen que yerran y que lo ilícito devoran? ¡Qué terrible es lo que hacen!

5. 64. Y dicen los judíos: «¡Allah tiene la mano encadenada!». Son sus propias manos las que están encadenadas y por lo que dicen han sido malditos… ¡Ay, no! Sus manos están extendidas y Él dona a quien quiere. Y, seguramente, por lo que ha descendido sobre ti tu *Rabb*, muchos de ellos se sublevarán y en cafres se convertirán, mas por Nosotros, hasta el Día de la Alzada, se confrontan dentro de ellos mismos el orgullo y el odio. Cada vez que prenden el fuego de la guerra, lo extingue Allah. Y cómo se esfuerzan por corromper la tierra, mas Allah no ama a quienes la corrompen.

5. 65. Y si la gente del Libro confiase y tuviese conciencia de Allah, Nosotros desvaneceríamos sus malas acciones y les admitiríamos en los placenteros jardines.

5. 66. Si se estableciesen con firmeza en la Torá, el Evangelio y lo que sobre ellos ha sido descendido por su *Rabb*, se saciarían con lo que hay sobre ellos y con lo que hay a sus pies. Hay entre ellos una comunidad moderada, mas cuánto mal hacen los otros.

5. 67. ¡Oh, Mensajero! Cuenta lo que sobre ti ha descendido por tu *Rabb*, pues si no lo haces no transmites Su mensaje. Y Allah te protege de la humanidad. En verdad, Allah no guía al pueblo de cafres.

5. 68. Di: «¡Oh, gente del Libro! Nada hacéis hasta que no os establezcáis en la Torá, el Evangelio y lo que sobre vosotros ha sido descendido por vuestro *Rabb*». Y, seguramente, por lo que ha descendido sobre ti muchos de ellos se sublevarán y en cafres se convertirán. ¡No te aflijas por los cafres!

5. 69. Ciertamente, los creyentes judíos, sabeos y cristianos, que creen en Allah y en el último Día, nada tienen que temer y la tristeza no les alcanzará.

5. 70. Así pactamos con los hijos de Israel y les enviamos mensajeros, pero siempre que un mensajero llegaba a ellos no era de su agrado y le negaban o le asesinaban.

5. 71. Imaginaron que no serían probados y se volvieron ciegos y sordos. Y aunque se orientó Allah hacia ellos, muchos retornaron ciegos y sordos. Y es Allah el que profundamente ve lo que hacen.

5. 72. Qué cafres han llegado a ser los que dicen: «Ciertamente, Allah es el Mesías, hijo de Maryam», mas dijo el Mesías: «¡Oh, hijos de Israel! ¡Reconoced a Allah, mi *Rabb*, como vuestro *Rabb*!». Aquel que asocia a otro con Allah, es Allah quien le prohíbe el Jardín y refugió en el Fuego hallará. ¡Para los viles auxilio no habrá!

5. 73. Son los cafres los que dicen: «En verdad, Allah es el tercero de tres». No, no hay otro dios que no sea Allah, el Uno. Y, ciertamente, si no persisten en decir eso, a los cafres les alcanzará un doloroso castigo.

5. 74. ¿Por qué no se orientan a Allah y le piden que Él les alivie sus faltas? Y es Allah el que toda falta alivia, tan matricial…

5. 75. El Mesías, hijo de Maryam, tan solo es un enviado como lo fueron otros enviados antes de él y su madre, una mujer sincera. Ambos comían comida. ¡Contempla cómo explicamos los Signos! Después, ¡observa a los yerrados!

5. 76. Di: «¿Adoraréis a otro que no sea Allah, que no tiene el poder para dañaros ni beneficiarios?». Y Es Allah quien todo lo oye, quien todo conoce.

5. 77. Di: «¡Oh, gente del Libro! No sobreactuéis en vuestro *din*, negando la verdad y no los vanos deseos de un extraviado pueblo, que yerró mucho antes yerrando del camino».

5. 78. Malditos fueron los cafres de entre los hijos de Israel por la lengua de Dawud y de 'Isa, hijo de Maryam, pues desobedecieron y transgredieron los límites,

5. 79. por no prohibirse, los unos a los otros, lo que hacían… ¡Qué terrible es lo que hacían!

5. 80. Contempla que muchos de ellos se hacen íntimos de los cafres, qué malo es eso que hacen con ellos mismos, pues Allah se disgusta con ellos y un castigo por la eternidad tendrán.

5. 81. Si tuvieran confianza en Allah, en su Profeta y en lo que sobre ellos descendimos, no se habrían hecho íntimos, pero muchos de ellos que desobedientes son.

5. 82. Verás que de la humanidad, los más hostiles con los creyentes serán los judíos y los idólatras, mientras que los que aman a los creyentes son los que dicen: «Nosotros somos cristianos». Y eso es porque hay sacerdotes y monjes que no son altivos,

Juz 7

۞ Hizb 13

5. 83. y, cuando escuchan lo que se ha descendido sobre el Mensajero, sus ojos se enjuagan en lágrimas, pues reconocen la Verdad. Dicen: «¡*Rabb* nuestro! Creemos, dictamina que somos testigos.

5. 84. ¿Cómo no creer en Allah y en la Verdad que ha venido a nosotros? Esperamos que nuestro *Rabb* nos admita en el pueblo de los justos».

5. 85. Así, Allah les recompensará por decir esto con jardines bajo los que arroyos fluyen, en donde habrán de permanecer por toda la eternidad ¡Recompensa es para el que hace lo bueno!

5. 86. Mas, quien sea cafre con Nuestras aleyas, esos han de ser moradores de la Gehena.

5. 87. ¡Oh, vosotros que creéis! No prohibáis las cosas puras que lícitas os dispuso Allah y no lo quebrantéis. Y Allah no ama a los quebrantadores…

5. 88. Y comed de lo que os ha provisto Allah: de lo lícito y de lo puro. ¡Tened conciencia de Allah! Pues es en quien vosotros creéis.

5. 89. No os pedirá cuentas Allah de aquellos juramentos que hicisteis inconscientes, mas lo hará de los que voluntariamente aceptasteis. Para cubrir el fallo en esto, alimentad a diez pobres con la cantidad que alimentáis a vuestra familia o vestidlos, o liberad a un esclavo, pero quien no pueda que ayune tres días. Cuando juréis, que esto cubra el fallo de vuestros juramentos.

¡Mantened vuestros juramentos! Así os clarifica Allah Sus aleyas, quizás así seáis agradecidos…

5. 90. ¡Oh, vosotros que creéis! Ciertamente, las bebidas alcohólicas y los juegos de azar, los ídolos de piedra y la belomancia que son cosas detestables hechas por el Shaytan. Evitadlas y quizás así prosperéis…

5. 91. Solo quiere el Shaytan causar entre vosotros la enemistad y el odio usando el alcohol y los juegos de azar, impidiendo el recuerdo de Allah y la azalá… ¿Seréis de aquellos que se abstienen?

5. 92. ¡Obedeced a Allah y obedeced a su Mensajero y tened cuidado! Si dais la espalda, conoced que Nuestro Mensajero solo está para transmitir con claridad.

5. 93. Ninguna amenaza incumba a aquellos que creen y obran justamente por lo que coman, pues son conscientes de Allah y creen obrando justamente, después vuelven a ser conscientes de Allah y creen y hacen el bien. Y es que Allah ama a los que hacen el bien.

5. 94. ¡Oh, vosotros que creéis! Os probará Allah a través de la caza de vuestras manos o de vuestras lanzas y para que Allah evidencie quien en secreto se inquiete. Para quien esto transgreda, después de saber esto, habrá un doloroso castigo.

5. 95. ¡Oh, vosotros que creéis! No cacéis mientras estéis en sagrado peregrinaje. Si alguien matara intencionalmente que sacrifique una de sus reses equivalente, según el dictamen de dos personas justas de entre vosotros, y la ofrezca a la Kaaba o que borre su falta alimentando a los necesitados o que ayune afrontando las consecuencias de sus actos. Allah alivia las faltas, pero la venganza de Allah será para quien reincide. Allah es el más poderoso, dueño de toda retribución.

5. 96. Lícita os sea la pesca en el mar y su comida para vosotros y los viajeros, mas ilícita os sea la caza mientras estéis en sagrado peregrinaje. Y tened conciencia de Allah pues se os reunirá ante Él.

5. 97. Allah hizo la Kaaba, Sagrada Casa, fundada para la humanidad y los meses sagrados, los animales para el sacrificio, con

guirnaldas engalanados. En verdad, bien conoce Allah todo lo que hay en los cielos y la tierra, y Él de toda cosa es conocedor.

5. 98. Conoced que Allah es severo castigador, mas toda falta alivia, tan matricial…

5. 99. No le incumbe al Mensajero sino transmitir el mensaje y Allah conoce bien lo que mostráis y lo que escondéis.

5. 100. Di: «No son igual el mal y el bien, aunque te parezca que hay mucho mal». ¡Tened conciencia de Allah, oh, íntimos de corazón cuerdo! Quizás prosperéis…

5. 101. ¡Oh, vosotros que creéis! No preguntéis por lo que si conocierais os dañaría. Y si preguntáis, el Corán desciende, así se os clarifique y que Allah todo lo anterior os aligere. Allah todo error alivia, es tolerante.

5. 102. Antes de vosotros, alguna nación preguntó lo mismo y en cafre se convirtió.

5. 103. Y Allah no instituyó ni a *bahira,* ni a *saiba,* ni a *wasila,* ni a *ham*, sino que son los cafres aquellos que sobre Allah construyen mentiras. La mayoría de ellos no usa la mente.

5. 104. Y cuando se les dice a ellos: «¡Exaltad lo que Allah ha descendido y a su Mensajero!», responden: «¡Lo que encontramos de nuestros ancestros nos basta!». ¡No saben nada! Y si ellos tuvieron conocimiento, ¿no estuvieron bien guiados?

5. 105. ¡Oh, vosotros que creéis! ¡Protegeos a vosotros mismos! No os dañará quien yerra si vosotros estáis guiados, a Allah habréis de volver todos y bien os contará Él lo que solíais hacer.

5. 106. ¡Oh, vosotros que creéis! Cuando la muerte se aproxime, haced testamento con dos testigos justos de entre tu gente o bien extranjeros, si viajáis por la tierra y os sobreviene la calamidad de la muerte. Tomadlas después de la azalá y por Allah, si es que dudáis de ellas, hacedlas jurar: «No nos venderemos por nada, aun sean familia, ni esconderemos el testimonio de Allah. De lo contrario, viles seremos»

5. 107. Si se descubriese que son culpables de perjurio, que sean otros dos, próximos, quienes les sustituyan. Que sean elegidos entre víctimas del perjurio y que juren: «Sea nuestro testimonio más real que el de los otros dos criminales, pues no somos transgresores, Ciertamente, no somos criminales».

5. 108. Esto hace que el testimonio sea más cierto o que vean como se rechazan sus propios juramentos. ¡Tened conciencia de Allah y escuchadle a Él! Y Allah no guía al pueblo que desobedece.

5. 109. El Día que os congregue Allah y a los mensajeros os dirá: «¿Recibisteis alguna respuesta?», ellos responderán: «No, pues sabemos que Tú eres quien conoce lo oculto».

5. 110. Así, cuando dijo Allah: «¡'Isa, hijo de Maryam! Recuerda Mi favor hacia ti y tu madre, cuando te fortalecí con el Espíritu Santo y hablaste a la humanidad en la cuna y de adulto; cuando Yo te enseñé el Libro y la Sabiduría, la Torá y el Evangelio; cuando moldeaste pájaros de barro y con Mi permiso les insuflaste y en pájaros reales se convirtieron con Mi permiso; y cuando curaste al ciego y al leproso con Mi permiso; y resucitaste al muerto con Mi permiso. Y cuando de ti aparté a los hijos de Israel, pues viniste con pruebas claras, y los cafres, de entre ellos, dijeron: «¡Esto es claramente brujería!».

5. 111. Y cuando Yo revelé a los apóstoles: «¡Confiad en Mí y en mi Mensajero!», ellos respondieron: «¡Confiamos! Sé testigo de que estamos pacificados».

5. 112. Cuando dijeron los apóstoles: «¡'Isa, hijo de Maryam! ¿Acaso puede hacer tu *Rabb* que descienda del cielo para nosotros una mesa bien dispuesta?», y él respondió: «¡Sed conscientes de Allah, si es que sois creyentes...».

5. 113. Dijeron ellos: «¡Deseamos comer de ella y tranquilizar nuestros corazones, pues nosotros sabemos que, en verdad, eres sincero y somos de esto testigos!».

5. 114. Dijo 'Isa, hijo de Maryam: «¡Oh, Allah! ¡*Rabb* nuestro! Desciende del cielo una mesa bien dispuesta para todos nosotros, que tengamos un día de gozo, del primero al último, y sea un Signo que provenga de Ti. Provéenos, Tú que eres quien mejor provee».

5. 115. Dijo Allah: «Sí, os la descenderé para vosotros, mas, si después de esto alguno no cree... ¡Tendrá tal castigo que no tendrá comparación con cualquier otro castigo que Yo he dado en cualquier otro de los mundos!».

5. 116. Y cuando dijo Allah: «'Isa, hijo de Maryam, ¿Acaso fuiste tú quien dijo a la humanidad: "¡Tomadnos a mí y a mi madre

como dos dioses en vez de Allah!?"», él respondió: «¡Loor a Ti! ¿Cómo voy a decir algo que yo sé que no es la Realidad? Si lo hubiera dicho, Tú lo sabrías. Y si bien sabes lo que hay dentro de mí, pero yo no desconozco lo que hay dentro de Ti. Y es que Tú eres de lo oculto el conocedor».

5. 117. No les dije nada más que lo que Tú me ordenaste, que reconozcan a Allah como mi *Rabb* y su *Rabb*. Y sobre esto puedo testificar que así fue mientras estuve entre ellos, mas, cuando me alzaste, Tú los vigilaste. De todas las cosas Tú el testigo eres.

5. 118. Si les castigas es porque son Tus siervos y si les perdonas es porque Tú eres el más Poderoso, el Sabio.

5. 119. Dijo Allah: «Este es un día en el que se beneficiarán los sinceros de su sinceridad, para ellos habrá jardines bajo los que arroyos fluyen, en los que dónde permanecerán por toda la eternidad, por siempre». Satisfecho está Allah de ellos como ellos, satisfechos de Él. ¡Qué éxito más excelso!

5. 120. De Allah es el Reino de los cielos y la tierra y todo lo que en ellos está. Y sobre toda cosa, Él es poderoso.

6. LOS REBAÑOS

En el nombre de Allah, el *Rahman*, el *Rahim*

6. 1. Loado sea Allah, aquel que creó los cielos y la tierra, que estableció las tinieblas y la luz. Hay de entre los cafres que a su *Rabb* con otros igualan.

6. 2. Él, que os creó de barro, que luego decretó una decidida decisión ante Él… ¿Aún en vosotros hay dudas?

6. 3. Y Él es Allah en los cielos y la tierra. Bien conoce Él vuestros secretos y lo que mostráis, bien sabe de lo que sois dignos,

6. 4. y cuando a ellos viene un Signo entre Signos de su *Rabb*, ellos le dan la espalda.

6. 5. Así es como niegan la Verdad cuando a ellos les llega, pero qué pronto les llegarán noticias de aquello de lo que solían mofarse.

6. 6. ¿Acaso no ven cómo Nosotros destruimos a tantas generaciones antes de ellos? Mejor que a vosotros los establecimos en la tierra y enviamos del cielo sobre ellos una lluvia abundante que llegaron a ser ríos que fluían bajo sus pies. Así, destruimos por sus errores y creamos nuevas generaciones después ellos.

6. 7. Y aun si Nosotros hubiésemos hecho descender un Libro como pergamino y lo hubieran tocado con sus manos, los cafres hubieran dicho: «En verdad, esto es claramente brujería».

6. 8. Y dicen: «¿Por qué no descendió sobre él un ángel?», mas, si Nosotros hubiéramos descendido un ángel, habría sido decidido y no les hubiéramos hecho esperar.

6. 9. Si Nosotros hubiéramos descendido un ángel, hubiera tenido forma humana y eso para ellos hubiera añadido confusión a su propia confusión.

6. 10. Y ellos se burlaron de todos los mensajeros antes de ti, más subyugados fueron ellos por aquellos de lo que se burlaban.

6. 11. Di: «¡Viajad por la tierra y ved el final de aquellos que niegan!».

6. 12. Di: «¿De quién es lo que hay en los cielos y la tierra?», responde: «De Allah es». Decretó Él mismo Su *rahma*, os reunirá, sin duda alguna, el Día de la Alzada. Aquellos que se perdieron a sí mismos, esos no confiarán.

6. 13. Y de Él es lo que ocurre en el día y en la noche. Él es quien todo lo oye, quien todo lo conoce.

6. 14. Di: «¿Acaso debo tomar a otro que no sea Allah como protector? Él es el Creador de los cielos y la tierra, es quien alimenta sin alimentarse». Di: «Ciertamente, se me ordena que yo sea el primero en pacificarme en Allah y que no sea de los idólatras».

6. 15. Di: «Ciertamente, tiemblo ante el castigo del excelso Día si desobedezco a mi *Rabb*».

6. 16. A quien se aleje de esto ese Día Su *rahma* estará con él. Y ese es un éxito evidente.

6. 17. Y si Allah te toca con un sufrimiento, no hay quien pueda levantarlo salvo Él, mas, si te toca con lo bueno, es porque Él sobre toda cosa tiene el poder.

6. 18. Y es Él el que subyuga a sus súbditos. Y Él es el Sabio, de todo bien informado está.

6. 19. Di: «¿Qué es más grande que quien da testimonio?», responde: «Allah es testigo entre vosotros y yo, revelado a mí me fue este Corán para advertiros a vosotros y a cualquier otro que les llegue. ¿Acaso atestiguaréis que con Allah hay otros dioses?». Di: «Atestiguo que no». Di: «Solamente Él es la única divinidad y, ciertamente, libre soy de lo que vosotros idolatráis».

6. 20. A aquellos a los que les dimos el Libro lo conocen en profundidad como conocen en profundidad a sus hijos. Aquellos que a ellos mismos se perdieron, nunca confiarán.

6. 21. ¿Hay alguien más injusto que aquel que falsedades crea contra Allah o aquel que niega Sus Signos? Ciertamente, nunca alcanzarán la victoria los injustos…

6. 22. Y el Día que, congregados por nosotros, en conjunto, les digamos a todos los idólatras: «¿Dónde están todos vuestros ídolos a los que reclamábais?».

6. 23. Mas, tan solo podrán alegar: «¡Por Allah! Nuestro *Rabb* no fuimos de los idólatras...».

6. 24. ¡Contempla cómo se niegan a sí mismos y yerran en lo que inventaron!

6. 25. Y entre ellos hay quienes a ti te escuchan, mas Nosotros dispusimos sobre sus corazones un velo y no lo entenderán. Ensordecidos están sus oídos y aun viesen todos los signos, no confiarían. Y cuando vengan a disputarte los cafres te dirán: «Eso no son sino cuentos de los antiguos...».

6. 26. Se lo prohíben a otros y ellos mismos se alejan, pero tan solo se arruinan a sí mismos y ni siquiera lo perciben.

6. 27. Y si tan solo pudieras verlos a ellos ante el Fuego, cuando digan: «¡Ojalá pudiéramos volver! Que no negaremos los signos de nuestro *Rabb*, seremos creyentes...».

6. 28. ¡Ay, no! Manifiesto se les hace aquello que escondían, pues si les devolviésemos volverían a lo que se les prohibió. En verdad, ¡qué mentirosos son!

6. 29. Dicen: «No existe más que una vida mundana y no nos resucitarán».

6. 30. Y si tan solo pudieras verlos a ellos ante frente a su *Rabb*, Él les dirá: «¿Es esto la Realidad?», ellos dirán: «Por supuesto, la del *Rabb* nuestro». Y Él dirá: «Saboread el castigo por haber sido cafres...».

6. 31. Así, perderán los que negaron el encuentro con Allah. Y, cuando a ellos, de repente, les llegue la Hora, dirán: «¡Ay! Cómo nos lamentamos por lo que hicimos», mientras portan la carga en sus espaldas ¿No es terrible la carga que portan?

6. 32. La vida mundana no es sino juego y distracción, mas el próximo hogar es mejor para aquellos que son conscientes de Allah. ¿Acaso no reflexionáis?

6. 33. Ciertamente, Nosotros conocemos que te entristece lo que te dicen, mas no es a ti a quien niegan, sino que son injustos porque reniegan de los signos de Allah.

6. 34. Ya negaron a otros enviados ante de ti, pero fueron pacientes frente a los que los confrontaban y los perseguían hasta que Nuestra ayuda llegó. Y nadie puede cambiar las palabras de

Allah y, ciertamente, hasta ti llegaron algunas historias de los mensajeros.

6. 35. Y si te fuere difícil su rechazo, aunque encontrases un hoyo en la tierra o una escalera hacia el cielo para traerles un Signo, si Allah hubiese querido, bien les habría guiado conjuntamente a todos. Así que no seas de los ignorantes...

۞ Hizb 14

6. 36. Tan solo responden los que oyen, mas los muertos serán resucitados por Allah y ante Él habrán de volver.

6. 37. Y dicen: «¿Por qué no se ha descendido un signo que de su *Rabb* proviene?», respóndeles: «Allah tiene poder para descender un signo», pero muchos de ellos lo ignoran.

6. 38. No hay animal sobre la tierra ni pájaro que bata sus alas, que no tengan comunidades como vosotros. Nosotros no hemos desatendido nada en el Libro. Ya serán congregados junto a su *Rabb*.

6. 39. Y aquellos que reniegan Nuestros Signos están sordos, mudos en las tinieblas. A quien quiere, hace Allah desviar y a quien quiere, Él sitúa en el recto sendero.

6. 40. Di: «¡Ved! Si a vosotros llegara el castigo de Allah o la Hora, ¿qué pasaría? ¿A otros en vez de Allah invocaríais? Si es que sois sinceros...».

6. 41. ¡Ay, no! Aunque le invocarais, Él se desharía de vuestra invocación y, si quisiera Él, olvidaríais lo que idolatráis.

6. 42. Y, ciertamente, antes de ti enviamos mensajeros a todas las comunidades y Nosotros les asimos con adversidades y dificultades, quizás así fueran humildes...

6. 43. Quizás así no les hubiera alcanzado Nuestro castigo si hubiesen sido humildes, mas se endurecieron sus corazones y los engalanó el Shaytan por lo que hicieron.

6. 44. Mas, cuando olvidaron lo que se les recordó, Nosotros les abrimos las puertas de par en par. Cuando disfrutaron de lo que se les concedió, de repente les asimos y fue en ellos la ansiedad.

6. 45. Así se extermina a un pueblo criminal… ¡Loado sea Allah, *Rabb* de todos los Mundos!

6. 46. Di: «¡Ved! Si os privase Allah de vuestro oído y de vuestra vista y sellase vuestros corazones, ¿habría dios que no sea Allah que pudiera devolvéroslo?». ¡Contempla cómo Nosotros os mostramos los signos!, aunque de ellos se apartan…

6. 47. Di: «¡Ved! Si a vosotros llegara el castigo de Allah de repente o a sabiendas, ¿a quién destruiríamos sino a un pueblo de criminales?».

6. 48. Y no os enviamos a los mensajeros sino como portadores de buenas nuevas y advertencias. Así que quien crea y se reforme nada sobre ellos tienen que temer y no estarán tristes.

6. 49. Mas, aquellos que negaron Nuestros Signos, les tocará el castigo por haber desobedecido.

6. 50. Di: «No os digo que conmigo sean los tesoros de Allah, ni conozco lo oculto, ni siquiera os digo a vosotros que soy un ángel, pues tan solo sigo lo que se ha revelado sobre mi». Di: «¿Acaso es igual el ciego que el que ve a lo lejos? ¿Acaso no reflexionáis?»

6. 51. Advierte con esto a quienes se aterroricen ante ser congregados ante su *Rabb*, pues más allá de Él no habrá ni protector ni defensor. Así, quizás, tengan conciencia de Allah.

6. 52. Y no rechaces a quienes invocan a su *Rabb* en el alba y el ocaso anhelando Su faz. Nada debes exigirles, ni ellos deben exigirles nada a ti. Mas, si los rechazases, serías un criminal.

6. 53. Y así es como Nosotros probamos a unos y otros, haciendo que digan: «¡A estos, de entre nosotros, Allah les otorgó su favor!», mas Allah conoce muy bien a quién otorga su favor.

6. 54. Y, cuando vinieron a ti los que confían en Nuestros Signos, diles: «*Salam* sobre vosotros», pues prescrito para sí mismo por vuestro *Rabb* está Su *rahma*. Quien se equivoque, de entre vosotros, por ignorancia y luego se reoriente, que se reforme y Él aliviará todo error, tan matricial…

6. 55. Y así es como explicamos Nuestros Signos y aclaramos el camino de los opresores.

6. 56. Di: «En verdad, se me prohíbe adorar a aquellos que invocáis en vez de Allah». Di: «No seguiré vuestros vanos deseos, de lo contrario yerraré y no seré de aquellos que son bien guiados».

6. 57. Di: «Ciertamente, estoy sobre incontestable evidencia de mi *Rabb*, mientras vosotros la negáis. No tengo lo que con tanto ahínco anheláis. Ciertamente, el juicio tan solo pertenece a Allah, Él cuenta la Verdad y Él es quien mejor decide».

6. 58. Di: «Si tuviera lo que con tanto ahínco anheláis, seguro que se habría decidido el asunto entre vosotros y yo». Y es Allah quien mejor conoce a los criminales.

6. 59. Y Él posee las llaves de lo oculto, nadie las conoce excepto Él. Y Él conoce lo que está en la tierra y en el mar, no cae una hoja sin que Él lo conozca ni hay semilla en la oscuridad de la tierra, ni verdor ni aridez que no esté claramente escrito.

6. 60. Es Él quien os toma vuestros espíritus por la noche y conoce lo que hacéis durante el día. Tras esto, os despierta. Así será a término fijado, luego a Él retornaréis y ya os informará de lo que hicisteis.

6. 61. Y es Él el que subyuga a sus súbditos y envía a guardianes hasta que os sobrevenga, a uno de vosotros, la muerte. Nuestros enviados los toman y nunca fallan.

6. 62. Entonces, volverán ante Allah, su auténtico protector. Suyo es el juicio, presto es en saldar las cuentas.

6. 63. Di: «¿Quién te salvará de la oscuridad de la tierra y del mar?». Le invocáis con humildad y en privado: «Si Él nos salva de esto, en verdad, seremos de los agradecidos».

6. 64. Di: «Allah os salva de esto y de toda angustia, mas de nuevo idolatráis».

6. 65. Di: «Él tiene el poder para enviar sobre vosotros castigo, ya sea arriba o debajo de vuestros pies o dividiros en facciones y que saboreéis vuestra propia violencia de los unos a los otros». ¡Contemplad cómo explicamos las aleyas! Quizás así comprendan…

6. 66. Mas, lo negó tu pueblo y es la Verdad, di: «Yo no soy vuestro guardián,

6. 67. toda profecía tiene un término fijado y pronto conoceréis».

6. 68. Cuando veas a aquellos que en vano discuten sobre Nuestros Signos, déjales hasta que cambien la conversación. Y si te olvidases por el Shaytan, aun después de recordar, no sigas con los criminales.

6. 69. Aquellos que tienen conciencia de Allah no deben pedir las cuentas, tan solo hacerles recordar. Quizás así tengan conciencia de Allah.

6. 70. Y abandona a aquellos que toman el *din* como un simple juego y distracción, imbuidos por la vida mundana. Recuérdales esto, nadie debe dañarse por lo que hizo. No habrá, más allá de Allah, quien le proteja ni quien interceda por él, y aun si ofreciese una compensación, no será aceptada. Estos son los que se han arruinado en sus propias obras. Para ellos habrá una bebida hirviente y un castigo doloroso por haber sido cafres.

6. 71. Di: «¿Acaso invocaremos a otro en vez de Allah que ni nos dará beneficio ni podrá dañarnos? ¿Hemos de volver sobre nuestros pasos después de haber sido guiados por Allah?». Seducido por el Shaytan, confundido vaga por la tierra y sus compañeros le llaman intentado guiarle: «¡Ven con nosotros!». La dirección es de Allah, esa es la Dirección. Se nos ordena que nos pacifiquemos en el *Rabb* de todos los mundos.

6. 72. ¡Estableced la azalá! y ¡tened conciencia de Allah! Y es Él ante quien seréis congregados.

6. 73. Es Él, que creó los cielos y la tierra con una última razón. El Día que Él diga: «¡Sé!», y será. Su palabra es la Verdad, Suyo será el Reino el Día en que suene la trompeta, conoce lo oculto y lo manifiesto. Y Él todo lo sabe, de todo está bien informado.

6. 74. Y cuando dijo Ibrahim a su padre Azar: «¿Por qué tomas ídolos como algo divino? Ciertamente, veo que tú y tu pueblo estáis claramente yerrados».

6. 75. Y de esa forma, Nosotros mostramos a Ibrahim el Reino de los cielos y la tierra, y así fue uno de los que tenían certeza.

6. 76. Cuando sobre él la noche cayó, contemplando una estrella dijo: «Este es mi *Rabb*», mas, cuando desapareció, volvió a decir: «No amo lo que desaparece»,

6. 77. así, cuando admiró como la luna resplandecía, dijo: «Este es mi *Rabb*», mas cuando desapareció, dijo: «Sin la guía de mi *Rabb* seguramente seré del pueblo que yerra».

6. 78. De ese modo, admiró el Sol resplandeciente, dijo: «Este es mi *Rabb*, ¡Es grande!», pero cuando desapareció, dijo: «¡Oh, pueblo mío! Libre soy de lo que vosotros idolatráis.

6. 79. En verdad, oriento mi rostro a Él, que creó los cielos y la tierra, como un *hanif*, pues uno de los idólatras no soy».

6. 80. Y le disputó su pueblo, mas él les respondió: «¿Me disputáis sobre Allah, aunque Él es quien me ha guiado? No tengo temor hacia vuestra idolatría con Él, solo a Su voluntad. De mi *Rabb* es todo lo que se halla en Su conocimiento ¿Acaso no queréis ser aconsejados?

6. 81. Y cómo voy a temer a aquello que idolatráis si vosotros no tenéis miedo de idolatrar a otro que no sea Allah… ¡Es algo a lo que Allah no le ha conferido autoridad! Decidme, si es que sabéis, ¿quién de los dos tiene más derecho a sentirse seguro

6. 82. Aquellos que creen y no manchan su creencia con injusticia, esos tienen la seguridad y están en la buena guía?».

6. 83. Y este es el argumento que dimos a Ibrahim contra su pueblo. Elevamos el grado de quien Nosotros queremos. Ciertamente, Tu *Rabb* es Sabio, todo lo sabe.

6. 84. Y Nosotros le otorgamos a Ishaq y a Yaqub, a ambos guiamos. Y a Nuh ya lo guiamos antes y a su progenie: Dawud, Sulayman, Ayub, Yusuf, Musa y Harun. Y así es como Nosotros recompensamos a quienes son bienhechores.

6. 85. Y a Zakariyya, Yahya, ‘Isa y Ilyas. Todos ellos estaban entre los justos.

6. 86. Y a Ismail, Ilysa‘, Yunus y Lut. Y a todos, Nosotros les agraciamos entre todos los mundos.

6. 87. Y así como sus padres, progenie y hermanos, a ellos Nosotros escogimos y les guiamos por el recto sendero.

6. 88. Esta es la guía de Allah, Él guía por ella a quien quiere de los que le reconocen. Mas, si hubieren sido idólatras, qué vano hubiera sido lo que construyeron.

6. 89. A estos son a los que Nosotros les dimos el Libro, la Sabiduría y la Profecía, pero, si fueran cafres, Nosotros se lo confiaremos a otro pueblo que no sea cafre.

6. 90. A estos son los que guio Allah, así que ¡sigue esa dirección! Di: «¡No os pido recompensa alguna por esto, tan solo es un recuerdo para todos los Mundos!».

6. 91. Y no han apreciado a Allah como debe ser apreciado, y dicen: «Allah no ha descendido nada al ser humano». Di: «¿Quién

descendió el Libro con lo cual trajo Musa luz y guía para la humanidad? Bien que le exponéis en pergaminos y escondéis gran parte de él. Y se os hizo conocer lo que no conocíais ni vosotros ni vuestros ancestros», di: «¡Allah es!», mas luego déjales con sus infructuosos discursos.

6. 92. Y es este un Libro que Nosotros descendimos, pleno de *baraka*, que confirma aquello que antes vino a sus manos. Comunícaselo a aquellos que en ciudades y en sus alrededores viven, aquellos que confían en el más allá, que creen en ella y que guardan la azalá.

6. 93. Y ¿puede haber alguien tan vil que quien urde mentiras contra Allah? ¿O aquel que dice: «recibí una revelación», pero nada le fue revelado?, ¿o aquel que dice: «Yo podría hacer descender revelaciones como lo hace Allah?». Ay, si pudieras ver cuando estos viles estén en su agonía, a las puertas de la muerte, y los ángeles les opriman con sus manos diciéndoles: «¡Renunciad a vuestra respiración vivificada! Hoy vas a recibir un terrible castigo por lo que solías decir contra Allah en vez de la verdad, por haber sido tan arrogante con Sus aleyas».

6. 94. Ciertamente, a Nosotros volvisteis solos, como os creamos la primera vez, abandonando lo que Nosotros os otorgamos detrás de vosotros. No vemos a esos intermediarios que declarabais que eran vuestros ídolos. Ciertamente, deshechos fueron los nudos que a ellos os unían, perdidos están todos vuestros reclamos.

6. 95. En verdad, es Allah el que abre la semilla y el hueso del dátil: Trae al vivo de la muerte y al muerto de la vida: Ese es Allah, ¿cómo podéis estar tan errados?

6. 96. Es Aquel que hace romper el alba e hizo la noche para el descanso, y el sol y la luna para que el tiempo contéis. Esto lo ha decretado el Todopoderoso, el que todo conoce.

6. 97. Y Él es quien hizo para vosotros las estrellas, que entre tinieblas os guían a través de ellas en el mar y la tierra. Ciertamente, Nosotros os manifestamos los signos para aquellos que conocen.

6. 98. Y Él es quien os creó de un solo ser, dándoos un lugar donde estar y descansar. Nosotros os dimos los signos para quien quiera comprenderlos.

6. 99. Y Él es quien hace descender agua del cielo, así es como Nosotros hacemos toda cosa florecer, así convocamos al verdor y las semillas en racimos. Y de las palmeras desgarran racimos de dátiles que cuelgan y jardines con viñedos, olivares y granados tan parecidos, tan diferentes. Mas, cuando frutecen, ¡contemplad el fruto dado y cómo maduran! En verdad, en ellos hay signos para los creyentes.

6. 100. E hicieron de los *jinn* ídolos frente a Allah, mas fue Él quien los creó. Y ellos a Él le atribuyen hijos e hijas, sin conocimiento alguno. Exaltado y Altísimo sea sobre lo que le atribuyen.

6. 101. Origen es de los cielos y la tierra, ¿cómo iba a tener Él un hijo si no tiene compañera? Él lo creó todo y bien conoce todo.

6. 102. Este es Allah, vuestro *Rabb*. No hay dioses excepto Él, creador de toda cosa. Así que ¡adoradle! Pues Él es el guardián de todo.

6. 103. No podréis contemplarlo, mas Él abarca toda contemplación. Él es tan sutil, de todo está bien informado.

6. 104. Ciertamente, llegaron a vosotros claridades de vuestro *Rabb*. Quien ve las claridades para sí sea, mientras que quien en ceguera está terrible que para sí sea. Mas, yo no soy vuestro guardián.

6. 105. Y así es como explicamos las aleyas para que ellos digan: «Las has estudiado» y para clarificárselas Nosotros a los que conocen.

6. 106. Sigue lo que te ha revelado tu *Rabb*. No hay más divinidad que Él y huye de los idólatras.

6. 107. Si Allah hubiera querido no habría idólatras, mas Nosotros no te hicimos a ti su guardián ni su protector.

6. 108. Y no faltéis a quienes ellos invocan en vez de Allah, no sea que ellos, por rencor, insulten a Allah sin conocimiento. Así es como embellecemos las obras de cada comunidad, mas luego retornarán a su *Rabb* y Él les informará de lo que construyeron.

6. 109. Y juran por Allah con ceremoniosos pactos que si les llega un Signo creerán, Ciertamente, en él. Di: «Los Signos provienen, solamente, de Allah». Y, ¿qué es lo que os hará percibir que, aunque se les presenten los signos, no creerían?

6. 110. Pues Nosotros haremos que sus corazones y sus miradas vuelvan como no creyeron la primera vez y les dejaremos que en su vileza vaguen ciegos.

Juz 8

۞ Hizb 15

6. 111. Aun descendiendo sobre ellos los ángeles, aunque de frente hubieran hablado con ellos los muertos, aun recopilándoles todas las cosas, no habrían creído, a menos que Allah quiera. Y qué ignorantes son la mayoría...

6. 112. Así Nosotros hicimos para cada profeta un enemigo: demoníacos humanos y *jinn* que, entre ellos, se inspiran con vanas palabras. Si hubiera querido tu *Rabb*, no lo habría hecho. ¡Déjalos con sus fantasías!

6. 113. A eso se inclinan los corazones de aquellos que no creen en la vida que ha de venir, se ven atraídos por ellos... ¡Que gocen con ellos! ¡Que se les haga lo que hicieron!

6. 114. ¿A otro que no sea Allah buscaré como juez? Él es quien descendió sobre vosotros el Libro explicado al detalle. Y a aquellos que les dimos el Libro bien conocen que fue descendido por su *Rabb* con la Verdad ¡Pues no seáis de los que dudan!

6. 115. Cumpliose, pues, la palabra de tu *Rabb*, sincera y justa, pues nadie puede alterar Sus palabras. Y Él es el que todo lo oye, el que todo lo conoce.

6. 116. Y si obedecieras a la mayoría de los que habitan la tierra, te harían errar de la senda de Allah. Tan solo asumen suposiciones, no ejecutan sino conjeturas.

6. 117. En verdad, tu *Rabb* es quien conoce quien yerra en Su senda y Él conoce quienes son los bien guiados.

6. 118. Comed, así, de aquello sobre lo que se hizo un recuerdo del nombre de Allah, si es que creéis en Sus Signos.

6. 119. ¿Por qué habríais de comer sobre lo que no se hizo un recuerdo del nombre de Allah, cuando os ha explicado con detalle lo prohibido y excepto si estáis por la necesidad forzados? Ciertamente, muchos por sus vanos deseos y falta de conocimiento. Tu *Rabb* bien conoce a aquellos que transgreden la ley.

6. 120. Evita las faltas ya sea en público o privado. Aquellos que las cometan tendrán una recompensa acorde a lo que hicieron.

6. 121. Y no comáis de aquello sobre lo que no se recordó el nombre de Allah, pues es una grave transgresión. Y son, de verdad, los shaytanes los que inspiran a vuestros conocidos a que os contradigan, mas, si les obedecierais seréis de los idólatras.

6. 122. Al muerto Nosotros lo trajimos a la vida y le otorgamos una luz con la que camina entre la humanidad, ¿acaso es similar a aquel que está atrapado entre tinieblas? Así engalanamos lo que construyeron los cafres.

6. 123. Y dispusimos en cada ciudad a los más perversos para que conspiren, mas no conspiran sino contra ellos mismos y ni siquiera lo perciben…

6. 124. Y, cuando a ellos les viene un Signo, nos dicen: «No vamos a creer hasta que no se nos dé como se les da a los mensajeros de Allah», Allah bien sabe a quién da Su Mensaje. Afligidos serán los perversos con tal humillación por Allah y un tremendo castigo recibirán por sus conspiraciones.

6. 125. A quien quiere Allah guía y ensancha el pecho para pacificarlo, mas el pecho oprime a quien Él quiere que yerre, así como si a las alturas se alzara. Así descamina Allah a aquellos que en Él no confían.

6. 126. Y este es el sendero de tu *Rabb*, recto. Estas aleyas son para gente que con consciencia recuerda.

6. 127. Para ellos habrá un hogar de *salam* junto a su *Rabb* quien es íntimo para ellos, premio para lo que construyeron sea.

6. 128. Y el Día que los congregue a todos juntos: «¡Oh, asamblea de *jinn*! ¡Cómo abusasteis de la humanidad!», y entre las personas que fueron íntimos de la los *jinn* responderán: «¡*Rabb* nuestro! Sacamos provecho los unos de otros hasta que llegamos a la fecha fijada por Ti señalada». Y Él dirá: «¡Sea el Fuego vuestro hogar y estaréis por siempre a menos que Allah desee otra cosa!». Ciertamente, tu *Rabb* es Sabio, todo lo conoce.

6. 129. Y así les dimos autoridad a algunos viles sobre otros por lo que hicieron.

6. 130. «¡Oh, asamblea de *jinn* y hombres! ¿Acaso no vinieron a vosotros mensajeros, de entre vosotros, para contaros sobre mis aleyas y advertiros del encuentro de este Día?», y responderán: «¡Somos testigos en nuestra propia contra!». Así,

la vida mundana les engañó y atestiguarán que ellos mismos eran cafres.

6. 131. Porque no es tu *Rabb* quien de forma injusta destruye ciudades sin advertir antes a sus habitantes.

6. 132. Cada uno tendrá su lugar según lo que hizo. Y no está tu *Rabb* desatendido de lo que ellos hacen.

6. 133. Y es que tu *Rabb* se basta a Sí mismo, dueño de la *rahma*. Si Él quisiera os haría desaparecer y os sustituiría tras vosotros con quien quisiera, igual que os hizo descender de otra gente.

6. 134. ¡Ciertamente, lo que se os promete vendrá! ¡Y no habrá escapatoria!

6. 135. Di: «¡Pueblo mío! Haced según vuestra posición, que también yo haré y pronto conoceréis qué os espera como próximo Hogar. Los criminales no vencerán».

6. 136. Y aunque reservan para Allah una parte del grano y de los rebaños que Él creó y dicen: «¡Esto es para Allah!», ellos pretenden: «Esto es para nuestros ídolos...».

6. 137. Y así mismo, muchos de los idólatras convierten en atractivo matar a sus hijos, pero así tan solo ruina les traía y su *din* en oscuridad se sumía. Si Allah hubiera querido no lo hubieran hecho, mas tú déjales junto a sus invenciones.

6. 138. Y dicen ellos: «Aquí hay unos rebaños y un grano prohibidos, ¡Que nadie se alimente de ellos sin nuestro consentimiento!». Eso intentan... Y hay animales cuyos lomos están vedados y rebaños sobre los que no se hizo un recuerdo del nombre de Allah. Todo esto es una falsedad contra Él, mas ya les retribuirá por sus fantasías.

6. 139. Y dicen: «Lo que hay en los vientres de esos rebaños es de los hombres y vedado para nuestras esposas, mas, si naciera muerto, sería para compartirlo». Él les recompensará por lo que dicen. Ciertamente, es el Sabio, el que todo conoce.

6. 140. Perdidos están aquellos que, como necios, asesinen a sus hijos diciendo que está prohibido aquello de lo que Allah le ha otorgado, inventando falsedades sobre Allah. Como yerran, no están guiados...

6. 141. Y es Él quien hizo jardines con parras y otros sin ellos, las palmeras datileras y tantos granos diferentes, olivares y

granados tan parecidos, tan diferentes. Cuando den fruto ¡comedlos!, pero dad un poco el día de la recolección. Y no os excedáis, pues Ciertamente, Él no ama a los que se exceden.

6. 142. De los rebaños, unos sirven para cargar y otros para carne. ¡Comed de lo que Allah os otorga y los pasos del Shaytan no sigáis! Ciertamente, él es enemigo declarado para vosotros.

6. 143. Ocho animales en parejas: un par de ovejas y un par de cabras, te preguntan: «¿Están prohibidos los machos, las hembras o lo que ellas encierran sus vientres? ¡Con conocimiento avisadme si es que sois sinceros!».

6. 144. Y un par de camellos y otro par de terneras, di: «¿Están prohibidos los machos, las hembras o lo ellas que encierran sus vientres? Tan vil es aquel que inventa una falsedad contra Allah, falsamente, para a la humanidad hacerla errar». En verdad, Allah no guía a un pueblo tan vil.

6. 145. Di: «No hay en la revelación que me ha sido dada nada que se prohíba, excepto la carroña, la sangre que mana o la carne de puerco, estas son impuras, o lo que por desobediencia se ha dedicado a otro que no sea Allah. Más, si alguien se viese en necesidad, que no lo coma por deseo o por afán de transgredir la ley». Así, es tu *Rabb* que toda falta alivia, tan matricial…

6. 146. A los judíos les prohibimos todo animal de pezuña indivisa y la grasa de vacas y ovejas les vedamos a excepción de la que portaban en sus lomos, sus tripas o las mezcladas con hueso. Así les recompensamos por su desacato. Y, ciertamente, Nosotros somos sinceros.

6. 147. Si te lo niegan, entonces diles: «Vuestro *Rabb* posee una gran *rahma*, más no cesará Su ira de aquellos que son criminales».

6. 148. Los idólatras dirán: «Si hubiera querido Allah, no seríamos idólatras, como tampoco nuestros padres, ni habríamos prohibido nada». De esa forma negaron a sus ancestros hasta que saborearon Nuestra ira. Di: «¿Tenéis algún conocimiento que mostrarnos?». Tan solo asumen suposiciones, no ejecutan sino conjeturas.

6. 149. Di: «Es Allah quien tiene el argumento conclusivo, si Él quisiera os habría guiado a todos juntos».

6. 150. Di: «¡Traed aquí a vuestros testigos, aquellos que darán testimonio que Allah esto vetó!», mas si ellos dieran testimonios, vosotros no testifiquéis con ellos. No sigas los deseos de los que han negado Nuestros Signos, ni de los que no confían en el más allá ni en los que con otros igualan a su *Rabb*.

6. 151. Di: «¡Venid! Os recitaré lo que os ha prohibido vuestro *Rabb*, que no lo idolatréis con otros y que seáis los mejores con vuestros padres y no matéis a vuestros hijos por causa de la pobreza, pues Nosotros os proveeremos a vosotros y a ellos. Alejaos de la lascivia, en público o en privado, no matéis a nadie que haya prohibido Allah a menos que tengáis derecho. Esto es lo que ha ordenado Él. Quizás, de este modo, reflexionéis…».

6. 152. «Manteneos lejos de la hacienda del huérfano hasta que sea adulto, excepto si vais con buenas intenciones. Donad siempre con justicia y justo peso, pues no cargamos a nadie con más peso del que pueda portar. Y, cuando habléis, sed justos, aunque se trate de un pariente. Sed justos con la alianza de Allah. Esto es lo que ha ordenado Él. Quizás, de este modo, recordéis…».

6. 153. Y este es mi sendero recto, síguelo y no vayas por otras sendas, pues os separaríais de Su senda. Esto es lo que os ha ordenado. Quizás, de este modo, seáis conscientes de Allah.

6. 154. Así es como Nosotros otorgamos a Musa el Libro, mejorando lo que hizo bien, explicando todo claramente como guía y *rahma*. Quizás, de este modo, confíen en el encuentro con su *Rabb*.

6. 155. Y es este un Libro descendido, pleno de *baraka*. Así que seguidla y tened conciencia. Quizás, de este modo, la matricialidad sea con vosotros…

6. 156. A menos que digáis: «Tan solo se ha descendido el Libro sobre dos grupos antes que a nosotros y no nos importa su estudio».

6. 157. O que digáis: «Si hubiera descendido el Libro para nosotros, seguro que estaríamos mejor guiados que ellos». Ciertamente, vinieron a vosotros signos de tu *Rabb* de guía y *rahma*. ¿Pues quién es tan vil que niegue los signos de Allah y les dé la

espalda? Recompensaremos con un terrible castigo a aquellos que se alejen de Nuestros mensajes por aquello que se alejan.

6. 158. ¿Acaso esperan que los ángeles vengan a ellos o que su *Rabb* mismo o quizás uno de Sus Signos? El Día que vengan Sus Signos, nadie que no haya creído o haya hecho el bien antes aprovechará su creencia. Di: «¡Aguardad!», que, ciertamente, Nosotros aguardamos.

6. 159. Y aquellos que dividen su *din* y en grupos se fragmentan no son de tu incumbencia. Solo le incumbe a Allah, ya les informará de lo que hicieron.

6. 160. Quienquiera que venga con una acción buena, recibirá diez como esta. Y quien llegue con una mala se le recompensará con una semejante… ¡Sobre ellos no habrá injusticias!

6. 161. Di: «En verdad, mi *Rabb* me dirige por un recto sendero, el *din* firme, la creencia de Ibrahim. Él fue un auténtico *hanif* y no un idólatra».

6. 162. Di: «Mi azalá, mi veneración, mi vida y mi muerte pertenecen a Allah, *Rabb* de todos los Mundos.

6. 163. No tiene iguales a Él. Y es esto lo que se me ha ordenado y soy yo el primero que se pacifica».

6. 164. Di: «¿Cómo buscar a otro que Allah, si Él es el *Rabb* de todo lo existente?». No se recoge más que lo es es de cada uno y nadie carga una carga distinta a su carga. Ya retornaréis a vuestro *Rabb* y os informará de aquello sobre lo que diferíais.

6. 165. Él es quien os hizo vicerregentes en la tierra, quien os dio diferentes rangos y os prueba con todo lo que os da, pues, en verdad, tu *Rabb* es raudo en castigar, mas también es quien toda falta alivia, tan matricial…

۞ Hizb 16

7. LAS ALTURAS

En el nombre de Allah, el *Rahman*, el *Rahim*

7. 1. *Alif, Lam, Mim, Ṣad.*
7. 2. Sea un Libro descendido sobre ti para que no se entumezca tu pecho por ello, que de su *Rabb* des aviso y que sea para recuerdo de aquellos que creen.
7. 3. Seguid aquello que sobre vosotros desciende vuestro *Rabb* y no os aliéis con otros en vez de a Él, pues que poco del recuerdo os beneficiáis...
7. 4. Y cuantas ciudades Nosotros hemos destruido, vino a ellos Nuestro castigo en la noche o mientras la siesta dormían,
7. 5. Mas, en su invocación cuando Nuestro castigo llegó, tan solo dijeron: «¡Qué réprobos fuimos!».
7. 6. Así preguntaremos a aquellos a los que Nosotros les enviamos mensajeros y es que ya preguntaremos a esos mensajeros,
7. 7. pues Nosotros, con conocimiento, les contaremos ya que Nosotros no estuvimos ausentes.
7. 8. Y cuanto habrá de pesar ese Día la Verdad. Aquellos a los que más pese serán los que alcancen la felicidad,
7. 9. pero a los que le sea ligero se habrán perdido ellos mismos, porque fueron injustos con Nuestras aleyas.
7. 10. Y es que Nosotros os establecimos en la Tierra y la convertimos para vosotros, para que vivierais, pero qué poco agradecidos sois.
7. 11. Y, en verdad, Nosotros os creamos y luego os moldeamos. Tras eso Nosotros le dijimos a los ángeles: «¡Prosternaos ante

Adam!» y así lo hicieron todos, salvo Iblis, que no fue de los que se prosternaron.

7. 12. Él dijo: «¿Qué te imposibilita prosternarte cuando Yo te lo mando?», y respondió él: «Yo soy mejor que él, pues Tú me creaste de Fuego, mientras que a él lo creaste de barro».

7. 13. Él le dijo: «¡Desciende de ahí! Pues no es este un lugar para tanta arrogancia. Así que, en verdad, eres tan nimio…»,

7. 14. pero él replicó: «¡Exonérame hasta el Día de la Resurrección!».

7. 15. A lo que le contestó Él: «Que en verdad seas de los que han sido exhonerados».

7. 16. Dijo él: «Porque Tú me has hecho ir a la oscuridad, yo he de corromperles en Tu recto sendero.

7. 17. Luego llegaré, por delante y por detrás, a derecha y a izquierda, y ya verás Tú como muchos son unos ingratos…».

7. 18. Respondió Él: «¡Fuera de aquí! Seas desgraciado y expulsado. En verdad con quien te siga he de llenar la Gehena, estaréis todos juntos».

7. 19. «¡Oh, Adam! Habita con tu par el Jardín y comed de lo que deseéis, pero no os acerquéis a ese árbol, pues si lo hacéis qué réprobos habréis de ser».

7. 20. Mas, cuánto mal susurró sobre ambos el Shaytan, haciendo que se percataran de lo escondido por su desnudez, y así les dijo: «Tan solo os prohíbe vuestro *Rabb* este árbol porque si no ambos podríais llegar a ser ángeles o inmortales…».

7. 21. y les juró: «En verdad, con ambos soy consejero sincero».

7. 22. Así es como les hizo caer, con gran pesar. Cuando ambos comieron del árbol vieron su desnudez y comenzaron a cubrirse con las hojas del Jardín. Entonces, su *Rabb* les llamó: «¿Acaso no os prohibí este árbol? Ya os dije a ambos que el Shaytan era vuestro enemigo».

7. 23. Ambos dijeron: «¡*Rabb* nuestro! Nosotros mismos somos unos transgresores, pero Tú nuestras faltas, no nos haces olvidar y nos otorgas Tu *rahma*. En verdad, somos de los que han perdido».

7. 24. Él dijo: «¡De aquí habréis de descender! Unos de otros enemigos seréis, que sea, pues, la tierra vuestro hogar y sustento por un tiempo».

7. 25. Él dijo: «En ella viviréis y en ella moriréis, cuando muráis se os retirará».

7. 26. ¡Oh, hijos de Adam! Descendimos para vosotros vestiduras para que cubráis vuestra desnudez y que de ornatos os sean, pero la mejor de todas ellas es tener conciencia de Allah. Sea este uno de los Signos de Allah para que, así, podáis recordar.

7. 27. ¡Oh, hijos de Adam! No os dejéis seducir por el Shaytan, como cuando él en el Jardín hizo caer a vuestros padres, quitándoles sus ropas y enseñándoles su desnudez. En verdad, él y su tribu os ven donde vosotros no los veis. En verdad, Nosotros hacemos íntimos a los shaytanes con aquellos que no creen.

7. 28. Y, cuando cometen una transgresión, dicen: «Se lo vimos hacer a nuestros ancestros y Allah es quien lo ordena», así le responderás: «En verdad Allah no ordena transgredir, ¿acaso decís sobre Allah lo que no conocéis?».

7. 29. Di: «Ordena mi *Rabb* la justicia y disponed vuestros rostros hacia Él en la mezquita e invocadle con sinceridad, pues, así como Él os creó, a Él tendréis que volver».

7. 30. Él guía a unos con la Verdad y a otros les hace yerrar. En verdad, esos tomaron a los shaytanes como íntimos, en vez de tomar a Allah y piensan que serán bien guiados.

7. 31. ¡Oh, hijos de Adam! Esplendorosos id siempre a la mezquita y comed, bebed, pero no os excedáis. En verdad, Él no ama a los que se exceden.

7. 32. Di: «¿Quién prohíbe los bellos adornos y las cosas buenas que Allah dispone para Sus siervos?», diles: «Sea para los creyentes en su vida mundana, pero que esté, en verdad, para el Día de la Alzada». De esa forma Nosotros explicamos los Signos a un pueblo que conoce.

7. 33. Di: «Tan solo me prohíbe mi *Rabb* la infamia, en público como en privado, las faltas y sin derecho avasallar, así como que asocie a Allah con algo sobre lo que Él no ha descendido autoridad y que digáis de Allah lo que no conocéis».

7. 34. Y cada comunidad tiene un plazo dispuesto y, cuando ese plazo llega, no puede retrasarlo, como tampoco puede adelantarse ni en una hora.

7. 35. ¡Oh, hijos de Adam! Si vinieran los mensajeros, de vosotros, narrándoos Mis aleyas, pues quien tenga conciencia y se reforme, sobre ella no habrá ni pena ni terror.

7. 36. Mas, aquellos que reniegan de Nuestras aleyas y son arrogantes frente a ellos, esos son los compañeros del Fuego, en el que por toda la eternidad permanecerán.

7. 37. Así, pues, ¿hay alguien más injusto que quien inventa mentiras contra Allah o reniega de Sus aleyas? A cada uno se le de un fragmento del Libro hasta que vengan a ellos nuestros nuncios angélicos y se les diga: «¿Dónde están aquellos que invocabais en vez de Allah?», contestarán: «Nos abandonaron…» y, así, como cafres, ellos mismos, se inculparán.

7. 38. Él dice: «Ya entraron comunidades, tiempo ha, de *jinn* y de humanos en el Fuego». Cada vez que entra una comunidad, maldice a su hermana. Cuando se encuentren todas ellas, la última a la primera dirá: «¡*Rabb*!, son estos quienes nos extraviaron, que se aumente por dos el castigo del Fuego», y Él responderá: «Todos recibirán el doble, pero eso vosotros no lo conocéis…».

7. 39. Y la primera de ellas dirá a la última: «No hay, pues, privilegio alguno sobre nosotros, así que paladead el castigo por todo lo que hicisteis».

7. 40. En verdad, aquellos que renegaron de Nuestras aleyas y tan arrogantes fueron con ellos, no se les abrirán las puertas del cielo y no entrarán en el Jardín hasta que pase el camello por el ojo de una aguja. Y de esa forma Nosotros daremos la recompensa a los culpables.

7. 41. Para ellos sea la Gehena un lecho y que con ella se cubran. Y sea esa la recompensa para los réprobos.

7. 42. Pero para los que creyeron y obraron justamente, Nosotros no cargaremos a nadie sobre lo que pueda cargar, que sean compañeros del Jardín donde por toda la eternidad habrán de permanecer.

7. 43. Y Nosotros extirparemos de sus pechos cualquier pesadumbre, fluirán bajo sus pies arroyos y dirán: «Loor a Allah, Aquel que nos ha guiado hacia esto y jamás habríamos hallado este camino sin Su guía, vinieron los mensajeros de nuestro *Rabb*

con la Verdad». Y así se les llamará: «Este es el Jardín que vais a heredar por todo lo que hicisteis».

7. 44. Y llamarán los compañeros del Jardín a los del Fuego: «En verdad, hemos encontramos todo lo que nos prometió nuestro *Rabb*; todo era Verdad», «¿habéis encotrado también lo prometido por nuestro *Rabb*?», y ellos responderán: «Es cierto». Y un nuncio de entre ellos anunciará: «Sea la maldición de Allah sobre los réprobos,

7. 45. aquellos que se apartaron de la senda de Allah, los que se esforzaron por mostrarlo como un camino difícil y qué cafres son con la vida que habrá de venir».

7. 46. Y hay entre ambos un velo protector, en las alturas, donde a todos los hombres se les reconocerán por sus marcas y llamarán a los compañeros del Jardín: «¡El *salam* sea sobre vosotros!», pero no entrarán aún quieran,

7. 47. y, cuando vuelvan sus ojos hacia los compañeros del Fuego, dirán: «¡*Rabb* nuestro! No nos sitúes entre un pueblo criminal».

7. 48. Y los que están en las alturas llamarán a los que reconozcan por sus marcas y les dirán: «Ya no os sirven vuestros grupos ni vuestra arrogancia...

7. 49. ¿Son estos quienes juraban que Allah no iba a derramar su *rahma* sobre ellos? ¡Pasad, pues, al Jardín! ¡Qué no haya temor ni tristeza sobre vosotros!».

7. 50. Los compañeros del Fuego gritarán a los que están en el Jardín: «Verted agua sobre nosotros o eso de lo que Allah os ha dado», y responderán: «Allah ha prohibido ambas cosas para los cafres,

7. 51. esos que tomaron su *din* como un juego y tan ilusos fueron en esta vida mundana». Hoy Nosotros los olvidamos como ellos olvidaron el encuentro en este Día y como ellos renegaron Nuestras aleyas.

7. 52. Y, así, Nosotros trajimos un Libro en el cual explicábamos con conocimiento, con guía y *rahma* para un pueblo creyente.

7. 53. ¿Esperan tan solo su cumplimiento? El Día llegará y se cumplirá y a los que se olvidaron dirán: «Cierto es que llegaron los mensajeros de Nuestro *Rabb* con la Verdad, ¿acaso tenemos quien interceda por nosotros o podríamos volver y

rehacer nuestras obras?». Cómo se han perdido ellos mismos y cómo sus ilusiones se han desvanecido…

7. 54. En verdad, tu *Rabb* es Allah, quien creó los cielos y la tierra en seis jornadas, luego ascendió al Trono. Él cubre la noche con el día que prestos le acompaña. Y el sol, la luna y las estrellas dependen de Su mandato. ¿Acaso no es suya la Creación y el mandato? ¡Bendito sea Allah! ¡*Rabb* de todos los mundos!

7. 55. Invocad a vuestro *Rabb* con humildad, en privado, pues Él no ama a los transgresores.

7. 56. Y no corrompáis la tierra tras haberla reformado, invocadle con temor y esperanza. En verdad, la *rahma* de Allah cerca está de quien hace el bien.

7. 57. Y Él es el que envía vientos como portadores de buenas nuevas que preceden a Su *rahma*, como cuando a las nubes preñadas Nosotros las conducimos a las tierras yermas y hacemos descender el agua que os trae todo tipo de frutos. Así es como volveremos a traer a los muertos y, quizás, podáis entender.

7. 58. Y en tierra sana crece la vegetación con el permiso de su *Rabb*, pero en la baldía no surge sino algo. Así Nosotros explicamos Nuestros Signos a la gente que es grata.

7. 59. En verdad, Nosotros enviamos a Nuh a su pueblo y él dijo: «¡Oh, pueblo mío! Adorad a Allah y no a otros dioses que no sean Él, pues, en verdad, tanto temo por el castigo para vosotros el Día sublime».

7. 60. Dijeron los notables del pueblo: «En verdad, claramente os vemos yerrando».

7. 61. Respondió él: «¡Oh, pueblo mío! No yerro, sino que yo soy un Mensajero del *Rabb* de todos los mundos,

7. 62. que os comunico mensajes de mi *Rabb* y os aconseja. Conozco por Allah lo que vosotros no conocéis…

7. 63. ¿Os maravilláis de que os llegue un recuerdo de vuestro *Rabb* a través de alguien como vosotros? Para que os advierta y se os haga conscientes de Allah, para que Su *rahma* sea sobre vosotros»,

7. 64. Mas, de él renegaron. Así que Nosotros le salvamos a él y a los que con él estaban en un arca, ahogando a los que renegaron de Nuestros Signos. En verdad, fueron un pueblo ciego.

7. 65. Y las gentes de ʻAd a su hermano Hud, el decía: «¡Oh, pueblo mío! Adorad a Allah y no a otro dios, ¿es que no sois conscientes de Él?»,

7. 66. pero los notables de su pueblo dijeron: «En verdad, poseído por la locura estás y pensamos que eres un mentiroso».

7. 67. Respondió él: «¡Oh, pueblo mío! No estoy loco, solo soy un Mensajero del *Rabb* de todos los mundos,

7. 68. os transmito mensajes de mi *Rabb* y soy para vosotros un consejero con honestidad.

7. 69. ¿Os maravilláis de que, a través de uno como vosotros, viniera el recuerdo de vuestro *Rabb*? Recordad que Él os hizo herederos del pueblo de Nuh y os dio gran fuerza, así que recordad los dones de Allah para que prosperéis...».

7. 70. Dijeron ellos: «¿Has venido a nosotros para que tan solo adoremos a Allah y olvidemos los dioses de nuestros antepasados? Tráenos lo que nos prometes, si es que eres sincero».

7. 71. Replicó él: «En verdad, ha caído sobre vosotros el castigo de vuestro *Rabb* y Su ira. ¿Discutís conmigo sobre nombres que habéis nombrado vosotros y vuestros ancestros? No descendió Allah autoridad alguna sobre ellos. Esperad que, en verdad, yo soy, junto a vosotros, de los que esperan»

7. 72. Y, de esa forma, le salvamos a él y a los que con él estaban con una *rahma* venida de Nosotros. Y desollamos las entrañas de aquellos que habían renegado de nuestros Signos y no eran creyentes.

7. 73. Y las gentes de Thamud a su hermano Salih que dijo: «¡Oh, pueblo mío! Adorad a Allah y no hay para nosotros otro. En verdad, que a vosotros ha venido en forma de irrefutable prueba: Esta es la camella de Allah, que un signo sea para vosotros. Dejadla herbajar en la tierra de Allah y no le hagáis ningún daño, si no qué castigo más doloroso os ha de alcanzar.

7. 74. Y recordad cuando Él os hizo herederos, después de ʻAd, y os asentó en esta tierra. En la planicie construisteis palacios y excavasteis casas en las montañas. Recordad cuántos dones os dio Allah y no seáis tan perversos corrompiendo la tierra».

7. 75. Dijeron los notables, que arrogantes eran, a los oprimidos que eran creyentes: «¿Cómo sabéis que Salih fue enviado por su

Rabb?», y ellos respondieron: «En verdad, en lo que a él ha sido enviado creemos».

7. 76. Dijeron los arrogantes: «Ciertamente, somos cafres frente a lo que creéis».

7. 77. Y así desgarraron las patas de la camella y qué arrogantes fueron frente al mandato de su *Rabb* diciendo: «¡Oh, Salih! Tráenos aquello que nos prometes, si es que eres de los mensajeros»,

7. 78. pues de esa forma les sobrevino un terremoto y en sus casas, sobre sus lechos, murieron,

7. 79. Mas, él de ellos se alejó diciendo: «¡Oh, pueblo mío! En verdad, os he transmitido el mensaje de mi *Rabb* y os advertí, pero no amáis a los que advierten».

7. 80. Y Lut cuando dijo a su pueblo: «¿Por qué cometéis tal lascivia que nadie ha cometido antes en ninguno de los mundos?

7. 81. En verdad, por lujuria preferís hombres en vez de mujeres, ¡Ay, no! Sois un pueblo que no se modera...».

7. 82. Y la única respuesta que dio su pueblo fue: «¡Echadles de vuestra ciudad! En verdad, esta gente se cree tan purificada».

7. 83. Y así es como Nosotros lo salvamos a él y a su casa, excepto a su esposa que se quedó atrás.

7. 84. Y Nosotros vertimos sobre ellos una lluvia de piedras... ¡Contempla cómo fue el fin de los culpables!

7. 85. Y a las gentes de Madyan enviaron a su hermano Shuayb que le dijo: «¡Oh, pueblo mío! Adorad a Allah y no a ningún otro dios que no sea Él. En verdad, a vosotros han venido irrefutables pruebas de vuestro *Rabb*, así que medid y pesad bien y no engañéis a otra gente en sus asuntos. No sembréis la corrupción en la tierra después de haberse ordenado. Esto es mejor para vosotros, si es que sois creyentes.

7. 86. No sitiéis en cada camino a los creyentes, amenazándoles y desviándoles del camino de Allah, buscando que sea difícil. Recordad cuando erais pocos y Él os multiplicó, mirad cuál fue el fin de los corruptores.

7. 87. Y si alguno de entre vosotros cree en el mensaje que he recibido y otros no, esperad pacientemente hasta que juzgue Allah entre nosotros, pues es Allah el mejor de los jueces».

Juz 9

۞ Hizb 17

7. 88. Los notables, que eran unos arrogantes, dijeron: «Te expulsaremos de nuestra ciudad ¡Oh, Shuayb! Y a los creyentes contigo, si no volvéis a nuestra tradición». Contestó él: «¿Aun si la detestamos?
7. 89. Pues, en verdad, crearíamos una mentira contra Allah si regresáramos a vuestra tradición después de que nos salvara Allah de ella. No regresaremos, salvo si así lo dispone Allah. Abarca nuestro *Rabb* toda cosa con su conocimiento, nos entregamos a Allah y es Nuestro *Rabb* quien decide entre nosotros y nuestro pueblo. Con certeza y en verdad es que Tú eres quien mejor decide».
7. 90. Y dijeron los notables que eran cafres: «Si seguís a Shuayb, en verdad, estaréis perdidos»,
7. 91. así es como les sobrevino un terremoto y en sus lechos su vida se extinguió,
7. 92. quienes renegaron de Shuayb es como si no hubieran existido; quienes renegaron de Shuayb, cuánto perdieron.
7. 93. Mas, él de ellos se alejó diciendo: «¡Oh, pueblo mío! En verdad, os he transmitido el mensaje de mi *Rabb* y os he aconsejado, ¿cómo podría sentir pena de un pueblo de cafres?».
7. 94. Y Nosotros no enviamos a ninguna ciudad a ningún profeta a la cual no tocáramos a sus habitantes con la adversidad y la dureza, para que así fuesen humildes
7. 95. y cambiarnos, en lugar del mal por el bien, y decían: «También les tocó a nuestros padres la adversidad y la dureza». Así, de repente, los tomamos sin prevención.
7. 96. Y si las gentes hubieran creído y hubieran sido conscientes de Allah, se hubieran derramado bendiciones del cielo y la tierra, pero fueron cafres y cosechamos todo lo que sembraron.
7. 97. ¿Por qué se sienten seguros los habitantes de las ciudades? No están a salvo de Nuestro castigo que llegará a ellos…
7. 98. ¿O se siente segura la gente de las ciudades de que Nuestra ira a plena luz del día no les alcance mientras juguetean?

7. 99. ¿Acaso se sienten tan seguros del plan de Allah? Nadie es libre de lo que Allah dispone, mas como van a perder…

7. 100. ¿No mostramos a los que se convirtieron en herederos de la tierra después de generaciones que si Nosotros quisiéramos les afligiríamos por sus errores? Sellamos sus corazones y no puede oír…

7. 101. Estas son ciudades de las que te hemos narrado historias y, en verdad, a ellas vinieron mensajeros con pruebas irrefutables, mas no quisieron creer en lo que antes renegaron. Así es como sella Allah los corazones de los cafres

7. 102. y Nosotros no hemos encontrado en la mayoría de ellos ningún pacto, pero hemos encontrado gran arrogancia en la mayoría de ellos.

7. 103. Tras eso, enviamos a Musa con Nuestras aleyas ante Faraón y sus notables, pero qué injustos fueron con ellos. Así que contempla cuál fue el final de quienes extienden la corrupción…

7. 104. Y Musa dijo: «¡Oh, Faraón! En verdad, soy yo un Mensajero del *Rabb* de todos los mundos.

7. 105. Mi realidad es no decir nada en contra Allah salvo la Verdad. Ciertamente, vine hacia vosotros con una prueba irrefutable de vuestro *Rabb*, así, pues, que conmigo partan los hijos de Israel».

7. 106. Respondió él: «Si a ti ha llegado un Signo, tráelo. A ver si eres sincero…».

7. 107. Así, él tiró su cayado y, de repente, fue, sin lugar a duda, una serpiente

7. 108. y sacó su mano y, así, la contemplaron blanca, reluciente, todos los que observaron.

7. 109. Los notables del pueblo de Faraón replicaron: «En verdad es un hechicero con conocimiento

7. 110. que quiere echaros de vuestros dominios». «¿Qué me recomendáis?».

7. 111. Y dijeron ellos: «Retrasa todo para él y su hermano y envía mensajeros a otras ciudades

7. 112. para que te traigan a todos los hechiceros que tengan grandes conocimientos».

7. 113. Y así vinieron hechiceros ante Faraón y dijeron: «En verdad, para nosotros tiene que haber una gran recompensa si somos victoriosos».

7. 114. Replicó él: «Por supuesto, en verdad, sois de mi círculo de confianza».

7. 115. Ellos dijeron: «¡Oh, Musa! ¿Lo arrojas tú o seremos nosotros los arrojadores?».

7. 116. Les respondió él: «Arrojadlo vosotros». Y, cuando los arrojaron, el embrujo fue sobre los ojos del populacho y se aterrorizaron, pues a ellos vino un hechizo poderoso.

7. 117. Mas, Nosotros revelamos a Musa para que arrojase su cayado y, así, este devoró sus apariencias.

7. 118. Se impuso así la Verdad y qué vano fue lo que ellos hicieron,

7. 119. pues, de esa forma, fueron derrotados y marcharon avergonzados.

7. 120. Y cayeron los hechiceros prosternados

7. 121. diciéndole: «Creemos en el *Rabb* de todos los Mundos,

7. 122. *Rabb* de Musa y de Harun».

7. 123. Faraón dijo: «¿Cómo que creéis en Él antes de que yo os dé mi permiso? En verdad, esta es una conspiración que habéis tramado para que de esta ciudad marche su gente, pero pronto conoceréis,

7. 124. pues haré cortaros las manos y los pies contrarios y, después, os crucificaré a todos».

7. 125. Le dijeron a él: «En verdad, ante Nuestro *Rabb* hemos de volver

7. 126. y tan solo tomas represalias contra nosotros porque hemos creído en los Signos de nuestro *Rabb* cuando vinieron a Nosotros. ¡*Rabb* nuestro! Sea tu paciencia sobre nosotros y, cuando llegue la muerte, que seamos de los pacificados».

7. 127. Y dijeron los notables del pueblo del Faraón: «¿Permitirás que Musa y su pueblo corrompan la tierra y que renuncien a ti y a tus dioses?», a lo que él respondió: «Hemos de matar a sus hijos varones y con vida dejaremos a sus mujeres. En verdad, sobre ellos tenemos poder».

7. 128. Dijo Musa a su pueblo: «Pedid la ayuda de Allah y sed pacientes, pues, en verdad, la tierra pertenece a Allah y él se la

da a quien Él desea de entre Sus siervos. Y el final será para los que de Él tienen conciencia».

7. 129. Ellos le respondieron: «Nos oprimieron antes de que llegaras y, ahora, nos persiguen aunque tú ya has llegado», él les replicó: «Quizás destruya vuestro *Rabb* al enemigo y os convierta en herederos de la tierra, para ver lo que hacéis».

7. 130. Y Nosotros otorgamos a la gente de Faraón años de hambruna y escasez de cosechas, para que así recapaciten.

7. 131. Mas, cuando a ellos vino el bien, ellos decían: «Para nosotros es esto», pero, cuando vino lo malo, decían que habían sido víctimas de un maleficio de Musa y todos los que con él estaban. Tan solo las maldiciones provienen de Allah, pero la mayoría de ellos no conoce.

7. 132. Y dijeron: «Cualquiera que sea el Signo que traigas será para hechizarnos con él, pues no vamos a creer».

7. 133. Entonces, Nosotros enviamos un desbordamiento, plagas de langostas, piojos, ranas y sangre, todos ellos Signos irrefutables. Pero ante eso se mostraron arrogantes, eran un pueblo de criminales.

7. 134. Y, cuando cayó sobre ellos el castigo, dijeron: «¡Oh, Musa! Invoca a tu *Rabb* por nosotros por el pacto que hiciste para que elimine este castigo, pues, en verdad, nosotros en ti creemos y seguro que permitiremos que contigo salgan los hijos de Israel».

7. 135. Mas, cuando Nosotros eliminamos el castigo, hasta que se cumplió la fecha fijada, ellos rompieron su palabra.

7. 136. Entonces les retribuimos y Nosotros les ahogamos en el valle por haber renegado de Nuestros Signos y no haberlos tomado en cuenta.

7. 137. Y Nosotros hicimos herederos a un pueblo al que consideraban débil, humillado en las tierras de axarquía y de agarvía, al que Nosotros bendecimos. Cumplida fue la Palabra excelsa del *Rabb* sobre los hijos de Israel porque fueron pacientes y Nosotros destruimos todo lo que hizo Faraón y su pueblo, también lo que habían establecido.

7. 138. Y guiamos a los hijos de Israel para que atravesaran el mar, pero, entonces, llegaron donde la gente a estatuas estaba entregada

y dijeron: «¡Oh Musa! Fabrícanos un dios como tienen ellos»,
pero él les contestó: «En verdad, sois un pueblo ignorante,
7. 139. pues, en verdad, destruidos serán los que los siguen y vacías
serán sus obras.
7. 140. ¿Cómo voy a buscar para vosotros otro dios que sea diferente
de Allah? Él os prefirió entre todos los Mundos».
7. 141. Y cuando Nosotros os salvamos de las huestes de Faraón,
quienes os afligían con terribles tormentos, asesinando a
vuestros hijos y dejando con vida a vuestras mujeres. Fue esta
una dura prueba de vuestro *Rabb*.
7. 142. Y así Nosotros nos encontramos con Musa durante treinta
días y añadimos otros diez. Fue este el plazo junto a su *Rabb*
de cuarenta días. Musa dijo a su hermano Harun: «Tomarás
mi lugar entre el pueblo, que obren con justicia y que no sigan
la senda de la corrupción».
7. 143. Y así acudió Musa a Nuestro sitio dispuesto y le habló a él
su *Rabb*: «¡Oh, *Rabb* mío! ¿Podría contemplarte a Ti?», y Él
dijo: «Jamás me verás, pero mira la montaña, si continúa fija
me verás», mas, cuando su *Rabb* reveló Su Majestad en la
montaña, se redujo a polvo y cayó al suelo Musa inconsciente.
Cuando se recuperó dijo: «¡Alabado seas! Vuelvo hacia Ti y
soy el primero de los creyentes».
7. 144. Él le dijo: «¡Oh Musa! En verdad, así Yo te he elegido a ti sobre
toda la humanidad con Mis mensajes y Mis palabras. Recibe
lo que te entrego y sé agradecido».
7. 145. Y Nosotros escribimos para él en tablas sobre la ley, una
enseñanza y una explicación sobre toda cosa. «Ahora tómalas
con firmeza y que sea mandato sobre tu pueblo que las tomen de
la mejor forma. Yo os haré ver pronto el hogar de los perversos
7. 146. y apartaré Mis aleyas de aquellos que sean arrogantes, sin
derecho alguno, sobre la tierra. Y si ven cualquier aleya, no
creerán en ella, y si ven el camino virtuoso, no lo seguirán, pero
si vieran el camino erróneo, sí que lo tomarán... Eso es porque
renegaron de Nuestras aleyas y caso omiso hicieron de ellas.
7. 147. Y quien reniega de Nuestras aleyas, cuando se encuentren en
la vida que ha de llegar, que vanas sean sus obras. ¿Habrían de
ser recompensados por otra cosa diferente a la que hicieron?».

7. 148. Pero el pueblo de Musa, cuando se fue él, fabricó un áureo becerro, una imagen con un sonido que aparentaba un mugido. ¿Acaso no vieron que no les hablaba ni les guiaba el camino? Se aferraron a él, fueron réprobos,

7. 149. pero, cuando se resbalaron sus manos, vieron que habían yerrado y, entonces, dijeron: «Si nuestro *Rabb* no tiene *rahma* de nosotros y nos alivia este error, seguramente seremos de los perdedores...».

7. 150. Y cuando regresó Musa a su pueblo, enfadado y apesadumbrado, les dijo: «Qué terrible es lo que hicisteis después de que me fuera... ¿Os impacientáis sobre el mandato que para vosotros tenía vuestro *Rabb*?». Tiró las tablas y cogió a su hermano de la cabeza, hacia sí, y dijo: «¡Oh, hijo de mi madre! La gente cree que soy débil y casi me asesina, no hagas que se regocijen de mí mis enemigos, no me sitúes con un pueblo réprobo.

7. 151. ¡*Rabb* mío! Alivia todas estas faltas a mí y a mi hermano y admítenos en tu *rahma* porque eres *Rahman* y *Rahim*».

7. 152. Y, en verdad, a los que tomaron el becerro les ha de alcanzar la ira de su *Rabb* y serán humillados en esta vida mundana, sea así como recompensamos a los que inventan falsedades.

7. 153. Y aquellos que, tras hacer el mal, se arrepientan volviéndose hacia Él, y, luego, crean, en verdad, tu *Rabb* aliviará sus faltas, tan matricial...

7. 154. Así, cuando cedió la ira de Musa, tomó, de nuevo, las tablas y lo que allí estaba escrito fue guía y *rahma* para aquellos que se rinden ante su *Rabb*.

7. 155. Y escogió Musa setenta varones de su pueblo para asistir a Nuestra cita y, cuando estuvieron allí, les sorprendimos con un terremoto, a lo que él dijo: «¡*Rabb* mío! Si Tú lo hubieras deseado les habrías destruido a ellos y a mí, ¿nos destruirás por lo que hicieron unos necios que estaban entre nosotros? No es sino una prueba Tuya con a la quien quieres desvías y guías, siempre bajo Tu voluntad. ¡Tú que nos proteges alivia nuestros errores y vierte tu *rahma*!, pues nadie hace mejor olvidar los errores que Tú.

7. 156. Y ordénanos en este mundo mundano el bien y también en el que ha de venir. En verdad, nosotros retornamos a Ti», y

Él dijo: «Mi castigo es para quien Yo quiero, pero Mi *rahma* alcanza a cualquier cosa». Así que Yo se la otorgaré a quien tengan conciencia de Mí, que den el azaque y que crean en Nuestras aleyas,

7. 157. aquellos que sigan al Mensajero, al Profeta analfabeto, como lo encontrarán descrito en la Torá y en el Evangelio, que les ordena las cosas buenas y prohíbe las impuras, que les libera de sus cargas y las cadenas que sobre ellos había y les permite para ellos lo bueno y les prohíbe lo perjudicial. Así los que crean en él, que le apoyen y auxilien y que sigan su luz descendida, esos habrán de triunfar.

7. 158. Di: «Oh, humanidad, en verdad, soy el Mensajero de Allah para todos vosotros, vengo del Único, de quien domina los cielos y la tierra. No hay dios sino Él, quien da la vida y causa la muerte. Así que creed en Allah y Su Mensajero, el Profeta analfabeto, quien cree en Allah y Sus palabras y seguidle para que podáis encontrar la buena guía».

7. 159. Y entre el pueblo de Musa había una comunidad que se guiaba por la Verdad y con ella hacía justicia.

7. 160. Y Nosotros los dividimos en doce tribus, comunidades distintas, y Nosotros inspiramos a Musa cuando invocó por agua para su pueblo. «Golpea, pues, tu cayado sobre la roca, pues, así mana el agua de doce fuentes y cada uno supo dónde beber. Ensombrecimos el cielo con nubes y Nosotros hicimos descender el Maná y las codornices: ¡Comed de lo bueno que Nosotros os hemos provisto!». No fueron injustos con nosotros, tan solo con ellos mismos.

7. 161. Y cuando se les dijo: «Vivid en esta ciudad y comed de ella cuanto deseéis y decid: "¡Aliviadnos!" y, cuando entréis por la puerta, "¡postraos!". Nosotros aliviaremos vuestros errores y tanto más daremos a los que lo bueno hagan».

7. 162. Pero cambiaron los réprobos, que entre ellos había, las palabras por otras que se les habían dicho y, entonces, Nosotros les enviamos un castigo del cielo por todo el mal que hicieron.

7. 163. Y pregúntales por aquel pueblo, a la orilla del mar, que tanta vileza hacían violando el *sabbat*. Cuando venían los peces en el

día de *sabbat* y nunca los otros días. Ya Nosotros les probamos por lo que desobedecían.

7. 164. Y cuando dijeron: «¿Por qué predicáis en una comunidad que Allah va a destruir o castigarles con dureza?». A lo que respondieron: «Para que rectifiquen ante vuestro *Rabb*, quizás, así, se hagan conscientes de Él»,

7. 165. pero, cuando olvidaron el consejo que se les dio, salvamos a la gente que advertían del mal y por su desobedencia en un temible castigo atrapamos a los transgresores.

7. 166. Así, cuando excedían todo límite que prohibimos Nosotros, les dijimos: «¡Seréis como simios desorientados!».

7. 167. Y cuando declaró tu *Rabb* que enviaría contra ellos, hasta el Día de la Alzada, a aquel una terrible aflicción. ¡Qué presto es tu *Rabb* en retribuir! Pero, en verdad, Él que toda falta alivia, tan matricial...

7. 168. Y Nosotros dividimos la tierra en naciones y entre ellos había justos y otros que no lo eran. Y les probamos con lo bueno y lo malo para que así retornaran,

7. 169. pues, tras ellos, les sucederán los que aun heredando el Libro toman los bienes de este mundo mundano y dicen: «Seguro que seremos perdonados...», y si a ellos vienen bienes similares los toman y se los quedan. ¿No se hizo un pacto con ellos en el Libro en el que no diría nada de Allah salvo la Verdad? Mientras tanto lo estudian, mas el hogar que ha de venir es mejor para los que son conscientes de Allah, ¿acaso no razonáis?

7. 170. Los que se aferran fuerte al Libro y establecen su azalá, en verdad, nosotros no dejaremos en vano la gratificación de los honrados.

Hizb 18

7. 171. Y, cuando Nosotros alzamos la montaña sobre ellos, como si fuese un dosel, creyeron que caía sobre ellos: «Lo que os damos Nosotros cogedlo con fuerza y recordad lo que hay en ello, puede que así tengáis conciencia de Allah».

7. 172. Y cuando tomó tu *Rabb* de las espaldas de los hijos de Adam a su progenie, y les hizo sobre ellos testimoniar: «¿Acaso no soy Yo vuestro *Rabb*?», respondieron: «Claro que Tú lo eres, lo testificamos», no sea que digáis el Día de la Alzada: «En verdad, olvidamos esto»,

7. 173. o que dijerais: «Ya eran idólatras nuestros ancestros y, tan solo, somos nosotros su progenie, ¿acaso nos destruirás por lo que hicieron los falsos?».

7. 174. Y así es como Nosotros explicamos las aleyas y, quizás, puedan volver.

7. 175. Recítales a ellos la historia de aquel al que Nosotros le dimos Nuestras aleyas y de ellas se deshizo. Tanto le siguió el Shaytan que acabó perdiéndose.

7. 176. Y si Nosotros hubiéramos querido, podríamos haberles alzado con ellos, pero prefirió seguir en la tierra y siguió sus pasiones. Su ejemplo es similar al de un perro que, si le atacas, jadea, jadea igual que si le dejas en paz. Así son los que reniegan de Nuestras aleyas. Cuéntales esta historia, pues puede que así mediten...

7. 177. ¡Qué mal ejemplo es la gente que reniega de Nuestras aleyas! Son injustos con ellos mismos,

7. 178. Mas, aquel que Allah dirige está bien guiado, pero quien yerra ese seguro que está perdido.

7. 179. Y, en verdad, Nosotros hemos creado para la Gehena a muchos *jinn* y humanos. Sus corazones no comprenden, sus ojos no ven y sus oídos no oyen. Son como ganado... ¡Ay, no! Cómo yerran esos tan despreocupados...

7. 180. Y Allah posee los nombres más bellos, así que invócale con ellos. y aléjate de quien los profane. Ya serán recompensados por todo lo que hicieron.

7. 181. Y entre quienes hemos creado hay comunidades que se guían por la Verdad y con ella se establece la justicia,

7. 182. pero quienes renieguen de Nuestros Signos, Nosotros hemos de llevarlos, poco a poco, sin que sean conscientes,

7. 183. concediéndoles un respiro, pero, en verdad, Mi plan con certeza está establecido.

7. 184. ¿Acaso no meditan? No, su compañero no está loco, sino que alguien que, claramente, les avisa.

7. 185. ¿No ven el dominio de los cielos y la tierra y que Allah ha creado a toda cosa? ¿En verdad, quizás, su fin este próximo? ¿En qué mensaje creerán después de esto?

7. 186. Aquel a quien hace yerrar Allah no encontrará guía, pues ya Él les dejará errar ciegos por su insolencia.

7. 187. Te preguntan por la Hora, que cuándo acontecerá. Diles: «Tan solo conoce sobre esto mi *Rabb*, nadie puede revelar ese tiempo excepto Él. Un pesar será para los cielos y la tierra y no vendrá sino de repente». Te preguntan como si tú todo lo supieras, respóndeles: «Tan solo Allah conoce eso», pero la mayoría de la humanidad no conoce.

7. 188. Di: «No tengo poder para beneficiarme ni dañarme, tan solo es si Allah quiere que ocurra. Si yo conociera el no visto multiplicaría lo bueno y no me tocaría la desgracia, pero, en verdad, tan solo soy alguien que os advierte y os trae la buena nueva a un pueblo que cree.

7. 189. Es Él quien os creó de un solo ser y de él sacó a vuestro par para con ella que yazcáis. Y, cuando se unen, ella es la que lleva una carga ligera con la que va, que luego se hace pesada e invocan a Allah, su *Rabb*: "¡Si Tú nos dieras una descedencia justa te estaríamos muy agradecidos!"».

7. 190. Pero, cuando les otorgó una descendencia justa, se hicieron idólatras frente a quien todo les dio. ¡Altísimo sea Allah sobre todos los ídolos!

7. 191. ¿Acaso idolatran a otros que no pueden crear nada, pues han sido creados,

7. 192. y ni siquiera pueden auxiliarles a ellos ni a sí mismos?

7. 193. Y si les llamas a la buena guía no te seguirán, lo mismo da que les llames o estés en silencio.

7. 194. En verdad, aquellos que invocáis en vez de Allah son siervos como vosotros. Invocad, pues, y deja que te respondan si es que decís lo cierto…

7. 195. ¿Acaso tienen pies para andar, manos para coger, ojos para ver u oídos para escuchar? Diles: «¡Invocad a vuestros ídolos e intenta tramar contra mí! ¡No me deis tregua!»,

7. 196. pues íntimo mío es Allah, Aquel que descendió el Libro y Él protege a los justos.

7. 197. Y vosotros que invocáis a otros, en vez de a Él, no podrán ayudaros ni ayudarse a sí mismos.
7. 198. Y si, en verdad, les llamas a la buena guía, no te oirán y si te miran, no te verán.
7. 199. Sé magnánimo, ordena de lo bueno y aléjate de los ignorantes.
7. 200. Y si sientes el susurro del Shaytan con algo malo, refúgiate en Allah, pues Él todo lo oye, todo lo conoce.
7. 201. En verdad, aquellos que son conscientes de Allah cuando les alcanza el mal del Shaytan recuerdan y con qué claridad ven,
7. 202. pero sus hermanos persisten en el error y no cesan.
7. 203. Y, cuando le traes un Signo, te dicen: «¿Por qué no escoges uno para ti?», respóndeles: «Tan solo sigo lo que sobre mí revela mi *Rabb*». Es esa la iluminación de tu *Rabb*, la guía, la *rahma* para un pueblo creyente.
7. 204. Y, cuando se recite el Corán, escuchadlo en silencio y con atención, puede que, quizás, se os dé *rahma*.
7. 205. Recuerda a tu *Rabb*, con humildad y celo en las mañanas y las tardes, interiormente, con humildad y respeto, sin alzar la voz y no seas de los olvidadizos.
7. 206. En verdad, aquellos que están cerca de su *Rabb* no tienen problema en servirlo, glorifícale, pues, ante Él se prosternan.

8. LOS TROFEOS DE BATALLA

En el nombre de Allah, el *Rahman*, el *Rahim*

8. 1. Te preguntan sobre los trofeos de batalla, respóndeles: «Los trofeos de batalla son de Allah y Su Mensajero». Tened conciencia de Allah y sed honestos entre vosotros, y obedeced a Allah y a Su Mensajero si es que sois creyentes.

8. 2. Tan solo son creyentes quienes cuando recuerdan a Allah se estremecen sus corazones y, cuando se les recitan Sus aleyas, aumentan su confianza entregándose incondicionalmente a Su *Rabb*,

8. 3. Los que establecen la azalá y dan de lo que Nosotros les hemos provisto.

8. 4. Sean estos los creyentes verdaderos, sea para ellos la alta consideración con Su *Rabb*, el olvido de sus faltas y la generosa provisión.

8. 5. Como cuando te sacó tu *Rabb* de tu casa con un propósito, a algunos de los creyentes no les gustó,

8. 6. pues discutían contigo sobre la Verdad, a pesar de habérsela mostrado de forma irrefutable, como si fuesen conducidos a la muerte contemplándola con sus propios ojos.

8. 7. Mas, cuando os promete Allah que uno de los dos grupos sería para vosotros y deseasteis que fuese el otro el que no estuviera armado, pero Allah justifica la Verdad de Sus Palabras y desarraiga a los cafres,

8. 8. justificando así la Verdad y falsificando la falsedad, aun disgustase a los culpables.

8. 9. Cuando buscasteis la ayuda de vuestro *Rabb* y así Él os contestó: «En verdad, Yo soy quien os va a reforzar con mil ángeles que se sucederán».

8. 10. Y no lo dispuso Allah sino como buena nueva y para el sosiego de Allah fuera vuestros corazones, pues no hay victoria que no provenga de Allah. En verdad, Allah es Todopoderoso, es Sabio.

8. 11. Cuando Él os cubrió con somnolencia fue una seguridad que de Él provenía y descendió del cielo agua sobre vosotros para que os purificara y se llevara la suciedad del Shaytan, fortaleciendo vuestros corazones y haciendo firme con ello vuestros pies.

8. 12. Cuando inspiró vuestro *Rabb* a los ángeles: «Yo estoy con vosotros, así que fortaleced a los creyentes, infundiré en los corazones de los cafres el terror, así que golpead sus cuellos y atacad cada articulación».

8. 13. Eso pasó porque se opusieron a Allah y a Su Mensajero y quienquiera que se oponga a Allah y a Su Mensajero, Allah es muy severo con la pena.

8. 14. ¡Eso es! ¡Paladeadlo! Y que los cafres tengan la recompensa del Fuego.

8. 15. ¡Oh, vosotros que creéis! Cuando encontréis a los cafres avanzando, ¡no les deis la espalda!

8. 16. Y quien ese día dé la espalda, salvo si es estrategia de guerra o para unirse a otro escuadrón, provocará la irá de Allah y su hogar será la Gehena, qué final tan maldito.

8. 17. Pues no erais vosotros quien los abatía; sino Allah quien los abatía. Cuando la flecha lanzabas, no eras tú sino Allah y así es como Él prueba a los creyentes, para que sepan que es una prueba Suya. En verdad, Allah todo lo oye, todo lo conoce.

8. 18. ¡Eso es lo que tenéis! Y es que Allah debilita el complot de los cafres.

8. 19. Si preguntáis por la victoria, he ahí que la tenéis. Si desistierais tanto mejor sería para vosotros, pero, si volvéis a la batalla, también Nosotros volveremos y de nada servirán vuestras huestes, aunque numerosas sean. Y es que Allah está con los creyentes.

8. 20. ¡Oh, creyentes! Obedeced a Allah y a su Mensajero y no le deis la espalda mientras le escucháis.

8. 21. Y no hagáis como aquellos que dicen «le escuchamos», pero no le escuchan.

8. 22. En verdad, los peores seres vivos para Allah son los que son sordos y mudos, que no usan su inteligencia.

8. 23. Y si hubiera conocido Allah algo bueno en ellos, les permitiría escuchar, pues, seguramente, habrían huido, apartándose.

8. 24. ¡Oh, creyentes! Responded a Allah y a Su Mensajero cuando os llame hacia lo que os da la vida. Conoced que Allah se sitúa entre el hombre y su corazón y que ante Él seréis todos llamados,

8. 25. tened conciencia que las tribulaciones no solo afligen a los réprobos entre vosotros y conoced que Allah severo es al castigar.

8. 26. Y recordad cuando erais pocos, tan débiles sobre la tierra. Temíais que os aprisionaran esos hombres, pero Él os protegió, os fortaleció con Su ayuda y os proveyó de cosas excelentes para que, así, fuerais de los agradecidos.

8. 27. ¡Oh, creyentes! No traicionéis a Allah ni a Su Mensajero, tampoco traicionéis la confianza puesta en vosotros y conocedores sois vosotros

8. 28. y que vuestra riqueza y vuestra progenie son una prueba, pero que Allah tiene una recompensa excelsa.

8. 29. ¡Oh, creyentes! Si tenéis conciencia de Allah, Él os habrá de dar discernimiento y ocultará de vosotros vuestras malas acciones, haciéndoos Él olvidarlas. Y Allah es dueño de un sublime favor.

8. 30. Y cuando conspiraban contra ti los cafres para detenerte, matarte o expulsarte, tramaba y planeaba Allah contra ellos, pues Allah es el mejor de los conspiradores.

8. 31. Y, cuando son recitadas sobre ellos Nuestras aleyas dicen: «En verdad, ya hemos escuchado… Si quisiéramos diríamos algo similar a esto. Tan solo son fábulas de los antiguos…».

8. 32. Y cuando ellos decían: «¡Oh, Allah! Si esto es la Verdad venida de Ti, mándanos, pues, una lluvia de piedras que baje del cielo o tráenos un castigo doloroso»,

8. 33. pero Allah no les iba a castigar estando tú entre ellos. Sin embargo, Allah no les castigaría mientras ellos pidieran que sus faltas se olvidarán...

8. 34. Mas, ¿por qué no habría de castigarles si ellos apartan a la gente de la Inviolable Mezquita? No son íntimos de Él, tan solo los íntimos Suyos son aquellos que tienen conciencia de Él, pero la mayoría no conoce.

8. 35. Y su azalá en la Casa no es sino silbar y dar palmas, así que ¡gozad del castigo por todo lo cafres que fuisteis!

8. 36. En verdad, los cafres gastan su riqueza en apartar a la gente de la Senda de Allah y tanto gastan, mas luego ya lo lamentarán, pues vencidos serán. Y los cafres en la Gehena serán congregados

8. 37. para que Allah sitúe al malvado del bueno, situando a los malvados apilados y a todos juntos los arroje a la Gehena. Eso serán los perdedores.

8. 38. Di a los cafres que, si cesan, Él aliviará sus faltas pasadas, pero, si vuelven de nuevo, les llegará el hado de los antiguos.

8. 39. Derrotadlos hasta que cese la *fitnah* y sea el *din* de Allah, mas, si desistiesen... Allah, en verdad, bien contempla lo que hacen.

8. 40. Y si huyen, conoced que es Allah vuestro protector. ¡Qué excelente Protector y qué excelente ayuda presta!

Juz 10

Hizb 19

8. 41. Y conoced que si algún trofeo de batalla obtenéis para Allah sea un quinto, así como al Mensajero y sus cercanos, para los huérfanos, los necesitados y el viajero, si es que creéis en Allah y en lo que Nosotros hemos descendido sobre Nuestro siervo el día del discernimiento, el día en el que dos fuerzas se midieron en batalla. Y Allah es, sobre toda cosa, poderoso.

8. 42. Cuando estabais a un lado del valle, próximos vosotros a ella, lejanos ellos, mientras que la caravana estaba en las

estibaciones del valle. Si hubierais intentado encontraros en batalla, hubierais fallado, pero Allah decidió lo que destinado estaba. Así, destruyó a quien debía de ser destruido como prueba irrefutable y dejó vivir quien debía vivir como prueba irrefutable. Y, en verdad, Allah todo lo oye, todo lo conoce.

8. 43. Te los mostró Allah, en tu sueño, poco numeroso, pues si te los hubiera mostrado numerosos habrías perdido el valor y habríais sucumbido a la discusión, pero Allah os pacificó. En verdad, Él conoce todo lo que hay en vuestro pecho.

8. 44. Y cuando Él os mostró, al producirse el encuentro, que eran en apariencia pocos ante vuestros ojos y Él os hizo parecer pocos ante ellos para establecer Su mandato. Y ante Allah todos los asuntos han de volver.

8. 45. ¡Oh, creyentes! Cuando encontréis un ejército permaneced firmes y recordar a Allah con vigor, así puede que, se os dé la victoria.

8. 46. Y obedeced a Allah y a Su Mensajero, y no discutáis, pues, si no perderéis el valor y se esfumarán vuestras fuerzas, ¡tened paciencia! En verdad, Allah está con los pacientes.

8. 47. Y no seáis como aquellos que salieron prestos de sus casas fanfarrones y mostrándose ante la gente, desviando a otros de la senda de Allah. Y es que Allah ya está al tanto de lo que hacen.

8. 48. Y, entonces, Shaytan embelleció estas acciones y les dijo: «Nadie puede venceros hoy, ¡oh, gentes!, pues estoy yo junto a vosotros». Pero, cuando se divisaron los dos ejércitos, volvió sobre sus pasos y dijo: «En verdad, no estoy atado a vosotros, pues veo lo que vosotros no veis. En verdad, yo temo Allah y es Allah severo en el castigo».

8. 49. Cuando dijeron los hipócritas y los que tenían sus corazones enfermos: «Engañados fueron estas gentes por su *din*». Pero quien se entrega por completo a Allah, Allah es Todopoderoso, Sabio.

8. 50. Si tan solo pudieras ver cuando a los cafres se los lleven los ángeles de la muerte, golpeando sus rostros y sus espaldas: «Paladead, ahora, el castigo de fuego socarrante,

8. 51. por todo lo que hicieron vuestras manos y, en verdad, Allah no es injusto con Sus siervos».

8\. 52. Como les sucedió a la gente de Faraón y a los antiguos; a ellos que cafres fueron con las aleyas de Allah y se les castigó por su transgresión. En verdad, Allah es el más fuerte y severo al castigar.

8\. 53. Sea esto así porque Allah no cambia Su favor sobre un pueblo que no cambie, primero, ellos mismos. Y, en verdad, Allah todo lo oye, todo conoce.

8\. 54. Como les sucedió a la gente de Faraón y a los que más antiguos que cafres ellos fueron con las aleyas de su *Rabb* y Nosotros los aniquilamos por su corrupción. Y a toda la gente de Faraón a la que Nosotros ahogamos, en verdad, qué réprobos eran todos.

8\. 55. En verdad, los peores seres para Allah son los cafres que no quieren creer,

8\. 56. aquellos con los que tú hiciste un pacto y lo rompen a cada momento sin tener conciencia de Allah.

8\. 57. Así sea que, si tienes ventaja en batalla, dales una lección y quizás, de esa forma, quieran beneficiarse del recuerdo,

8\. 58. Mas, si temieras de esa gente una traición, rompe la alianza. En verdad, Allah no ama a los traidores.

8\. 59. Y que no piensen los cafres que podrán huir... En verdad, no podrán escapar.

8\. 60. Y preparaos para usar toda la fuerza, incluida la caballería, para aterrorizar a los enemigos de Allah y a tus enemigos y a otros más allá de ellos que no conocéis, pero que Allah conoce. Cualquier cosa que deis para la senda de Allah os será devuelta con totalidad y no seréis tratados con injusticia.

8\. 61. Mas, si se inclinasen hacia la paz, haz lo mismo y entrégate por completo a Allah. En verdad, Él es quien todo lo oye, quien todo conoce.

8\. 62. Y si intentan engañarte, sea para ti suficiente Allah. Él es quien te fortalece con su ayuda y con los creyentes,

8\. 63. y dispone afecto en sus corazones. Aunque hubieras gastado todo lo que tienenes en la tierra, no habrías podido unir esos corazones; mas Allah lo hace. En verdad, es Poderoso, es Sabio.

8\. 64. ¡Oh, Profeta! ¡Qué Allah sea suficiente para ti! ¡Y para los creyentes que te siguen!

8. 65. ¡Oh, Profeta! Urge a los creyentes a la batalla, si hay entre vosotros veinte hombres con paciencia, vencerán a doscientos. Y si hubiera cien, vencerían a mil cafres, pues esta gente nada comprende.

8. 66. Ahora, Allah os lo hace más fácil, pues bien conoce Él que erais débiles. Pero, si hay entre vosotros cien hombres pacientes, vencerán a doscientos. Y si hay mil, vencerán a dos mil con el permiso de Allah. Y es que Allah está con los que tienen paciencia.

8. 67. No debe tener un Profeta para sí cautivos de guerra, si no los ha vencido en la tierra de la batalla. Deseáis la vida fácil del mundanal mundo, pero Allah desea lo que habrá de venir. Y Allah es Todopoderoso, Sabio.

8. 68. Y si no llega a ser por la orden de Allah, seguro que os habría alcanzado un sublime castigo por apropiaros de eso.

8. 69. Comed de lo que os da el trofeo de la batalla, si es lícito y bueno, y tened conciencia de Allah. En verdad, Allah es el que toda falta alivia, tan matricial...

8. 70. ¡Oh, Profeta! Di a los que están cautivos entre tus manos: «Si conoce Allah en vuestros corazones algo bueno, algo mejor se os dará de lo que se os quitó y Él os aliviará de vuestros errores. Y Allah es el que toda falta alivia, tan matricial...».

8. 71. Y si quisieran traicionar, en verdad, traicionan a Allah antes. Él te da poder sobre ellos. Y Allah es Todopoderoso, Sabio.

8. 72. Ciertamente, aquellos que creyeron y emigraron, esforzándose con sus bienes y vidas por la senda de Allah, y aquellos que les dieron refugio y ayuda, esos son amigos los unos de otros. Pero aquellos que creyeron que no emigraron, no serán amigos hasta que no partan. Si se os pide ayuda por el *din*, os corresponde ayudar, a menos que sea contra gente con la que tenéis un tratado. Y Allah bien contempla lo que hacéis.

8. 73. Y los cafres son amigos unos de otros, si no actuáis así habrá gran opresión en la tierra y una enorme corrupción.

8. 74. Y los creyentes que emigraron y se esforzaron por la senda de Allah, quienes dieron refugio y ayuda, esos son los que son creyentes de Verdad. Para ellos sea el olvido de todas sus faltas y una generosa provisión.

8. 75. Y aquellos que, tras ellos, emigraron y se esforzaron junto a vosotros, esos son de los vuestros. Y aquellos con los que os unen lazos de sangre, de acuerdo con el Libro de Allah, aún están más próximos a vosotros, pues, en verdad, es Allah de toda cosa conocedor.

9. DE LO QUE ARREPENTIRSE

9. 1. Os exonera Allah y Su Mensajero del pacto que hicisteis con los idólatras,

9. 2. que anduvierais vosotros libres por la tierra durante cuatro meses; pero conoced que no podréis huir de Allah y es que Allah habrá de humillar a los cafres.

9. 3. Sea, pues, el anuncio de Allah y Su mensajero al gentío el Día del gran *Hajj*: que Allah está libre de pactos con los idólatras y su Mensajero. Así que, si os arrepintieseis, pues mejor será para vosotros. Mas, si os dais la vuelta, conoced que no podréis escapar de Allah. Y sea la buena nueva para los cafres que habrá un castigo doloroso.

9. 4. Tan solo con aquellos idólatras que un pacto hicisteis y no lo quebrantaron ni ayudaron a otros frente a vosotros, cumplid lo que con ellos pactasteis en un plazo determinado. En verdad, Allah ama a los que de Él tienen conciencia.

9. 5. Así, cuando hayan pasado los meses vedados, combatid a los idólatras dondequiera que los encontréis, capturadles, asediadles y emboscadlos. Mas, si se arrepintiesen, estableciendo la azalá y dando el azaque, entonces, dejadles proseguir su camino. En verdad Allah toda falta alivia, tan matricial…

9. 6. Pues, ciertamente, si alguno de los idólatras buscara tu protección se la concederás, que oiga la Palabra de Allah. Tras eso, escóltale hasta un lugar seguro. Esto es porque es gente que nada sabe.

9. 7. ¿Cómo podrían los idólatras hacer un pacto con Allah y su Mensajero? Tan solo si hicieron un pacto cerca de la Inviolable Mezquita. Si lo respetan ellos, respetadlo vosotros. En verdad, Allah ama a los que de Él tienen conciencia.

9. 8. ¿Cómo es que, si os vencen en batalla, no respetan ningún lazo de sangre o pacto? Ellos os respetan de boquilla pero, luego, os rechazan sus corazones. Y es que la mayoría de ellos son tan perversos…

9. 9. Mercadean con las aleyas de Allah por un ínfimo precio, desviando a otros de su camino. En verdad, qué malo es lo que suelen hacer.

9. 10. No tienen respeto al creyente, ni por lazos de sangre ni por pactos. Y esos son los transgresores,

9. 11. pero si, en verdad se arrepintieran, estableciendo la azalá y dieran el azaque, sean, pues, vuestros hermanos en el *din*. Y Nosotros facilitamos las aleyas a la gente que conoce.

9. 12. Mas, si rompen sus juramentos tras haber hecho un pacto e insultan a vuestro *din*, entonces combatid contra los caudillos cafres. En verdad, ellos no respetan juramento alguno, así desistieran…

9. 13. ¿No combatiréis a un pueblo que rompió sus juramentos y que prefirió expulsar al Mensajero atacándoos primero? ¿Les tenéis más miedo? Allah tiene más razones para que ante Él sintáis temor, si es que sois creyentes.

9. 14. ¡Combatidles! Los castigará Allah a través de vuestras manos, les alcanzará a ellos la desgracia y a vosotros la victoria, curándose así el pecho del pueblo creyente,

9. 15. consumiendo así la rabia de sus corazones. Y es que Allah acepta el arrepentimiento de quien Él quiere. Y Allah todo lo conoce, es Sabio.

9. 16. ¿O pensasteis que se os dejaría mientras, y que Allah no conoce los que combatieron, de entre vosotros, sin tomar a otro que no sea Allah, a Su Mensajero y a los creyentes como íntimos? Y Allah bien sabe lo que vosotros hacéis.

9. 17. Que los idólatras no se enraícen en las mezquitas de Allah mientras testifican contra ellos mismos el ser cafres. Vacías habrán sido sus obras y permanecerán en el Fuego por toda la eternidad.

9. 18. Que, tan solo, mantengan las mezquitas de Allah aquellos que crean en Allah, en el Día postrero, y establezcan la azalá, den el azaque y no se estremezcan por otro que no sea Allah. Puede que estos sean los que estén bien guiados.

9. 19. ¿Habéis comparado a aquel que abreva al peregrino y que mantiene la Inviolable Mezquita, como aquel que cree en Allah, en el Día postrero y lucha en la senda de Allah? No son iguales ante Allah; Allah no guía a un pueblo réprobo.

9. 20. Aquellos, los que creen, los que migraron, los que se esforzaron con su riqueza y sus personas por la causa de Allah, ellos sean los que triunfen ante Allah,

9. 21. a ellos les anuncia la buena nueva su *Rabb*, con *rahma* y gozo. Y para ellos sean los jardines del placer sin fin,

9. 22. en los que por toda la eternidad han de permanecer. En verdad, Allah tiene en Sí una sublime recompensa.

9. 23. ¡Oh, creyentes! No toméis a vuestros padres y hermanos como compañeros si prefieren ser cafres en vez de creyentes. Y cualquiera de entre vosotros que se alíe con uno de ellos será de los réprobos.

9. 24. Di: «Si preferís vuestros padres, vuestros hijos, vuestros hermanos, vuestras esposas y vuestro clan, la riqueza que habéis logrado o teméis por el declive de un negocio, por vuestros hogares que os deleitan y son queridos más que Allah y a Su Mensajero y el esfuerzo de ir por Su senda, esperad hasta que presente Allah su mandato». Allah no guía a un pueblo tan perverso.

9. 25. Ciertamente, os ha ayudado Allah en muchos lugares, como en Hunayn cuando os regocijabais porque erais muchos, pero de nada sirvió, pues estrecha fue para vosotros la tierra, a pesar de su infinitud e intentasteis huir.

9. 26. Pero, hizo descender Allah Su calmada *sakina* sobre Su Mensajero y los creyentes, y descendió cohortes que no pudisteis ver y Él castigó a los cafres, que sea esa la recompensa de los cafres.

9. 27. Luego Allah aceptará el arrepentimiento de quien Él quiere. Y es Allah quien toda falta alivia, tan matricial.

9. 28. ¡Oh, creyentes! En verdad, los idólatras impuros son, así que no se acerquen a la Inviolable Mezquita tras este año. Y si teméis la pobreza, qué pronto ha de enriqueceros Allah de su Favor, si Él quiere. Y, ciertamente, Allah es quien todo conoce, es Sabio.

9. 29. Combatid contra aquellos que no confían en Allah ni en el día postrero, ni respetan lo que Allah y Su Mensajero han vedado y que no viven el *din* como Verdad, aún se les otorgó la Escritura, hasta que se rindan y paguen por sí las parias de la *jizya*, claudicados sean.

9. 30. Y dicen algunos judíos: «Uzayr es el hijo de Allah», y dicen de sus bocas los cristianos: «El Mesías es el hijo de Allah», pero tan solo son palabras que imitan lo que antiguamente decían los cafres. ¡Destrúyalos Allah! ¿Cómo pueden caminar tan a trasmano?

9. 31. Toman a sus rabinos y sus monjes como santos sustentadores, en vez de tomar a Allah y lo mismo hacen con el Mesías hijo de Maryam, y no había órdenes salvo reconocer a un Dios, pues no hay dios sino Él. Gloria a Él sobre todos los que idolatran.

9. 32. Ya querrían extinguir la luz de Allah soplando con sus bocas, pero Allah lo rechaza, así, tan solo, más fulge Su luz, aunque rabien los cafres.

9. 33. Él es quien ha enviado a Su Mensajero con la guía y el *din* verdadero que se manifiesta sobre todos los otros, aunque rabien los cafres.

Hizb 20

9. 34. ¡Oh, creyentes! En verdad, muchos rabinos y monjes engullen la riqueza de la humanidad con artimañas y apartando a otros de la senda de Allah. Esos que acopian oro y plata y no lo gastan en la senda de Allah, dadles la buena nueva de un castigo lleno de dolor.

9. 35. El Día que sobre ellos se caliente el Fuego de la Gehena, marcados sean con hierros candentes en sus frentes, en sus costados y en sus espaldas: es lo que acopiastéis vosotros mismos, pues disfrutad de aquello que os gustaba acopiar.

9. 36. Ciertamente, el número de meses que Allah prescribe son doce, se escribieron en el Libro de Allah el día que Él creó los cielos y la tierra. De ellos, cuatro son sagrados para que el *din*

sea correcto. Pues no seáis en ellos injustos los unos con los otros o entre vosotros. Y combatid a los idólatras todos juntos, como contra todos vosotros batallan. Y conoced que Allah está con los que de Él son conscientes.

9. 37. En verdad, posponerlos es ser aún más cafre, es tener ausente la guía, como los cafres. Ellos lo hacen profano un año y sagrado al siguiente, para ajustar al número que Allah ha hecho sagrado, haciendo profano lo que Allah declara sagrado. ¡Qué bellas son mostradas sus malas acciones!, Allah no guía a los cafres.

9. 38. ¡Oh, creyentes! ¿Qué os sucede? Cuando se os dice que vayáis raudos a la senda de Allah, pesados os hace la tierra. ¿Acaso aceptáis la vida mundana en vez de la que ha de venir? Mas qué es el gozo, tan nimio, es el de la vida mundana frente a la que ha de venir…

9. 39. Si no vais raudos, Él os habrá de castigar con un doloroso castigo y os remplazará con otro pueblo. Jamás podréis causarle a Él mal alguno, pues es Allah poderoso sobre toda cosa.

9. 40. Si no le ayudáis, en verdad sí que le ayudó Allah cuando fue expulsado por los cafres: cuando los dos estaban en la cueva, él le dijo a su compañero: «No temas, pues, en verdad, Allah está con nosotros». Así descendió Allah su *sakina* calmada sobre él y cohortes descendieron, mas no las pudisteis ver. Él hizo la palabra de los cafres ínfima, pues la palabra de Allah es altísima. Y Allah es Todopoderoso, Sabio.

9. 41. Raudos marchad, sea ligero o pesado para vosotros, y esforzaros con vuestra riqueza y vuestras personas por la senda de Allah. Eso es mejor para vosotros, si tan solo lo conocierais…

9. 42. Si hubiera sido un beneficio a corto plazo o un viaje fácil, seguro te habrían seguido, pero qué larga distancia era. Y juran por Allah: «Si nosotros hubiéramos sido capaces, os habríamos acompañado». Ellos se destruyen a sí mismos y Allah conoce bien que son mentirosos.

9. 43. ¡Alivie tus faltas Allah! ¿Por qué les das excedencia antes de distinguir a los sinceros y conocer a los mentirosos?

9. 44. Ninguna excedencia te solicitan aquellos que creen en Allah, en el Día postrero, cuando han de esforzarse con su riqueza

y sus personas. Y Allah bien conoce a los que de Él tienen conciencia.

9. 45. Tan solo te solicitan la excedencia los que no creen en Allah, en el Día postrero, que envueltos en dudas están sus corazones y que, con tanta duda, oscilan.

9. 46. Y si ellos lo hubieran querido, hubieran ido raudos en verdad, para ello se habrían preparado. Mas, Allah no aprueba enviarles, Él les insufla pereza y les dice: «¡Permaneced con los rezagados!».

9. 47. Si hubieran ido con vosotros no habrían sino incrementado la confusión y habrían avivado la discordia. Entre vosotros hay quien les presta oídos, pero es Allah el que bien conoce a los réprobos.

9. 48. Así, de verdad, buscaron antes la discordia y molestaron tus asuntos hasta que llegó la Verdad y se hizo manifiesta por mandato de Allah y no les gustó.

9. 49. Y entre ellos hay quien dice: «Apártame y no me pongas a prueba», pero, en verdad, ¿no estás siendo probado ya? Ciertamente, la Gehena está asediada por cafres.

9. 50. Si te ocurre lo bueno, se entristecen, si te alcanza la dificultad dicen: «¡Ciertamente, tomamos decisiones antes de esto» y vuelven la espalda, tan felices.

9. 51. Di: «Nunca nos ocurrirá, salvo que escrito esté por Allah para nosotros. Él es nuestro protector, a Allah se entregan los creyentes».

9. 52. Di: «¿Esperas que nos suceda a nosotros más que dos cosas buenas? Pues, sin embargo, nosotros esperamos para vosotros que os golpee Allah con un castigo que venga de Él o a través de nuestras manos. Pues esperad, en verdad, con vosotros esperamos».

9. 53. Di: «Aunque donéis, voluntaria o involuntariamente, jamás aceptará nada de vosotros. En verdad, sois un pueblo perverso».

9. 54. Y lo que le impide que sea aceptado su donativo es, tan solo, porque son cafres con Allah y Su Mensajero y acuden con pereza a la azalá y solamente con resentimiento donan.

9. 55. Así que no te impresionen sus riquezas y sus hijos, pues, solamente, dispone con eso Allah un castigo para ellos en esta vida mundana y que exhalen su último aliento siendo cafres.

9. 56. Y os juran por Allah que, en verdad, ellos son parte de vosotros. Y no son parte de vosotros, sino que tan solo son un pueblo con miedo,

9. 57. y si encontraran un refugio o unas cuevas o un lugar donde entrar, en verdad, qué prestos se quedarían allí.

9. 58. Algunos de ellos te critican porque das caridad: si se las das a ellos están contentos, pero si no se la das, entonces se disgustan.

9. 59. Si, tan solo, se quedaran satisfechos con lo que les da Allah y Su Mensajero y dijeran: «Nos baste lo que Allah con Su favor y Su Mensajero nos dan. En verdad hacia Allah hemos de volvernos».

9. 60. La caridad solamente es para los pobres y los necesitados, a quienes se encargan de recogerlas, a aquellos que sus corazones tienen que inclinar, los cautivos, los deudores, para la senda de Allah y el viajero. Sea obligación dispuesta por Allah. Y Allah todo lo conoce, es Sabio.

9. 61. Y entre ellos hay quienes hieren al Profeta diciéndole: «¡Escucha a cualquiera!», respóndeles: «Los oídos son un bien para vosotros, pues él cree en Allah y tiene confianza en los creyentes con *rahma* hacia ellos de entre vosotros». Quienes hieran al Mensajero de Allah con doloroso castigo lo han de pagar.

9. 62. Juran por Allah que a vosotros os satisfacen, pero Allah y Su Mensajero más derecho tienen a que los satisfagan, si es que sois creyentes...

9. 63. ¿Acaso no conocen que aquel que se opone a Allah y a Su Mensajero tendrá para él el Fuego de la Gehena por toda la eternidad? ¡Qué sublime desgracia!

9. 64. Temen los hipócritas que descienda sobre ellos una sura que informe de lo que hay en sus corazones, diles: «Mofaros que, en verdad, ya hará emerger Allah lo que teméis».

9. 65. Y si les preguntas, seguramente, os dirán: «Tan solo charlábamos bromeando», respóndeles: «¿Es de Allah y sus aleyas, de su Mensajero, de los que os mofabais?».

9. 66. No hace falta que os disculpéis, pues sois cafres después de creer, si absolvemos a algunos de vosotros, Nosotros castigaremos a los otros por ser culpables.

9. 67. Los hipócritas y las hipócritas son todos lo mismo, disfrutan con el mal y prohíben el bien, cierran sus manos. Olvidaron a Allah y Él los olvidó. En verdad, los hipócritas son unos réprobos.

9. 68. Prometió Allah a los hipócritas y a las hipócritas, así como a los cafres el Fuego de la Gehena en el que estarán por toda la eternidad. Suficiente sea para ellos la maldición de Allah y un castigo siempre presente.

9. 69. Lo mismo que les ocurrió a los antiguos que vivieron antes de vosotros, pues eran más fuertes que vosotros. Abundaba la riqueza y la descendencia, gozaron lo suyo. Así que gozad también de vuestra parte, como gozaron los antiguos, pues vanamente habláis como ellos. Vacías son sus obras en este mundo y en el que ha de venir vacías serán. Esos son los que han de perder.

9. 70. ¿No se han enterado de lo que le ocurrió a la gente de Nuh, de 'Ad, de Thamud y de la gente de Ibrahim, de los que en Madyan habitaban y aquellos a los que se le transformó lo alto en bajo? Vinieron a ellos mensajeros con pruebas irrefutables, pero no fue Allah injusto con ellos, tan solo ellos fueron injustos con ellos mismos.

9. 71. Los creyentes y las creyentes son protectores unos de otros. Gozan con lo bueno y prohíben el mal, establecen la azalá, dan el azaque y obedecen a Allah y a Su Mensajero, sobre ello sea la *rahma* de Allah. En verdad, Él es Todopoderoso, Sabio.

9. 72. Prometió Allah a los creyentes y a las creyentes jardines con arroyos que fluyen bajo sus pies, donde permanecerán por toda la eternidad, en moradas excelsas, en los jardines del Edén; mas el gozo de Allah es aún más grande. Es este un éxito sublime.

9. 73. ¡Oh, Profeta! Esfuérzate contra los cafres y los hipócritas con severidad, pues su sitio es la Gehena, qué sino terrible…

9. 74. Juran por Allah que, en verdad, ellos no hablan con las palabras de los cafres, pero después qué cafres son tras haber aceptado pacificarse. Querían algo que no han alcanzado y están resentidos por no tener más que con el favor de Allah y Su Mensajero les han otorgado. Tanto mejor sería si se

arrepintieran, pero dan la espalda. Ya les castigará Allah con un castigo doloroso en este mundo mundano y el que ha de venir, pues no han de encontrar ningún protector en esta tierra ni tampoco quien les auxilie.

9. 75. Y entre ellos hay quien hizo un pacto con Allah: «Si Él nos otorga su favor, en verdad daremos caridad y seremos de los justos»,

9. 76. pero, cuando Él se lo da con Su favor, se vuelven tacaños, volteándose, pues son de los que dan la espalda.

9. 77. Él les infunde la hipocresía en sus corazones hasta el Día en el que con Él se encuentren, pues rompieron el pacto de Allah y lo que a Él le prometieron, tanto mintieron…

9. 78. ¿Acaso no conocen que Allah sabe lo que esconden y el secreto de sus conversaciones? Y es Allah quien conoce al no visto.

9. 79. Aquellos que tan solo critican a los creyentes que dan voluntariamente su caridad, como a los que se esfuerzan para darlas, también se burlan de ellos. Ya Allah se burlará de ellos y para ellos hay un doloroso castigo.

9. 80. Pidas que se les alivie sus faltas o no lo pidas, lo mismo da, aunque lo pidas setenta veces Allah no les perdonará porque han sido cafres contra Allah y Su Mensajero. Y Allah no guía a un pueblo criminal.

9. 81. Cómo se alegraron los rezagados quedando en sus casas, perjudicando al Mensajero de Allah. No les gustaba esforzarse con sus riquezas y sus personas por la causa de Allah y así decían: «No vayáis raudos a la batalla con este calor». Respóndeles: «El Fuego de la Gehena tiene un calor más intenso», si pudieran comprenderlo…

9. 82. Así que reían un poco que, después, mucho llorarán. Sea esta la recompensa para todo lo que hicieron.

9. 83. Pues si te lleva Allah hacia el grupo de ellos y te piden permiso para ir al combate, les dirás: «Jamás iréis conmigo y no lucharéis contra mi enemigo. En verdad, quisisteis quedaros sentados la primera vez, así que con los rezagados esperad».

9. 84. Y no hagas azalá por ninguno de ellos cuando muera, ni tampoco ante su tumba te pares. En verdad, cafres han sido con Allah y Su Mensajero y han muerto muy arrogantes.

9. 85. Así que no te impresionen sus riquezas y sus hijos, pues, solamente, dispone con eso Allah un castigo para ellos en esta vida mundana y que exhalen su último aliento siendo cafres.

9. 86. Y cuando se desciende una sura: «Creed en Allah y esforzaros junto a Su Mensajero», los más ricos de entre ellos te dicen: «Exímenos de ir y deja que nos quedemos con aquellos que se quedan»,

9. 87. porque gustan de quedarse atrás. Sellados han sido sus corazones, por eso no entienden.

9. 88. Pero el Mensajero y aquellos que creen con él se esfuerzan con sus bienes y sus personas. Las mejores cosas a ellos les pertenecerán y ellos son los que habrán de triunfar.

9. 89. Dispuso Allah de jardines con arroyos que fluyen bajo sus pies, donde permanecerán por toda la eternidad. ¡Qué sublime recompensa!

9. 90. Y llegan los que se excusan de los beduinos para que se les exima, y se quedan atrás los que mienten a Allah y Su Mensajero. Y a los que son cafres un doloroso castigo les ha de golpear.

9. 91. Nada se le dice al débil, ni a al enfermo, ni al que no tiene para gastar, si son sinceros Allah y Su Mensajero nada tendrán con los que obran bien. Y Allah es el que toda falta alivia, tan matricial…

9. 92. Y tampoco contra los que vinieron a ti para que les dieras montura. Diles: «¡No encuentro montura para vosotros!», volviéndose con los ojos enjuagados en lágrimas, apenados, porque no tienen cómo contribuir.

9. 93. Solo hay problemas con aquellos que te piden eximirse siendo ricos. Gustan de quedarse atrás. Allah sus corazones ha sellado, por eso nada entienden.

Juz 11

۞ Hizb 21

9. 94. Se excusarán ante vosotros cuando volváis; respóndeles: «No tenéis excusas, nunca os creeremos. Nos indicó Allah de vosotros y verá Allah vuestras acciones y Su Mensajero. Ya se

os devolverá al Conocedor de lo no visto y lo visto y, de esa forma, os mostrará de todo lo que hicisteis».

9. 95. Jurarán por Allah cuando regreséis que los dejéis partir, alejaos de ellos, pues, tan solo, son escoria impura. Su morada será la Gehena y se le recompensará por todo lo que hicieron.

9. 96. Jurarán para que vosotros los aceptéis, pero, si les aceptáis, Allah no les aceptará. Allah no acepta a un pueblo criminal.

9. 97. Algunos beduinos son los más cafres e hipócritas y nunca conocen los límites de lo que Allah ha descendido sobre Su Profeta. Y es Allah quien todo conoce, es Sabio.

9. 98. Algunos beduinos consideran que lo que gastan lo hacen por imposición y esperan vuestra ruina. Sobre ellos sean todo el mal y Allah es quien todo escucha, quien todo conoce.

9. 99. Otros beduinos creen en Allah, en el Día postrero, dan de lo que tienen, acercándose a Allah, bendiciendo con la azalá a su Profeta. En verdad, esto les hace estar más cerca, Allah les infundirá su *rahma*. Ciertamente, Allah toda falta les aliviará, tan matricial…

9. 100. Y de la primera generación de los que se exiliaron y los *ansar,* que son los que les siguen en bondad, satisfecho está Allah de ellos y complacidos estén ellos de Allah. Siempre estarán junto a Él y les ha preparado jardines con arroyos que fluyen bajo sus pies, donde permanecerán por toda la eternidad sin fin. Ese es un sublime éxito.

9. 101. Otros beduinos que están entre vosotros son hipócritas y hay también entre la gente de Medina, cómo persisten en su hipocresía. No los conoces, Nosotros sí los conocemos y los vamos a castigar dos veces. Luego, cuando Nos serán devueltos a un castigo terrible.

9. 102. Y otros reconocen los errores que cometen, pues mezclan obras justas con otras malas. Quizás Allah se vuelva sobre ellos. En verdad, Allah es el que toda falta alivia, tan matricial…

9. 103. Toma de su riqueza una parte como caridad y purifícalos con ellas, hazla crecer. Pide por ellos, en verdad, esa azalá les tranquiliza. Y Allah todo lo escucha, todo conoce.

9. 104. ¿Acaso no saben que Allah acepta el arrepentimiento de Sus siervos y toma la caridad? Y, ciertamente, es Allah el que acepta el arrepentimiento, tan matricial…

9. 105. Di: «Haced ver a Allah y Su Mensajero y los creyentes vuestras obras y se os hará retornar hacia aquel que conoce el no visto y lo visto, ya os informará de todo lo que hicisteis».

9. 106. Y a otros se les hace esperar el mandato de Allah que puede ser castigo o envolverlos en bondad. Y es Allah quien todo lo conoce, es Sabio.

9. 107. Y aquellos que hicieron una mezquita con el único ánimo de hacer daño y apoyar a los cafres, dividir creyentes y ofrecer refugio a los rebeldes frente a Allah y Su Mensajero, seguro que juran: «Tan solo buscábamos lo mejor». Y Allah testigo es, en verdad, de los mentirosos.

9. 108. Jamás acudas a ella. Una mezquita que, desde el primer día, fue fundada en la conciencia de Allah es mucho mejor permanecer en ella, los hombres aman purificarse y Allah ama a los purificados.

9. 109. Entonces, ¿quién será mejor?, ¿quien construye desde la conciencia de Allah y Su satisfacción, o quien la funda al borde de un barranco que colapsa, arrastrándola al Fuego de la Gehena? Allah no guía a un pueblo que yerra.

9. 110. No cesará su edificio de ser duda en sus corazones, hasta que estos no se hagan trizas. Y es Allah el que todo conoce, es Sabio.

9. 111. En verdad, Allah ofrece a los creyentes, a cambio de su riqueza y sus personas, el Jardín. Combaten por la senda de Allah y o matan o los matan. Es promesa verdadera de Él dada en la Torá, en el Evangelio y en el Corán. ¿Quién respeta mejor la alianza que Allah? Gozad por este negocio que habéis hecho con Él. ¡Qué sublime será el triunfo!

9. 112. Quienes se arrepientan con sinceridad, le alaban, los que ayunan, los que se arquean y los se postran, promueven el bien y prohíben el mal y observan los límites dados por Allah. Así que da la buena nueva a los creyentes.

9. 113. No pedirán disculpas a los cafres el Profeta y los creyentes, aún sean de su sangre, tras habérseles mostrado con claridad que son compañeros de la Gehena.

9. 114. Y tan solo pidió disculpas Ibrahim para que Allah aliviase las faltas de su padre como promesa que hizo, pero, cuando

vio claramente que él era hostil, se separó de él. En verdad, Ibrahim era tan compasivo, tan tolerante...

9. 115. Y no hace yerrar Allah a un pueblo sino tras haberlo guiado y clarificado de lo que deben tener conciencia. En verdad, Allah de todas las cosas es conocedor.

9. 116. Ciertamente, de Allah es el Dominio de los cielos y la tierra, Dador de vida y de muerte. No hay, fuera de Allah, ni protección ni auxilio.

9. 117. Así es como Allah se vuelve hacia Su Profeta y a los exiliados y a los *ansar* que le siguieron en las horas difíciles y aún casi alguno desvió sus corazones. Él se volvió a ellos luego. En verdad, para ellos Allah es el más amable, tan matricial...

9. 118. Y son tres de aquellos que se quedaron rezagados, hasta que se les hizo estrecha la tierra a pesar de su infinitud, estrechando sus egos, y tuvieron la certeza de que no había otro refugio ante Allah que Él mismo. Luego, se volvió sobre ellos para que se arrepintieran. En verdad, Allah es el que acepta el arrepentimiento, tan matricial...

9. 119. ¡Oh, creyentes! Tened conciencia de Allah y permaneced con los que son sinceros.

9. 120. No debe la gente de Medina y los beduinos que merodean quedarse con el Mensajero de Allah, ni preferir los intereses propios en vez de los de él. Si así lo hicieran, no les afligirá ni la sed ni el cansancio, ni tampoco el hambre mientras estén en la senda de Allah. Y cuando pasa por un territorio haciendo rabiar a los cafres y causar daño al enemigo, no será un daño, pues será anotado como una obra justa. En verdad, Allah no deja en vano recompensar a quienes hacen el bien.

9. 121. Y no gastarán nada, ya sea pequeño ni grande, y no cruzarán un valle sin que quede anotado para que les recompense Allah las mejores acciones por lo que hicieron.

9. 122. Y no todos los creyentes tienen por qué acudir prestos a la batalla, que, de cada grupo, mediten en el *din* algunos e indiquen a su pueblo cuando regresen. Así, puede que tengan cuidado.

9. 123. ¡Oh, creyentes! Combatid contra los cafres cercanos, que encuentren en vosotros firmeza y conoced que Allah está con los que tienen conciencia de Él.

9. 124. Y cuando desciende una sura sobre ellos hay quien dice: «¿Quién de vosotros siente más confianza?», mas aumenta a los creyentes y, así, se regocijan,

9. 125. mientras que aquellos que tienen sus corazones enfermos aumentan el mal sobre mal y mueren siendo cafres.

9. 126. ¿Es que ellos nos ven que se les prueba cada año una o dos veces? Ahora ni siquiera se arrepienten, ni tampoco nada comprenden.

9. 127. Y cuando desciende una sura sobre ellos, dicen: «Se miran los unos a los otros, ¿acaso los mira alguien?», y, tras eso, se marchan. Allah desorienta sus corazones porque son gente que no medita.

9. 128. Qué cierto es que ha venido a vosotros un Mensajero que es alguien como vosotros. Tanto le duele vuestro sufrimiento, por vosotros preocupado está y con los creyentes él es el amable, tan matricial…

9. 129. Pero, si se alejan de ti, volviéndote la espalda, diles: «Suficiente sea Allah para mí y no hay dios sino Él. A Él me entrego y Él es el *Rabb* del sublime trono».

Final del segundo Manzil

10. YUNUS

En el nombre de Allah, el *Rahman*, el *Rahim*

10. 1. *Alif, Lam, Ra*. Son estas las aleyas del Libro con Sabiduría.

10. 2. ¿Por qué sorprende a la humanidad que se lo revelamos a un hombre como ellos, aquel debe avisar a la humanidad y que porta la buena nueva para quienes creen, para que cuando se presente ante su *Rabb* tengan una excelente posición? Mas dicen los cafres: «En verdad, este es, claramente, un hechicero».

10. 3. De verdad que vuestro *Rabb* es Allah, el Uno que creó los cielos y la tierra en seis jornadas y, tras ello, se situó en el trono, tratando los asuntos. Ninguno puede interceder, salvo si Él otorga Su permiso. Ese es Allah, vuestro *Rabb*, así que servidle, ¿acaso no vais a beneficiaros del recuerdo?

10. 4. A Él habréis de volver todos, pues la promesa de Allah es la Verdad. Así, Él dispone la vida por primera vez y de nuevo la ha de hacer. Él recompensará a los que creyeron por sus buenas obras en su justa medida, pero los cafres beberán una bebida hirviente y con dolor serán castigados por todo lo cafres que fueron.

10. 5. Él, quien hizo que el sol brille y la luna resplandezca, quien determinó ciclos para que sepáis los años y el tiempo contéis. No ha creado Allah todo esto sino para un propósito real, pues Él explica Sus Signos a la gente de conocimiento.

10. 6. En verdad, en cómo permuta la noche y el día y en lo que ha creado Allah en los cielos y la tierra, hay Signos para un pueblo que es consciente.

10. 7. En verdad, aquellos que no esperan encontrarnos y gozan la vida mundana, sintiéndose satisfechos con ella, y a los que igual les dan Nuestros Signos;

10. 8. para ellos su hogar será el Fuego por todo lo que solían hacer.

10. 9. En verdad, aquellos que creyeron y obraron justamente los guiará su *Rabb* con firmeza, bajo ellos fluirán arroyos en los jardines del placer.

10. 10. Invocarán, allí, la gloria de Allah y su saludo siempre será *salam*, terminando con la invocación de loor a Allah, *Rabb* de todos los mundos.

10. 11. Mas, si precipitase Allah sobre la humanidad el mal con la misma presteza que el bien, seguro que ya se habría irrumpido su final, pero dejamos a aquellos que no esperan encontrarse con Nosotros en su ciego errar transgresor.

10. 12. Y cuando le alcanza el dolor, se Nos invoca, ya sea yaciendo o sentado pero, en cuanto pasa, se marcha como si no se Nos hubiera invocado por ese dolor. Así adornan los que no se moderan lo que hicieron.

10. 13. Ciertamente, Nosotros ya destruimos a generaciones antes de la vuestra, cuando fueron criminales, aún vinieron a ellos mensajeros con pruebas irrefutables, pero no quisieron creer. Sea la recompensa de un pueblo corrupto.

10. 14. Luego, tras ellos, os dispusimos como herederos en la tierra para ver Nosotros cómo lo hacíais.

10. 15. Y cuando se recitan sobre ellos Nuestras aleyas irrefutables, dicen aquellos que no tienen esperanza en encontrarse con Nosotros: «Traednos otro Corán o cambia este», respóndeles: «No me incumbe a mí cambiarlo por voluntad propia, lo único que hago es seguir lo que se me ha revelado. En verdad, temo que si no obedezco a mi *Rabb*, un castigo haya el excelso Día».

10. 16. Diles: «Si quisiera Allah no os lo habría recitado yo, pues Él os lo hubiera mostrado. En verdad, permanecí entre vosotros durante una vida, ¿acaso no usáis la razón?».

10. 17. Así, ¿quién es más réprobo que aquel que inventa contra Allah calumnias o reniega de Sus Signos? Ciertamente, no vencerán los réprobos,

10. 18. que en lugar de Allah sirven a otros, los cuales no pueden ni dañarles ni beneficiarles, y dicen: «Son estos nuestros intercesores ante Allah». Respóndeles: «¿Informáis a Allah de

algo que no sepa en los cielos y la tierra? Glorificado sea Él y Altísimo sobre lo que le intentan asociar».

10. 19. Y no constituía la humanidad sino una única comunidad, mas, luego, difirieron y si no fuese por una palabra que procede de tu *Rabb*, seguramente, se habría ejecutado sobre lo que ellos diferían.

10. 20. Dicen ellos: «¿Por qué no se le ha descendido a él un Signo que procede de su *Rabb*?». Así le responderás: «El no visto tan solo a Allah pertenece, esperad, pues, yo también junto a vosotros soy de los que esperan».

10. 21. Y al poco de paladear la humanidad la *rahma*, tras que la adversidad le alcance, conspiran contra Nuestras aleyas, les dirás: «Allah presto es en conspirar». En verdad, Nuestros mensajeros ya escriben sobre vuestra conspiración.

10. 22. Él es quien hace que seáis capaces de viajar por la tierra y a través del mar, cuando estáis en los barcos y hay un viento agradable regocijándoos, se alegran por ello. Después, cuando arriba un viento proceloso y llegan las olas por todas partes, temiendo estar por ellas asediados, invocan a Allah con sinceridad en el *din*: «Si Tú nos salvas de esto, en verdad que te estaremos muy agradecidos».

10. 23. Mas, cuando Él les salva, ellos se rebelan en tierra sin derecho alguno. ¡Oh, humanidad! En verdad, vuestra rebelión solo es contra vosotros mismos, gozad de la vida mundana porque, después, habréis de volver ante Nosotros y os informaremos de lo que hicisteis…

10. 24. En verdad, tomad ejemplo, pues la vida mundana es como el agua que hacemos descender del cielo, así la absorben las plantas de la tierra que, después, sirven como alimento para la humanidad y el ganado hasta que, cuando bella y alhajada está la tierra, piensa la gente que tienen poder sobre ellas. Entonces irrumpe Nuestro mandato, ya sea por la noche o el día, y segado queda todo lo que había florecido ayer. De esa forma Nosotros explicamos los Signos a la gente que medita.

10. 25. Y Allah llama a su Casa de Paz y guía al recto sendero a quien Él quiere.

۞ Hizb 22

10. 26. Para aquellos que hagan el bien que sea lo bello y lo mejor, y así ni se cubrirán sus rostros de polvo ni de humillación. Esos han de ser los compañeros del Jardín por toda la eternidad.
10. 27. Pero aquellos que se ganaron el mal, que sea el mal su recompensa y sus rostros serán, de igual manera, cubiertos con humillación, pues no tendrán quien los proteja ante Allah. Sus rostros estarán cubiertos como con jirones de oscura noche. Esos han de ser, por toda la eternidad, los compañeros del Fuego.
10. 28. Y el Día que los congreguemos a todos, entonces, Nosotros les diremos a los idólatras: «Permaneced ahí vosotros y vuestros ídolos», luego, Nosotros los separaremos los unos de otros y sus ídolos dirán: «¡No era a nosotros a quien adorabais!
10. 29. Sea suficiente con Allah como testigo entre nosotros y vosotros que, de vuestra adoración, éramos claramente inconscientes».
10. 30. Ahí se juzgará a cada uno por lo que hizo y serán devueltos ante Allah, su *Rabb* verdadero, y vanas serán para ellos todas sus invenciones.
10. 31. Di: «¿Quién os provee desde el cielo y la tierra? ¿Quién controla lo que oís y veis? ¿Quién trae al vivo de la muerte y al muerto de la vida? ¿Quién tiene el mandato?», mas ellos dirán: «Allah». Pues diles: «¿Acaso no vais a tener conciencia de Él?».
10. 32. Sea así Allah, vuestro *Rabb* verdadero. ¿Hay algo más allá de la Realidad salvo el error? Entonces, ¿cómo podéis alejaros tanto?
10. 33. Se cumple así la Palabra de tu *Rabb* sobre aquellos desobedientes que no creen.
10. 34. Di: «¿Acaso hay alguno de vuestros ídolos que origine la Creación y la devuelva a la vida en un ciclo? Di: «Allah inicia la Creación y la devuelve a la vida». Entonces, ¿cómo podéis ser tan ilusos?».
10. 35. Diles: «¿Acaso hay alguno de vuestros ídolos que guíe hacia la Verdad?». Diles: «Allah os guía hacia la Verdad, ¿acaso no es quien os guía hacia la Verdad, más digno de ser seguido que no puede encontrar la guía salvo sea guiado?, entonces, ¿qué os sucede?, ¿cómo juzgáis?

10. 36. Y la mayoría de ellos no siguen sino suposiciones, pues, ciertamente, frente a la Realidad nada sirve. En verdad, bien sabe Allah lo que hacéis.

10. 37. Y no ha sido este Corán creado por otro que no sea Allah y, además, es confirmación y explicación llegada de los antiguos Libros. Que no haya dudas que procede del *Rabb* de todos los Mundos.

10. 38. O dicen: «Lo ha inventado él», respóndeles: «Entonces, traed una sura como esa y si podéis pedid ayuda a otro distinto de Allah... Si es que sois sinceros».

10. 39. ¡Ay, no! Reniegan de lo que no pueden aprehender con su conocimiento y de aquella interpretación que aún no tienen. Así renegaron los antiguos y contemplad cuál fue su final.

10. 40. Y de ellos hay quien creerá y quien no creerá, pero es tu *Rabb* quien conoce mejor a los que corrompen.

10. 41. Y si renegasen de ti, les dirás: «Para mí sean mis actos, para vosotros sean vuestros actos. No sois responsables de lo que hice, ni soy yo de lo que hacéis».

10. 42. Y entre ellos hay quien te escucha, pero ¿cómo a un sordo le haces oír? ¿Acaso no usan su razón?

10. 43. Y entre ellos hay quien te mira, pero ¿acaso haces ver a un ciego, a pesar de que no quiere ver?

10. 44. En verdad, Allah no hace nada injusto contra la humanidad, sino que es la humanidad la que es injusta consigo misma.

10. 45. Y el Día que Él les congregue será como no haber estado más de una hora del día, entre ellos se reconocerán, los unos a los otros y perderán los que renegaron de ese encuentro con Allah. No fueron de los guiados,

10. 46. pues Nosotros podríamos dejarte ver parte de lo que hemos prometido o retornar igualmente hacia nosotros, pues han de volver. Entonces, Allah testigo será de lo que hicieron.

10. 47. Y para cada comunidad hay un mensajero, así que cuando venga su mensajero se les juzgará con justicia y no habrá ninguna injusticia.

10. 48. Dicen: «¿Cuándo se cumplirá esta promesa? Si es que sois sinceros...»,

10. 49. les responderás: «No tengo poder para dañarme a mí mismo y tampoco puedo beneficiarme, salvo que Allah lo desee. Cada comunidad tiene un plazo marcado y cuando llegue será, pues no se puede ni posponer ni adelantar ni siquiera una hora».

10. 50. Di: «¿Acaso no veis? Y si llegare a vosotros Su castigo, en la noche o en el día, ¿para qué quieren adelantarlo los criminales?

10. 51. ¿Entonces, cuando ocurra, creeréis? ¿Es ahora cuando creéis y erais de los que tanta prisa teníais?».

10. 52. Así, se le dirá a los réprobos: «Paladead el castigo eterno... ¿No se os recompensa salvo por lo que hacíais?»

10. 53. Y te habrán de preguntar: «¿Es eso verdad?», respóndeles: «Sí, por mi *Rabb* que lo es. En verdad, de la Verdad no podréis escapar».

10. 54. Y si cada uno que yerra poseyera lo que hay en la tierra, bien lo daría como rescate, mas ya disimularán cuando contemplen el castigo y sean juzgados con justicia, donde no se cometerá ninguna iniquidad.

10. 55. Ciertamente, de Allah es lo que hay en los cielos y la tierra. Solo lo que Allah promete es la Verdad, pero la mayoría de ellos no lo saben.

10. 56. Él os da la vida y la muerte, a Él habréis de volver.

10. 57. ¡Oh, humanidad! En verdad, a vosotros ha venido un mandato de vuestro *Rabb*, que cura lo que hay en vuestros pechos, que es guía y *rahma* para los creyentes.

10. 58. Di: «En el favor de Allah y su *rahma* deja que se regocijen, que es mejor que lo que ellos acumulan».

10. 59. Di: «¿Habéis contemplado lo que ha descendido Allah para vosotros como provisión? Pues de ello habéis hecho vosotros lo ilícito y lo lícito», di: «¿Acaso Allah os lo permite o solo inventáis calumnias sobre Allah?».

10. 60. Pero el Día del Juicio, ¿aquellos que inventaron calumnias contra Allah, qué esperan? En verdad, Allah otorga Su favor sobre la humanidad, pero cuántos de ellos son ingratos.

10. 61. Y en cualquier situación en la que estés, cualquier recitación del Corán, cualquier acción que hagáis sobre vosotros, somos testigos desde que lo comenzáis. Y nada escapa de su *Rabb*, aún tenga el peso de un átomo en la tierra o en los cielos. Nada

más diminuto o más grande que ello, que no sea registrado
con claridad.
10. 62. Sin duda, cierto es que no habrá sobre los íntimos de Allah
temor alguno, ni tristeza sobre ellos.
10. 63. Para aquellos que creen y que conciencia tienen de Él
10. 64. sea la buena nueva en la vida mundana y en la que ha de venir.
Inmutables son las palabras de Allah. Sea ese el sublime éxito.
10. 65. Y no dejes que te aflijan sus palabras, en verdad, el poder es de
Allah y Él es quien todo lo escucha, quien todo conoce.
10. 66. Sin duda, de Allah es todo lo que hay en los cielos y todo lo
que hay en la tierra y siguen invocando a otros ídolos en vez
de Allah. En verdad, tan solo invocan suposiciones y no hacen
más que mentir.
10. 67. Él es quien para vosotros os otorga la noche, para que en ella
descanséis, y el día, tan luminoso. En verdad, en ellos hay
Signos para un pueblo que quiere oír.
10. 68. Dicen ellos: «Ha tomado Allah un hijo». ¡Gloria a Él! ¡Se basta
a Sí mismo! A Él pertenece todo lo que está en los cielos y todo
lo que está en la tierra. En verdad, no tenéis arbitrio para decir
eso, ¿acaso decís sobre Allah lo que no conocéis?
10. 69. Respóndeles: «Ciertamente, quien de vosotros calumnie
contra Allah ningún éxito tendrá».
10. 70. Sean gozosos, por poco tiempo, en este mundo mundano, mas
a Nosotros han de volver. Tras ello, ya les haremos paladear el
castigo terrible por haber sido cafres.
10. 71. Recítales a ellos la historia de Nuh, cuando él dijo a su pueblo:
«¡Oh, pueblo mío! Por qué os molesta que esté entre vosotros y os
recuerde los Signos de Allah, a quien me he entregado. Ocupaos
de vuestros asuntos y reuniros con vuestros ídolos y no os
preocupéis. Decidid, tras ello, sobre mí y esperar no me hagáis.
10. 72. Mas, si dierais la espalda, entonces recompensa alguna yo no
os pediré, pues mi recompensa tan solo es asunto de Allah. Yo
solo recibí la orden de ser de los pacificados».
10. 73. Mas, ellos renegaron de él y, así, es como Nosotros los salvamos,
a él y a los que con él estaban en el arca, y Nosotros les dimos la
regencia. Y ahogamos a los que renegaron de Nuestros Signos.
¡Contempla cómo acabaron los que habían sido avisados!

10. 74. Tras él, enviamos Nosotros mensajeros a cada uno de sus pueblos y llegaron con pruebas irrefutables, mas no confiaron ellos en lo que antes habían renegado. Sea así como sellamos los corazones de los que se exceden.

10. 75. Tiempo después, enviamos a Musa y a Harun ante Faraón y su consejo con Nuestras aleyas, pero qué arrogantes fueron, eran un pueblo criminal.

10. 76. Así, cuando vino a ellos la Verdad dada por Nosotros, dijeron: «¡Esto es, claramente, hechicería!».

10. 77. Respondió Musa: «¿Acaso decís que la Verdad, que ha llegado a vosotros, es hechicería?», pero jamás triunfan los hechiceros.

10. 78. Dijeron: «¿Has venido a apartarnos del camino de nuestros ancestros para que de ambos sea la grandeza de esta tierra? ¡Nunca seremos creyentes como vosotros!».

10. 79. Y dijo Faraón: «¡Traedme a todo hechicero con conocimiento!».

10. 80. Así, cuando llegaron los hechiceros a ellos, les dijo Musa: «¡Arrojad lo que vayáis a arrojar!».

10. 81. Y cuando lo arrojaron, dijo Musa: «Lo que traéis es hechicería... En verdad, Allah va a anegarlo, pues, ciertamente, Él no sanciona la obra de los que la corrupción extienden.

10. 82. Y así establece Allah la Verdad con Sus palabras, aún le pese a los criminales».

10. 83. Mas, tan solo confiaron en Musa una parte de su pueblo porque temían que Faraón y su consejo los persiguieran. Y, en verdad, Faraón fue un tirano en la tierra, de los que cometían excesos.

10. 84. Y dijo Musa: «¡Oh, pueblo mío! Si tenéis confianza en Allah, entonces entregaros a Él... Si es que estáis pacificados».

10. 85. Ellos respondieron: «¡A Allah nos entregamos! ¡*Rabb* nuestro! ¡No nos hagas ser la prueba para un pueblo réprobo!

10. 86. ¡Sálvanos con tu *rahma* de un pueblo cafre!».

10. 87. Y Nosotros revelamos a Musa y a su hermano para establecer casas de vuestro pueblo en Egipto y convertir a estos hogares en lugares de adoración, para que establezcáis la azalá y anunciarais la buena nueva a los creyentes.

10. 88. Y dijo Musa: «¡*Rabb* nuestro! En verdad Tú has dado a Faraón y a su consejo esplendor y riqueza en la vida mundana, ¡Oh, *Rabb*!, y a tantos de Tu senda han hecho yerrar... ¡Destruye

sus riquezas! ¡Endurece sus corazones! Para que así no crean hasta que no vean el castigo doloroso».

10. 89. Él respondió: «En verdad, que la plegaria de ambos sea respondida, marchad por el recto sendero y no sigáis por el camino de los ignorantes».

10. 90. Y Nosotros hicimos que los hijos de Israel atravesaran el mar y los persiguió Faraón y sus huestes, tan hostiles y rebeldes, que, cuando estaba a punto de ahogarse, dijo: «¡Soy creyente! No hay dios excepto Aquel que creen los hijos de Israel y yo soy de los creyentes pacificados...».

10. 91. «¿Ahora? En verdad, si todo desobedeciste y fuiste de los más depravados.

10. 92. Mas, hoy Nosotros hemos de salvar tu cuerpo, pero para que los que te sucedan seas el Signo». En verdad, tantos son de entre la humanidad que igual les dan Nuestros Signos.

10. 93. Y, en verdad, asentamos a los hijos de Israel en un honroso asentamiento y les proveímos de lo excelente, no discutían hasta que les llegó el conocimiento. En verdad, tu *Rabb* les juzgará en el Día de la Alzada sobre aquello de lo que discutieron.

10. 94. Así que, si tienes alguna duda de lo que hemos descendido sobre ti, pregunta a los que leían el Libro antes de ti. En verdad, de tu *Rabb* ha venido la Verdad y, así, que no seas de los que dudan.

10. 95. Y no estés con aquellos que reniegan de los Signos de Allah, pues si no, con ellos te perderás.

10. 96. En verdad, sobre ellos se cierne la sentencia de tu *Rabb*, mas no creerán,

10. 97. aun reciban todos los Signos, hasta que contemplen el doloroso castigo.

10. 98. Pues ¿por qué no hay ningún pueblo que haya creído y se haya beneficiado salvo el pueblo de Yunus? Cuando creyeron, nosotros apartamos el desgraciado castigo sobre ellos en la vida mundana y en este mundo mundano les permitimos por un tiempo gozar.

10. 99. Y si quisiera tu *Rabb*, todos los que están en la tierra creerían. ¿Acaso puedes tú obligar a las gentes a que sean creyentes?

10. 100. Pues nadie puede ser creyente sin el permiso de Allah. Sea su ira contra los que no usan la razón.

10. 101. Di: «¡Mirad lo que hay en los cielos y la tierra!», pero aun haya Signos y advertencias, esa gente no creerá.

10. 102. Así, ¿qué esperan?, ¿el ejemplo de los que, junto a vosotros, anduvieron antes de ellos? Diles: «Ahora esperad, que, en verdad, yo soy de los que esperan».

10. 103. Después, Nosotros salvaremos a Nuestros mensajeros y a los creyentes. Sea Nuestra obligación salvar a los creyentes.

10. 104. Di: «¡Oh, humanidad! Si dudáis de mi *din*, yo no reconozco a quien vosotros reconocéis en vez de Allah, sino que reconozco a Allah, quien os dará la muerte y yo tengo la orden de ser creyente.

10. 105. Orienta tu rostro como un *hanif* en el *din* y no seas un idólatra».

10. 106. Y no invoquéis a otro que Allah, pues no podrá ni beneficiarte ni dañarte, y si lo hicieras serías de los réprobos.

10. 107. Y si te alcanza Allah con la adversidad, no habrá quien te la aparte salvo Él, pero, si te toca con el bien, nadie podrá evitar Su favor. Él da lo que Él quiere a sus siervos y es Él quien toda falta alivia, tan matricial.

10. 108. Di: «¡Oh, humanidad! En verdad, ha venido a vosotros la Verdad de vuestro *Rabb*. Quienquiera que siga la guía tan solo sea para sí mismo, mas quien quiera yerrar solo yerrará para sí, no soy yo guardián vuestro».

10. 109. Y sigue, de esta forma, lo que se ha revelado sobre ti hasta que sea el Juicio de Allah, pues Él es mejor de los jueces.

11. HUD

En el nombre de Allah, el *Rahman*, el *Rahim*

11. 1. *Alif, Lam, Ra.* Es este un Libro que en sus aleyas está la sabiduría, que se explican con detalle y que proviene del Uno, quien es Sabio y de todo está bien informado.
11. 2. No serviréis a otro que no sea Allah, pues, en verdad, soy el portador de la advertencia y la buena nueva.
11. 3. Y así pedid que vuestras faltas os alivie vuestro *Rabb* y retornad hacia Él. Os permitirá, pues, gozar hasta un término marcado y dará Su favor a todo favorecido. Mas, si os retiráis, en verdad, temo por el castigo de un Día inmenso.
11. 4. A Allah habréis de volver, pues Él tiene poder sobre cada cosa.
11. 5. No hay duda de cómo envuelven sus entrañas escondiéndose de Él, pero aún se cubran con vestidos, Él conoce lo que esconden y lo que muestran. En verdad, Él es el conocedor de todo lo que hay en los pechos.

Juz 12

Hizb 23

11. 6. Y no hay ninguna criatura sobre la faz de la tierra que cuyo sustento de Allah no provenga. Él ya conoce su hoyo y su tumba, pues todo está claramente escrito.
11. 7. Y es Él quien creó los cielos y la tierra en seis jornadas, estando Su trono sobre las aguas, probándoos así para ver quién de vosotros obra mejor. Pero, si dices: «En verdad, se os resucitará

después de morir», los cafres te dirán: «Ciertamente, esto es hechicería irrefutable».

11. 8. Y si retrasamos el castigo a un tiempo marcado, seguramente dirán: «¿Qué lo detiene?». Cuando el Día llegue no se alejará de ellos y les asediará aquello de lo que solían mofarse.

11. 9. Y si Nosotros hacemos paladear a la humanidad Nuestra *rahma* y, después, se la quitamos, se desespera, se vuelve ingrata,

11. 10. mas, si le hacemos paladear el placer después de que la dificultad los alcanzase, seguro que dicen: «¡Qué lejos están ya los males de mí!». En verdad, se alegran, tan fanfarrones.

11. 11. Salvo, aquellos que son pacientes y obran justamente, esos tendran el olvido de sus faltas y una recompensa inmensa.

11. 12. Pues, posiblemente, omitirías lo que a ti se te reveló, estrechándose tu pecho, porque ellos te dicen: «¿Por qué no ha descendido sobre él un tesoro o le acompañó un ángel?», pero tú tan solo eres quien trae el aviso y Allah toda cosa guarda.

11. 13. O ellos dicen: «Si lo ha inventado...», respóndeles: «Pues traed diez suras inventadas como esas y si podéis llamad a otras en vez de Allah, si es que sois sinceros».

11. 14. Mas, si ellos no te responden, entonces conoce que ha descendido el conocimiento de Allah y no hay dios sino Él. Así, ¿podríais ser de los pacificados?

11. 15. Cualesquiera que deseen la vida mundana y sus ornatos, Nosotros les pagaremos por sus acciones y no será minimizado.

11. 16. Estos son los que en la vida que habrá de venir no estarán sino en el Fuego, vacías serán sus obras y vano serán todo lo que hicieron.

11. 17. ¿Acaso puede ser una prueba irrefutable de su *Rabb* recitada por Su testigo? Hace tiempo, antes de él, el Libro de Musa fue sostén y *rahma*. Ellos creen en eso, pero quien dividido es cafre, que el Fuego sea para él lugar de encuentro. Pero tú no dudes sobre eso, ciertamente, la Verdad es de tu *Rabb*, mas la mayoría de la humanidad no lo reconoce.

11. 18. Y ¿quién es más injusto que aquel que inventa sobre Allah calumnias? Esos son los que serán presentados ante su *Rabb* y dirán los testigos: «¡Estos son los que calumniaron contra su *Rabb*!». Sea la maldición de Allah sobre los réprobos

11. 19. que yerran de la senda de Allah, que anhelan la dificultad y ocultan la vida que ha de venir.

11. 20. Sean esos los que no pudieron escapar en la tierra y no tuvieron, más allá de Allah, protectores. No fueron capaces ni de oír ni de ver.

11. 21. Sean esos los que se perdieron a sí mismos, han perdido lo que ellos solían inventar.

11. 22. No hay duda de que, en la vida que habrá de venir, serán los mayores perdedores.

11. 23. En verdad, quienes crean y obren justamente, humildes ante su *Rabb*, serán compañeros en el Jardín por toda la eternidad.

11. 24. Sea un ejemplo, esta gente es como el ciego y sordo y otro que ve y que oye, ¿acaso son iguales? ¿acaso no vais a beneficiaros del recuerdo?

11. 25. Y, en verdad, que Nosotros enviamos a Nuh a su pueblo: «Yo soy, ciertamente, quien viene a avisar con claridad

11. 26. que nos reconozcáis a otros en vez de Allah, pues, es cierto, que temo un castigo del Día del dolor».

11. 27. Pero dijeron los notables del pueblo que eran cafres: «No vemos en ti sino a un mortal como nosotros. No vemos que nadie te siga salvo la chusma ignorante que no tiene opinión. No vemos en vosotros ninguno que tengáis mérito alguno sobre nosotros. ¡Ay, no! Pensamos que sois mentirosos».

11. 28. Les respondió él: «¡Oh, pueblo mío! ¿Acaso no contempláis que hay una prueba evidente de la *rahma,* mi *Rabb*, Él mismo me la ha dado, mas se oscurece sobre vosotros? ¿Deberemos forzaros, aunque la rechacéis?».

11. 29. ¡Oh, pueblo mío! No os exijo que me deis ninguna riqueza, mi recompensa tan solo proviene de Allah, ni rechazaré a los que no confían. En verdad, ya se encontrarán con su *Rabb*, mas os veo como un pueblo ignorante.

11. 30. ¡Oh, pueblo mío! ¿Quién me ha de ayudar contra Allah si yo le rechazo? ¿Acaso no queréis tomar el consejo?

11. 31. Y os digo que no tengo los tesoros de Allah, ni conozco el no visto, ni siquiera digo que soy un ángel, como tampoco os digo que Allah nunca concederá el bien a aquellos que despreciáis. Mas, Allah conoce mejor lo que en ellos mismos hay, en verdad, si eso dijera sería de los que yerra.

11. 32. Ellos dijeron: «¡Oh, Nuh! En verdad, tanto discutes con nosotros, pues tráenos la amenaza que nos haces, si eres sincero».
11. 33. Replicó él: «Tan solo os la traerá Allah, si Él quiere, entonces ya no podréis escapar.
11. 34. Y aun si yo quisiera beneficiaros con mis consejos, de nada serviría si Allah deseara perderos. Él es vuestro *Rabb* y a Él habréis de volver».
11. 35. Ellos dicen: «¡Lo ha inventado él!», respóndeles: «Si yo lo he inventado que sea sobre mí ese crimen, pero soy inocente de lo que me acusáis».
11. 36. Y se le reveló a Nuh: «Nunca será creyente tu pueblo salvo los que ya creen, así que no te apenes por lo que hicieron.
11. 37. Construirás un arca bajo Nuestros ojos y Nuestra inspiración. Y no me hablarás de aquellos que son réprobos, pues, en verdad, voy a ahogarles».
11. 38. Y cuando comenzó a construir el arca, a cada rato, pasaban los notables del pueblo y se mofaban de él, mas él les respondía: «Si nos ridiculizáis ya os ridiculizaremos con la mofa que hacíais.
11. 39. Que pronto habréis de conocer lo que os vendrá como castigo terrible y sobre quién descenderá un castigo postrero».
11. 40. Así fue hasta que Nuestro mandato llegó, el agua se desbordó en la tierra y Nosotros dijimos: «¡Dispón en el arca a una pareja de cada especie, a tu gente, salvo a aquel que contra él la sentencia está dispuesta, y a los creyentes!». Y no creyeron con él salvo unos pocos
11. 41. y dijo: ¡Embarcad en ella por el nombre de Allah! ¡Qué sea rumbo y ancla! En verdad, mi *Rabb* toda falta alivia, tan matricial…
11. 42. Y así navegó con ellos por olas que eran como montañas y Nuh llamó a su hijo que se quedó rezagado: «¡Oh, hijo mío! Embarca con nosotros y no te quedes con los cafres»,
11. 43. Mas, él respondió: «Tomaré refugio en las montañas que me salvarán de las aguas», pero él le replicó: «No habrá guarda hoy del mandato de Allah, salvo de aquellos que Él tenga *rahma*». Y llegaron a él las olas y así estuvo entre los que se ahogaron.

11. 44. Y se dijo: «¡Traga tu agua! ¡Oh, tierra! ¡Oh, cielo!, ¡restríngete!», y el agua se calmó, cumplido el mandato se situó en el monte *Judi*. Y se dijo: «¡Atrás, pueblo de réprobos!»,

11. 45. pero Nuh invocó a su *Rabb* y dijo: «¡*Rabb* mío! En verdad, mi hijo es de mi casa y, ciertamente, prometiste la Verdad. Tú eres el Juez de Jueces».

11. 46. Él le respondió: «¡Oh, Nuh! En verdad, él no es de tu casa. ¡Sus actos incorrectos son! ¡No me implores algo de lo que tú careces conocimiento alguno! En verdad, te aviso de que no estés con los ignorantes».

11. 47. Dijo él: «¡*Rabb* mío! En verdad, me protejo en Ti de pedirte algo que no conozco. Tan solo hazme olvidar y vierte Tu *rahma* sobre mí, si no seré de los perdedores».

11. 48. Se dijo: «¡Oh, Nuh! Desciende con el *salam* que de Nosotros viene y sea la *baraka* sobre ti y las naciones que de ti provengan. Y es que hay otras naciones que gozan, pero ya habrá de alcanzarles Nuestro doloroso castigo».

11. 49. Estas son historias del no visto que Nosotros revelamos sobre ti. Ni tú las conocías antes, ni tampoco tu gente. Así que paciencia, pues, en verdad, el fin es para los que tienen conciencia de Allah.

11. 50. Y la gente de 'Ad cuando su hermano Hud les dijo: «¡Oh, pueblo mío! Adorad a Allah, no hay para vosotros ningún dios sino Él. No hacéis sino fabular.

11. 51. ¡Oh, pueblo mío! No os exijo que me deis ninguna recompensa, pues eso solo incumbe a Aquel que me creó, ¿acaso no vais a usar vuestra razón?

11. 52. ¡Oh, pueblo mío! Pedid que vuestro *Rabb* os alivie vuestros errores y volved a Él. Él enviará del cielo abundancia sobre vosotros y os mejorará dándoos fuerza a vuestra fuerza. No os volváis como impíos».

11. 53. Ellos respondieron: «¡Oh, Hud! No nos traes prueba manifiesta, no vamos a dejar nuestros dioses porque tú nos lo digas, pues no creeremos nosotros por ti.

11. 54. En verdad, te diremos que uno de nuestros dioses te ha maldecido», pero replicó él: «¡Testigo sea Allah que soy inocente de lo que vosotros idolatráis

11. 55. en vez de a Él! Así que conspirad contra mí y no me hagáis esperar…

11. 56. En verdad, me entrego por completo a Allah, mi *Rabb*, pues no hay criatura viviente que no esté bajo su control. Ciertamente, mi *Rabb* tiene en un recto sendero.

11. 57. Pero, si le dais la espalda, de verdad, que os entrego lo que yo fui enviado a vosotros: *Rabb* mío hará que os sucedan otros, después de vosotros, y no podréis dañarlo de forma alguna. ¡En verdad, mi *Rabb* es de todas las cosas guardián!».

11. 58. Y cuando fue Nuestro mandato salvamos a Hud, y a aquellos que creyeron junto a él con *rahma* venida de Nosotros, les salvamos de un horrendo castigo.

11. 59. Y esta era la gente de 'Ad, que rechazaban los Signos de su *Rabb* y desobedecían a Sus mensajeros, pero que no dudaban en seguir el mandato de todo tirano obnubilado.

11. 60. Y en este mundo mundano les persiguió una maldición que seguirá vigente hasta el Día de la Alzada. Que no quede duda, en verdad, que la gente de 'Ad eran cafres ante su *Rabb*. Así que apartad, pues, 'Ad, el pueblo de Hud.

11. 61. Y la gente de Thamud cuando su hermano Salih les dijo: «¡Oh, pueblo mío! Servid a Allah y no tengáis a ningún dios que no sea Él, pues Él os creó sobre la faz de la tierra, asentándoos en ella. Así que pedid que vuestras faltas sean aliviadas y volved a Él. En verdad, mi *Rabb* está muy cerca, preparado para responderos».

11. 62. Ellos respondieron: «¡Oh, Salih! En verdad, esperanzados estábamos contigo, antes de que nos prohibieses que adoremos a los dioses de nuestros padres. En verdad, serias dudas tenemos sobre aquellos a lo que tú invocas para nosotros».

11. 63. Dijo él: «¡Oh, pueblo mío! ¿Acaso no veis que yo os traigo una prueba clara de mi *Rabb* dada por Su *rahma*, así que ¿quién me ha de proteger de Allah si le desobedezco? Tan solo incrementaríais mi perdición.

11. 64. ¡Oh, pueblo mío! Esa es la camella de Allah, un Signo que a vosotros os da, dejadla pastar sobre la tierra de Allah y que no la alcance ningún daño, pues, si ocurre, os alcanzará un castigo de inmediato».

11. 65. Mas, desgarraron sus patas y él dijo: «¡Gozaréis en vuestros hogares por tres días! Que la promesa no habrá de expirar».
11. 66. Y así llegó Nuestro mandato y Nosotros salvamos a Salih y aquellos que creyeron junto a él de aquel día de desgracias. En verdad, tu *Rabb* es el más fuerte, el Todopoderoso.
11. 67. Y cómo el amargo grito atrapó a los réprobos y, entonces, amanecieron en sus casas muertos en sus lechos,
11. 68. como si nunca hubieran vivido en ellas. No hay duda, en verdad, que la gente de Thamud eran cafres ante su *Rabb*. Así que apartad pues Thamud.
11. 69. Y, de verdad, llegaron Nuestros Mensajeros ante Ibrahim con buenas nuevas y le dijeron: «¡*Salam*!», respondió él: «¡*Salam*!», y no tardó de traer un ternero bien asado.
11. 70. Mas, cuando él vio que no situaban sus manos sobre el asado, le resultó extraño y le asió un temor, pero ellos le dijeron: «No temas, en verdad, hemos sido enviados al pueblo de Lut».
11. 71. Su mujer, que estaba de pie, comenzó a reírse, mas Nosotros le anunciamos la buena nueva de Ishaq y, tras Ishaq, de Yaqub.
11. 72. Respondiendo ella: «¡Ay de mí! ¿He de engendrar un hijo siendo yo una anciana y mi marido un pobre viejo? ¡En verdad es cosa de estupor!».
11. 73. Ellos dijeron: «¿Te produce estupor el mandato de Allah? Sea la *rahma* de Allah y su *baraka* sobre vosotros, gente de esta casa, pues Él es de loores digno, de gloria digno».
11. 74. Mas, cuando marchó de Ibrahim el temor y tomó la buena nueva, él comenzó a discutir con Nosotros sobre el pueblo de Lut.
11. 75. En verdad, Ibrahim era tan tolerante, tanto imploraba, tan bien se orientaba…
11. 76. «¡Oh, Ibrahim! ¡Apártate de ellos! En verdad, vino el mandato de tu *Rabb* y, ciertamente, qué terrible castigo han de recibir».
11. 77. Y, entonces, fueron Nuestros mensajeros ante Lut, preocupado por ellos, él estaba angustiado y preocupado por su llegada y les dijo: «¡Qué día más terrible es este!»,
11. 78. pues ante él vino su pueblo, apresuradamente, que siempre el mal hacía desde hace mucho, y él les dijo: «¡Oh, pueblo mío! He aquí a mis hijas, ellas son puras para vosotros.

Tened conciencia de Allah y no me abochornéis ante mis huéspedes, ¿acaso no hay entre vosotros un hombre honrado?».

11. 79. Ellos le respondieron: «En verdad, bien sabes que no queremos a tus hijas... ¡Ya sabes lo que nosotros queremos!».

11. 80. Dijo él: «Si tan solo pudiera tener poder sobre vosotros o protegerme con la fuerza de alguien más fuerte...».

11. 81. Ellos le replicaron: «¡Oh, Lut! En verdad, Nosotros somos mensajeros de tu *Rabb*. Ellos no te alcanzarán si viajas con tu familia a la caída de la noche, pero que ninguno de vosotros mire atrás. Tan solo lo hará tu mujer y recibirá el mismo castigo que ellos. Al alba, en verdad, esto ha de ocurrir, ¿acaso no clarea el alba ya?».

11. 82. Así, cuando llegó Nuestro mandato, Nosotros transformamos lo alto en bajo e hicimos llover sobre ellos adoquines de barro cocido,

11. 83. marcas fueron de tu *Rabb* que no está de los réprobos tan lejos.

11. 84. Y la gente de Madyan cuando su hermano Shuayb les dijo: «¡Oh, pueblo mío! Adorad a Allah, pues no hay dios que no sea Él. ¡No engañéis ni con la medida ni con el peso! En verdad, qué prósperos se os ve, mas temo que un día un castigo sobre vosotros llegue.

Hizb 24

11. 85. ¡Oh, pueblo mío! Dad completa la medida y el peso con toda justicia y no quitéis a los demás sus bienes, no actuéis pérfidamente corrompiendo la tierra.

11. 86. Lo que Allah dispone es mejor para vosotros, si es que sois creyentes. Yo no soy vuestro guardián».

11. 87. Ellos replicaron: «¡Shuayb! ¿Acaso tu azalá nos ordena que dejemos de adorar a los dioses de nuestros ancestros o que dejemos de usar como nos plazca nuestra riqueza? Ciertamente, tú eres tolerante, bien guiado».

11. 88. Dijo él: «¡Oh, pueblo mío! ¿Acaso no lo veis? Si yo soy una prueba de mi *Rabb* que me ha provisto de bella provisión y es

que yo no quiero llevaros la contraria cuando algo os prohíbo,
no pretendo sino reformaros en lo que pueda, pero mi éxito
no depende sino de Allah. Hacia Él me entrego y a Él he de
volver.

11. 89. ¡Oh, pueblo mío! Que vuestra contradicción conmigo no os lleve a algo similar a lo que le ocurrió al pueblo de Nuh o al pueblo de Hud o al de Salih… ¡El pueblo de Lut no anda muy lejos de vosotros!

11. 90. Pedid que vuestras faltas sean olvidadas por vuestro *Rabb* y, luego, volveos hacia Él. En verdad, mi *Rabb* es el más *Rahim*, todo afecto».

11. 91. Le replicaron: «¡Oh, Shuayb! No comprendemos nada de lo que dices y, en verdad, entre nosotros te consideramos un débil. Por eso, si no fuera por tu gente, te hubiéramos apedreado, no tienes fuerza contra nosotros».

11. 92. Les dijo él: «¡Oh, pueblo mío! ¿Creéis que es mi familia más poderosa que Allah? ¿Lo trataréis a Él dándole la espalda? En verdad, mi *Rabb* abarca todo lo que hacéis.

11. 93. ¡Oh, pueblo mío! Haced según vuestra posición, pues, en verdad, yo también lo haré. Pronto habréis de ver a quién llegará el desgraciado castigo y quién es el mentiroso… Estad avizores, pues, en verdad, yo también seré un vigilante junto a vosotros».

11. 94. Y así llegó Nuestro mandato y Nosotros salvamos a Shuayb y aquellos que creyeron junto a él. Y cómo el amargo grito sorprendió a los réprobos y, entonces, amanecieron en sus casas muertos en sus lechos,

11. 95. como si nunca hubieran vivido en ellas. Así que apartad, pues, Madyan, como ocurrió con Thamud.

11. 96. Y, ciertamente, Nosotros enviamos a Musa con Nuestros Signos y una autoridad manifiesta

11. 97. ante Faraón y su consejo, pero estos siguieron el mandato de Faraón. El mandato de Faraón no tenía buena guía,

11. 98. él precederá a su pueblo el Día de la Alzada y, así, él los llevará al Fuego. ¡Qué mal lugar es ese!

11. 99. Los persigue una maldición ahora y, también, el Día de la Alzada, que réprobo es el regalo que se les otorga.

11. 100. Sean estas narraciones de ciudades que te relatamos a ti, algunas permanecen, otras ha sido segadas,
11. 101. pues no fuimos Nosotros los injustos con ellos, fueron ellos los que injustos consigo mismos fueron. Sus dioses, que invocaban en vez de a Allah, de nada sirvieron cuando llegó el mandato de su *Rabb* y tan solo avivaron su ruina.
11. 102. Y es así el castigo de tu *Rabb* cuando castiga a ciudades de réprobos, en verdad, su castigo es terrible, doloroso.
11. 103. En verdad, en ello hay un Signo para aquellos que temen un castigo en la vida que ha de venir, en ese Día en el que sea congregada la humanidad, ese Día del que todos serán testigos,
11. 104. que no será retrasado de un plazo dispuesto,
11. 105. un Día en el que nadie hablará por sí mismo excepto por Su permiso, entonces funesto sea para unos, feliz para otros.
11. 106. Para los que sea funesto estarán en el Fuego, sollozando, con respiración agitada,
11. 107. permanecerán allí por toda la eternidad, mientras sean los cielos y la tierra, salvo si su *Rabb* lo desea. En verdad, tu *Rabb* siempre hace lo que Él desea.
11. 108. Para los que sea felicidad estarán en el Jardín por toda la eternidad, mientras sean los cielos y la tierra, salvo si su *Rabb* lo desea. Sea un otorgamiento sin fin.
11. 109. Así que no dudes sobre lo que reconocen aquellos, no adoran sino como lo hacían sus padres, como antes. Y, en verdad, les pagaremos lo que hicieron sin recortar nada.
11. 110. Y, así, ya dimos a Musa un Libro, pero discreparon sobre él, y si no llega a ser por la Palabra que de tu *Rabb* procede, habrían sido ya sentenciados. Y ellos están sumergidos en la duda que les hace sospechar.
11. 111. Ciertamente, cada uno recibirá el pago de su *Rabb* por lo que hizo. En verdad, Él bien sabe lo que hacen.
11. 112. Así que mantente recto como se te ordena y aquellos que se vuelvan contigo que no excedan los límites. En verdad, Él profundamente contempla lo que hacéis.
11. 113. Y no os inclinéis hacia los réprobos, pues podría tocaros el Fuego. No hay para vosotros ningún protector fuera de Allah, si no luego no se os dará ayuda.

11. 114. Establece la azalá en las dos fronteras del día y al comenzar la noche, pues las bellas obras eliminan las malas. Eso es un recuerdo para los que quieran recordar.

11. 115. Sé paciente, pues, en verdad, Allah no destruye la recompensa del bienhechor.

11. 116. ¿Por qué no hubo, pues, en las generaciones de los antiguos quien se opusiera y prohibiera la corrupción en la tierra, salvo muy pocos que salvamos, mientras los réprobos vivían el lujo y eran criminales?

11. 117. No destruye tu *Rabb* injustamente ciudades si sus gentes no son sanas,

11. 118. pues si tu *Rabb* lo hubiera querido, habría dispuesto a la humanidad de una sola comunidad. Sin embargo, no cesan de disentir,

11. 119. tan solo aquellos que la *rahma* de tu *Rabb* ha sido vertida y, por eso, se les ha creado. Se cumple así la Palabra de tu *Rabb*: «En verdad, llenaré la Gehena de *jinn* y de humanos, todos juntos».

11. 120. Y Nosotros narramos sobre ti, historias de mensajeros, para hacer firme tu corazón. Y si alguien te llega que sea Verdad, consejo y recuerdo para los creyentes.

11. 121. Y di a los que no creen: «Actuad a vuestra manera que, en verdad, también actuaremos,

11. 122. y esperad, que nosotros esperaremos».

11. 123. Y de Allah es el no visto que hay en los cielos y la tierra, a Él todo asunto habrá de volver. Así que sírvele y entrégate a Él, que no es inconsciente tu *Rabb* a todo lo que hacéis.

12. YUSUF

En el nombre de Allah, el *Rahman*, el *Rahim*

12. 1. *Alif*, *Lam*, *Ra*. Son estas las aleyas de un Libro clarificado.
12. 2. Ciertamente, Nosotros os las descendimos como una recitación en árabe. Quizás así comprendáis…
12. 3. Te vamos a contar la más bella de las historias que te hemos revelado en este Corán. Aunque antes ni la conocieras…
12. 4. Cuando Yusuf le dijo a su padre: «¡Oh, padre mío! En duermevela, en verdad, vi once estrellas, el sol y la luna prosternarse ante mí».
12. 5. Y él le respondió: «¡Oh, hijo mío! No cuentes esa visión a tus hermanos, pues tramarán tal trama contra ti… y, ciertamente, es el Shaytan del hombre un enemigo declarado.
12. 6. Así, de esa manera te elige tu *Rabb* y te enseña cómo interpretar los sueños. Es completo Su favor sobre ti y sobre la casa de Yaqub, como antes lo completó en tus dos ancestros, Ibrahim e Ishaq. Ciertamente, tu *Rabb* todo lo conoce, todo lo sabe».
12. 7. En verdad, en Yusuf y sus hermanos hay signos para aquellos que buscan.
12. 8. Así dijeron entre ellos: «Sí, Yusuf y su hermano son más queridos por nuestro padre que todos nosotros… En verdad nuestro padre claramente yerra…
12. 9. Matemos a Yusuf o desterrémosle en tierra extranjera, así nuestro padre solo nuestra cara contemplará… Sin él, seremos de la gente buena».
12. 10. Mas, uno de entre ellos dijo: «¡No matéis a Yusuf! Mejor al fondo del aljibe arrojadlo… Así, alguno de la caravana lo recogerá… ay, si pudiera hacer algo».

12. 11. Y luego dijeron: «¡Oh, Padre! ¿Por qué no te fías de nosotros sobre Yusuf? Buenas intenciones tenemos para él…
12. 12. envíale con nosotros mañana, se divertirá y jugará. Ciertamente, para él guardianes seremos…».
12. 13. Y respondió él: «En verdad me entristece tanto que os lo llevéis… Temo que pudiera comérselo un lobo, si vosotros os descuidáis».
12. 14. Y ellos dijeron: «Si se lo comiera un lobo… ¡qué desgracia sería! Siendo nosotros tantos…».
12. 15. Cuando se lo llevaron, se pusieron de acuerdo para arrojarlo al fondo del aljibe. Mas, Nosotros le revelamos: «Ciertamente, ya les recordarás, más tarde, esto que han hecho y ni siquiera se darán cuenta».
12. 16. Cayendo la tarde fueron a su padre llorando
12. 17. y le dijeron: «¡Oh, padre nuestro! Ciertamente, competimos unos con los otros y dejamos a Yusuf con nuestras posesiones, mas un lobo se lo comió y aunque no nos creas, te contamos la verdad».
12. 18. Y le mostraron su camisa manchada de falsa sangre. Y dijo: «¡Ay, no! Vuestros egos esto os sugieren, pero tan bella es la paciencia. Y Allah es aquel que ayuda ante lo que narráis».
12. 19. Y así llegó una caravana y mandaron a uno para que, con su cubo, recogiese agua. Y dijo: «¡Buena nueva! ¡Hay un muchacho!» Y le ocultaron la intención de venderlo como esclavo. Mas, Allah es conocedor de todo lo que ellos hacen…
12. 20. y por un precio bajo lo vendieron, por pocas monedas de plata, y ¡qué poco valor le dieron…!
12. 21. Y quien lo compró era de Egipto y le dijo a su mujer: «¡Trátale bien! Quizás nos sea útil o lo tomemos como hijo». Y así es como Nosotros establecimos a Yusuf en esa tierra y le enseñamos a interpretar los sueños. Y Allah siempre vence sobre todo asunto, mas la humanidad no lo sabe.
12. 22. Cuando alcanzó la mocedad, Nosotros le dimos sabiduría y conocimiento. Y así es como recompensamos a aquellos que hacen el bien.
12. 23. Y le intentó seducir la señora. Y cerró las puertas y le dijo a él: «¡Ven acá!». Y dijo él: «¡Me refugio en Allah! Ciertamente,

mi señor me trató y me acogió bien ¡Nunca prosperarán los perversos!».

12. 24. Ella lo deseaba y él la deseó, mas él hubiera cedido de no haber visto las evidencias de su *Rabb*. Así fue cómo apartamos de él el mal y la lujuria. Ciertamente, él era de nuestros siervos sinceros.

12. 25. Corrieron los dos hacia la puerta y ella rasgó su camisa por detrás. Y ante la puerta estaba su marido. Dijo ella: «¿Cuál es la recompensa para el que quiere el mal para tu esposa? ¿Cárcel o castigo doloroso?».

12. 26. Y él dijo: «Ella intentó seducirme». Y de la familia de ella un testigo testificó que si su camisa se rasgó por delante, ella decía la verdad y él mentía,

12. 27. pero si se rasgó por detrás, ella mentía y él de los sinceros sería.

12. 28. Y, cuando vio la camisa rasgada por detrás, él dijo: «Qué argucia vuestra… Ciertamente, es una gran argucia…

12. 29. Yusuf apártate de ahí… Y tú, pide que se te hagan olvidar esa falta. ¡Ciertamente, eres de las que yerra!».

12. 30. Y dijeron las mujeres de la ciudad: «¡La mujer del Visir seduce a su esclavo! ¡El amor la inflama! ¡En verdad cuán claramente yerra!».

12. 31. Así, cuando ella oyó los cuchicheos, mandó traerlas y les preparó un banquete y a cada una de ellas un cuchillo les dio, diciendo: «Sal y muéstrate ante ellas». Cuando las mujeres le vieron, quedaron arrebatadas y se cortaron, las manos y dijeron: «¡Oh, Allah! No es un hombre, sino, ciertamente, un noble ángel».

12. 32. Y ella dijo: «He ahí por aquel que acusabais. Ciertamente, intenté seducirlo, pero él su virtud protegió. Mas, como no hizo lo que yo le ordené que sea encarcelado, en verdad, será de los desgraciados».

12. 33. Respondió él: «*Rabb* mío, prefiero la prisión que lo que ellas quieren que haga. Si no me alejas de sus tretas, acabaré cediendo y me convertiré en un pagano».

12. 34. Así le respondió su *Rabb* apartando las tretas. En verdad, Él es quien todo lo oye, todo lo sabe.

12. 35. Después, aunque vieron los signos, le encarcelaron por un tiempo.

12. 36. Y con él en la prisión entraron dos jóvenes. Ciertamente, uno de ellos dijo: «Me he visto a mí pisando uvas». Y el otro dijo: «Me vi llevando en la cabeza pan, de él comían pájaros. ¡Explícanos su simbolismo! En verdad, vemos que tú eres de los que hacen el bien».
12. 37. Y él les dijo: «No se os dará la comida que os corresponde antes de que yo os revele el simbolismo, pues esto es lo que me ha enseñado mi *Rabb*. Ciertamente, yo rechazo a aquellos que no confían en Allah y son cafres la próxima vida.
12. 38. Y sigo el pacto de mis ancestros Ibrahim, Ishaq y Yaqub. Nada hay que se asocie con Allah. Esta es la generosidad de Allah sobre nosotros y sobre la humanidad. Mas, la mayor parte de esa humanidad no son agradecidos.
12. 39. ¡Oh, mis dos compañeros de encierro! ¿Acaso son los señores distintos mejores que Allah, el Uno, aquel que subyuga?
12. 40. Aquello que reconocéis en vez de a Él, no son sino nombres que habéis otorgado vosotros y vuestros ancestros a los que Allah no les otorga autoridad alguna. El juicio solo es de Allah y ordena reconocerle a nadie más que Él. Ese es el *din* correcto, pero la mayoría de la humanidad no lo sabe.
12. 41. ¡Oh, mis dos compañeros de encierro! De vosotros, uno copero de su señor será, y al otro lo crucificarán y los pájaros de su cabeza comerán. Decretado está el asunto por el que me preguntabais».
12. 42. Y le dijo aquel que conocía que iba a salvarse de entre los dos: «¡Recuérdame ante tu señor!», mas como el Shaytan hizo que se olvidará en el recuerdo de su *Rabb*. Y así estuvo encerrado algunos años más.
12. 43. Y el Rey dijo: «En duermevela vi siete vacas gordas que se comían a siete vacas flacas, y siete espigas verdes y otras que estaban marchitas. ¡Oh, consejeros! Explicadme lo que he soñado si es que mi sueño podéis descifrar».
12. 44. Respondieron: «¡Qué confusos sueños! Nada sabemos de la interpretación de los sueños...».
12. 45. Y aquel que se había salvado de los dos recordó y dijo: «Yo os contaré su interpretación. ¡Enviadme pues!».
12. 46. «¡Oh, Yusuf! Tú que eres de los sinceros cuéntanos que significan que siete vacas gordas se coman a siete flacas

y siete espigas verdes estén junto a otras marchitas. Así podría volver ante la gente y contárselo para que ellos conozcan».

12. 47. Respondió él: «Sembraréis durante siete años como soléis hacer, pero al segar dejad la espiga, salvo lo que vayáis a comer.

12. 48. Luego habrá siete años de hambruna que consumirán todo lo que guardasteis, salvo un poco que almacenaréis.

12. 49. Tras esto, seguirá un año en el que la abundante lluvia y la gente podrá vendimiar y verdear».

12. 50. El Rey dijo: «¡Traédmelo!». Pero, cuando el copero vino a él, le dijo: «Vuelve a tu señor y pregunta qué argucias animaban a las mujeres que se cortaron las manos... *Rabb* mío está bien enterado de esas tretas».

12. 51. Dijo él: «¿Qué pasó cuando intentasteis seducir a Yusuf?». Respondieron ellas: «¡Oh, Allah! No sabemos que él haya hecho nada malo». Mas la mujer del Visir dijo: «Ahora se sabe la verdad... fui yo la que intentó seducirlo. Él es de los que dicen la verdad».

12. 52. «Conoced así que yo traicioné el secreto y que Allah no guía las tretas de los traidores.

Juz 13

۞ Hizb 25

12. 53. Yo no estoy libre de responsabilidad. Ciertamente, cuánto disfruta el ego con lo incorrecto, a menos que sea la *rahma* de mi *Rabb*. Ciertamente, mi *Rabb* alivia toda falta, tan matricial...».

12. 54. Y el Rey dijo: «¡Traédmelo! Trabajará para mí». Así, habiendo hablado con él, le dijo: «Ciertamente, desde hoy tienes nuestro favor, nuestra confianza con nosotros».

12. 55. Dijo él: «Nómbrame al frente de los graneros de esta tierra. Ciertamente, seré un buen guardián, con conocimiento».

12. 56. Y así es como establecimos a Yusuf en esta tierra, pudiendo establecerse donde deseara. Nosotros hacemos garante de

Nuestra *rahma* a quien queremos y no dejamos marchitarse a quien hace el bien,
12. 57. y es que la recompensa de la próxima vida es mejor para quien confía y quien es consciente de Allah.
12. 58. Y vinieron los hermanos de Yusuf y se presentaron ante él. Les reconoció, pero ellos no le reconocieron,
12. 59. y, cuando les dio sus provisiones, él les dijo: «Traedme un hermano, el que está con vuestro padre, ¿No veis que yo os doy la medida de grano y soy el mejor de los anfitriones?
12. 60. Mas, si no me lo traéis, no os daré más grano y no os dejaré que a mi os acerquéis».
12. 61. Respondieron ellos: «A nuestro padre permiso le pediremos y, ciertamente, lo haremos».
12. 62. Y él les dijo a sus siervos: «En las alforjas poned sus bienes, quizás sean conscientes cuando a su casa regresen. Quizás regresen...».
12. 63. Cuando volvieron donde estaba su padre dijeron: «¡Oh, padre nuestro! El grano se nos ha denegado, mas, si tú enviases a nuestro hermano, el grano recibiremos. Ciertamente, de él seremos guardianes».
12. 64. Respondió él: «¿Cómo confiar en lo que me ofrecéis para él? ¿Acaso debo confiar como antes con su hermano? Mas es Allah el mejor guardián y el *Rahim*».
12. 65. Y, cuando abrieron sus alforjas, vieron que se había devuelto su mercancía y dijeron: «¡Oh, padre nuestro! ¿Podríamos desear algo más? Aquí, nuestra mercancía se nos devolvió, así que tendremos para nuestra familia, guardianes seremos de nuestro hermano e incrementaremos el grano en los caminos. ¡Qué carga más sencilla!».
12. 66. Respondió él: «No lo enviaré, a menos que me deis una promesa ante Allah de que me lo traeréis, a menos que os cerque algo». Y, cuando ellos su promesa le dieron, él dijo: «¡Allah! Guardián eres de lo dicho».
12. 67. Él dijo: «¡Oh, hijos míos! No entréis por una puerta tan solo, usad diferentes puertas. De nada os sirvo ante Allah, la decisión no es de otro que de Allah. Sobre Él deposito mi confianza. Sobre Él confíen los que confían.

12. 68. Y así entraron como les ordenó su padre, mas no valió de nada contra Allah, solo era para el propio Yaqub un deseo a satisfacer. Él era poseedor de un conocimiento porque Nosotros se lo enseñamos y es que la mayoría de la gente nada sabe…

12. 69. Y, cuando estuvieron ante Yusuf, él se acercó a su hermano y le dijo: «En verdad, yo soy tu hermano. No te aflijas por lo que han hecho».

12. 70. Así, cuando ya les aprovisionó, él puso el cáliz en la alforja de su hermano, luego un heraldo gritó: «¡Oh, vosotros, los de la caravana! ¡Ciertamente, sois unos ladrones!».

12. 71. y ellos, volviéndose, dijeron: «¿Qué es lo que habéis perdido?».

12. 72. Les respondieron: «El cáliz del Rey. Quien lo devuelva tendrá una carga extra para el camello. Yo doy fe».

12. 73. Y dijeron: «¡Por Allah! Ciertamente, sabéis que no vinimos a esta tierra para corromperla, no somos ladrones…».

12. 74. Se les preguntó: «Y, si mentís, ¿cuál debe ser vuestro castigo?».

12. 75. y les respondieron: «Esclavo será aquel que en cuya alforja esté… Este es el pago para los impíos».

12. 76. Así, comenzó a buscar en sus alforjas antes que en las de sus hermanos. Después lo encontró en la de su hermano. Nosotros le dimos este plan a Yusuf, mas no podía detener a su hermano según las leyes del Rey, a menos que fuese la voluntad de Allah. Nosotros alzamos la posición de quien queremos, pues hay un poseedor de un conocimiento que todo conoce, Él es quien conoce.

12. 77. Ellos dijeron: «Si él es un ladrón, ya lo fue su hermano antes de él». Pero lo mantuvo en secreto Yusuf, no se lo reveló a ellos, diciendo: «En la peor situación estáis y ya sabe Allah lo que contáis».

12. 78. Dijeron ellos: «¡Oh, Visir! Ciertamente, él tiene un padre muy anciano. Toma a uno de nosotros en su lugar. Ciertamente, vemos a un hombre bueno».

12. 79. Respondió él: «Líbrenos Allah de prender a otro de aquel en cuyo poder hallamos lo que nos pertenece… ¡Qué injustos, ciertamente, seríamos!».

12. 80. Así, desesperados frente a él, celebraron una reunión. El mayor de ellos dijo: «¿No os acordáis de que vuestro padre os exigió

comprometeros ante Allah y cómo rompisteis el que hicisteis por Yusuf? Nunca saldré de esta tierra hasta que me lo permita mi padre o hasta que Allah lo decida, pues Él es el mejor de los jueces.

12. 81. ¡Regresad a vuestro padre y decid: "¡Oh, padre nuestro! Ciertamente, tu hijo robó, y nosotros somos testigos solo de lo que sabemos. ¿Acaso somos guardianes de lo oculto?

12. 82. Pregunta en la ciudad donde estamos y en la caravana que vinimos... ¡Ciertamente, somos sinceros!"»

12. 83. Dijo él: «¡Ay, no! Os seducen vuestros egos... ¡Paciencia! Que es tan bella... Quizás Allah me los devuelva a todos. Ciertamente, Él es quien todo conoce, todo lo sabe».

12. 84. Y alejándose de ellos, dijo: «¡Ay! ¡Qué tristeza por Yusuf!», y sus dos ojos se tornaron blanquecinos por la pena, tan apenado en silencio él estaba.

12. 85. Ellos respondieron: «¡Por Allah! ¿Vas a recordar a Yusuf hasta que caigas enfermo o mueras?».

12. 86. Les respondió: «Solo me lamento de mi sufrimiento y mi pena ante Allah y conozco por Allah lo que vosotros no conocéis...

12. 87. ¡Oh, hijos míos! Partid e investigad sobre Yusuf y su hermano y no subestiméis la *rahma* de Allah, porque, ciertamente, la *rahma* de Allah solo es subestimada por un pueblo de cafres».

12. 88. Así, cuando estuvieron ante él, le dijeron: «¡Oh, poderoso Visir! Alcanzados hemos sido, nosotros y nuestra casa, por un hado nefasto y te traemos mercancía. Otórganos la justa medida de grano, sé caritativo con nosotros. En verdad, Allah recompensa a los que son caritativos».

12. 89. Él les respondió: «¿Sabéis lo que desde vuestra ignorancia le hicisteis a Yusuf y a vuestro hermano?».

12. 90. Ellos le dijeron: «¿Acaso eres tú, Yusuf?». Y les respondió: «Sí, soy Yusuf y este es mi hermano. Allah, en verdad, nos favoreció. Quien es consciente de Allah y es paciente, Allah no se olvida de recompensar a los que hacen el bien».

12. 91. Le dijeron: «¡Por Allah! Es cierto que Allah te prefirió a ti sobre nosotros. Y, en verdad, erramos...».

12. 92. Y él les dijo: «Hoy, no os culpéis... El olvido de vuestras faltas Allah os dará, pues Él es una matriz de *rahma*.

12. 93. Tomad mi camisa y ponedla en el rostro de mi padre. Así él recuperará la vista. Y traedme toda junta a vuestra casa».
12. 94. Y así, cuando partía la caravana, dijo su padre: «Percibo el aroma de Yusuf, a menos que esté senil»,
12. 95. Mas le dijeron: «¡Por Allah! Antiguas ilusiones son las tuyas…».
12. 96. Entonces, cuando llegó el portador de la buena nueva y le puso en el rostro la camisa, recobró la vista diciendo: «¿Acaso no os dije que sabía por Allah lo que no sabíais?».
12. 97. Ellos respondieron: «¡Oh, padre nuestro! Pide para que Allah nos alivie nuestras faltas… Ciertamente, nos hemos errado…».
12. 98. Les respondió él: «Pronto pediré para que mi *Rabb* os alivie vuestras faltas, pues Él es el que alivia toda falta, es el *Rahim*».
12. 99. Así, cuando se presentaron ante Yusuf, acogió a sus padres y les dijo: «¡Entrad en Egipto, seguros, si de Allah es la voluntad!,
12. 100. y condujo a sus padres al trono y prosternados cayeron ante él. Y dijo: «¡Oh, padre! Esta es la interpretación de mi antiguo sueño. Ciertamente, mi *Rabb* lo hizo realidad. Y fue bueno conmigo cuando me sacó de prisión, apartándoos del nomadismo, a pesar de la discordia que el Shaytan dispuso entre mis hermanos y yo. En verdad, mi *Rabb* es el más sutil. Ciertamente, mi *Rabb* todo conoce, todo lo sabe.
12. 101. ¡Oh, mi *Rabb*! Tú, que me diste el Reino y me enseñaste a interpretar los sueños. ¡Creador de los cielos y la tierra! Tú, que eres mi protector en este mundanal mundo y en el próximo, haz que muera entregado a ti y me una a los justos».
12. 102. Esto forma parte de las historias ocultas que Nosotros te revelamos. No estuviste con ellos cuando se pusieron de acuerdo y conspiraron,
12. 103. y la mayoría de la humanidad, a pesar de tu deseo, no confían,
12. 104. y no les pidas recompensa por esto, solo es un recuerdo para todos los mundos.
12. 105. Y cuántos signos hay en los cielos y la tierra, pero pasan sobre ellos con indiferencia.
12. 106. La mayoría no confía en Allah, sino en ídolos.

12. 107. ¿Acaso estarán tan seguros cuando, asediándolos, venga el castigo de Allah o que acontezca la Hora de repente?, ¿sin esperarla?

12. 108. Di: «Sea esta mi Senda, con profunda visión, mis seguidores y yo invitamos a ir hacia Allah ¡Alabado sea Allah! No soy un idólatra...».

12. 109. Y todos los mensajeros que enviamos antes de ti no eran sino hombres comunes a los que les revelamos. ¿No han ido a lo largo de la tierra y han visto cómo acabaron sus ancestros? Ciertamente, la próxima vida es buena morada para los que tienen conciencia de Allah, ¿acaso no usáis vuestra razón?

12. 110. Hasta que la esperanza en los mensajeros se desvanezca y ellos piensen que les mintieron, pero es cuando llegó Nuestro auxilio y salvamos a quien Nosotros quisimos. No podrán rechazar Nuestro castigo ese pueblo de criminales.

12. 111. Ciertamente, en estas historias hay una lección para aquellos que quieran comprender. No es esta narración inventada, es sincera confirmación de lo que se envió en tiempos antiguos, explicación detallada, sobre todo, guía y *rahma* para los creyentes.

13. EL TRUENO

En el nombre de Allah, el *Rahman*, el *Rahim*

13. 1. *Alif, Lam, Mim, Ra*. Son estas aleyas de un Libro que ha sido descendido sobre ti por tu *Rabb*, que es la Verdad, pero la mayoría de la humanidad no cree.

13. 2. Allah es quien alzó los cielos sin pilares que puedas ver, luego se situó en el trono y dispuso el sol y la luna y los hizo orbitar justa meta. Él dispone todos los asuntos, detalla los Signos para que podáis encontraros con vuestro *Rabb* con toda certeza.

13. 3. Y es Él, quien extendió la tierra y situó en ella las estables montañas, ríos y todo tipo de frutas a pares por Él dispuesta. Él cubre la noche con el día. En verdad, esos son Signos para la gente que medita.

13. 4. Hay en la tierra solares vecinos, viñedos, grano y palmeras de una sola raíz y otras con varias, regadas con agua, la misma, pero Nosotros hacemos que unos sean mejores que los otros en el paladar. En verdad, en eso hay Signos para la gente que medita.

13. 5. Y si te extrañas, extráñate al ellos decir: «Cuando polvo seamos, ¿de verdad que seremos creados de nuevo?». Sean esos los cafres con su *Rabb*, esos con argollas en sus cuellos, esos compañeros del Fuego en el que estarán por toda la eternidad.

13. 6. Y te piden que apresures lo malo sobre lo bueno, aunque ya hubo antes ejemplares castigos, mas es tu *Rabb* quien alivia de sus errores a la humanidad, aun réproba sea. Ciertamente, también tu *Rabb* es severo en sus castigos.

13. 7. Pero dicen los cafres: «¿Por qué no ha sido descendido a él un Signo de su *Rabb*?». Pero, tan solo, tú eres quien avisa, ya tiene a cada pueblo quien ha de guiarles.

13. 8. Allah bien conoce lo que porta cada mujer y cuándo dilata su matriz y cuándo se contrae. Y toda cosa está medida con Él.

13. 9. Bien conoce lo oculto y lo que atestigua, el Más Grande, el Altísimo.

13. 10. Lo mismo le da que vuestra palabra la guardéis en secreto o la proclaméis, que se esconda en la noche o que vague libremente por el día,

13. 11. pues dos ángeles le custodian de frente y sus espaldas les guardan por mandato de Allah. En verdad, Allah no cambiará la naturaleza de un pueblo hasta que ellos mismos no cambien, pero, si quisiera Allah a un pueblo causarle la desgracia, nadie podría evitarlo. Y no hay salvo Él ningún protector.

13. 12. Él es quien os muestra el rayo, que miedo y esperanza os inspira, Él es quien dispone las pesadas nubes

13. 13. y glorifica el trueno con su alabanza y los ángeles que le temen. Él envía los rayos y golpea con ellos a quien Él quiere, mientras ellos discuten sobre Allah. Y Él es de poderosos planes.

13. 14. De Él es la invocación verdadera y aquellos que invocan a otros más allá de Él, nadie respondiere. Es como el que extiende sus brazos para tocar el agua con la boca, mas extiende su boca y nunca llegará. Y vana es la invocación de los cafres.

13. 15. Y ante Allah se postra todo lo que está en los cielos y la tierra, por su voluntad o contra su voluntad, así como sus sombras en las mañanas y en los atardeceres. ۩

13. 16. Di: «¿Quién es el *Rabb* de los cielos y la tierra?», di: «Allah. ¿Acaso habéis tomado otros como protectores en vez de Él? Si no tienen poder para beneficiar ni tampoco dañar». Di: «¿Acaso son iguales un ciego y un vidente? ¿Son iguales las tinieblas y la luz? ¿Crearon aquellos que asocian con Allah algo similar a Su creación que no se pueda distinguir?». Proclama: «Allah es el creador de todas las cosas y es Él el Uno, el que siempre prevalece.

13. 17. Desciende Él de los cielos el agua que fluye por los ríos según como sean estos, así lleva el torrente una espuma alzada que es como la espuma ígnea tras fundir joyas y utensilios». De esa forma os habla Allah de la verdad y la mentira,

pues la espuma desparece, pero el agua que beneficia a la humanidad permanece en la tierra. De este modo, Allah os da los ejemplos.

13. 18. Aquellos que respondan a su *Rabb* tendrán prebendas, mas los que a Él no le respondan para ellos, aun sean los dueños de la tierra en su totalidad y la den como pago, sea terrible el ajuste de sus cuentas. Y sea su morada la Gehena y sea su descanso maldito.

Hizb 26

13. 19. Mas, quien conozca aquello que ha sido descendido sobre ti, pues tu *Rabb* es la Verdad, pero ¿será igual que el ciego? Tan solo del recuerdo se benefician aquellos de corazón cuerdo,
13. 20. aquellos que cumplen la alianza de Allah y no rompen lo pactado,
13. 21. aquellos, que religados al mandato de Allah, al que Él ha mandado unirse, humildes con su *Rabb,* temiendo que mal se ajusten las cuentas,
13. 22. aquellos que con paciencia anhelan el semblante de su *Rabb* y establecen la azalá y donan aquello de lo que Nosotros le hemos provisto en secreto y en público, que rechazan con lo bueno el mal. Ellos son los que tendrán un hogar
13. 23. en los jardines del Edén. En ellos entrarán los justos entre sus padres y esposas y progenie, y los ángeles entrarán con ellos por cada puerta:
13. 24. «*Salam* sobre vosotros, pues habéis tenido paciencia, así que excelente será la morada final».
13. 25. Y aquellos que rompen el pacto de Allah tras haberlo contraído, rompiendo el mandato de Allah, comprometiéndose con la corrupción en la tierra. Esos sean los malditos y tendrán una morada terrible.
13. 26. Allah extiende su provisión a quien Él quiere e, igualmente, la restringe. Mas, quienes se regocijan en la vida mundana y no es la vida mundana, sino un instante sobre la que habrá de venir.

13. 27. Y dicen los cafres: «¿Por qué no ha sido descendido sobre él un Signo de su *Rabb*?», respóndeles: «En verdad, Allah es quien hace yerrar a quien quiere y guía a quien a Él retorna».

13. 28. Aquellos que creyeron en sus corazones gozaron con el recuerdo de Allah, pues en el recuerdo de Allah está el sosiego de los corazones

13. 29. para aquellos que crean y obren justamente. ¡Qué bendita alegria sea para ellos! ¡Qué bello sea su lugar de retorno!

13. 30. Así, Nosotros te hemos enviado a una comunidad, como otras ya lo vivieron antes, para que recites sobre ellos lo que Nosotros te hemos inspirado, mas son ellos cafres con el *Rahman*. Diles: «Él es mi *Rabb* y no hay dios sino Él. A Él me entrego por completo y a Él he de volver».

13. 31. Y si hubiese un Corán con el que pudieran moverse las montañas, rasgarse la tierra o hacer hablar a los muertos... ¡Ay, no! Todo está en el mandato de Allah, ¿acaso no saben los creyentes que si Él hubiera querido toda la humanidad sería bien guiada? No conocen los cafres que les golpearía una catástrofe por lo que yerran o bien tendrá lugar cerca de sus hogares hasta que llegue lo destinado por Allah. En verdad, Allah no faltará a Su promesa.

13. 32. Y, en verdad, se burlan de los mensajeros que antes de ti llegaron, mas les di un respiro a los cafres... Ya les alcancé y ¡cómo fue Mi castigo!

13. 33. ¿Acaso no es Él quien mantiene a cada ser según lo que ganó? Aun así, dicen que Allah tiene compañeros... Di: «¡Nombradlos! O ¿les informaréis de algo en la tierra que Él no conozca? o ¿acaso son palabras vacías?». ¡Ay, no! Se han embellecido para los cafres su complot, son apartados de la senda. Y es que a quien hace yerrar Allah jamás podrá encontrar guía alguna.

13. 34. Habrá un castigo en esta vida mundana y, ciertamente, en la que ha de venir será más terrible aún. Y no habrá quien les proteja de Allah.

13. 35. Sea un ejemplo el Jardín, prometido a los que tienen conciencia de Allah, donde arroyos fluyen bajo sus pies, con alimento y sombra eternos. Que sea el fin de aquellos que tuvieron conciencia de Allah y que sea el fin de los cafres el Fuego.

13. 36. Y aquellos a los que Nosotros le dimos el Libro se alegran de lo que sobre ti hemos descendido, pero hay otros que reniegan una parte. Respóndeles: «Tan solo tengo un mandato de reconocer a Allah y no idolatrar a otros. A Él invoco, a Él he de volver».

13. 37. Y así lo hemos descendido como sabiduría en árabe. Si sigues tus deseos después de que a ti haya venido el conocimiento, no habrá un aliado o quién te proteja de Allah.

13. 38. Y, ciertamente, que Nosotros enviamos a mensajeros antes de ti y les dimos esposa y progenie. Y ninguno de los mensajeros trae un Signo de Allah, salvo que dé permiso. Para cada era hay un Libro.

13. 39. Abroga y confirma Allah lo que Él quiere, pues Él tiene la matriz del Libro.

13. 40. Y, en verdad, te mostramos una parte de lo que les prometimos, pues si Nosotros causamos tu muerte, tan solo te incumbe el transmitirlo y a Nosotros ajustar las cuentas.

13. 41. ¿Acaso no ven lo que Nosotros hicimos en la tierra reduciendo sus límites? Allah dispone y nadie puede enmendar Su disposición, es Él raudo al ajustar las cuentas.

13. 42. Y, en verdad, cómo conspiraron los antiguos, pero de Allah depende el éxito de todo complot. Él conoce lo que cada uno merece y los cafres ya sabrán para quién es la morada final.

13. 43. Dicen los cafres: «¡Tú no eres un enviado!», respóndeles: «Allah es suficiente como testigo entre vosotros y yo, y entre aquellos que conocen el Libro».

14. IBRAHIM

En el nombre de Allah, el *Rahman*, el *Rahim*

14. 1. *Alif, Lam, Ra.* Un Libro que Nosotros hemos descendido sobre ti para que puedas sacar a la humanidad de las tinieblas, hacia la luz con permiso de su *Rabb*, al sendero del Poderoso, el Digno de toda Alabanza,

14. 2. Allah es a quien pertenece todo lo que hay en los cielos y en la tierra. ¡Ay de los cafres que les espera un castigo terrible!

14. 3. Son aquellos quienes aman más la vida mundana que la que habrá de venir y estorban en el camino de Allah, anhelando que sea sinuoso, esos yerran tanto…

14. 4. Y Nosotros no os enviamos mensajeros sino para que en la lengua de sus pueblos claramente les explicaran. Mas, extravía Allah a quien Él quiere y guía a quien Él desea. Y es Él el Poderoso, el Sabio.

14. 5. Y, en verdad, Nosotros enviamos a Musa con Nuestros Signos: «Saca a tu pueblo de las tinieblas hacia la luz y recuérdales los días de Allah». En verdad, en ello hay signos para todo aquel que sea paciente y agradecido.

14. 6. Y cuando dijo Musa a su pueblo: «Recordad el favor de Allah sobre vosotros cuando Él os salvó de la gente de Faraón, ellos os hacían llegar un diabólico castigo, degollaban a vuestros hijos y dejaban vivas a vuestras mujeres. Es con esto que os probó vuestro *Rabb*, Excelso».

14. 7. Y cuando proclamó vuestro *Rabb*: «Si sois agradecidos, de seguro, tanto más os daré, mas, si cafres sois, Mi castigo será terrible».

14. 8. Y replicó Musa: «Si sois cafres vosotros y cualquiera que esté sobre la tierra, Allah nada necesita, es el Digno de Alabanza».

14. 9. ¿Acaso no vino a vosotros lo que les ocurrió a aquellos que estuvieron antes que vosotros, del pueblo de Nuh, de 'Ad, de Thamud y de sus sucesores, que tan solo Allah los conoce? A ellos vinieron mensajeros con pruebas irrefutables, más pusieron sus manos sobre sus bocas y les dijeron: «En verdad, somos cafres ante el mensaje que traen y, en verdad, dudamos que aquello a lo que nos invitas es sospechoso».

14. 10. Les respondieron los mensajeros: «¿Podéis tener sobre Allah duda alguna? Es pues creador de los cielos y la tierra. Él os invita a que olvidéis vuestras faltas y os emplaza a un llamamiento que ocurrirá». Ellos les dijeron: «¡No! Tan solo sois mortales como nosotros, si deseáis desligarnos de los dioses de nuestros ancestros, traednos, pues, una prueba con autoridad irrefutable».

14. 11. Los mensajeros les respondieron: «En verdad, tan solo somos mortales como vosotros, pero Allah otorga Su favor a quien Él quiere de entre sus siervos. Nosotros no podemos traeros la autoridad si no es con el permiso de Allah. Y es a Allah a quien se entregan los que son dignos de toda confianza.

14. 12. Y es que cómo nosotros no vamos a entregarnos a Allah si es Él que nos ha guiado en nuestro caminar, tendremos, pues, paciencia con tanta molestia que nos causáis. Y aquel que a Allah se entregue, que se entregue al completo».

14. 13. Mas, dijeron los cafres a sus mensajeros: «En verdad, os expulsaremos de nuestras tierras si no volvéis a nuestras creencias». Pero les reveló su *Rabb*: «Nosotros destruiremos a los réprobos

14. 14. y ocuparéis la tierra tras ellos. Sea esto para quien tema estar tras de Mí, para quien tema Mi amenaza».

14. 15. Buscaron la victoria, mas el desencanto llega a cada obnubilado tirano,

14. 16. pues frente a él está la Gehena en la que les harán beber un agua hedionda

14. 17. que sorberán y a duras penas serán capaces de tragar. Y le acechará la muerte en cada lugar, mas no llegarán a morir. Les afrenta un horrendo castigo.

14. 18. Tomad como ejemplo a aquel cafre con su *Rabb,* pues sus acciones serán como cenizas sopladas por un vendaval, un día

tormentoso. No tendrán recompensa alguna ya que mucho yerraron.

14. 19. ¿Acaso no ves que Allah ha creado los cielos y la tierra con una realidad? Si Él quisiera los eliminaría y traería una creación totalmente nueva.

14. 20. Y eso no es nada para Allah, tan poderoso.

14. 21. E irán raudos ante Allah todos y, entonces, dirán los débiles de aquellos que fueron arrogantes: «En verdad, nosotros os seguimos, ¿podréis hacer algo contra el castigo de Allah?». Ellos responderán: «Si Allah nos hubiere guiado, os habríamos guiado a vosotros, da igual que nos desesperemos o tengamos paciencia, ya, para nosotros, no hay posibilidad de escapar».

14. 22. Y dirá Shaytan cuando decidido este todo asunto: «En verdad, Allah os prometió una promesa cierta y yo, tan solo, os prometí algo, pero os fallé. Y no tuve poder alguno sobre vosotros, tan solo para invocaros y me respondisteis. ¡Ahora no me maldigáis, sino maldeciros a vosotros mismos! No puedo ayudaros, ni podréis ayudarme. En verdad, niego que me asociarais con Allah desde antes», ciertamente, los réprobos tendrán un doloroso castigo.

14. 23. Mas, admitidos sean quienes creyeron e hicieron obras justas en jardines bajo los que riachuelos fluirán y en los que por toda la eternidad, con el permiso de su *Rabb*, permanecerán saludándoles con: «¡*Salam*!».

14. 24. ¿Acaso no ves cómo Allah pone como ejemplo una buena palabra que es semejante a un árbol sano, enraizado con firmeza y cuyas ramas se alzan en el cielo,

14. 25. dando fruto todo el tiempo con el permiso de su *Rabb*? Allah, así, da ejemplos a la humanidad. Puede que, de esa forma, recuerden.

14. 26. Mas, una palabra mala es como un árbol enfermo, sin raíces firmes, en la superficie de la tierra, sin estabilidad alguna.

14. 27. Enraíza Allah a aquellos que creen con palabra firme en esta vida mundana y en la que ha de venir, mas hace yerrar Allah a los impíos y Allah hace lo que quiere.

14. 28. ¿Acaso no ves quiénes cambian el favor de Allah por ser cafres y sitúan a su pueblo hacia la morada de la destrucción?

14. 29. En la Gehena consumiéndoles entrarán y qué mala morada habrá de ser.

14. 30. E hicieron que Allah tuviera iguales y de su Senda tantos otros yerraron. Di: «¡Gozad! Mas, en verdad, vuestro final en el Fuego está».

14. 31. Comunica a Mis siervos que confíen, que establezcan la azalá y que, secreta y públicamente, donen de lo que Nosotros les hemos provisto antes de que irrumpa un Día en el que no haya ni comercio ni amistad.

14. 32. Allah es el único que ha creado los cielos y la tierra, que desciende del cielo el agua, a través de la cual emergen los frutos de vuestro sustento. Dispone para vosotros de naves para que podáis surcar el mar a Su orden. Dispone para vosotros de ríos,

14. 33. dispone para vosotros el sol y la luna en ciclos constantes, dispone para vosotros el día y la noche.

14. 34. Y Él os da todo lo que le habéis pedido, si contarais todos los favores de Allah, no seríais capaces de hacerlo. En verdad, la humanidad es tan ingrata, tan cafre…

14. 35. Y cuando dijo Ibrahim: «¡*Rabb* mío! Haz esta ciudad salva, evita que mis hijos y yo adoremos a los ídolos.

14. 36. ¡*Rabb* nuestro! En verdad, cuánta gente han hecho yerrar… Quien me siga, pues, que pertenezca a mi casa, mas quien me desobedezca… ¡Tú eres, ciertamente, el que toda falta alivia, el *Rahim*!».

14. 37. ¡*Rabb* nuestro! En verdad, me he asentado con mi progenie en un valle sin labrar próximo a Tu Casa sagrada ¡Oh, *Rabb* que ellos establezcan la azalá! ¡Moldea los ardientes corazones de la humanidad para que se aproximen al otro! ¡Provéeles con frutos! Quizás así sean agradecidos.

14. 38. ¡*Rabb* nuestro! En verdad, qué bien conoces lo que ocultamos y lo que proclamamos. Pues nada hay que esconda a Allah ni en la tierra, ni en los cielos.

14. 39. Loado sea Allah, quien me ha dado siendo un viejo a Ismail y a Ishaq. En verdad, mi *Rabb* toda invocación la escucha.

14. 40. ¡*Rabb* nuestro! ¡Haz que establezca la azalá, así como toda mi progenie, ¡*Rabb* nuestro!, ¡acepta esta invocación!

14. 41. ¡*Rabb* nuestro! ¡Alivia todo error en mí, en mis padres y en los creyentes el Día que se ajusten las cuentas!

14. 42. Y no piensas que Allah desconoce lo que hacen los réprobos, en verdad, solo les da un respiro hasta que un Día en el que miren con desorbitados ojos,

14. 43. apresurados, alzando sus cabezas, incapaces de desviar sus miradas y sus corazones vacíos.

14. 44. ¡Avisa a la humanidad sobre un Día en el que ha de llegar el castigo! Entonces dirán los réprobos: «¡*Rabb* nuestro! Alarga un poco más el plazo para que contestemos a Tu llamada y sigamos a Tus mensajeros», mas no jurasteis antes que no habría ningún final para vosotros…

14. 45. y vivisteis en las mismas casas de aquellos que erraban contra sí mismos y se os mostró cómo hicimos con ellos, pues Nosotros os dimos ejemplos.

14. 46. Y aunque ellos su plan planearon, estaban ante Allah y lo sabía, incluso su plan hubiese sido mover montañas.

14. 47. Así que no pienses que Allah falta a Su promesa con Sus mensajeros, pues, en verdad, es Poderoso, quien ha de retribuir.

14. 48. Sea un Día sustituida la tierra por otra tierra y los cielos por otros, y ellos vendrán ante Allah, el Uno, que siempre prevalece.

14. 49. Y verás a los culpables ese Día atados juntos por una cadena,

14. 50. con ropajes de alquitrán y cubiertos sus rostros de Fuego.

14. 51. Sea la recompensa de Allah a lo que cada uno hizo. En verdad, Allah es raudo en retribuir.

14. 52. Este es un mensaje para la humanidad, para que sean advertidos y conozcan que Él es el único Dios y para que tomen consejo aquellos que tengan un corazón cuerdo.

Juz 14

۞ Hizb 27

15. HIJR

En el nombre de Allah, el *Rahman*, el *Rahim*

15. 1. *Alif, Lam, Ra.* Son estas las aleyas de un Libro y de un Corán clarificado.
15. 2. Quizás desearon aquellos cafres haber estado pacificados,
15. 3. Mas, déjales que coman y gocen, que esperanzados se distraigan, pues pronto van a conocer…
15. 4. Y jamás Nosotros destruimos ningún pueblo sin que se decretase con conocimiento.
15. 5. Ninguna comunidad puede adelantar o posponer lo que fijado está.
15. 6. Mas, te replican: «¡Ay! ¿A ti es sobre quien ha descendido el recuerdo? De verdad que un poseso eres…
15. 7. ¿Por qué no nos traes ángeles? Si es que dices la verdad…».
15. 8. No haremos descender los ángeles salvo con la Verdad y, entonces, ya no habrá demora.
15. 9. En verdad, Nosotros hemos descendido el recuerdo y, ciertamente, Nosotros somos sus guardianes.
15. 10. Y es que, ciertamente, Nosotros enviamos a otros antes de ti a los distintos pueblos de la antigüedad,
15. 11. mas, ciertamente, ninguno de los mensajeros que a ellos vino estuvo libre de escarnio.
15. 12. Así es como Nosotros intentamos entrar en los corazones de los réprobos,

15. 13. pero no confían en ello, aún conocen lo que a los antiguos les acontenció.
15. 14. Y aunque Nosotros les abriéramos una puerta en el Cielo, pudiendo a él ascender,
15. 15. seguro que dirían: «En verdad es que deslumbrados están nuestros ojos ¡Ay, no! tan solo hemos sido hechizados...».
15. 16. Pero, ciertamente, Nosotros dispusimos en los cielos las constelaciones del zodiaco, tan bellas para quienes las observan,
15. 17. protegidas por nosotros de cualquier Shaytan maldecido.
15. 18. Mas, si uno de estos escucha sin permiso, le hostiga una estrella flamígera.
15. 19. Y la tierra que Nosotros allanamos, aferrando a ellas las montañas y haciendo crecer cada cosa en perfecta mesura.
15. 20. Nosotros dispusimos para vosotros, así como para todas las formas de vida que tú no provees, sustento
15. 21. y, ciertamente, no hay cosa que Nosotros no dispongamos de Nuestras alhajas, mas nunca lo hacemos descender si no es con medida exacta.
15. 22. Y Nosotros os mandamos los vientos fértiles y hacemos descender del cielo agua que os la damos para que bebáis, pero no la sabéis conservar.
15. 23. ¡Somos Nosotros quien os damos la vida y os causamos la muerte! ¡Nosotros somos los herederos!
15. 24. Y qué bien conocemos a los que se adelantan de entre vosotros y a los que, en verdad, se retrasan,
15. 25. mas, en verdad, tu *Rabb*, Él es quien ha de reunirles a todos. En verdad, es el Sabio, el que todo conoce.
15. 26. Creamos Nosotros a la humanidad de enjuta arcilla proveniente de oscuro limo
15. 27. y a los *jinn* Nosotros los creamos, tiempo ha, de fuego chispeante.
15. 28. Y cuando les dijo tu *Rabb* a los ángeles: «En verdad, Yo he creado al ser humano de enjuta arcilla proveniente de oscuro limo,
15. 29. cuando armoniosamente lo moldee y exhale sobre él Mi Espíritu, caed ante él prosternados».
15. 30. Así se prosternaron los ángeles, todos ellos juntos,
15. 31. salvo Iblis. Él rechazó estar con los que se postraron.

15. 32. Él dijo: «¡Oh, Iblis! ¿Qué te ocurre que no estás con los que se prosternan?».
15. 33. Le respondió: «No me prosternaré ante un ser mortal que Tú has creado de enjuta arcilla proveniente de oscuro limo».
15. 34. Él le dijo: «Entonces te irás. En verdad, que maldito seas,
15. 35. que sobre ti sea la maldición hasta el Día del juicio».
15. 36. Le replicó: «¡Oh, mi *Rabb*! Permíteme aplazarlo hasta el Día de la resurrección».
15. 37. Él le dijo: «Así, en verdad, seas de los que se les aplaza
15. 38. hasta el Día del instante conocido».
15. 39. Respondió: «¡*Rabb* mío! Ya que Tú me desviaste, yo tengo que afiligranarles en la tierra y a todos desviarles,
15. 40. salvo a Tus siervos sinceros».
15. 41. Él le dijo: «Este es un sendero recto hacia Mí,
15. 42. en verdad, sobre mis siervos no tienes ninguna autoridad, salvo aquellos que te sigan desviándose».
15. 43. En verdad, la Gehena es el lugar prometido de todos ellos.
15. 44. Siete puertas tiene y cada puerta tiene asignados un grupo de ellos.
15. 45. En verdad, los que tienen conciencia de Allah estarán entre jardines y arroyos,
15. 46. «¡Entrad en ellos con paz y seguridad!».
15. 47. Extraeremos de sus pechos el rencor que quede, serán como hermanos reclinados en sus solios, unos frente a otros,
15. 48. no les llegará el hastío, ni de allí habrán de irse.
15. 49. Informa a mis siervos que Yo soy el que toda falta alivia, tan matricial.
15. 50. Mas, sea Mi castigo será el más doloroso.
15. 51. Y cuéntales sobre los huéspedes de Ibrahim
15. 52. cuando entraron donde estaba él y dijeron: «¡*Salam*!», y él respondió: «En verdad, nos dais pavor».
15. 53. Ellos le replicaron: «¡No temas! En verdad, te traemos la buena nueva de un muchacho culto».
15. 54. Les dijo él: «¿Me estáis dando esa buena nueva, pues aún soy un viejo? ¿Qué es eso tan bueno?».
15. 55. Ellos le respondieron: «Nosotros te traemos la buena nueva de la Verdad, así que no desesperes».

15. 56. Dijo él: «Mas quién podría desesperarse ante la *rahma* de su *Rabb* sino uno que yerra»,
15. 57. y les preguntó: «Entonces, ¿qué os trae por aquí Mensajeros?».
15. 58. Le respondieron: «En verdad, se nos envía a un pueblo lleno de criminales,
15. 59. salvo a la familia de Lut. En verdad, a ellos los salvaremos a todos,
15. 60. excepto a su mujer, pues Nosotros hemos decretado que se quede atrás».
15. 61. Así, cuando llegaron a la familia de Lut los Mensajeros,
15. 62. él dijo: «Ciertamente, sois extranjeros».
15. 63. Ellos respondieron: «¡No! Nosotros venimos a ti con lo que ellos dudando disputaron,
15. 64. pues te traemos la Verdad y, ciertamente, somos sinceros.
15. 65. Así que viaja con tu familia al rasgar la noche y seguid, que ninguno de vosotros se vuelva e id donde se os manda».
15. 66. Y Nosotros sentenciamos este mandato y hasta el último de ellos sería despedazado al amanecer.
15. 67. Y la gente de la ciudad con desvergonzado jolgorio irrumpió.
15. 68. Mas, él dijo: «En verdad son estos mis huéspedes, no los avergoncéis.
15. 69. ¡Tened conciencia de Allah y no hagáis que humillado sea!».
15. 70. Ellos dijeron: «¿Acaso no te prohibimos que hospedaras a nadie?».
15. 71. Respondió él: «He aquí mis hijas, si queréis hacerlo, hacedlo correctamente…».
15. 72. ¡Por tu vida! En verdad, ebrios erraban ciegamente
15. 73. y a ellos le sorprendió el amargo grito al alba.
15. 74. Así, Nosotros transformamos lo alto en bajo e hicimos llover sobre ellos adoquines de barro cocido.
15. 75. En verdad, hay ahí Signos para los que interpretan.
15. 76. Y, ciertamente, está en un camino que aún pervive,
15. 77. es ello un Signo para los creyentes.
15. 78. Y la gente del bosque, esos sí que fueron depravados,
15. 79. mas cómo de ellos Nos vengamos y ambos yacen en el camino claramente.
15. 80. Y, en verdad, renegaron la gente de *Hijr* de los mensajeros,

15. 81. aunque les dimos Nuestras aleyas, pero prefirieron dar la espalda.
15. 82. Y excavaban en las montañas sus casas, tan confiados,
15. 83. Mas, cómo les sorprendió el amargo grito al alba
15. 84. y de nada les sirvió todo lo que acumulaban.
15. 85. Pues Nosotros no hemos creado los cielos y la tierra, y todo lo que habita entre ellos, sino con un sentido. Y, en verdad, la hora llegará, ahora tú sopórtalos con elegancia.
15. 86. En verdad, tu *Rabb* es el Creador, el Omnisciente
15. 87. y, por ello, te hemos otorgado en siete partes continuas el sublime Corán.
15. 88. ¡No envidien tus ojos los gozos que os hemos concedido! ¡Qué no haya tristeza en ellos! ¡Sé humilde con los creyentes!
15. 89. Di: «¡En verdad, tan solo vengo a dar un claro aviso!»,
15. 90. como Nosotros les descendimos división
15. 91. a aquellos que hacen trizas el Corán.
15. 92. ¡Sea por tu *Rabb* que preguntaremos a todos ellos
15. 93. de todo lo que solían hacer!
15. 94. Así que proclama lo que a ti se te ordena y aléjate de los idólatras.
15. 95. En verdad, Nosotros somos suficientes para ti ante los que te escarnian,
15. 96. ante los que ponen a Allah junto a otro dios, qué pronto conocerán…
15. 97. Y bien conocemos Nosotros que se estrecha tu pecho por lo que dicen,
15. 98. mas, tú loa a tu *Rabb* y sé de los que se prosternan ante Él.
15. 99. Y sirve a tu *Rabb* hasta que venga a ti lo inexorable.

16. LA ABEJA

En el nombre de Allah, el *Rahman*, el *Rahim*

16. 1. ¡Sea la venida del mandato de Allah! Mas no estéis impacientes… ¡Alabado sea Él! ¡Exaltado sea Él sobre lo que lo asocian!
16. 2. Desciende a los ángeles con la inspiración de Su mandato a los siervos que Él quiere, otorgando Su advertencia: «¡No hay dios que no sea Yo! ¡Sed así conscientes!».
16. 3. Él creó los cielos y la tierra con un fundamento. ¡Qué lejos está de quienes Le asocian!
16. 4. Él creó al ser humano de líquido eyaculado y, sin embargo, se considera un claro oponente…
16. 5. Y los rebaños… ¡Él los creó para vosotros! Abrigo y otras ventajas tenéis y de ellos os alimentáis
16. 6. y para vosotros hay belleza cuando los recogéis o los conducís a pastar.
16. 7. Ellos portan pesadas cargas a países lejanos, que no podríais portar sino con mucha dificultad. Ciertamente, es vuestro *Rabb*. Él es todo suavidad, es pura *rahma*.
16. 8. Y a los caballos, las mulas y los burros para que os sirvan de montura y aderezo, y crea Él cosas que ni siquiera sabéis.
16. 9. Sobre Allah se establece la dirección al Sendero y algunos de él se desvían. Si Él hubiera querido, todos habríais sido dirigidos.
16. 10. Él es quien hizo descender el agua del cielo, de ella bebéis y con ella emerge el pasto para vuestro ganado,
16. 11. con ella crecen el grano, los olivos, las palmeras, las viñas y todos los frutos. Un Signo es, ciertamente, para la gente que medita.

16. 12. Y rige la noche y el día, el sol y la luna, y las estrellas para vuestro beneficio. Un Signo es, ciertamente, para la gente que medita.

16. 13. Y para vosotros multiplicó en la tierra muchos colores. Un Signo es, ciertamente, para la gente que reflexiona.

16. 14. Él rige el mar para que os beneficie, para que de él comáis carne fresca y tengáis aderezos que portar. Y contempla las naves cortando las olas, buscando Su generosidad. Quizás así seáis agradecidos…

16. 15. Y Él arraigó firmemente en la tierra las montañas, evitando que sobre vosotros caigan, y dispuso ríos y caminos. Quizás así seáis agradecidos…

16. 16. y lindes y astros con los que ellos pueden guiarse.

16. 17. ¿Acaso el Creador es como aquel que no crea? ¿Por qué no recapacitáis?

16. 18. Y no podríais contar los gozos que Allah dispuso para vosotros. Ciertamente, Allah todo lo alivia, todo lo vivifica.

16. 19. Y Allah sabe lo que ocultáis y todo lo que mostráis…

16. 20. Y aquellos que ellos invocan en vez de Allah no crean nada, creados tan solo son.

16. 21. Están muertos, pues vivos no lo están. Y ni siquiera saben cuándo se les alzará.

16. 22. Vuestro dios es Uno. Mas, quien a Él le niega son corazones que no confían en la vida que habrá de venir, ellos son arrogantes…

16. 23. No hay duda de que Allah bien sabe lo que ellos guardan y lo que muestran… Él, en verdad, no ama a los arrogantes.

16. 24. Y cuando se les dice: «¿Qué ha descendido vuestro *Rabb*?», responden: «¡Antiguas fábulas!».

16. 25. Cargarán así con toda su carga el Día de la Alzada, cargas que no llevan nada de conocimiento, que extravían. Sin duda es una nefasta carga…

16. 26. Ciertamente, otros, antes que ellos, conspiraron, mas Allah arremetió contra los cimientos de lo que ellos habían construido y el techo sobre ellos se desplomó. Sobrevino el castigo donde no fueron capaces de percibirlo.

16. 27. Así, en el Día de la Alzada, Él con la vergüenza les agraviará
y les dirá: «¿Dónde están los ídolos? ¿Dónde están aquellos
que sobre Mí oponíais?». Y a quien le haya sido dado el
conocimiento dirán: «Sea la vergüenza este Día y la desgracia
sobre aquellos que fueron unos cafres,
16. 28. a quienes, cuando los tomaron los ángeles, eran injustos
consigo mismos». Ellos se ofrecerán en paz: «¡No hacíamos
nada malo!». Sí, sí que lo hicisteis… ¡Bien lo sabe Allah!
16. 29. Así que entrad por las puertas de la Gehena. ¡Por siempre
permaneceréis! ¡Maldita sea la morada de los arrogantes!
16. 30. Y a los que tuvieron conciencia de Allah les dirán: «¿Qué
descendió vuestro *Rabb*?», y responderán: «¡El bien!». Quienes
obren bien en esta mundanal vida recibirán bella recompensa,
más la morada próxima será mejor. ¡Qué placentera es la casa
de los justos!
16. 31. Accederán a los jardines del Edén en los que debajo fluyen
riachuelos. Se les otorgará lo que deseen. Así es como Allah
recompensa a los que tienen conciencia de Él,
16. 32. a quienes, cuando los tomaron los ángeles, estaban purificados
se les dirá: «¡Sea sobre vosotros el *salam*! ¡Entrad en el Jardín
por todo lo que hicisteis!»
16. 33. ¿Acaso esperan que vengan los ángeles o que sea el mandato
de tu *Rabb*? Así lo hicieron los antiguos… Y no fue Allah
injusto con ellos, ellos eran injustos consigo mismos,
16. 34. les alcanza la corrupción de sus acciones y les asediará aquello
de lo que se burlaban.
16. 35. Dirán los idólatras: «Si Allah quisiera, ni nosotros ni
nuestros ancestros hubiéramos reconocido nada salvo a Él.
No habríamos hecho nada prohibido sin Su permiso». Así
lo hicieron los antiguos. ¿Acaso no han hecho otra cosa los
mensajeros que transmitirlo claramente?
16. 36. Y así, Nosotros enviamos a cada comunidad un mensajero que
dijo: «¡Reconoced a Allah y evitad a los falsos dioses!». De
entre ellos, a algunos Allah les guio, otros bien que yerraron…
¡Viajad por la tierra y ved el fin de los que niegan la verdad!
16. 37. Ciertamente, deseas guiarles, mas es Allah el que no quiere
guiarles. ¡Déjales que yerren, no hay auxilio alguno para ellos!

16. 38. Y es que juraron por Allah con recio juramento: «¡Allah no
alzará de nuevo a los muertos!», ¡ay, que no! Esta es promesa
obligada. ¡Qué cierto! Pero el común de ellos no se da cuenta.
16. 39. Ya se lo mostraremos a aquellos que cuestionaban, para que
sepan que los cafres mienten.
16. 40. Solo nuestra palabra basta, cuando Nosotros queremos que
ocurra decimos: «¡Sé!», y es.
16. 41. Y a quienes por Allah tuvieron que partir, pues injustamente les
trataron, les procuraremos belleza en este mundo, mas tendrán
la recompensa aún mejor en el próximo. Si ellos supieran…
16. 42. Son pacientes y a su *Rabb* se entregan.
16. 43. Y no enviamos Nosotros antes de ti sino a hombres a los que
dimos la Revelación, así que preguntad a la gente del recuerdo
si es que no conocéis
16. 44. con señales manifiestas y Escrituras. Y descendimos para ti
también el Recuerdo, para que le expliques a la humanidad
aquello que les ha sido descendido y puedan reflexionar.
16. 45. ¿Acaso deberían sentirse seguros aquellos que conspiran
maldades sin que Allah horade la tierra? Ni se imaginan de
dónde el castigo ha de venir,
16. 46. ni de en qué actividad les sorprenderá y así no podrán escapar,
16. 47. ni que les atemorice poco a poco… Ciertamente, vuestro
Rabb es todo suavidad, es pura *rahma*.
16. 48. ¿Acaso no ven cómo Allah ha creado todo, con una sombra
que se inclina a la derecha y a la izquierda, prosternándose
humildemente ante Allah?
16. 49. Y es que ante Allah todo lo que está en los cielos y la tierra se
prosterna, cada animal que se mueve, cada uno de los ángeles
y estos sin arrogancia alguna.
16. 50. Rendidos ante su *Rabb* que sobre ellos está, haciendo lo que se
les ordena. ۩

Hizb 28

16. 51. Y os dijo Allah: «¡No toméis dos dioses! ¡Él es Uno! ¡Rendíos
ante Mí solo!»,

16. 52. y a Él pertenece todo lo que hay en los cielos y la tierra. Y de Él es el *din* y el liderazgo. ¿Acaso os rendiréis a otro que Allah?

16. 53. No hay placer que no proceda de Allah, mas, cuando sufrís, la adversidad le lloráis a Él,

16. 54. pero, cuando Él elimina la adversidad, he ahí un grupo de vosotros que asocia con otros a vuestro *Rabb*,

16. 55. y así es un cafre con lo que le hemos otorgado… ¡Disfrutad! Por poco tiempo, pues ya sabréis…

16. 56. Y creen que, parte de lo que le hemos dado, proviene de aquello que no tiene conocimiento. ¡Por Allah! Ya se os preguntará por lo que inventasteis.

16. 57. Y atribuyen hijas a Allah. ¡Qué exaltado sea! mas ellos, para sí, no las quieren.

16. 58. Cuando se les anuncia una niña, amargados apartan sus caras, apesadumbrados,

16. 59. escondiéndose de la gente por la mala nueva dada. Cuestionándose si habrá de tenerla con humillación o la enterrará viva… ¡Qué nefasto juicio!

16. 60. Aquellos que no confían en la vida que habrá de venir son ejemplo de la bajeza, mientras Allah es el ejemplo de la grandeza. Y Él ostenta todo poder, Él es quien todo sabe.

16. 61. Si considerara Allah todo el mal que la humanidad hace, no dejaría a ninguna bestia sobre la tierra. Mas, Él lo posterga a un tiempo marcado y, cuando llegue ese tiempo, nunca más podrá posponerse ni adelantarlo.

16. 62. Y otorgan a Allah lo que les disgusta y afirman sus lenguas la falsedad, pretendiendo que les espere lo excelso… Sin ninguna duda que para ellos tendrán el Fuego y serán priorizados…

16. 63. ¡Por Allah! Que mensajeros enviamos antes de ti a todas las comunidades, pero el Shaytan obró en ellas y su aliado es hoy. ¡Hay para ellos un doloroso castigo!

16. 64. Y no te descendimos Nosotros el Libro, sino para que sea una clarificación para ellos que disienten… Y como guía y *rahma* para los creyentes.

16. 65. Y Allah hace descender del cielo el agua, vivificando con ella la tierra que estaba yerma. En verdad, es un signo para los que quieran oír

16. 66. y tenéis en el ganado una lección. Nosotros os damos a beber el contenido de sus vientres, entre hierba rumiada y sangre, leche pura tan apetecible para quienes la beben.

16. 67. Y os damos el dátil de la palmera, y de la vid obtenéis un embriagador jugo y un excelente don. En verdad, es un signo para los que usan la razón.

16. 68. Y reveló tu *Rabb* a las abejas: «Tomad casa en las montañas, en los árboles y en lo que ellos han construido,

16. 69. después comed de todos los frutos y seguid la senda que vuestro *Rabb* os ha facilitado». De sus vientres una bebida de diferentes colores, que en ella hay curación para la humanidad. En verdad, es un signo para los que usan la razón.

16. 70. Y Allah os creó y luego perecer os hará. Entre vosotros a algunos se les dejará llegar a una edad avanzada en el peor de los estados, para que nada conozcan después de todo haber conocido. Es, en verdad, Allah el que todo conoce, el que ostenta el poder.

16. 71. Allah agracia a algunos de vosotros con más que a otros, mas, si a aquellos que fueron favorecidos no ofrecen más sustento a sus siervos, puede que lleguen a igualarse con ellos. ¿Acaso vais a rechazar los favores de Allah?

16. 72. Y Allah os otorgó esposas para vosotros, y de ellas hijos y nietos. Os proveyó de cosas buenas… ¿Por qué creen en falsedades y no en los favores de Allah?

16. 73. Y en vez de reconocer a Allah, reconocen a aquello que no puede otorgarle sustentos de los cielos ni la tierra, ni posee poder alguno.

16. 74. ¡No fabriquéis iguales a Allah! Que Allah bien sabe mientras vosotros no sabéis.

16. 75. Os da Allah un ejemplo: un siervo que no tiene poder alguno, pues tiene un señor, y un hombre al que le dimos buena provisión, quien da caridad en secreto y público. ¿Acaso son considerados iguales? ¡Loado sea Allah! ¡Ay, no! Que la mayoría de ellos nada saben…

16. 76. Y os da Allah un ejemplo: dos hombres, mudo es uno de ellos, sin poder para nada y es una carga para su jefe, que donde le

mande no trae nada bueno. ¿Son iguales este hombre que el que ordena justicia y está en el recto sendero?

16. 77. Y es de Allah lo oculto de los cielos y tierra. Y el mandato de la Hora no será sino como un abrir y cerrar de ojos o aún menos... Ciertamente, es Allah el que ostenta poder sobre toda cosa.

16. 78. Y es Allah, Él que os sacó de los vientres de vuestras madres y no sabíais nada. Él os otorga oído, vista y un corazón sintiente. Quizás, de esa forma, seáis agradecidos.

16. 79. ¿Acaso no veis a los pájaros surcar los cielos? Nada los sostiene, excepto Allah. Ciertamente, esos son signos para gente que cree.

16. 80. Y es Allah quien hizo para vosotros hogares y para vosotros de pieles curtidas del ganado hizo tiendas, que tan ligeras os son en el viaje y al acampar. Y de la lana, de su pelaje y de su crin con la que os confortan y os dan cobijo por cierto tiempo.

16. 81. Y es Allah quien hizo para vosotros sombras en la creación y en las montañas abrigos, abrigos que os protegen del calor y de la violencia. Este es Su completo favor. Quizás, de esa forma, halléis el *salam*.

16. 82. Mas, si ellos la espalda volvieran... Tu deber es solo dar el mensaje claro.

16. 83. Ellos conocen el placer de Allah y luego lo niegan. ¡Qué cafres son la mayoría!

16. 84. Y un Día habrá que haremos testificar a uno de cada comunidad y nada permitiremos a los que fueron cafres y ni excusarse podrán,

16. 85. y, cuando contemplen los impíos el castigo, ni aligerado será ni espera tendrán.

16. 86. Y, cuando los idólatras contemplen a esos que asociaron, dirán: «¡*Rabb* nuestro! ¡A estos ídolos invocábamos en vez de invocarte a ti!». Y los ídolos dirán: «En verdad sois mentirosos...».

16. 87. Y ofrecerán a Allah ese Día someterse y se desvanecerán aquellos a los que inventaron.

16. 88. A los cafres obstaculizadores que apartaron a otros de la Senda de Allah, un castigo sobre otro castigo les incrementaremos por la corrupción haber extendido.

16. 89. Y ese Día se alzarán en cada comunidad testigos contra ellos y Nosotros te traeremos a ti como testigo contra esa gente. Así, Nosotros descendimos un Libro que es explicación de toda cosa, como guía y *rahma* y como buena nueva para los que están pacificados.

16. 90. En verdad, Allah ordena la justicia, el bien hacer y la generosidad con la familia y os prohíbe la indecencia, lo reprobable y la opresión. Así os enseña para que recordéis.

16. 91. Y cumplid con Allah el pacto que pactasteis y no rompáis los juramentos después de haberlos pactado, pues pusisteis a Allah como garantía. Ciertamente, Allah conoce todo lo que hacéis.

16. 92. No uséis juramentos para seducir a otros, como la mujer que deshacía el hilo que firmemente había hilado, cumplid vuestros juramentos, aunque una comunidad sea más numerosa que otra. Solo os prueba Allah con eso, y os lo clarificará el Día de la Alzada todo aquello que porfiabais.

16. 93. Y si hubiera querido Allah podría haber hecho una única comunidad, mas Él a quien quiere extravía, a quien quiere dirige. Ya responderéis de lo que hicisteis.

16. 94. Y no utilicéis juramentos para engaños, si no, no podréis sosteneros después de haber estado firmes. Paladearéis la desgracia por haber obstaculizado a otros de la Senda de Allah y qué castigo más terrible tendréis.

16. 95. No vendáis por un bajo precio el pacto con Allah. Ciertamente, tiene Allah algo mejor para vosotros, si vosotros supierais...

16. 96. Final tiene aquello que tenéis; en cambio, lo que Allah tiene subsiste. A los pacientes les daremos una recompensa de acuerdo con lo mejor que hicieron.

16. 97. Al justo, ya sea hombre o mujer, y creyente, Nosotros le daremos una buena vida y una recompensa de acuerdo con lo mejor que hicieron.

16. 98. Así, cuando recites el Corán, busca el refugio contra Shaytan, maldecido,

16. 99. que no tiene autoridad con los que confían y a su *Rabb* se entregan.

16. 100. Solo tiene autoridad con quien le toma como su aliado y quienes lo idolatran.

16. 101. Cuando abrogamos una aleya por otra, y Allah bien conoce lo que descienden, te dicen: «¡Cómo inventas!», pero ¡no! Muchos de ellos nada conocen.
16. 102. Di: «Descendido ha sido por el insondable Espíritu que proviene de mi *Rabb*, con la Verdad, para afianzar a aquellos que creen, que son guiados y traen la buena nueva, es para los que están pacificados».
16. 103. Y conocemos, en verdad, a aquellos que dicen: «A este le enseña un ser humano». Ellos piensan en lengua extranjera, mientras la lengua árabe es clara.
16. 104. Ciertamente, a los que no confíen en los Signos, Allah no les dará guía y se les dará un doloroso tormento.
16. 105. Solo mienten aquellos que no creen en los Signos de Allah… ¡Qué mentirosos son!
16. 106. Quien sea cafre con Allah después de haber confiado en Él, mas no aquel que sea forzado y su corazón contenga confianza, sino el que abra su pecho siendo un cafre, sobre él sea la ira de Allah y qué terrible castigo tendrá.
16. 107. Eso es por haber preferido la vida mundana a la que habrá de venir. Allah no guía a un pueblo de cafres.
16. 108. A ellos son los que Allah ha sellado sus corazones, sus oídos y sus vistas, y por eso ni se preocupan…
16. 109. No cabe duda de que en la vida que habrá de venir serán unos perdedores…
16. 110. Mas, tu *Rabb*, a aquellos que emigraron tras sufrir pruebas y tras haberse esforzado y haber sido pacientes, les aliviará sus faltas, será pura matricialidad
16. 111. el Día que cada ego venga intentando justificarse, cada uno recibirá conforme a sus obras y no habrá injusticia.
16. 112. Y os presenta Allah, como ejemplo, un pueblo que era seguro y tranquilo y que recibía provisión de todos los lugares. Mas, fueron cafres con el favor de Allah, así que Allah les hizo paladear la hambruna y el terror por lo que sus gentes hicieron.
16. 113. Vino un Mensajero que salió de entre ellos, pero de él renegaron. Tremendo castigo les vino por su impiedad.
16. 114. Así que ¡comed de lo que os ha provisto, que es lícito y saludable! ¡Sed agradecidos con Allah! Si es que a Él servís…

16. 115. Tan solo no os es lícito la carroña, la sangre y la carne de puerco y de todo animal sobre el que no se haya invocado el nombre de Allah. Mas, si alguien por necesidad, no por desobediencia, sobrepasando los límites, no pudiere hacerlo, pues Allah alivia toda falta, Allah está pleno de *rahma.*

16. 116. No digáis falsedades, ni que pronuncien vuestras lenguas: «Esto lícito y esto es ilícito», inventando falsedades sobre Allah. Quienes falsedades profieran no serán prósperos,

16. 117. poco disfrute tendrán, para ellos habrá un castigo doloroso…

16. 118. A los judíos ya les prohibimos lo que Nosotros te hemos contado. No fuimos Nosotros injustos con ellos, sino que ellos lo fueron consigo mismos.

16. 119. Luego, en verdad, tu *Rabb,* con los que cometieron el mal por ignorancia, volvieron a nosotros y se tornen justos, les aliviará sus faltas, tendrá *rahma.*

16. 120. Ibrahim fue un ejemplo para: obediente a Allah, *hanif* y no fue un idólatra

16. 121. agradecido con Sus bendiciones. Él lo eligió y le guio de por vida en el recto sendero.

16. 122. Nosotros le bendijimos en este mundo y, también, en la otra, pues era de los justos.

16. 123. Luego te revelamos: «Sigue la fe de Ibrahim que fue *hanif* y no un idólatra».

16. 124. Solo obligamos al *sabbat* a los que lo porfiaron. Ciertamente, tu *Rabb* les juzgará el Día de la Alzada, por todo eso que porfiaron.

16. 125. Llama a la senda de tu *Rabb* con sabiduría y buenos ejemplos. Argumenta con ellos de la forma más elegante. Tu *Rabb* conoce mejor que nadie a quien se extravió y a quien bien dirige.

16. 126. Y si tenéis que castigar, castigad de la misma forma que se os castigó, mas, si tenéis paciencia… ¡Qué sea el bien para los que tienen paciencia!

16. 127. ¡Y sed pacientes! Mas no tendrás paciencia si no es con Allah. Y no te entristezcas por ellos, ni te preocupes por lo que traman.

16. 128. Ciertamente, Allah está con los que tienen conciencia de Él y con los que hacen el bien.

Final del tercer Manzil

Juz 15

۞ Hizb 29

17. EL VIAJE NOCTURNO

En el nombre de Allah, el *Rahman*, el *Rahim*

17. 1. Alabado sea aquel que hizo viajar en la noche desde la Inviolable Mezquita a la Mezquita Lejana, que sus inmediaciones bendijimos para mostrar Nuestros Signos. En verdad, Él es quien todo lo oye, el que profundamente contempla.

17. 2. Y Nosotros le dimos a Musa un Libro y lo hicimos guía para
los hijos de Israel. «No tomaréis otro protector que no sea Yo,
17. 3. sois la progenie de lo que Nosotros llevamos con Nuh». En
verdad, fue un siervo agradecido.

17. 4. Y Nosotros decretamos sobre los hijos de Israel el Libro, que, «en verdad, causaréis la corrupción en la tierra en dos ocasiones y seréis presa de una arrogancia enorme.

17. 5. Mas, cuando, de los dos augurios, el primero se cumplirá, alzamos contra vosotros siervos Nuestros con gran poder y entrarán en el interior de vuestras casas. Sea este augurio cumplido».

17. 6. Luego os dimos la victoria sobre ellos y os reforzamos con más bienes e hijos, haciéndoos a vosotros más numerosos.

17. 7. Ciertamente, si obráis bien será bueno para vosotros mismos, mas el mal se os devolverá. «Así, cuando se cumpla el último augurio, tristes estarán vuestros rostros y entrarán en el Templo como lo hicieron la primera vez y todo aquello que conquisten lo destruirán».

17. 8. Podría ser que vuestro *Rabb*, ciertamente, extienda su *rahma* sobre vosotros, mas, si volvéis a hacerlo, Nosotros también lo haremos. Ya hemos creado una Gehena para los cafres, una cárcel.

17. 9. En verdad, este Corán guía hacia lo que es más recto y da la buena nueva a los creyentes que obran justamente de que habrá una gran recompensa

17. 10. y, para los que no creen en la vida que habrá de venir, les hemos preparado un castigo terrible.

17. 11. E invoca el ser humano tanto el mal como invoca el bien. Y es que el ser humano es tan precipitado...

17. 12. E hicimos Nosotros la noche y el día como dos Signos: extíngase el Signo en la noche y sea visible el Signo en el día, para que busquéis la generosidad de vuestro *Rabb* y así conozcáis los años y cómo contarlos. Todo os lo explicamos de forma clara.

17. 13. Y a cada humano Nosotros le atamos un hado a su cuello y lo mostraremos el Día de la Alzada como si fuese un libro que encontrará abierto:

17. 14. «¡Lee lo que has escrito! Suficiente hoy eres tú mismo para saldar tus cuentas...».

17. 15. Aquel que es guiado es para su propio bien, es la guía, mas aquel que yerra tan solo contra sí mismo yerra. Y nadie ha de cargar con las cargas de otro, pues Nosotros nunca hemos castigado hasta que mandamos un Mensajero.

17. 16. Y, cuando Nosotros decidimos arrasar una ciudad, prescribimos a los ricos, pero ellos desafían con tal arrogancia... ¡He ahí la prueba contra ellos que se ejecuta! Y con destrucción les destruimos.

17. 17. Y, a cuántos pueblos destruimos tras la generación de Nuh. ¡Bien sabe tu *Rabb* de las faltas de sus siervos! ¡Qué profundamente las contempla!

17. 18. Para aquel que anhela lo inmediato, avivados le otorgamos lo que quiere a quien queremos, mas luego Nosotros hemos hecho para él la Gehena donde ha de arder tan desgraciado, tan reprobado...

17. 19. Quien desea lo que habrá de venir y hace un esfuerzo por ello, siendo un creyente sincero, entonces su esfuerzo será gratificado.

17. 20. A cada uno de ellos le daremos los dones de tu *Rabb*, pues a nadie se le niegan los dones de tu *Rabb*.

17. 21. ¡Contempla, pues, como Nosotros preferimos a uno sobre otros! Pues, en aquello que habrá de venir, habrá altos grados con mayor distinción.

17. 22. No hagas que con Allah haya ídolos, pues tan solo caerás en la desgracia, en el abandono…

17. 23. Pues decretó tu *Rabb* que no sirvas a otro que no sea Él y que con vuestros padres seáis excelentes. Si alguno de ellos, o los dos, envejece, ni les rechistéis. Dirigíos a ellos con generosidad

17. 24. y las alas de la humildad extiéndeles con *rahma*, así diles: «¡*Rabb* mío! Sea Tu *rahma* sobre ellos como me criaron cuando era pequeño».

17. 25. Vuestro *Rabb* bien conoce lo que hay en vuestro interior. Si actuáis correctamente Él todas las faltas os ha de aliviar a los que vuelvan a Él.

17. 26. Y da a tu pariente lo que es su derecho, también al necesitado y al viajero, mas no malgastes en vano,

17. 27. que los consumistas son hermanos de Shaytan y Shaytan un cafre es con su *Rabb*.

17. 28. Mas, si buscando la *rahma* de tu *Rabb* tienes que apartarte de ellos, por lo menos, diles una palabra afable.

17. 29. No cierres el puño ni lo abras en exceso, pues si no, condenado, nada tendrás.

17. 30. Ciertamente, tu *Rabb* otorga sustento a quien quiere, a unos con generosidad, a otros con prudencia… Pues todo lo sabe de sus siervos. ¡Qué profundamente los contempla!

17. 31. Y no matéis a vuestros hijos por miedo a la pobreza, pues Nosotros somos quien os sustentamos a ellos y a vosotros. En verdad, asesinarles es un acto abominable.

17. 32. ¡Alejaos de la fornicación! En verdad, es corrupción y un mal camino…

17. 33. Y no matéis a nadie que Allah haya vedado, si no es con justo derecho. Si alguien es asesinado sin justo derecho, le damos motivo a sus herederos autoridad, pero que no los exceda. En verdad, él será auxiliado.

17. 34. Y no os aproximéis a la herencia del huérfano hasta que no alcance la mocedad, si no es buscando su bien. ¡Cumplid con los pactos, pues se preguntará por esos pactos...!

17. 35. Y, cuando midáis, que sea la justa y pesad con una balanza ajustada. Es lo bueno y lo que mejor resultado da.

17. 36. Y no persigas algo de lo que conocimiento no tengas, pues del oído, de la vista y del corazón cuerdo, de todo ello se os habrá de preguntar.

17. 37. Y no vayas por la tierra siendo un arrogante, pues, en verdad, no eres capaz de desgarrar la tierra, ni nunca alcanzarás el tamaño de las montañas.

17. 38. Todo eso que es perjudicial, tu *Rabb* lo detesta.

17. 39. Sea esta la Sabiduría que sobre ti ha sido revelada por tu *Rabb*. No establezcas con Allah ídolos, pues tan solo lanzado serás a la Gehena, abandonado...

17. 40. ¿Acaso vuestro *Rabb*, que os ha dado varones, iba a tomar para Sí hijas de entre los ángeles? En verdad, es abominable esto que decís.

17. 41. Y, ciertamente, os lo explicamos en este Corán para que comprendan, mas tan solo crece su rechazo...

17. 42. Di: «Si hubiera junto a Él dioses, como van diciendo, intentarían encontrar un camino hacia el *Rabb* del Trono.

17. 43. ¡Alabado y exaltado sea! Pues Él es más grande que todo lo que ellos dicen».

17. 44. Sean las alabanzas para Él de los siete cielos, de la tierra y de todos los que entre ellos viven. No hay nada que a Él no lo alabe, mas aún no comprendan esa alabanza. En verdad, Él es el más tolerante, toda falta alivia...

17. 45. Y, cuando recitas el Corán, Nosotros situamos un velo protector, que oculta, entre tú y aquellos que no creen en la vida que habrá de venir,

17. 46. velamos sus corazones para que no lo entiendan y ensordecemos sus oídos. Por eso cuando recuerdas a tu *Rabb*, solo, con el Corán te dan la espalda con repugnancia.

17. 47. Nosotros bien sabemos cómo escuchan cuando hacia ti colocan el oído o cuando hablan en privado, diciendo los malvados: «No seguís sino a un hombre hechizado».

17. 48. Contempla con qué te comparan... Tan solo yerran y no pueden encontrar el camino.

17. 49. Dicen: «Cuando seamos huesos y polvo, ¿es verdad que se nos resucitará como una creación nueva?»,

17. 50. respóndeles: «Aún seáis piedras o hierro

17. 51. o cualquier elemento que sea imposible en vuestro pecho». Dirán: «¿Quién nos hará volver?», respóndeles: «Aquel que ya os creó la primera vez». Mas, sacudirán sus cabezas hacia ti diciendo: «¿Cuándo?», respóndeles: «Quizás sea pronto».

17. 52. El Día que Él os invoque, qué pronto le responderéis con alabanzas y os parecerá que no estuvisteis salvo poco tiempo...

17. 53. Dile a mis siervos que hablen con belleza, pues, en verdad, el Shaytan siembra discordia entre ellos. Es Shaytan para el ser humano un enemigo claro.

17. 54. Vuestro *Rabb* os conoce a todos vosotros, si Él quiere su *rahma* será sobre vosotros o si Él quiere sobre vosotros el castigo será. Y no te enviamos para que seas su responsable.

17. 55. Y tu *Rabb* bien conoce a los que entre los cielos y la tierra están. Y, ciertamente, le dimos a unos profetas más que a otros y a Dawud le dimos los Salmos.

17. 56. Di: «Invocad a los que, en vez de a Él, llamáis, pues no podrán evitar desgracias ni cambiarlas...».

17. 57. Esos a quienes invocan, buscan acercarse a su *Rabb*, esperan, pues, Su *rahma* y Su castigo temen. Temible es el castigo de tu *Rabb*.

17. 58. Y, en verdad, no hay ciudad que hallamos destruido o que castiguemos antes del Día de a la Alzada como está escrito en el Libro.

17. 59. Y nada nos impide que enviemos Signos, a pesar de que los antiguos los negaban. Otorgamos a Thamud una camella como un Signo visible, mas qué depravados fueron con ella. Y Nosotros no enviamos Signos si no es para advertir.

17. 60. Y cuando te dijimos: «Tu *Rabb* bien rodea a la humanidad». Y no hicimos sino una prueba para la humanidad, la visión que te enseñamos y el árbol maldito en el Corán. Les advertimos, pero tan solo aumenta su rebeldía.

17. 61. Y cuando le dijimos a los ángeles: «¡Postraos ante Adam!», todos se postraron salvo Iblis, que respondió: «¿Debo postrarme ante un ser que has creado de arcilla?».

17. 62. Replicó: «¿Ves a este ser al que Tú has honrado por encima de mí? Si me das un instante de sosiego hasta el Día de la Alzada, yo he de dominar a sus descendientes, salvo a unos pocos».

17. 63. Él le respondió: «¡Ve! Y quien te acompañe acabará en la Gehena, sea esa amplia recompensa tuya y de quienes te sigan.

17. 64. E incita a todos los que puedas con tu voz. Atácales con caballería e infantería. Y sé su amigo en su riqueza y sus hijos. ¡Promételes!», pero las promesas del Shaytan tan solo son delirios...

17. 65. «Mas no tendrás autoridad alguna sobre Mis siervos». Y tu *Rabb* es suficiente como protector.

17. 66. Vuestro *Rabb* es quien conduce las naves sobre el mar, para que busquéis Su generosidad. En verdad, Él es con vosotros tan matricial.

17. 67. Y cuando sufrís una desgracia en el mar, os apartáis de aquellos que exhortabais, salvo de Él, mas, cuando os salva y os lleva a tierra, dais la espalda. Y el ser humano es tan desagradecido...

17. 68. ¿Acaso estáis seguros de que Allah no hará que os trague la tierra o de que envíe ante vosotros una tormenta de arena? Mas no encontraréis otro protector.

17. 69. ¿Acaso estáis seguros de que Él no os envíe, otra vez, al mar y disponga un huracán que os trague y os haga desaparecer por todo aquello de lo que renegasteis? No encontraréis ayuda contra Nosotros.

17. 70. Y, ciertamente, Nosotros honramos a los hijos de Adam: los llevamos por la tierra y el mar, les sustentamos con lo mejor y tanto les preferimos sobre otros seres que creamos.

17. 71. Ese Día, cuando llamemos a la humanidad con su libro, los que lo lleven a la diestra leerán lo escrito y no habrá injusticia, ni tan siquiera como un hueso de dátil,

17. 72. mas, los que aquí estuvieron ciegos seguirán en la otra y cómo yerrarán del camino.

17. 73. En verdad, te tentaron, alejándote de lo que te habíamos revelado, con el objetivo de que inventaras sobre Nosotros y ahí hubieran sido tus íntimos,

17. 74. si Nosotros no te hubiéramos mantenido firme, te hubieras ido un poco con ellos.

17. 75. Así, te hubiéramos hecho gozar doble en vida y doble en la muerte, mas no habrías encontrado quien te ayude contra Nosotros.

17. 76. Planeaban intimidarte para hacerte salir de la tierra, pero no habrían permanecido mucho más tiempo después de ti,

17. 77. pues, en verdad, hubiera ocurrido con los mensajeros que enviamos antes de ti. Y es que nuestra tradición es inmutable.

17. 78. Establece la azalá cuando decline el sol hasta que caiga la noche y la recitación del *fajr*, pues el Corán al *fajr* siempre tiene testigos.

17. 79. Y en parte de la noche levántate para hacer azalá y que sea un añadido para ti, puede que tu *Rabb* te alce en un estado digno de alabanza.

17. 80. Di: «¡*Rabb* mío! Hazme entrar salvo, hazme salir salvo y hazme estar cerca de tu auxiliadora autoridad».

17. 81. Y di: «Llegó la Verdad y pereció la falsedad. En verdad, lo falso debe perecer».

17. 82. E hicimos descender el Corán, que es sanación y *rahma* para los creyentes, mas esto tan solo hace que los viles se pierdan,

17. 83. pues cuando agraciamos al ser humano, yerra y se vuelve distante, pero, si le toca el mal, se desespera.

17. 84. Di: «Cada uno actúa a su manera, mas vuestro *Rabb* conoce quién sigue mejor la dirección del camino».

17. 85. Y te preguntan a ti por el Espíritu, diles: «El espíritu es un asunto de mi *Rabb*, y no se os ha dado salvo un poco de conocimiento».

17. 86. Si Nosotros quisiéramos, nos llevaríamos lo que te revelamos y no encontrarías quien te protegiese de Nosotros,

17. 87. pues tan solo es *rahma* de tu *Rabb*. En verdad, es Su favor sobre ti de una forma enorme.

17. 88. Di: «Si juntos, la humanidad y los *jinn*, quisieran hacer algo como este Corán, no lo conseguirían aunque trabajaran unidos».

17. 89. Y es que, hemos explicado a la humanidad en este Corán toda clase de ejemplos, mas los rechazan, pues la mayoría de la humanidad tan solo son cafres.

17. 90. Y dicen: «No creeremos en ti hasta que no hagas que un manantial emane de la tierra para nosotros

17. 91. o hasta que tengas un jardín de palmeras datileras y vides entre los que brota un río abundante

17. 92. o hagas caer trozos del cielo sobre nosotros o que traigas a Allah y a sus ángeles ante nosotros

17. 93. o que tengas una casa con áureo ornato o que levites en el aire, mas no la creeremos si no haces descender un Libro que podamos leer». Respóndeles: «¡Alabado sea mi *Rabb*! ¿No soy acaso un mortal cualquiera?, ¿un mensajero?».

17. 94. ¿Qué le impide a la humanidad creer cuando tienen la buena guía? Tan solo vuelven a decir: «¿Acaso manda Allah a un mortal cualquiera como mensajero?»,

17. 95. respóndeles: «Si los ángeles caminaran sobre la tierra, seguramente, habríamos descendido a un ángel del cielo como mensajero».

17. 96. Diles: «Baste Allah como testigo entre vosotros y yo. En verdad, Él todo lo conoce de sus siervos. ¡Qué profundamente las contempla!»

17. 97. Aquel que Allah guía, tiene la buena guía y a quienes hace yerrar no encontrarán íntimos, más allá de Él. A esos los congregaremos el día de la Alzada colgados con las cabezas hacia abajo, ciegos, mudos, sordos. Sea la Gehena como morada y siempre que el Fuego flaquee, Nosotros lo avivaremos.

17. 98. Sea esa su retribución por no creer en Nuestros Signos y por decir: «Cuando seamos huesos y polvo, ¿es verdad que se nos resucitará como una creación nueva?».

17. 99. ¿Acaso no ven que Allah creó los cielos y la tierra y que es capaz de crear otros como ellos? Un plazo inexorable marcado está, pero los viles tan solo quieren ser cafres.

17. 100. Di: «Si tuvierais los tesoros de la *rahma* de mi *Rabb*, los esconderíais por miedo a gastarlos». ¡Qué mezquino es el ser humano!

17. 101. Y, en verdad, le dimos a Musa nueve signos irrefutables; pregunta, pues, a los hijos de Israel lo que pasó cuando vino a ellos y Faraón les dijo: «¡Oh, Musa! Pienso que tan solo estás embrujado»

17. 102. Le respondió: «Bien sabes que tan solo el *Rabb* de los cielos y la tierra hizo descender estos Signos como prueba incontestable. ¡Oh, Faraón! Yo sí que creo que estás condenado».

17. 103. Así él quiso borrarlos de la tierra, mas Nosotros le ahogamos a él y a los suyos.

17. 104. Y le dijimos, tras su muerte, a los hijos de Israel: «¡Vivid en la tierra y, cuando la promesa se cumpla, os llevaremos a todos juntos!».

17. 105. Y es que Nosotros lo hicimos descender con la Verdad y con la Verdad fue descendido, mas no te enviamos sino como mensajero con la buena nueva y para que avise.

17. 106. Y es un Corán que podrás recitarlo a la humanidad espaciadamente, pues lo descendimos poco a poco.

17. 107. Di: «Confiéis en él o no lo hagáis, a quienes antes se les ha dado el conocimiento cuando se les recita caen postrados, con el rostro en tierra,

17. 108. diciendo: "¡Alabado sea nuestro *Rabb*! En verdad, se ha cumplido Su promesa".

17. 109. y continúa con su rostro en tierra, deshaciéndose en lágrimas, mientras crece su humildad».

17. 110. Di: «¡Invocad a Allah o al *Rahman*! Da igual cómo le invoquéis, pues Él posee los más bellos nombres». No vociferes en la azalá ni tampoco susurres, busca entre ellos un camino a la mediación.

17. 111. Y di: «¡Loado sea Allah, que no tiene ningún hijo, ni asociado alguno en su Reino! Ni necesita un protector, ni es débil». ¡Proclama Su Grandeza!

18. LA CAVERNA

En el nombre de Allah, el *Rahman*, el *Rahim*

18. 1. ¡Sean las alabanzas para Allah! Aquel que reveló a quien le sirve el Libro, el cual nunca se ha tergiversado,

18. 2. haciéndolo inmutable para advertir de un arduo castigo que procede de Él y anunciar una buena nueva a los que son dignos de confianza y obran justamente: ¡Hermosa recompensa para ellos habrá,

18. 3. en la que permanecerán por toda la eternidad!

18. 4. A aquellos que dicen que Allah tiene hijos les advertimos,

18. 5. pues ni ellos ni sus ancestros saben nada... ¡Qué terrible aseveración proviene de sus bocas! ¡Tan solo dicen mentiras!

18. 6. ¿Acaso te alcanza la pena porque ellos en esta historia no creen?

18. 7. Nosotros, para probarles, hicimos bella la tierra y de ellos ver quién es mejor

18. 8. y, en verdad, Nosotros hemos de convertir la tierra fértil en tierra yerma.

18. 9. ¿Acaso no has reflexionado por qué están entre nuestros maravillosos Signos los compañeros de la Caverna y la inscripción?

18.10. Cuando al refugiarse en la Caverna, los jóvenes dijeron: «¡*Rabb* nuestro, envuélvenos con tu *rahma* y haz que el buen camino encontremos!».

18. 11. Y Nosotros, en la Caverna, sellamos sus oídos durante largos años,

18. 12. luego, despertándolos, vimos quién de los dos grupos calculaba mejor el tiempo que habían permanecido.

18. 13. Te vamos a contar su verdadera historia. Ellos eran jóvenes que confiaban en su *Rabb* y en la buena dirección los fortalecimos
18. 14. y fortalecimos sus corazones cuando se levantaron y dijeron: «Nuestro *Rabb* es el *Rabb* de los cielos y la tierra. Jamás invocaremos a otro que no sea Él, si no diríamos una gran mentira».
18. 15. Nuestra gente, ellos, tomaron a otros dioses en vez de a Él. ¿Por qué de su legitimidad no traen pruebas? ¿Quién es tan perverso para inventar argucias contra Allah?
18. 16. Cuando os alejéis de ellos y, de lo que adoran en vez de Allah, retiraos a la Caverna. Os envolverá vuestro *Rabb* con su *rahma* y os vivificará, facilitando vuestros asuntos,
18. 17. y si vieseis el sol alzarse, se movería a la derecha de la Caverna, y al ponerse, a la izquierda se movería. Sean estos los Signos de Allah. Aquel que Allah guía es bien guiado; y aquel que Allah extravía no encontrará guía jamás.
18. 18. Hubierais pensado que estaban despiertos, pero en realidad dormían. Les dimos vueltas de izquierda y derecha, mientras su perro yacía en el umbral, delante, con sus patas extendidas. ¡Ay! Si los hubieras visto… lleno de temor hubieras huido de allí.
18. 19. Y así estaban cuando Nosotros los despertamos para que los unos a los otros se preguntasen. Uno de ellos le dijo a otro: «¿Cuánto tiempo hemos estado aquí?». Y otro le contestó: «Solo estuvimos unas horas o varios días…». Y dijeron: «Vuestro *Rabb* bien sabe cuánto tiempo estuvisteis. Enviad a la ciudad a uno de vosotros con esta moneda de plata y que busque quién tiene el más puro de los manjares y os traiga sustento. Que sea discreto y no atraiga sobre vosotros la atención,
18. 20. pues si de vosotros supieran os lapidarían y os harían apostatar y nunca más volveríais a ser felices».
18. 21. Y así hicimos que lo conocierais, para que supieran que cierta es la promesa de Allah y que no hay duda sobre la Hora. Pero ellos, que sobre esto discuten, dicen: «¡Edificad una estructura sobre ellos! Su *Rabb* bien los conoce…». Y los que dominaron dijeron: «Un santuario hemos de hacer sobre ellos».

18. 22. Unos dirán: «Eran tres, cuatro con su perro». Otros dirán: «Eran cinco, con su perro seis», haciendo cábalas sobre lo que está oculto. Otros dirán: «¡Siete!, y con su perro son ocho». Di: «*Rabb* mío conoce el número exacto y no lo sabrán sino pocos…». ¡No discutas! Ni digas nada sin saberlo con certeza y no hables con nadie sobre ellos.

18. 23. Y jamás digas: «Mañana lo haré»,

18. 24. sin antes decir: «Si Allah lo quiere». Y si te olvidas recuerda a tu *Rabb* diciendo: «Quiera mi *Rabb* guiarme lo más próximo al recto camino».

18. 25. Y así permanecieron en la Caverna trescientos años, a los que se le añadieron nueve más.

18. 26. Di: «Bien sabe Allah el tiempo que permanecieron en ella. Suyo es lo oculto de los cielos y la tierra, pues Él bien ve y bien oye. Más allá de Él no hay protector, ya que no comparte sus sabios mandatos con nadie más».

18. 27. ¡Recita lo que se te ha revelado de la Escritura de tu *Rabb* y jamás sus palabras alteres, pues no encontrarás refugio fuera de Él!

18. 28. Permanece cerca de los que invoquen a su *Rabb*, en las mañanas y las noches, anhelando encontrarle. No te apartes de ellos incitado por los placeres mundanos, ni obedezcas a aquel que no Nos recuerda, aquel que sus deseos persigue y que desenfrenado vive.

18. 29. Di: «La Verdad proviene de vuestro *Rabb*. ¡Que crea quien quiera y quien no, que no crea! Ciertamente, hemos preparado un Fuego que, como murallas los cercarán y cuando auxilio pidan, recibirán un agua, que a bronce fundido se asemeja, que les abrasará el rostro. ¡Qué calamitosa bebida! ¡Qué terrible hogar!».

18. 30. Y, sin embargo, aquellos que confiaron e hicieron buenas obras no se marchitará su recompensa:

18. 31. para ellos sean los jardines del Edén donde arroyos fluyen bajo sus pies, donde se adornarán con áureos brazaletes y vestirán ropajes de seda verde y grávidos brocados, yaciendo en almohadones… ¡Qué excelente recompensa! ¡Qué espléndido sosiego!

18. 32. Cuéntales la historia de los dos hombres a los cuales dimos viñedos, rodeados de palmerales, por trigales separados.

18. 33. Los dos viñedos dieron frutos y nada falló. E hicimos surgir un arroyo entre ellos.

18. 34. Uno de ellos abundantes frutos tuvo y así le dijo a su amigo, con quien dialogaba: «Yo tengo más riqueza y más seguidores que tú»,

18. 35. y así se fue a su viñedo, ¡tan altivo!, diciendo: «No creo que jamás se marchite

18. 36. ni tampoco creo que ocurra la última Hora. Pero si fuese llevado ante mi *Rabb,* debería encontrar algo mejor que esto».

18. 37. Su compañero, con quien hablaba, le dijo: «¿Cómo no crees en Aquel que te creó de barro junto a una simple gota y luego te modeló como hombre?

18. 38. Para mí Él es Allah y nada puede ser como mi *Rabb.*

18. 39. ¿Por qué no dijiste al entrar a tu viñedo: "¡Qué sea lo que Allah quiera! ¡El poder solo reside en Allah!"? Si me ves tengo menos hijos y riqueza que tú,

18. 40. puede que mi *Rabb* me dé algo mejor que tu viñedo o que lance rayos del cielo que en un campo baldío lo convierta

18. 41. o que se filtre agua y jamás lo vuelva a encontrar».

18. 42. Y así fue, pues destruidos fueron sus frutos y por la mañana se lamentaba de lo mucho que había gastado y las parras estaban caídas, ante lo que dijo: «¡Ojalá no hubiere asociado a mi *Rabb* con nada!».

18. 43. ¡No hay quien encuentre ayuda fuera de Allah! No podrá defenderse a sí mismo…

18. 44. La única protección es Allah, la Verdad. De Él es la mejor recompensa, de Él es el mejor final.

18. 45. Cuéntales la historia de la vida mundana, que es como agua dada por el cielo, que a la vegetación de la tierra moja y luego se reseca y el viento la dispersa. ¡Qué poderoso es Allah sobre todas las cosas!

18. 46. La riqueza y la descendencia mundanas son adornos, pero lo que perdura son las buenas obras, ¡una gran retribución recibirán de su *Rabb*! ¡Qué buena espera!

18. 47. El día que movamos las montañas y se allane la tierra, agruparemos a todos… ¡No nos olvidaremos de ninguno!

18. 48. Alineados en filas ante tu *Rabb*. «Ahora regresáis tal y como os creamos por primera vez... ¿Acaso pensasteis que no os llamaríamos?

18. 49. Se les presentará la sentencia y a los criminales, con tanto miedo por lo que se dirá, los oirás gimotear: «¡Ay de nosotros! ¿Qué clase de sentencia es esta que no olvida nada, ni grande ni pequeño?». Allí se confrontarán con lo que hicieron y es que tu *Rabb* no es injusto con nadie.

18. 50. Y así, cuando le dijimos a los ángeles: «¡Postraos ante Adam!», y todos se postraron, excepto Iblis, que era uno de los *jinn*, y se rebeló contra el mandato de su *Rabb*. «¿Acaso vosotros le tomaréis a él y a sus descendientes como amigos en lugar de a Mí? ¡Ellos son vuestros enemigos! Qué mal pacto para los impíos...

18. 51. No les puse como testigos de la creación de los cielos y la tierra ni de su propia creación... Ni los hice mis seguidores para que a otros extraviarán...».

18. 52. Y habrá un Día que se diga: «¡Llamad a aquellos con los que me asociabais!». Los llamarán y llamarán, pero nadie les responderá. Un acantilado pondremos entre ellos

18. 53. y los criminales, ellos el Fuego verán y creerán que caerán en él, mas no encontrarán forma alguna de escapar.

18. 54. Así hemos presentado en este Corán toda clase de ejemplos a la humanidad, pero de todos los seres, es el ser humano el que tiene ganas de polemizar,

18. 55. y ahora que la guía les llegó, qué es lo que le impide a la gente pedir a su *Rabb* que se olviden sus faltas, si bien podría ocurrirles lo mismo que a los antiguos o aniquilarlos enfrentando un terrible castigo.

18. 56. ¿Acaso no enviamos a los mensajeros como portadores de buenas nuevas y advertencias? Y les disputan los cafres con falsedades, refutando la verdad, ridiculizando Mis aleyas y advertencias.

18. 57. ¿Hay alguien tan injusto que aquel que, recordándole las aleyas de su *Rabb*, desviándose y olvidando lo que hizo por él, les da la espalda? Sellamos sus corazones y ensordecimos sus oídos para que no lo entiendan. Aunque les llames a la guía, jamás serán bien guiados.

18. 58. El más indulgente es tu *Rabb*, poseedor de la *rahma*. Si ahora les diera lo que se merece, adelantaría su castigo. ¡Ay, no! Tienen una cita de la que no podrán escapar...

18. 59. Y aquellos pueblos que destruimos cuando se corrompieron... Tiempo antes fijamos su destrucción.

18. 60. Y cuando Musa le dijo al joven: «No cesaré hasta que alcance el lugar donde los dos mares se unen, aun cuando largo tiempo pase».

18. 61. Así, cuando alcanzaron el lugar del pez, se olvidaron que marchó escurridizo hacia el gran mar.

18. 62. Y, cuando viajaron aún más allá, le dijo al joven: «¡Trae víveres! Qué cansado es este viaje...»,

18. 63. y el joven le dijo: «¿Recuerdas cuando nos refugiamos en la roca? Me olvide del pez... ¡Shaytan me hizo olvidarlo! Y así emprendió el camino hacia el mar... ¡Qué extraño!».

18. 64. Y él dijo: «¡Este era el lugar que andábamos buscando!» y volvieron sobre sus pasos

18. 65. y entonces encontraron a uno de Nuestros sirvientes, lleno de Nuestra *rahma*, al que le enseñamos Nuestro conocimiento.

18. 66. Musa le dijo: «¿Podría seguirte para que me enseñes algo de esa buena guía que te ha sido enseñada?».

18. 67. Él le dijo: «Ciertamente, no podrás tener paciencia conmigo...,

18. 68. pero ¿cómo tenerla en algo que está más allá de tu conocimiento?».

18. 69. A lo que le respondió: «Seré paciente, si es voluntad de Allah, y no desobedeceré tus órdenes».

18. 70. Entonces le dijo: «Si me sigues, no me preguntes nada a no ser que yo te lo diga».

18. 71. Y así viajaron. Más tarde, cuando estaban en un barco, el hombre hizo un agujero en ella. «¿Por qué haces un agujero para hundir en el barco? ¡Qué cosa más horrible!»

18. 72. Y él replicó: «¿No te dije que no podrías tener paciencia conmigo?».

18. 73. Él le dijo: «No me culpes, pues lo olvido, no seas conmigo en la dificultad tan estricto».

18. 74. Así ambos prosiguieron su viaje hasta que encontraron un muchacho y él lo mató. Dijo: «¿Has matado a una persona

inocente? ¡Él no había matado a nadie! ¡Qué cosa más horrible has hecho!».

18. 75. Él le replicó: «¿Acaso no te dije que no podrías tener paciencia conmigo?».

Hizb 30

18. 76. Respondió: «Si te preguntase algo más, no me consideres tu compañero. En verdad, tanto habrás aguantado de mí...».

18. 77. Prosiguieron, de nuevo, hasta que llegaron a un pueblo en el que les pidieron a los habitantes comida, pero estos los rechazaron y no fueron hospitalarios. Entonces, encontraron un muro a punto de derrumbarse y el hombre lo reparó. Ante esto le dijo: «Si hubieras querido, podrías haber pedido un pago por esto».

18. 78. Él respondió: «Ahora es cuando me separo de ti y tú te separas de mí. Te explicaré el significado de aquello sobre lo que no tuviste paciencia:

18. 79. Con respecto al barco era de unos trabajadores de la mar, pobres, y yo quise dañarla pues tras ellos venía un rey que de todas las naves se apoderaba.

18. 80. Sobre el muchacho, sus padres eran creyentes y temimos que se impusiera su rebeldía, que fuera un cafre,

18. 81. así quisimos que su *Rabb* les otorgase uno más puro, más afectuoso con ellos.

18. 82. Y el muro... pertenecía a dos huérfanos de la ciudad y allí, abajo, había un tesoro que a ellos pertenecía. Su padre fue un hombre bueno, así que tu *Rabb* dispuso que a su madurez encontraran el tesoro, ¡una *rahma* de tu *Rabb*! Nada hice por propia iniciativa. Sea este el significado de aquello sobre lo que no tuviste paciencia».

18. 83. Y cuando ellos te pregunten por Dhu-l Qarnayn, les dirás: «¡Os he de contar para que le recordéis!».

18. 84. Nosotros le situamos sobre la tierra y le dimos un camino para lograrlo todo.

18. 85. Siguió, así, un camino

18. 86. hasta que, llegando a las tierras donde se pone el sol, encontró una fuente cenagosa junto a la que encontró gente. Le dijimos: «¡Dhu-l Qarnayn! O los castigas o les haces el bien…».
18. 87. Él contestó: «A quien erró muy pronto le castigaremos. Luego volverá a su *Rabb* y con tremendo castigo le castigará.
18. 88. Pero para que aquel confié y haga buenas cosas, habrá una bella recompensa. Y fácil para él será nuestro mandato».
18. 89. Así prosiguió su camino
18. 90. hasta que, llegando a las tierras donde nace el sol, se encontró con que aparecía otra gente que no podían protegerse del sol,
18. 91. de esa forma ocurrió. Nosotros todo lo sabíamos.
18. 92. Siguió viajando
18. 93. cuando llegó a un valle entre dos montañas y encontró, de lado a lado, a un pueblo que apenas comprendía sus palabras,
18. 94. le dijeron: ¡Dhu-l Qarnayn! Gog y Magog corrompen la tierra. ¿Construirías un muro entre ellos y nosotros si te pagamos un tributo?
18. 95. Dijo él: «Tan buena es la posición en la que me situó mi *Rabb*… ¡Ayudadme, con fuerza, y haré un muro entre ellos y vosotros!
18. 96. ¡Traedme placas de hierro!». Así él cubrió el hueco entre las laderas y les dijo: «¡Soplad!», hasta que el hierro se volvió incandescente y volvió a decir: «¡Traed bronce fundido! Lo derramaremos por encima…»,
18. 97. y no fueron capaces de escalarlo ni de abrir brecha en él
18. 98. y así les dijo: «Esto *rahma* es de mi *Rabb*. Pero cuando la promesa de mi *Rabb* se cumpla, Él la destruirá. Lo que promete mi *Rabb* se hace realidad».
18. 99. Ese día se mezclarán todos, mientras brama la trompeta y todos se han de congregar.
18. 100. Ese día mostraremos la Gehena para los cafres de la tierra,
18. 101. aquellos que cuyos ojos fueron ciegos a Mi recuerdo, que no son capaces de oír.
18. 102. ¿Acaso piensan los cafres que pueden tomar a Mis siervos en vez de a Mí? Ciertamente, para los cafres hemos preparado la Gehena como hospedaje.
18. 103. Di: «Ya os contaré quiénes son aquellos que más pierden en sus acciones,

18. 104. aquellos cuyos esfuerzos en esta vida mundana se pierden mientras creen obrar bien...».

18. 105. Esos son los cafres que reniegan de los Signos de su *Rabb* y reniegan el encuentro con Él. ¡Vanas serán sus acciones! El Día de la Alzada no se las reconoceremos,

18. 106. recompensa tendrán... ¡Sea la Gehena por haber sido cafres y por ridiculizar Mis aleyas y a Mis mensajeros!

18. 107. En verdad, para aquellos que confiaron y obraron bien, para ellos habrá hospedaje en los más excelsos jardines

18. 108. por toda la eternidad y jamás desearán de allí marcharse.

18. 109. Di: «Si para las palabras de mi *Rabb* el mar fuera tinta, se agotaría antes el mar que las palabras de mi *Rabb* y aún tendríamos que añadir otro mar de tinta».

18. 110. Di: «Solo soy un ser humano como vosotros, a quien se le reveló que tu Dios es Uno. Quien espere encontrar a su *Rabb* que haga el bien y que con nadie le asocie cuando reconozca a su *Rabb*».

19. MARYAM

En el nombre de Allah, el *Rahman*, el *Rahim*

19. 1. *Kaf, Ha, Ya, 'Ayn, Ṣad.*
19. 2. Recuerda la *rahma* de tu *Rabb* hacia Su siervo Zakariyya
19. 3. cuando en secreta llamada a su *Rabb* imploraba
19. 4. diciendo: «¡*Rabb*! Cierto es que se debilitan mis huesos y encanecen mis cabellos. Y nunca han faltado las bendiciones cuando te he implorado, *Rabb*,
19. 5. pero como mi mujer es yerma temo por mi legado. Así que otórgame Tú un heredero
19. 6. que me herede a mí y a la casa de Yaqub. Hazlo de tu agrado, mi *Rabb*».
19. 7. ¡Oh, Zakariyya! Ciertamente, te anunciamos la buena nueva con un hijo que será llamado Yahya. Y nadie, en el pasado, su nombre ha portado.
19. 8. Él dijo: «¡*Rabb*! Pero ¿cómo podré tener un hijo si yerma es mi mujer y yo soy viejo y frágil?».
19. 9. «Así sea», esto es lo que tu *Rabb* dice: «Sencillo es para Mí, pues te he creado aun cuando no eras nada».
19. 10. Él exclamó: «*Rabb*, dame una señal...». Y a él se le dijo: «La señal es que en tres días no serás capaz de hablar aun estando sano».
19. 11. Y así salió de la sagrada cámara del Templo, y yendo hacia su gente les explicó que en las mañanas y a la caída de la tarde que a Él alabarle tenían.
19. 12. ¡Oh, Yahya! Sostén con firmeza el Libro. Pues Nosotros le otorgamos, aun siendo niño, la Sabiduría,
19. 13. así como Nuestra ternura y purificación. Y tuvo conciencia él de Allah

19. 14. y fue bueno con sus padres. Y nunca fue ni tirano ni rebelde.

19. 15. Que el *salam* sea sobre él el día que nazca y el día que muera y que también sea con él el día que retorne, de nuevo, a la vida.

19. 16. Y recuerda en el Libro a Maryam. Ella, que se alejó de su gente para ir a un lugar en la axarquía,

19. 17. que con un velo de ellos se protegía. Así, Nosotros le enviamos a nuestro Espíritu, que tomó la forma de armonioso varón,

19. 18. al cual ella le dijo: «Busco refugio en el *Rahman* de ti si, ciertamente, no eres de los que tiene conciencia de Allah».

19. 19. Pero él le respondió: «Yo soy, en verdad, un Mensajero de tu *Rabb* que te anuncia un don, que te anuncia un muchacho purificado».

19. 20. Ella le preguntó: «Mas ¿cómo podría concebir un hijo si ningún hombre me ha tocado? Yo no soy una cualquiera…».

19. 21. Y él dijo: «¡Así sea!», pues dice tu *Rabb*: «Fácil es para Mí y le convertiremos a él en un Signo para la humanidad… Pura matricialidad Nuestra. Este es asunto ya decretado».

19. 22. De ese modo, quedó encinta y se retiró con él en la lejanía.

19. 23. Y el parto junto al tronco de una palmera le sobrevino y dijo: «¡Oh! Desearía haber muerto antes de esto… ¡Qué todo sea olvidado con olvido!».

19. 24. Pero una voz, bajo ella, la llamó: «¡No te aflijas! Pues un arroyo bajo tus pies ha sido puesto por tu *Rabb*

19. 25. y si sacudes el tronco de la palmera, sobre ti caerán dátiles frescos, maduros.

19. 26. Así que, ¡come!, ¡bebe!, ¡Qué vuelva el gozo a tus ojos! Y aun si algún ser humano te viera, tú le dirás: «Yo he hecho, ciertamente, voto de silencio al *Rahman*. Hoy de palabras para cualquiera estoy ayunando».

19. 27. Después de esto volvió con su gente, portando al niño, y ellos le dijeron: «¡Oh, Maryam! Pero qué cosa más terrible has hecho…

19. 28. ¡Oh, hermana de Harun! Ni tu padre era un hombre amoral, ni tu madre una cualquiera».

19. 29. Entonces ella le señaló y dijeron: «Pero ¿cómo vamos a hablar con un niño que aún está en la cuna?».

19. 30. Y él les dijo: «Ciertamente, yo soy un siervo de Allah. Él me ha dado el Libro y me ha hecho profeta

19. 31. y me ha imbuido de *baraka* dondequiera que esté. Y me ha mandado hacer azalá y dar el azaque mientras viva

19. 32. y que a mi madre ame. Y no seré ni tirano ni ingrato.

19. 33. Que el *salam* sea sobre mí desde el día que nací hasta el día que muera y que sea también el día que yo retorne, de nuevo, a la vida».

19. 34. Así es 'Isa, hijo de Maryam. Una prueba de Verdad para aquellos que la disputan.

19. 35. No es propio de Allah tener un hijo. ¡Alabado sea! Porque cuando Él decreta algo tan solo dice: «¡Sea!», y es.

19. 36. Y, ciertamente, Allah es mi *Rabb* y también es el vuestro, así que reconocedle. Este es un sendero recto.

19. 37. Pues hay facciones diferentes entre ellos. ¡Qué sufrimiento viene para los cafres cuando atestigüen el Día excelso!

19. 38. ¡Qué bien oirán y qué bien verán el día en que vuelvan a Nosotros! Pero los perversos... ¡Esos! Están hoy claramente extraviados...

19. 39. ¡Avísales del Día del Lamento, cuando todo asunto concluya y ellos estén desaliñados y no se sostengan.

19. 40. Ciertamente, Nosotros heredaremos la tierra y a sus gentes, y todo a Nosotros ha de volver.

19. 41. Y recuerda en el Libro a Ibrahim. Ciertamente, él fue un hombre sincero, un profeta

19. 42. cuando le dijo a su padre: «¡Oh, padre mío! ¿Por qué reconoces a algo que ni oye, ni ve, ni te beneficia de manera alguna?

19. 43. ¡Oh, padre mío! He recibido un saber que no ha llegado a ti. ¿Por qué no me sigues? Yo te conduciré por un sendero allanado.

19. 44. ¡Oh, padre mío! No reconozcas a Shaytan, pues, en verdad, Shaytan se excedió contra el *Rahman*.

19. 45. ¡Oh, padre mío! Ciertamente, temo que no tengas al *Rahman* si sigues siendo compañero del Shaytan».

19. 46. Y él le dijo: «Ibrahim, ¿por qué odias mis dioses? Si no desistes te lapidaré, ¡vete de mi lado para toda la eternidad!».

19. 47. Ibrahim le dijo: «Que sea el *salam* sobre ti, pediré a mi *Rabb* que te alivie tus faltas. Él siempre es amable conmigo.

19. 48. Me aparto de vosotros y de los ídolos que reconocéis. Y reconoceré a Allah, mi *Rabb*, pues nunca quedará mi petición falta de respuesta».
19. 49. Y así se apartó y los dejó reconociendo a otros que no eran Allah y, después, le dimos a Ishaq y Yaqub y les investimos como profetas.
19. 50. Y les dimos nuestra *rahma* y sobre ellos fue la mención sincera.
19. 51. Y recuerda en el Libro la historia de Musa. Ciertamente, fue un escogido, un enviado, un profeta.
19. 52. A él que Nosotros llamamos desde la ladera diestra del monte y le trajimos cerca Nuestra, para susurrarle un plan secreto.
19. 53. A él que por Nuestra *rahma* hicimos profeta a su hermano Harun.
19. 54. Y recuerda en el Libro a Ismail. Él, ciertamente, fue sincero a su promesa, fue un Mensajero, un Profeta
19. 55. que aconsejaba a su gente la azalá y el azaque, que estuvo próximo a su *Rabb*, de él tan satisfecho.
19. 56. Y recuerda en el Libro a Idris. Él fue, ciertamente, un ser sincero, un profeta,
19. 57. y Nosotros lo elevamos a una alta posición.
19. 58. Estos son a quienes Allah ha favorecido entre los profetas que provienen de la semilla de Adam hasta la de Nuh y de la semilla de Ibrahim e Israel. Aquellos que Nosotros hemos guiado y elegido. Cuando se les reciten estas aleyas del *Rahman*, se postran, con lágrimas en los ojos,
19. 59. mientras que, tras ellos..., ¡tras ellos! Sus sucesores descuidan la azalá, guiándose por placeres vanos... ¡Qué pronto la profunda oscuridad han de encontrar!
19. 60. Pero aquellos que reorientándose hacia Allah, confíen y obren bien... Esos entrarán en el Jardín y en nada serán agraviados
19. 61. en los jardines del Edén, los cuales han sido prometidos por el *Rahman*, en el no visto, a quienes le reconozcan. Su promesa será completada.
19. 62. No oirán palabra vana, tan solo *salam*. Y para ellos habrá sustento en las mañanas y en las tardes.
19. 63. Este es el Jardín que Nosotros daremos a aquellos que Nos reconocieron y fueron conscientes.

19. 64. Nosotros solo descendemos las órdenes de tu *Rabb*. A Él pertenece todo lo que ocurrió, lo que ocurrirá después y lo que ahora está ocurriendo. Y es que tu *Rabb* no olvida.

19. 65. Él es el *Rabb* de los cielos y la tierra y todo lo que entre ellos está. ¡Reconócele, pues, y sé constante sirviéndole! ¿Acaso sabes de alguien que le sea igual?

19. 66. Y dice el ser humano: «¿Cómo? Acaso cuando muera, ¿se me volverá a traer a la vida?»,

19. 67. pero, ¿acaso no recuerda el ser humano que Nosotros le creamos cuando no era nada?

19. 68. ¡Por tu *Rabb*! Que los reuniremos a ellos, junto a shaytanes insolentes, arrodillándose en torno al Fuego,

19. 69. luego sacaremos de cada grupo a aquellos que hayan sido los más rebeldes contra el *Rahman*,

19. 70. pues Nosotros sabemos con certeza quiénes son los íntimos del Fuego abrasador,

19. 71. aunque ninguno de vosotros evitará pasar por esto. Decretado por tu *Rabb*, es decisión irrevocable.

19. 72. Después, traeremos con Nosotros a aquellos que tuvieron conciencia de Allah y allá dejaremos, arrodillados, a los extraviados.

19. 73. Cuando se les recitan con claridad Nuestras aleyas, les dicen a los cafres a los creyentes: «¿Cuál de estos dos grupos está mejor situado? ¿Cuál de ellos está mejor invitado?».

19. 74. ¿A cuántas generaciones más ricas y bellas aniquilamos?

19. 75. Di: «Que la vida de los que están extraviados la extienda el *Rahman*, hasta que vean lo que se les ha prometido, ya sea un castigo o la Hora. Entonces ellos sabrán que son débiles en fuerzas y están en peor situación.

19. 76. Que Allah aumente la guía a aquellos que la acepten. Las grandes obras, obras excelsas, son mejores cerca de tu *Rabb,* pues la recompensa y el fin se potencian».

19. 77. ¿Has considerado a aquel que es cafre con Nuestras aleyas y dice: «Yo recibiré riqueza e hijos»?

19. 78. ¿Acaso has visto el no visto o te lo ha prometido el *Rahman*?

19. 79. Pues ¡no! Anotaremos aquello y el castigo les prolongaremos,

19. 80. así heredaremos todo lo que dice y así, solo, volverá a Nosotros,

19. 81. Ellos que tomaron otros dioses que no eran Allah, para conseguir cierto poder.
19. 82. ¡Ay, no! Pero esos dioses negarán a los que los reconocieron y se volverán contra ellos.
19. 83. ¿No ves que Nosotros hemos enviado insolentes shaytanes para que inciten a los cafres?
19. 84. No te apresures en contra de ellos. No cabe duda de que Nosotros ya contamos sus días…
19. 85. Ese Día, en el que reunamos ante el *Rahman* a aquellos que tienen conciencia de Allah, en grupos,
19. 86. ya conduciremos a los transgresores al Fuego como un ganado sediento
19. 87. y no habrá poder para interceder, excepto aquellos que tienen permiso del *Rahman*.
19. 88. Y dicen: «Ha tomado un hijo el *Rahman*».
19. 89. Ciertamente, aseverais algo terrible
19. 90. que hace que los cielos se desgarren, que la tierra se rasgue y que las montañas colapsen
19. 91. por atribuir un hijo al *Rahman*.
19. 92. No es propio del *Rahman* que un hijo tome,
19. 93. pues, ciertamente, no hay ser que de los cielos o de la tierra no provenga del *Rahman* como un servidor.
19. 94. Él los ha contado a todos, hay número exacto,
19. 95. y a Él todos han de volver, solos, el Día de la Alzada.
19. 96. Para aquellos que confiaron y obraron de la mejor manera, a ellos el *Rahman* les dará un amor correspondido.
19. 97. Así, lo hicimos fácil, en tu propia lengua, para que les muestres la buena nueva a los que tienen conciencia de Allah y avises a aquella gente que hostiles son.
19. 98. ¿A cuántas generaciones aniquilamos antes de ellos? ¿Acaso percibes a alguno?, ¿siquiera de ellos oyes un murmullo?

۞ Hizb 32

20. TA-HA

En el nombre de Allah, el *Rahman*, el *Rahim*

20. 1. *Ta, Ha.*
20. 2. Nosotros no hemos descendido el Corán para que te angusties,
20. 3. pues recuerdo es para los que son dóciles.
20. 4. Una revelación de Aquel que creó la tierra y los cielos elevados.
20. 5. El *Rahman* dispuesto en Su trono,
20. 6. suyo es lo que hay en los cielos y la tierra, entre ellos y, también, bajo ellos.
20. 7. Mas, no es preciso que tu palabra se alce, pues Él conoce el secreto y lo que se oculta.
20. 8. ¡Allah! No hay dios que no sea Él, suyos son los nombres más bellos.
20. 9. ¿Acaso vino a ti lo que se cuenta de Musa?
20. 10. Cuando vio un fuego y le dijo a su gente: «¡Permaneced ahí! Ciertamente, percibo un fuego, quizás pueda traeros una alheña o encuentre en el fuego la guía».
20. 11. Pero, cuando llegó, le llamó: «¡Oh, Musa!
20. 12. Yo soy, ciertamente, tu *Rabb.* ¡Quita el calzado de tus pies! Pues, en verdad, estás en el valle sagrado de *Tuwa*
20. 13. y te he escogido Yo. Escucha lo que se va a revelar:
20. 14. En verdad, yo soy Allah. No hay dios sino Yo, así que adórame y establece azalá para recordarme,
20. 15. pues la hora llega, aunque la mantenga oculta, para que se recompense a cada ser por lo que hizo.

20. 16. No dejes que te alejen de ella aquellos que no creen y siguen sus pasiones, si no será tu ruina.
20. 17. Mas ¿qué es eso que porta en tu diestra, ¡Oh, Musa!?»
20. 18. Él respondió: «Es mi cayado. En él me apoyo y con él hago caer las hojas para mis ovejas, entre otros usos».
20. 19. Él le dijo: «La arrojarás. ¡Oh, Musa!».
20. 20. Así, la arrojó y he ahí que se hizo serpiente de rápidos movimientos.
20. 21. Él le dijo: «¡Tómala y no tengas miedo alguno! Pues la devolveremos a su estado original.
20. 22. Ahora lleva tu mano a tu costado y saldrá resplandeciente sin mácula alguna. Otro signo es
20. 23. para que Nosotros te mostremos nuestros grandes Signos.
20. 24. Ve donde Faraón, pues, en verdad, es un tirano».
20. 25. Respondió él: «*Rabb* mío, ensalza mi pecho
20. 26. y facilita mi deber,
20. 27. desata el nudo de mi lengua
20. 28. para que se comprenda mi hablar
20. 29. y otórgame un valido de mi familia:
20. 30. Harun, mi hermano.
20. 31. Haz con él más fuerte mi fuerza,
20. 32. permítele mi deber compartir
20. 33. para que así, tanto más te alabemos nosotros
20. 34. y profusamente te recordemos.
20. 35. Ciertamente, Tú que profundamente nos observas».
20. 36. Dijo Él: «En verdad se te da lo que pides ¡oh, Musa!,
20. 37. y, así, ya te dimos el favor antes,
20. 38. cuando Nosotros inspiramos a tu madre lo que le inspiramos:
20. 39. «Lo acomodarás en un canasto y lo pondrás en el río, el río lo situará en una orilla y el enemigo, Mío y suyo, lo tomará». Lancé sobre ti un amor que de Mí proviene para que seas educado bajo Mis ojos.
20. 40. Cuando pasaba tu hermana dijo: «¿Podría yo indicaros alguien que lo amamante?», y así Nosotros te devolvimos a tu madre para que hubiese placer en sus ojos y no se entristeciesen. Y cuando mataste a un hombre, Nosotros te salvamos de la angustia y te pusimos a prueba. Y así pasaste años con las

gentes de Madyan, y ahora vuelves en tiempo decretado. ¡Oh, Musa!

20. 41. Y es que Yo te escogí para Mí.

20. 42. Id, tú y tu hermano, con Mis signos y en Mi recuerdo no flaqueéis.

20. 43. ¡Id los dos ante Faraón! Pues, en verdad, él es un tirano.

20. 44. Hablaréis con él con suaves palabras, quizás preste atención o sienta miedo».

20. 45. Ellos le respondieron: «¡*Rabb* nuestro! En verdad, cuánto tememos que él nos castigue o que sea tirano».

20. 46. Él respondió: «Nada habréis de temer. Yo, ciertamente, con ambos estaré, oyendo y contemplando».

20. 47. Iréis y le diréis: «En verdad somos los mensajeros de tu *Rabb*, así que deja partir con nosotros a los hijos de Israel y no los atormentes. Ciertamente, te traemos un Signo de tu *Rabb* ¡Sea el *salam* para quien siga la guía!

20. 48. Mas, en verdad, se nos ha revelado a nosotros que habrá un castigo para aquel que reniegue y dé la espalda».

20. 49. Y dijo él: «¿Quién es vuestro *Rabb*? ¡Oh, Musa!».

20. 50. Y respondió: «Nuestro *Rabb* es quien forma a todas las cosas da y, luego, las guía».

20. 51. Le dijo: «¿Qué fue de las generaciones pasadas?».

20. 52. Le respondió: «Bien sabe mi *Rabb* sobre ellos y escrito está. No yerra mi *Rabb*, ni tampoco olvida.

20. 53. Él es quien hace para vosotros la tierra como un lecho y os hace caminar sobre ella. Y desciende del cielo agua y, brota de ella, emergen tanta diversidad de plantas

20. 54. para que comáis y pazcan vuestras reses. Hay ahí Signos para los que tienen intelecto.

20. 55. De ella os hemos creados, a ella habréis de retornar y de ella os haremos emerger una vez más».

20. 56. Y, en verdad, le mostramos todos Nuestros Signos, pero los negó y los rechazó

20. 57. diciéndoles: «¿Acaso vienes ante nosotros para expulsarnos de nuestra tierra con tu hechicería? ¡Oh, Musa!

20. 58. Mas, te responderemos con hechicería como esa. ¡Marca un plazo entre nosotros y tú, de la que ni tú ni nosotros nos ausentaremos, en un lugar compartido!».

20. 59. Le respondió: «Que el plazo sea el día de la fiesta y que la gente sea convocada por la mañana».

20. 60. Marchó Faraón, orquestó su plan y luego volvió.

20. 61. Musa a ellos les dijo: «¡Ay de vosotros! No inventéis contra Allah falsedades, pues Él habrá de destruiros con tormento y, ciertamente, fallará aquel que lo fabricó».

20. 62. Mas discutieron sobre esto entre ellos y en secreto misterio mantuvieron su conversación.

20. 63. Dijeron: «En verdad, son estos dos brujos que intentan expulsaros de vuestra tierra con su magia y finiquitar a vuestra forma de vida ejemplar.

20. 64. Preparad vuestros trucos y, después, venid en fila. ¡Feliz será el que hoy gane!».

20. 65. Ellos dijeron: «¡Oh, Musa! ¿Quién primero lo lanzará? ¿Serás tú o nosotros?».

20. 66. Él les respondió: «¡Ay, no! Lanzad vosotros». Entonces sus cuerdas y cayados le parecieron a él que por su magia se movían.

20. 67. Así, un estremecimiento, dentro de sí, sintió Musa,

20. 68. Mas le dijimos: «¡No temas! En verdad, tú prevalecerás,

20. 69. arroja lo que en tu diestra portas y engullirá lo que han hecho. Tan solo es un truco de hechiceros y no tendrá éxito alguno. No será victorioso el hechicero de donde quiera que venga».

20. 70. Así cayeron los hechiceros postrados diciendo: «¡Creemos en el *Rabb* de Harun y de Musa!».

20. 71. Y replicó él: «Los creéis antes que yo os dé el permiso a vosotros. En verdad, él es vuestro jefe, quien os enseñó la magia... Tendré, así, que cortaros las manos y los pies opuestos y crucificaros en el tronco de una palmera y, ciertamente, habréis de conocer quién de nosotros castiga con más crueldad y durante más tiempo».

20. 72. Ellos dijeron: «Nunca te preferiremos sobre lo que ha venido a nosotros, que son evidencias irrefutables de Aquel que nos creó. Así que decreta lo que quieras decretar. Tan solo puedes decretar en esta vida mundana.

20. 73. En verdad, creemos en nuestro *Rabb* para que nos alivie de nuestros errores y la magia que nos obligaste a hacer. Y es que Allah es mejor y más duradero».

20. 74. Ciertamente, aquel que como un criminal viene ante su *Rabb*, en verdad, tendrá la Gehena. No morirá en ella, pero tampoco vivirá.

20. 75. Mas, quien venga a Él como un creyente y, en verdad, haya sido justo, haya para él un rango altísimo:

20. 76. jardines del Edén, bajo los que riachuelos fluirán, en los que permanecerán por toda la eternidad. Y sea esa la recompensa para quien purificado se mantuvo.

20. 77. Y, en verdad, Nosotros inspiramos a Musa: «Viajarás de noche con mis siervos y golpeando abrirás para ellos un camino en el mar que será seco. No temas que os alcancen, que no haya preocupación».

20. 78. Mas, los persiguió Faraón con sus huestes, pero les cubrió el mar que les arrolló,

20. 79. y así hizo yerrar Faraón a su pueblo, no les dio buena la guía.

20. 80. ¡Oh, hijos de Israel! En verdad os rescatamos de vuestro enemigo y pactamos con vosotros en la ladera diestra del Monte. Y, así, os hicimos descender el Maná y las codornices:

20. 81. «Comed de lo bueno que os hemos provisto, mas no transgredáis de lo que se os ha dado o Mi ira descenderá con vosotros. Y quienquiera que hace descender Mi ira, en verdad, propicia su caída.

20. 82. Yo soy, en verdad, el más indulgente de cualquiera que a Mí retorna, confía y es justo, así bien se deja guiar».

20. 83. «¿Por qué te diste tanta prisa en alejarte de tu pueblo? ¡Oh, Musa!»,

20. 84. y él respondió: «Ellos pisaban mis talones y yo corrí a Ti, mi *Rabb*, para complacerte».

20. 85. Dijo Él: «Así, en verdad, hemos probado a tu pueblo tras marcharte y les ha extraviado el samaritano».

20. 86. Y volvió Musa a su pueblo, enfadado y apesadumbrado, diciéndoles: «¡Oh, pueblo mío! ¿No os prometió vuestro *Rabb* algo bueno? ¿Os era demasiada lejana la promesa o habéis decidido para que descienda la ira de vuestro *Rabb,* rompa lo que os prometió?».

20. 87. Ellos dijeron: «No rompimos la promesa que te hicimos por nuestra voluntad, sino que cargamos con las joyas del pueblo y las arrojamos. Lo mismo que hizo el samaritano».

20. 88. Mas les sacó un áureo becerro cuyo cuerpo ululaba y replicaron: «Este es vuestro dios y el dios de Musa, pero se olvidó…».
20. 89. ¿Acaso no vieron que no les daba palabra y que eso no podía ni dañarles ni beneficiarles?
20. 90. Ciertamente, ya les dijo Harun: «¡Pueblo mío! Ciertamente, se os prueba con esto y, en verdad, vuestro *Rabb* es el *Rahman*, así que seguidme y obedeced mi mandato».
20. 91. Mas, ellos replicaron: «No dejaremos de adorarle hasta que no retorne a nosotros Musa».
20. 92. Dijo él: «¡Oh, Harun! ¿Qué te ha impendido, cuando viste que yerraban,
20. 93. seguirme? ¿Acaso has desobedecido mi orden?».
20. 94. Replicó él: «¡Oh, hijo de mi madre! No me agarres ni por mi barba ni por mi cabeza. En verdad temí por lo que tú dijeras, que ¿por qué había desunido a los hijos de Israel y no observé tu palabra?».
20. 95. Y dijo él: «Mas ¿qué dices tú, samaritano?».
20. 96. Respondió él: «Percibí algo que ellos no percibieron, así que tomé las pocas huellas del Mensajero y de ellas me deshice, haciendo lo que me sugirió mi ego».
20. 97. Y dijo él: «¡Largo de aquí! En verdad, para ti sea esta vida un decir: "¡No me toquéis!", y se te emplaza para una cita sin excusa. ¡Contempla a tu dios! ¡A ese al que te entregaste devoto! En verdad lo quemaremos y lanzaremos sus cenizas al mar…
20. 98. Ciertamente, vuestro dios es Allah, pues no hay más dioses sino Él. Quien alcanza toda cosa con Su conocimiento.
20. 99. Así te contamos lo que ocurrió a los que te precedieron que, en verdad, te han sido dadas a ti por Nosotros como recuerdo,
20. 100. aquel que se desvía de esto, en verdad, portará el Día de la Alzada una pesada carga
20. 101. por toda la eternidad. ¡Y qué terrible carga el Día de la Alzada!
20. 102. Un Día, cuando brame la trompeta y reunamos a los réprobos, un día de ojos apesadumbrados,
20. 103. los unos a los otros murmurarán: «En verdad, no permanecisteis más de diez días».
20. 104. Nosotros bien sabemos lo que dirán cuando les diga aquel que mejor camino tuvo: «Tan solo permanecisteis un día».

20. 105. Y te preguntarán a ti sobre las montañas, mas diles: «Detonadas serán por mi *Rabb*, reducidas a polvo,

20. 106. así dejará Él todo en plano,

20. 107. no se verán ni picos ni valles».

20. 108. En ese día seguirán a aquel que los llame, no habrá escape posible. Y las voces, acalladas, ante el *Rahman*, no se oirán sino el runrún de los pasos.

20. 109. En ese Día no se beneficiarán de la intercesión, excepto la que cuente con el permiso del *Rahman* y Él acepte sus palabras.

20. 110. Conoce Él lo que fue antes y lo que habrá de venir y ellos no pueden aprehenderlo con su conocimiento.

20. 111. Y gachos serán sus rostros ante el Viviente y Aquel que prevalece. Y, en verdad, habrá fallado quien cargue con malas acciones.

20. 112. Mas, quien con justicia obra y es creyente, ese no tiene que temer mal ni privación.

20. 113. Y así Nosotros hemos descendido un Corán en árabe y hemos dado todo tipo de advertencias en él, para que sean conscientes o les sirva de recuerdo.

20. 114. Así que, ¡Altísimo sea Allah, Rey de la Realidad! Y no te adelantes con la recitación hasta que te haya sido revelado por completo. Y di: «¡*Rabb* mío! Aumenta mi conocimiento».

20. 115. Y, en verdad, hicimos un pacto con Adam antes, mas lo olvidó y no encontramos resolución en él.

20. 116. Y cuando dijimos a los ángeles: «¡Prosternaos ante Adam!». Todos ellos se prosternaron, excepto Iblis, quien se negó.

20. 117. Entonces le dijimos: «¡Oh, Adam! En verdad, este es un enemigo para ti y para tu esposa. Que no te expulse del Jardín, pues sufrirás mucho».

20. 118. En verdad, para ti no existe ni el hambre ni la desnudez,

20. 119. para ti no hay sed, ni calor del sol.

20. 120. Mas, le susurro a él el Shaytan diciéndole: «¡Oh, Adam! ¿Quieres que te indique cuál es el árbol de la Eternidad, el que otorga un reino sin decadencia?».

20. 121. Entonces de él comieron ambos, mas se les hizo presente su vergüenza y comenzaron a cubrirse con las hojas del Jardín. Adam desobedeció a su *Rabb* y yerró,

20. 122. pero le escogió su *Rabb*, aceptando su retorno hacia Él y le guio.
20. 123. Él le dijo: «Marchad de mi Jardín, sed enemigos unos de otros. Mas, si de Mí recibís una guía, quien la siga no yerrará y no sufrirá,
20. 124. pero quien se aparte de Mi recuerdo, ciertamente, terrible vida le espera y ciego Nos lo encontraremos el Día de la Alzada.
20. 125. Dirá él: «¡*Rabb* mío! ¿Por qué me alzas ciego? Si yo antes veía...».
20. 126. Él responderá: «Al igual que vinieron a ti Nuestros Signos y los olvidaste, seas hoy olvidado».
20. 127. Y así es como recompensaremos a los que contravengan y no confíen en los signos de su *Rabb*. Y, en verdad, el castigo que habrá de venir será más terrible y sin final.
20. 128. ¿Acaso nos les fue guía cómo destruimos a tantas generaciones antes que ellos? Ellos caminaron por sus ruinas... En verdad, esos son signos para los que toman conciencia.
20. 129. Y si no llega a ser por una palabra anterior de tu *Rabb*, en verdad, ya habrían sido destruidos, si no estuviera sellado el tiempo,
20. 130. así que se, paciente con lo que dicen y glorifica con alabanzas a tu *Rabb*, antes de que se alce el sol y antes de que se ponga, desde las intempestivas horas de la noche, cuando envuelva al día. Así quizás quedes satisfecho.
20. 131. Y no pongas tus ojos hacia lo que les dimos como gozos, esplendor de la vida mundana, con los que les probamos, pues el sustento de tu *Rabb* es mejor y eterno.
20. 132. Ordena a los de tu casa la azalá y sé perseverante en ello, pues no te pedimos a ti sustento. Nosotros somos los que te sustentamos, la recompensa es para los que son conscientes de Allah.
20. 133. Y dicen ellos: «¿Por qué no nos traes un signo de tu *Rabb*?». ¿Acaso no han llegado a ellos pruebas irrefutables de las Escrituras antiguas?
20. 134. Y si les hubiéramos aniquilado con un castigo antes, hubieran dicho: «¡*Rabb* nuestro! ¿Por qué no nos envías un enviado? Así habríamos seguido tus signos antes de ser humillados y desgraciados...».
20. 135. Diles: «Cada uno espera, así que ¡esperad! Así conoceréis quién de vosotros está el camino recto y quién es guiado».

Juz 17

۞ Hizb 33

21. LOS PROFETAS

En el nombre de Allah, el *Rahman*, el *Rahim*

21. 1. Ya se aproxima a la humanidad el momento de rendir cuentas, mientras tanto, ¡qué insensatos son los que dan la espalda!
21. 2. No llega a ellos el nuevo recuerdo de su *Rabb*, aún escuchan, pero lo toman como un juego,
21. 3. distraídos están sus corazones y entre sí, aquellos réprobos murmuran: «¿No es un mero mortal como vosotros? Caeréis bajo sus hechizos, ¿aun lo veis?».
21. 4. Dice él: «*Rabb* mío bien conoce las palabras en los cielos y la tierra y es Él quien todo lo escucha, quien bien conoce».
21. 5. ¡Ay, no! Ellos dicen: «Confusos sueños… ¡Ay, no!, qué ha inventado… ¡Ay, no!, es un poeta… Que nos traiga a nosotros un Signo, como los que se enviaban antiguamente».
21. 6. No creía, antes de ellos, ninguna de las ciudades que aniquilamos. ¿Acaso estos van a creer?
21. 7. Y no enviamos antes de ti sino hombres a los que les revelamos, pues preguntad a la gente del recuerdo si es que no sabéis…
21. 8. Y no les hicimos cuerpos que no comieran comida, ni tampoco fueron inmortales…
21. 9. Luego, cumplimos el pacto y salvamos a quien quisimos y destruimos a los que no se moderaban.

21. 10. En verdad, descendimos para vosotros un Libro en el que se recuerda, ¿acaso no comprendéis?

21. 11. Y cuántas ciudades Nosotros hemos arrasado que eran injustas y, tras eso, alzamos a otros pueblos.

21. 12. Así, cuando sintieron Nuestro tormento bien que se apresuraron a escapar.

21. 13. «¡No huyáis! ¡Volved a vuestros lujos y a vuestros hogares! Que quizás se os pregunte por ello…».

21. 14. Ellos dijeron: «¡Ay de nosotros! En verdad, fuimos réprobos».

21. 15. Así cesaron en sus lamentos hasta que Nosotros les segamos, aniquilándoles.

21. 16. Y es que Nosotros no creamos los cielos, la tierra y lo que hay entre ellos por puro juego.

21. 17. Si hubiéramos decidido hacer fluir el tiempo o lo hubiéramos hecho por Nosotros mismos.

21. 18. ¡Ay, no! Nosotros lanzamos la verdad contra lo falso y este rompe su base y lo desvanece. Y para vosotros habrá destrucción por lo que contáis de Él.

21. 19. Y a Él pertenecen todo lo que está en los cielos y la tierra. Quienes están junto a Él no son arrogantes para servirle y tampoco se cansan de ello.

21. 20. Cantan su gloria en las noches y los días, sin descanso.

21. 21. ¿Acaso tomas dioses en la tierra capaces de dar la vida a los muertos?

21. 22. Si hubiera habido otros dioses más allá de Allah, en verdad, todo estaría en ruinas, así que alabado sea Allah, *Rabb* del Trono, quien está por encima de todo atributo.

21. 23. No será cuestionado por lo que hace, pero a ellos sí que se les preguntará…

21. 24. O toman a otros dioses en vez de a Él, diles: «¡Traed una prueba!». Sea este recuerdo para los que están conmigo, sea este recuerdo para los que estuvieron antes de mí. Mas, la mayoría no conoce la Verdad y le da la espalda.

21. 25. Y no enviamos a ningún Mensajero antes de ti al que no le reveláramos que no hay más dios excepto Yo, así que adoradme.

21. 26. Y ellos dicen: «Ha tomado el *Rahman* un hijo». ¡La gloria le sea dada! ¡Ay, no! Solo es Su siervo honrado:

21. 27. No le preceden en su habla y actúan bajo Su mandato y que sea Su mandato lo que habréis de actuar.

21. 28. Bien conoce lo que antes ocurrió y lo que habrá de ocurrir. Tan solo intercederá por Él el que Él escoja, imbuidos por la humildad que Él les impone.

21. 29. Y cualquiera que diga: «Yo soy un dios más allá de Él», le recompensaremos con la Gehena, así es como recompensamos a los réprobos.

21. 30. ¿Acaso no ves a aquellos cafres que en los cielos y la tierra formaban un todo y los separamos? Hicimos emerger del agua a toda cosa viviente, ¿aun así no creen?

21. 31. Y Nosotros dispusimos en la tierra firmes montañas para que se tambaleen con ellos e hicimos anchas gargantas como caminos. Así ellos, quizás, sean bien guiados.

21. 32. E hicimos del cielo una bóveda protegida, mas ellos de los signos se apartan.

21. 33. Y Él es quien creó la noche y el día, el sol y la luna, cada uno en su órbita fluyendo.

21. 34. No hicimos a ningún mortal inmortal antes de ti, pues si tú mueres, por qué iban a vivir eternamente ellos.

21. 35. Todo viviente la muerte paladeará y con el bien y con el mal os probamos, pues a Nosotros habréis de volver.

21. 36. Mas, cuando te ven los cafres, en verdad, no te toman sino con burlas: «¿No es este el que habla sobre vuestros dioses?» y es que en el recuerdo del *Rahman* son cafres.

21. 37. Creado es el ser humano con presteza, ya os enseñaré Mis signos, no me azucéis.

21. 38. Y ellos dicen: «¿Cuándo se cumplirá esta promesa? Si es que eres veraz…».

21. 39. Si tan solo supieran los cafres que llegará un tiempo que no puedan retirar ni sus rostros ni sus espaldas del Fuego, y no podrán ser auxiliados.

21. 40. ¡Ay, no! Irrumpirá sin que lo esperen y no serán capaces de rechazarlo ni posponerlo.

21. 41. En verdad, se burlaron de los mensajeros, antes de ti, mas aquellos que se burlaban se vieron asediados por aquello de lo que se burlaban.

21. 42. Di: «¿Quién os habrá de proteger, en la noche y el día, del *Rahman*?». ¡Ay, no! Se apartan del recuerdo de su *Rabb*.
21. 43. ¿Acaso tienen dioses que les protejan de Nosotros? No son capaces de ayudarse a sí mismos y no tendrán quien les ayude.
21. 44. Pero les dimos providencias a sus padres hasta que envejecieron, mas, ¿no ven lo que Nosotros hicimos en la tierra, reduciendo sus lindes? ¿Acaso creen que podrán vencer?
21. 45. Di: «Tan solo os advierto acerca de la Revelación, mas no oyen los sordos la llamada cuando se les avisa».
21. 46. Y si les alcanza la exhalación del castigo de tu *Rabb,* seguro que dirán: «¡Ay de nosotros! En verdad, qué impíos fuimos...».
21. 47. Y tendremos balanzas justas el Día de la Alzada y así nadie será tratado injustamente. Aunque fuese del peso de una semilla de mostaza, lo hemos de presentar, Nosotros somos suficientes para ajustar las cuentas.
21. 48. Y, en verdad, dimos a Musa y a Harun el criterio, la lucidez y el recuerdo para los que son conscientes de Allah,
21. 49. aquellos que se eclipsan con su *Rabb* en privado y la Hora temen.
21. 50. Es este un recuerdo bendito que Nosotros hemos descendido, ¿acaso vosotros lo negáis?
21. 51. Y, ciertamente, le dimos, antes, a Ibrahim la justa guía, pues le conocíamos muy bien
21. 52. cuando le dijo a su padre y a su pueblo: «¿Qué son esas estatuas a las cuales os entregáis?».
21. 53. Ellos respondieron: «Encontramos que nuestros ancestros las adoraban».
21. 54. Dijo él: «En verdad, vosotros y vuestros ancestros habéis yerrado sin duda».
21. 55. Ellos le dijeron: «¿Nos traes la Verdad o quieres malgastar el tiempo?».
21. 56. Respondió él: «¡Ay, no! Vuestro *Rabb* es el *Rabb* de los cielos y la tierra, es quien los creó y yo soy testigo de eso.
21. 57. Y por Allah que, en verdad, contra vuestros ídolos haré algo cuando os marchéis dando la espalda».
21. 58. Así es como los hizo añicos, excepto uno grande para que volvieran a él.

21. 59. Ellos dijeron: «¿Quién ha hecho esto a nuestros dioses? Qué réprobo, en verdad, será...».
21. 60. Alguno dijo: «Hemos oído mencionándoles a un joven, que se llama Ibrahim».
21. 61. Dijeron: «Traedlo ante los ojos de la gente para que sean testigos».
21. 62. Replicaron: «¿Has hecho esto a nuestros dioses? ¡Oh, Ibrahim!».
21. 63. Respondió él: «¡Ay, no! Lo hizo el grande... ¿Por qué no se lo preguntáis, si es que pueden hablar?».
21. 64. Se reunieron entre ellos y dijeron: «En verdad vosotros sois los réprobos»,
21. 65. pero luego cambiaron sus pareceres: «Bien sabes tú que no pueden hablar»,
21. 66. respondió él: «Así pues, ¿servís a otros en vez de Allah si no pueden ni beneficiaros ni dañaros?
21. 67. ¡Uf! Vosotros y lo que adoráis en vez de a Allah. ¿Acaso no meditáis?».
21. 68. Ellos dijeron: «¡Quemadle y vengad a nuestros dioses si es que queréis lo correcto!».
21. 69. Nosotros dijimos: «¡Oh, fuego! Se frío y pacificado para Ibrahim»
21. 70. e intentaron todo tipo de trucos contra él, pero siempre les hicimos fracasar.
21. 71. Y le salvamos a él y a Lut llevándolo hacia una tierra que bendijimos entre todos los mundos.
21. 72. Y le otorgamos a Ishaq y a Yaqub adicionalmente y a todos los hicimos justos.
21. 73. E hicimos de ellos adalides para que guiaran siguiendo Nuestro mandato, les inspiramos para que hicieran buenas obras, establecieran la azalá y dieran el azaque, así Nos sirvieron.
21. 74. Y a Lut le dimos juicio y conocimiento y le salvamos de una ciudad de depravados. En verdad, ellos eran un pueblo nefasto y desobediente.
21. 75. Le admitimos a Nuestra *rahma* y, en verdad, él fue de los justos.
21. 76. Y Nuh, cuando antes Nos invocó y respondimos salvándolo a él y a su familia de una gran catástrofe.

21. 77. Le hicimos vencer frente a un pueblo que renegaba de Nuestros Signos. En verdad, era gente nefasta y les ahogamos a todos.
21. 78. Y Dawud y Sulayman cuando juzgaron sobre los campos en los que pastaban las ovejas de un pueblo. Nosotros fuimos testigos de su juicio.
21. 79. Y le dimos la comprensión a Sulayman sobre esto. A cada uno dimos juicio y conocimiento. Dispusimos a Dawud con las montañas y las aves para que Nos glorificaran. Y así lo hicimos.
21. 80. Les enseñamos a hacer cotas de malla para protegeros en vuestra batalla. ¿No lo vais a agradecer?
21. 81. Y a Sulayman, el viento feroz que soplaba a su orden hacia la tierra que Nosotros hemos bendecido. Y es que de toda cosa somos conocedores
21. 82. y de los shaytanes que para él buceaban y eran sus trabajadores. Nosotros les guardábamos.
21. 83. Y Ayub cuando invocó a su *Rabb*: «¡En verdad, me ha tocado el mal hado, mas Tú eres el que toda la *rahma* posee!»,
21. 84. así le respondimos rasgando todo ese mal hado y dándole a él y a su familia como *rahma* Nuestra y recuerdo para los siervos.
21. 85. Y a Ismail, a Idris y a Dhu-l Kifl, todos tuvieron paciencia
21. 86. y los introdujimos en Nuestra *rahma*. En verdad, ellos fueron de los honrados.
21. 87. Y cuando Dhu-l Nun enfadado se fue y pensó que nada haríamos contra él. Y gritó en la oscuridad: «¡No hay más dios excepto Tú! Alabado seas, pues yo fui de los réprobos».
21. 88. Así, le escuchamos y le salvamos de la desgracia. Y es que así es como Nosotros salvamos a los creyentes.
21. 89. Y Zakariyya cuando a su *Rabb* invocó: «¡*Rabb* mío! No me dejes solo, pues tú eres el mejor de los herederos»,
21. 90. pues le respondimos a él y le otorgamos a Yahya. Nosotros curamos a su esposa. En verdad, se apresuraban a hacer el bien y Nos suplicaban con esperanza y respeto y ante Nosotros fueron humildes.
21. 91. Y a aquella que guardó su virginidad, mas en ella insuflamos Nuestro Espíritu. Hicimos de ella y de su hijo un Signo para todos los mundos.

21. 92. En verdad, esta es vuestra comunidad, una sola comunidad y Yo soy vuestro *Rabb,* ¡Adoradme pues!

21. 93. Mas, se dividieron sus quehaceres en grupos, aunque todos han de volver a Nosotros.

21. 94. Cualquiera que obra justamente y es un creyente, su esfuerzo no será rechazado. Y, en verdad, Nosotros lo anotamos…

21. 95. Y prohibido sea que, cuando una ciudad es aniquilada por Nosotros, que ellos vuelvan

21. 96. hasta que libres Gog y Magog desde las tierras altas desciendan.

21. 97. Se aproxima la verdadera promesa. Los cafres, de desorbitados ojos, dirán: «¡Ay de Nosotros! Nos daba igual, pero obrábamos muy malamente».

21. 98. En verdad, vosotros que no servís a Allah seréis leña para la Gehena. ¡Allí iréis!

21. 99. Si esos hubieran sido dioses, no irían allí, mas que por toda la eternidad permanezcan.

21. 100. Allí sollozarán, pero nadie los oirá.

21. 101. En verdad, quien haya recibido de Nosotros el bien, de ella se han de alejar.

21. 102. No oirán ni el más leve ruido de ella y estarán en lo que desearon ellos mismos por toda la eternidad.

21. 103. No les entristecerá el gran terror y a su encuentro saldrán los ángeles diciendo: «Este es el Día que os fue prometido».

21. 104. Un Día en el que se plegará el cielo como se pliega el rollo escrito. Os creamos una primera vez y lo haremos de nuevo. Es promesa Nuestra y, en verdad, lo haremos.

21. 105. Y, en verdad, hemos escrito en los Salmos, como recuerdo, que la tierra la heredarán Mis siervos justos.

21. 106. En verdad, un Mensaje es este para un pueblo que adora a Allah

21. 107. y Nosotros no te hemos enviado sino como *rahma* para todos los mundos.

21. 108. Di: «Tan solo se me revela a mí que vuestro Dios es uno, ¿os vais a pacificar?»,

21. 109. mas, si se desvían, diles: «Os lo he anunciado con igualdad y no sé si aquello que se promete está cercano o lejano,

21. 110. en verdad, bien sabe lo que vosotros mostráis de vuestras palabras y lo que ocultáis.

21. 111. Y no sé, quizás la prueba sea gozo por algún tiempo».

21. 112. Dice: «¡*Rabb* mío! Juzga con verdad, pues nuestro *Rabb* es *Rahman*, aquel que cuyo auxilio se pide contra lo que vosotros decís».

۞ Hizb 34

22. EL HAJJ

En el nombre de Allah, el *Rahman*, el *Rahim*

22. 1. ¡Oh, humanidad! Tened conciencia de vuestro *Rabb*, pues, en verdad, la tierra agitada con la Hora, cosa excelsa será,

22. 2. un Día en el que verás olvidar a la madre a aquel que ella amamantaba y parirá toda embarazada lo que en su seno llevaba, verás a la humanidad ebria, mas no lo estarán y es que terrible será el castigo de Allah.

22. 3. Y hay entre la humanidad quien discute sobre Allah sin conocimiento y sigue al Shaytan sublevado,

22. 4. decretado para aquel que con él confraternice y, en verdad, le lleve al castigo del fuego resplandeciente.

22. 5. ¡Oh, humanidad! Si dudáis acerca de la Resurrección, en verdad, Nosotros os creamos del polvo de la tierra, luego llegó una gota de líquido eyaculado y fue un coágulo de sangre para pasar a un feto formado e informe. Así os lo aclaramos. Luego lo situamos en los vientres y ahí por un tiempo prescrito salen como niños que alcanzarán la madurez. Y entre vosotros hay quien muere antes, mientras otros alcanzan una edad terrible en la que ya no conocen, a pesar de haber tenido el conocimiento. Y contemplad la tierra baldía, cómo Nosotros hacemos descender el agua sobre ella, que se revuelve, se hincha y emerge todo tipo de bella vegetación.

22. 6. Esto es así porque Allah es la Verdad: Él revivifica a los muertos y sobre toda cosa tiene poder.

22. 7. Y, en verdad, la Hora ha de llegar, no hay duda sobre eso, y Allah habrá de alzar a quien esté en su tumba,

22. 8. pero hay entre la humanidad quien discute sobre Allah sin conocimiento, ni guía, ni Libro iluminado,

22. 9. serpenteando sus cuellos para yerrar de la senda de Allah. Para esos en este mundo mundano sea la desgracia y ya Nosotros les haremos paladear en el Día de la Alzada el castigo por el fuego socarrados.

22. 10. «Sea eso lo que se te da por todo lo que hicieron tus manos». Y, en verdad, Allah no es injusto con Sus siervos.

22. 11. Y hay entre la humanidad aquel quien, al adorar a Allah, titubea. Y si recibe un bien se alegra con él, pero, si se le pone a prueba, cambia su quibla. Pierde el mundo mundano y el que habrá de venir, qué irreparable pérdida.

22. 12. En lugar de exhortar a Allah, lo hace a quien no puede ni dañarle ni beneficiarle. ¡Qué yerrar! ¡Cuánto aleja!

22. 13. Exhorta a quien más daña en vez de beneficiar. En verdad, es un terrible protector y qué diabólico amigo…

22. 14. Ciertamente, Allah hará entrar a aquellos que creyeron y obrar con justicia a jardines bajo los que arroyos fluyen. Cierto es que Allah hace lo que Él desea.

22. 15. Aquel que piense que no le ayudará Allah ni en la vida mundana ni en la que habrá de venir que, entonces, extienda una cuerda hacia el cielo y luego la corte… ¡Que vea si su plan termina con lo que le enfadaba!

22. 16. Y así es como Nosotros hicimos descender aleyas claras y, en verdad, Allah guía a quien Él desea.

22. 17. En verdad, aquellos que creyeron y aquellos que fueron judíos, sabeos, cristianos o magos y aquellos que fueron politeístas, de verdad, que por Allah serán juzgados el Día de la Alzada. Testigo de toda cosa, ciertamente, será Allah.

22. 18. ¿Acaso no ves que ante Allah se prosterna todo lo que hay en los cielos y la tierra, el sol y la luna, las estrellas y las montañas, los árboles y los animales y tanta gente? Mas tantos se merecen un justo castigo, pues quienquiera que Allah humille no tendrá honra alguna. En verdad, Allah hace lo que quiere. ۩

22. 19. Esos dos grupos disputan sobre su *Rabb*. A aquellos que fueron cafres, Allah les rasgará sus ropajes con fuego y arrojará sobre sus cabezas agua ardiente

22. 20. que fundirá sus entrañas y su piel,

22. 21. en ellos garfios de hierro han de usarse.

22. 22. Cada vez que quieran salir, angustiados, se les devolverá allí: «¡Paladead el castigo por el fuego socarrados!».

22. 23. En verdad, Allah habrá de admitir a aquellos que creyeron y obraron justamente a jardines bajo los que arroyos fluyen. Se les adornará con brazaletes áureos con perlas y sus ropajes serán de seda.

22. 24. Y es que habrán sido guiados hacia la más excelsa palabra, habrán sido guiados hacia el camino del digno de toda la Alabanza.

22. 25. En verdad, a aquellos que son cafres y apartaron a los otros de la senda de Allah y su Inviolable Mezquita, la cual dispusimos para la humanidad tanto si residen allí o son extranjeros, y, si se atreven a violarla, les haremos paladear un castigo doloroso.

22. 26. Y cuando Nosotros señalamos a Ibrahim el emplazamiento de la Casa: «No me asocies a Mi con nada y purifica Mi Casa para los que hacen *tawaf*, para aquellos que en pie están, para aquellos que se inclinan y prosternan».

22. 27. Y proclama a la humanidad el *Hajj*, haz que vengan a ti a pie o en lánguido camello, que vengan raudos desde el collado distante

22. 28. para que sean testigos de sus beneficios. Y que recuerden, pues, el nombre de Allah en esos días que conocen sobre las bestias y ganado que Él ha provisto: «Comed de ellas y alimentad al pobre desperado».

22. 29. Despues, que finalicen sus deberes prescritos, que cumplan sus obligaciones y que hagan *tawaf* la antigua Casa.

22. 30. Sea así y que quien honre los ritos de Allah que sea el mejor, tan próximo, ante su *Rabb*. Lícitos os sean los rebaños, salvo los que os han sido nombrados. Evitad la mácula de los ídolos y evitad las falsas palabras.

22. 31. Sed virtuosos ante Allah y no idolatréis a otros con Él. Quienquiera que idolatra a otros con Allah es como si cayera

del cielo, pues las aves lo secuestrarán o el viento lo llevará a un lugar lejano.

22. 32. Sea así y quien honre los símbolos de Allah, que, en verdad, proceden de la conciencia de Allah que hay en sus corazones.

22. 33. Sean esos beneficios para vosotros hasta fecha prescrita, luego que sea el sacrificio cerca de la antigua Casa.

22. 34. Y para cada nación Nosotros hemos prescrito un rito para que mencionen el nombre de Allah sobre lo que Él ha provisto entre el ganado. Y es vuestro Dios Uno, así que pacificáis en Él y anunciad la buena nueva a los humildes,

22. 35. aquellos que cuando recuerdan a Allah tiemblan sus corazones, aquellos que tienen paciencia en la aflicción, aquellos que establecen la azalá, los que donan con aquello que Nosotros les proveímos.

22. 36. Y los camellos de sacrificio han sido dispuestos por Nosotros como signos de Allah, beneficiosos son para vosotros, así que mencionad el nombre de Allah sobre ellos cuando estén alineados y, cuando caigan, comedlos y alimentad al pobre que pide y al que no pide. Así Nosotros lo hemos dispuesto para que seáis agradecidos.

22. 37. No son para Allah ni su carne ni a su sangre, sino solo a la conciencia que de Él tenéis vosotros. Así es como dispone para que ensalcéis a Allah por haberos guiado y anuncia la buena nueva a quien hace el bien.

22. 38. En verdad, Allah defiende a aquellos que creyeron, mas, ciertamente, a Allah no le agrada el que sea un mentiroso cafre.

22. 39. El permiso sea para quienes son atacados porque están en injusticia y, ciertamente, Allah de seguro les dará la victoria.

22. 40. Son aquellos que fueron expulsados de sus hogares sin derecho tras haber dicho: «Nuestro *Rabb* es Allah», si no hubiera Allah repelido a unos utilizando a otros, de seguro que habrían demolido monasterios, iglesias, sinagogas y mezquitas donde se menciona tanto el nombre de Allah. Y es que, en verdad, Allah ayudará a aquellos que quieran Su ayuda, pues, en verdad, Allah es tan fuerte, tan poderoso.

22. 41. Son aquellos que si les diéramos la tierra establecerían la azalá y darían el azaque, garantizando la justicia y prohibiendo lo deleznable. Y es que Allah es el fin de todo asunto.
22. 42. Y si reniegan de ti, como hace tanto tiempo renegó el pueblo de Nuh, y las gentes de 'Ad y Thamud,
22. 43. el pueblo de Ibrahim, el de Lut
22. 44. y los habitantes de Madyan. Y de Musa renegaron, mas Yo le di un respiro a los cafres... Después les agarré y, ¡cómo es Mi castigo!
22. 45. Mas, cuántas de estas ciudades hemos aniquilado por todo el mal que hicieron sin cesar y dejamos en ruinas... ¡Cuántos pozos abandonados...! ¡Qué elevados torreones...!
22. 46. ¿Acaso no han viajado por la tierra con un corazón sintiente y con oídos con los que oír? Pues, en verdad, no son ciegos los ojos, sino que ciegos son los corazones que hay en los pechos...
22. 47. Te piden que adelantes el castigo, mas jamás Allah faltará a Su promesa. Y, en verdad, un día junto a tu *Rabb* es como mil años de los que vosotros contáis.
22. 48. ¿A cuántas ciudades di una tregua mientras hacían el mal? Después las sorprendí, pues hacia Mí es el final retorno.
22. 49. Di: «¡Oh, humanidad! Tan solo soy alguien que con claridad os advierte»,
22. 50. pues aquellos que creen y hacen lo que es justo, para ellos haya alivio de sus faltas y generosa provisión.
22. 51. Mas, quienes se esfuerzan, en vano, en contra de Nuestras aleyas, esos han de ser los compañeros del Fuego.
22. 52. Y no hemos mandado a ningún Mensajero o Profeta, antes de ti, que cuando recitase el Shaytan no intentase interferir en la recitación, mas abole Allah lo que intenta Shaytan y luego Allah establece Sus aleyas. Y es Allah quien todo lo conoce, tan Sabio.
22. 53. Él hace de las interferencias de Shaytan una prueba para los corazones enfermos y los corazones oxidados. En verdad, los réprobos están engrosando en la oposición.
22. 54. Y para que sepan a quienes les ha dado el conocimiento, que la Verdad de tu *Rabb* es para que crean en Él y con humildad resitúen sus corazones. Y, en verdad, Allah es el guía de aquellos que creen en un recto sendero.

22. 55. Mas, quien no cese de ser un cafre y sigan en sus dudas hasta que les irrumpa la Hora o les llegue un castigo yermo.

22. 56. El dominio de ese Día será de Allah, Él juzgará entre ellos. A aquellos que creyeron y obraron con justicia, estarán en los placenteros jardines,

22. 57. y a aquellos que fueron cafres y renegaron de Nuestras aleyas, esos tendrán un humillante castigo.

22. 58. Y aquellos que, habiendo emigrado por causa de Allah, sean asesinados o mueran, cierto es que Allah les proveerá de buena provisión. Y, en verdad, Allah Él es el Mejor de los proveedores.

22. 59. Él ha de introducirles, ciertamente, en un lugar donde gozarán, pues, en verdad, Él es el que todo conoce, el más acogedor.

22. 60. Sea así y quienquiera que tome represalias contra una injusticia y vuelva a sufrir lo que le oprimió, de seguro que Allah le ayudará. En verdad, es Allah quien, con olvido, vuestras faltas alivia.

22. 61. Sea así porque Allah es quien hace emerger la noche del día y quien hace que, en el día, se introduzca la noche. Y, ciertamente, Allah todo lo oye, qué bien contempla.

22. 62. Sea así porque Allah es la Verdad, mas lo que invocan en vez de Él es falso. Y es que Allah es el Altísimo, el más grande.

22. 63. ¿Acaso no ves cómo Allah desciende del cielo el agua y esta llega a la tierra, que torna en verdor? En verdad, Allah es el más sutil, tan bien informado.

22. 64. Suyo es lo que está en los cielos y la tierra. Y, en verdad, Allah es autosuficiente, es el digno de alabanza.

22. 65. ¿Acaso no ves que Allah ha dispuesto para vosotros lo que hay en la tierra, como los barcos que navegan por la mar siguiendo Su mandato? Y se sostiene el cielo, con Su permiso, pues caería sobre la tierra. Y es Allah el más amable para la humanidad, tan matricial.

22. 66. Y es Él quien os dio la vida para que tras ello os haga morir y después os revivificará de nuevo. En verdad, el ser humano es ingrato…

22. 67. Para cada nación hicimos ritos que ellos siguen, así que no discutan contigo sobre este asunto. Invítalos hacia tu *Rabb*, pues, en verdad, recta es la guía en que estás.

22. 68. Y si te discuten diles: «Bien sabe Allah lo que hacéis,

22. 69. ya decidirá Allah sobre vosotros el Día de la Alzada sobre aquello que discutíais».

22. 70. ¿Acaso no sabes que Allah conoce lo que hay en los cielos y la tierra? En verdad, todo está escrito. Ciertamente, es cosa fácil para Allah.

22. 71. Adoran a otros que no son Allah, algo a lo que no se le ha descendido autoridad alguna y que no tiene ningún conocimiento. Y los réprobos no tendrán auxilio alguno.

22. 72. Y, cuando se recitan sobre ellos Nuestras irrefutables aleyas, verás que los rostros cafres reniegan y, por poco, no atacan a quienes les recitan Nuestras aleyas. Diles: «Debo informaros de algo peor que esto: el Fuego que Allah ha prometido para los cafres». Qué fin tan terrible…

22. 73. ¡Oh, humanidad! Se os da un ejemplo, así que escuchadlo. En verdad, a quienes invocáis que no es Allah jamás crearán una mosca, aun si se unieran todos para ello. Y si la mosca les llevara algo, no podrían recuperarlo. Tan débil es el suplicante como a lo que suplican.

22. 74. No han valorado a Allah como se merece. En verdad, Allah es el más fuerte, el más poderoso.

22. 75. Allah elige entre los ángeles y la humanidad a Sus mensajeros. Y, en verdad, Allah todo lo oye, qué bien lo contempla.

22. 76. Él conoce lo que ocurre y ocurrirá. Y todo asunto a Allah ha de volver.

22. 77. ¡Oh, vosotros que creéis! ¡Inclinaos! ¡Prosternaos! ¡Adorar a vuestro *Rabb*! ¡Haced el bien! Quizás así triunféis…

22. 78. Y esforzaos por Allah como Él lo merece, pues Él os ha elegido y no os pone dificultades en el *din* de vuestro padre Ibrahim. Él os llamó musulmanes antes y ahora, para que el Mensajero sea testigo ante vosotros y ante la humanidad. ¡Estableced la azalá! ¡Dad el azaque! ¡Aferraos fuerte a Allah! Él es vuestro protector, ¡qué excelente protector! ¡qué excelente Campeador!

Juz 18

۞ Hizb 35

23. LOS CREYENTES

En el nombre de Allah, el *Rahman*, el *Rahim*

23. 1. En verdad, son los creyentes los que alcanzan la victoria:
23.2. aquellos que son eclipsados en su azalá,
23. 3. que evitan el vacío murmullo,
23. 4. que dan el azaque,
23. 5. que refrenan su deseo,
23. 6. salvo con sus esposas o sus legítimas, que para ellos no haya reproche alguno,
23. 7. mientras que quienes desean a las otras, esos sí que son réprobos.
23. 8. Aquellos que respetan los bienes y observan los juramentos,
23. 9. que guardan su azalá.
23. 10. Esos son los herederos,
23. 11. quienes han de heredar el Paraíso, en el que estarán por toda la eternidad.
23. 12. Y, en verdad, creamos a la humanidad de un barro esencial,
23. 13. luego le colocamos una gota eyaculada en un firme receptáculo
23. 14. y, después, Nosotros creamos de esa gota un coágulo de sangre, de ese coágulo un feto y el feto tuvo huesos. Tras eso Nosotros vestimos los huesos con carne y, después, se producen otras formas. ¡Bendito sea Allah! ¡El más excelso de los creadores!
23. 15. Después habréis de morir,

23. 16. tras ello, en verdad, el Día de la Alzada seréis resucitados.

23. 17. Y, en verdad, Nosotros creamos sobre vosotros siete caminos, pues Nosotros la Creación no descuidamos.

23. 18. Y Nosotros hacemos descender del cielo el agua en su justa medida para que empape la tierra, mas, en verdad, seríamos capaces de hacerla desaparecer.

23. 19. Así emergen para vosotros palmerales de datileras y viñedos en las que, de sus frutos abundantes, vosotros coméis.

23. 20. Y un árbol que crece en el monte Sinaí que produce aceite, que aderezo es para lo que coméis.

23. 21. En verdad, tenéis en el ganado una lección, pues Nosotros os damos de beber lo que hay en sus entrañas y para vosotros tantos beneficios hay, de ellos coméis.

23. 22. Y en ellos y en los barcos os movéis.

23. 23. Y, ciertamente, Nosotros enviamos a Nuh a su pueblo y él les dijo: «¡Oh, pueblo! ¡Adorad a Allah y no a ningún otro dios que no sea Él! ¿Acaso no tenéis conciencia de Él?».

23. 24. Mas, los notables, que eran cafres, dijeron a su pueblo: «Tan solo es un mortal como vosotros que desea ser superior a vosotros. Si Allah hubiera querido, habría hecho descender ángeles. Pero no oímos nada así que les ocurriera a nuestros antepasados.

23. 25. Tan solo es un hombre que está poseído, esperemos y vigilémosle con tiempo».

23. 26. Dijo él: «¡*Rabb* mío! Ayúdame porque reniegan de mí».

23. 27. Entonces Nosotros le inspiramos a él para que construyera un arca bajo Nuestra mirada y Nuestra inspiración. Y, cuando venga Nuestro mandato y hierva el horno pondrás en ella una pareja de cada especie y a tu familia, excepto a aquellos que tienen la palabra en contra. Y no me digas nada de quienes fueron los réprobos, pues, ciertamente, se ahogarán.

23. 28. Cuando estés embarcado tú y los tuyos en el arca, entonces, dirás: «¡Loado sea Allah, aquel que nos salvó del impío pueblo!».

23. 29. Y di: «*Rabb* mío, hazme desembarcar en un lugar bendito, pues Tú eres el que mejor acomoda».

23. 30. En verdad, en ellas hay Signos y, ciertamente, estamos a prueba».

23. 31. Después, alzamos otra generación tras ellos
23. 32. y enviamos un Mensajero de entre ellos: «¡Adorad a Allah y no a ningún otro dios que no sea Él! ¿Acaso no tenéis conciencia de Él?».
23. 33. Mas, los notables, que eran cafres y negaban la vida que ha de venir aún, aunque les enriquecimos en la vida mundana, dijeron: «Tan solo es un mortal como vosotros, come y bebe lo mismo que vosotros coméis y bebéis.
23. 34. Si le obedecéis, cómo vosotros perderéis.
23. 35. ¿Os promete acaso que, cuando muráis se os revivirá, cuando no seáis más que polvo y huesos?
23. 36. ¡Qué lejos está de lo que os promete!
23. 37. Solo hay una vida mundana, morimos y vivimos, mas seremos resucitados.
23. 38. Tan solo es un hombre que inventa sobre Allah y no creemos en él».
23. 39. Dijo él: «¡*Rabb* mío! Ayúdame por todo lo que de mí reniegan».
23. 40. Él respondió: «Espera un poco porque, ciertamente, habrán de arrepentirse».
23. 41. Tan tremendo fue el horrible estruendo y Nosotros hicimos de ellos follaje podrido. ¡Id, pues, pueblo réprobo!
23. 42. Después, Nosotros alzamos otra generación tras ellos,
23. 43. mas, ninguna nación puede adelantar el plazo ni posponerlo.
23. 44. Tras eso, Nosotros enviamos nuestros mensajeros, sucediéndose, todo el tiempo, pero cada vez que llegaba a una nación un Mensajero, ellos renegaban. Así, pues, hicimos que a unos les siguieran otros y los hicimos historia. ¡Que desaparezca la gente que se niega a creer!
23. 45. Tras ello, enviamos a Musa y a su hermano Harun con Nuestros Signos y una autoridad irrefutable
23. 46. a Faraón y su consejo, que se comportaban arrogantemente, qué pueblo tan altanero,
23. 47. que dijo: «¿Cómo creer a dos mortales como nosotros, mientras su pueblo son esclavos de nuestra propiedad?».
23. 48. Renegaron y acabaron arruinados.
23. 49. Y, ciertamente, dimos a Musa el Libro, para que fueran bien guiados.

23. 50. E hicimos del hijo de Maryam y de su madre un Signo, les refugiamos llevándolos a una colina tranquila con un arroyo.
23. 51. «¡Oh, mensajeros! Comed de las cosas buenas y obrad justamente, en verdad, Yo sé bien lo que hacéis.
23. 52. En verdad, esta es vuestra matria, una única matria. Yo soy vuestro *Rabb*, tened conciencia de Mí».
23. 53. Pero se dividieron en sectas, alegres cada uno en lo suyo.
23. 54. Así que déjales en su confusión, por un tiempo.
23. 55. Piensan que al haberles ayudado Nosotros con riquezas e hijos
23. 56. nos apresuramos el Bien. ¡Ay, no! Ni se dan cuenta...
23. 57. En verdad, los que son humildes por su *Rabb* son cautos
23. 58. y son aquellos que creen en los Signos de su *Rabb*,
23. 59. que no asocian a su *Rabb* con otros,
23. 60. que siempre dan con su corazón compungido porque a su *Rabb* han de volver.
23. 61. Esos que se apresuran a hacer el bien y son los primeros en hacerlo.
23. 62. Y no pedimos a ninguno, sino en su capacidad, mas tenemos un Escrito que dice la Verdad. Y ninguna injusticia les ha de alcanzar.
23. 63. ¡Ay, no! Sus corazones confusos sobre esto están y ellos unas acciones han hecho, en lugar de otras.
23. 64. Cuando irrumpa Nuestro castigo ya sollozarán.
23. 65. «No sollocéis hoy que, en verdad, nadie de Nosotros os ha de salvar,
23. 66. pues Mis aleyas se os recitaban, pero solíais ignorarlas,
23. 67. tan altivos, y la noche pasabais chismorreando».
23. 68. ¿Acaso no son conscientes de la Palabra o es que no les ha llegado lo que sus ancestros recibieron?
23. 69. ¿No reconocen a Su Mensajero y por ello reniegan?,
23. 70. ¿o dicen que es un poseso? ¡Ay, no! Vino él con la Verdad, mas la mayoría de ellos eran hostiles a la Verdad.
23. 71. Mas, si hubieran seguido, de verdad, sus deseos, habrían corrompido los cielos y la tierra y todo lo que hay entre ellos. ¡Ay, no!, les trajimos un recordatorio, pero ellos se alejan.
23. 72. ¿Les exiges un pago? El mejor pago es el de tu *Rabb*. Él mucho mejor provee.

23. 73. Y, ciertamente, les llamas a un sendero recto,

23. 74. Mas, quienes no creen en lo que habrá de venir se desvían, en verdad, de la senda.

23. 75. Y si Nuestra *rahma* fuese sobre ellos y rasgáramos la dificultad que poseen, persistirían en sus transgresiones, en ciega rebeldía.

23. 76. Y, en verdad, les infligimos un castigo, pero ni así se someten a su *Rabb*, ni siquiera se vuelven humildes.

23. 77. Será así hasta que para ellos abramos una puerta de terrible castigo y, entonces, se desesperarán…

23. 78. Y es Él quien creó para ti el oído, la vista y el sentir, ¡qué poco agradecidos sois!

23. 79. Y es Él quien os multiplicó por la tierra y ante Él seréis congregados.

23. 80. Y es Él quien da la vida y la arrebata. Y es quien alterna la noche y el día. ¿Acaso no comprendéis?

23. 81. ¡Ay, no! Si dicen lo mismo que decían los antiguos,

23. 82. claman: «Cuando hayamos muerto y seamos polvo y huesos, ¿acaso nos resucitará?

23. 83. En verdad, esto se nos había prometido a nosotros y antes a nuestros ancestros. Tan solo son cuentos de los antiguos».

23. 84. Diles: «¿A quién pertenece la tierra y lo que hay en ella? Si es que lo conocéis…».

23. 85. Ellos te dirán: «A Allah», respóndeles tú: «¿Por qué no recordáis?».

23. 86. Diles: «¿Quién es el *Rabb* de los siete cielos y *Rabb* del excelso Trono?».

23. 87. Ellos te dirán: «A Allah», respóndeles: «Entonces, ¿no sois conscientes de Él?».

23. 88. Diles: «¿Quién tiene en Sus manos el Reino de todo cuanto hay? ¿Quién protege lo que nadie puede proteger frente a Él? Si es que lo conocéis…».

23. 89. Ellos te dirán: «A Allah», respóndeles: «¿Cómo podéis estar tan engañados?».

23. 90. ¡Ay, no! Nosotros le trajimos la Verdad, mas, ciertamente, cómo mienten.

23. 91. No tomó Allah ningún hijo y no hay junto a Él otro dios, pues esos dioses hubieran tomado lo que hubiera creado y no habría

dioses más poderosos que otros. ¡Gloria a Allah por encima de lo que ellos le atribuyen!

23. 92. Conocedor del no visto y de lo manifiesto, pues, Altísimo sobre todo lo que le asocian.

23. 93. Di: «¡*Rabb* mío! Si me enseñas lo que se ha prometido.

23. 94. ¡*Rabb* mío! Jamás me sitúes junto a un pueblo impío».

23. 95. Y, ciertamente, Nosotros podemos enseñarte, sin duda, lo que le hemos prometido.

23. 96. Repele con el bien todo mal, Nosotros bien sabemos lo que ellos nos atribuyen.

23. 97. Di: «¡*Rabb* mío! Me refugio en ti de los susurros demoniacos,

23. 98. me refugio en Ti, mi *Rabb*, de su presencia».

23. 99. Hasta el momento que venga a uno de ellos la muerte y diga: «¡*Rabb* mío!, ¡hazme, de nuevo, volver!,

23. 100. quizás, de esa forma, pueda hacer las obras justas que no hice». Pero ¡no! En verdad, son palabras lo que decía: una barrera se alza entre esa gente hasta que llegue el Día de la Resurrección.

23. 101. Mas, cuando brame la trompeta, entonces, ya no valdrán parentescos ese Día, no se preguntarán los unos a los otros.

23. 102. Pero aquellos cuyas obras pesen, esos serán los que alcancen la victoria.

23. 103. Y aquellos de obras ligeras, esos serán los que se perdieron a sí mismos y estarán en la Gehena por toda la eternidad,

23. 104. abrasándoles sus rostros el Fuego, con sus labios arrugados.

23. 105. «¿Acaso no se recitaron Mis aleyas y de ellas renegasteis?».

23. 106. Y dirán: «¡*Rabb* nuestro! Fuimos superados por nuestra miseria y fuimos gente que erró.

23. 107. ¡*Rabb* nuestro! Sácanos de ellas, si volvemos a hacerlo seremos unos réprobos».

23. 108. Él dirá: «¡Yaced ahí y no me habléis!».

23. 109. Algunos de mis siervos dirán: «¡*Rabb* nuestro! Alivianos y vierte Tu *rahma* sobre nosotros, pues Tú eres el Mejor de quienes tienen *rahma*».

23. 110. Pero con tanta guasa os olvidasteis de Mi recuerdo. Cómo os reíais de ellos…

23. 111. En verdad, les recompenso este Día porque fueron pacientes, estos son los que han de ser victoriosos.

23. 112. Él dirá: «¿Cuántos años permanecisteis sobre la Tierra?».
23. 113. Ellos responderán: «Permanecimos un día o medio, pregunta a los que lo cuentan».
23. 114. Él dirá: «Poco tiempo permanecisteis, si hubierais sabido…
23. 115. ¿Acaso pensabais que os creamos sin sentido y que no volveríais a Nosotros?».
23. 116. Qué Altísimo es Allah, Rey de la Realidad. No hay más dioses salvo Él. *Rabb* del generoso Trono.
23. 117. Y cualquiera que invoque a Allah junto a otro dios, sin pruebas, tendrá que rendir cuentas ante su *Rabb.* No triunfarán los cafres…
23. 118. Y di: «¡*Rabb* mío! Alivia los errores y vierte tu *rahma*, pues Tú eres el Mejor de quienes tienen *rahma*».

24. LA LUZ

En el nombre de Allah, el *Rahman*, el *Rahim*

24. 1. Nosotros os revelamos una sura y os la prescribimos. Nosotros os revelamos claras aleyas en ella y quizás así recordéis.

24. 2. A la fornicadora y al fornicador, que cien veces sientan en su piel el vergonzante dolor. Y no seáis leves frente a ellos si confiáis en Allah y en el último Día. Sed testigos de cómo los creyentes les reprenden.

24. 3. El fornicador solo podrá desposarse con una fornicadora o una idólatra. La fornicadora solo podrá desposarse con un fornicador o un idólatra. ¡Vedado está eso para los creyentes!

24. 4. Pero aquellos que acusen a una mujer honrada sin aportar cuatro testigos, que ochenta veces sientan en su piel el vergonzante dolor y jamás volváis a aceptar su testimonio... Esos... ¡qué perversos son!,

24. 5. salvo que vuelvan a orientarse y retornen a la rectitud. Ciertamente, así es Allah, Aquel que las faltas alivia, quien otorga la *rahma*.

24. 6. Aquellos que acusen a sus esposas y no puedan aportar más testigo que ellos mismos, testificarán jurando por Allah cuatro veces que son sinceros

24. 7. y en la quinta reclame sobre sí la maldición de Allah si él fuese un mentiroso.

24. 8. Y ella se verá libre de castigo. La mujer jurando por Allah cuatro veces que él miente

24. 9. y en la quinta que reclame sobre sí la cólera de Allah si él tuviese razón.

24. 10. Ay, si no llega a ser por el favor de Allah y Su *rahma* sobre vosotros... Pues a Allah se retorna, es el Sabio.

24. 11. Ciertamente, están entre vosotros los que portan la mentira. No los creáis que eso es malo para vosotros... ¡Ay, no! ¡Bueno es! A cada ser humano se le da según sus acciones y, si se aferrasen a un crimen, un excelso castigo tendrán.

24. 12. ¿Por qué cuando oyen una mentira los creyentes y las creyentes no piensan bien en ellos mismos: «¡Clara mentira es!»?

24. 13. ¿Por qué los acusadores no traen los cuatro testigos? Si no los presentan ante Allah, mienten.

24. 14. Si no llega a ser por el favor de Allah y Su *rahma* sobre vosotros en este mundano mundo y en la vida que habrá de venir, por las habladurías habríais sufrido un excelso castigo,

24. 15. cuando las recibisteis en vuestras lenguas y vuestras bocas dijeron algo de lo que no teníais certeza, pensando que era algo sin importancia, mientras que para Allah era muy serio

24. 16. y, en el momento que lo oísteis, ¿por qué no dijisteis? «No hablaremos de eso... ¡Alabado sea Él! Esa es una gran calumnia».

24. 17. Allah os advierte, si creyentes sois, que nunca hagáis nada de esto.

24. 18. Hace claras Allah Sus aleyas para vosotros. Allah todo lo sabe, Él es el Sabio,

24. 19. pues, ciertamente, habrá para aquellos que diseminen la corrupción entre los creyentes, en este mundano mundo y en el que ha de venir, un doloroso tormento. ¡Allah conoce y vosotros no conocéis!

24. 20. ¡Ay!, si no llega a ser por el favor de Allah y su *rahma* sobre vosotros. Él es todo suavidad, Él es pura *rahma*.

Hizb 36

24. 21. ¡Oh, creyentes! ¡No sigáis los pasos de Shaytan! Quien sigue los pasos de Shaytan le domina la corrupción y el mal. ¡Ay!, si no llega a ser por el favor de Allah y Su *rahma* sobre vosotros, ninguno de vosotros estaría purificado. Allah purifica a quien quiere y es Allah, el que todo lo oye, el que todo lo sabe,

24. 22. y aquellos de vosotros que gocen de una vida gozosa, que no prometan que no volverán a dar a los parientes ni al necesitado, ni al refugiado que sigue la senda de Allah. Perdonad y que os perdonen. ¿Acaso no quieres que Allah os perdone? Allah alivia vuestras faltas, es pura *rahma*.

24. 23. Aquellos que, sin prueba alguna, difamen a las mujeres, ¡malditos sean! tanto en esta vida mundana como en la próxima. Qué excelso castigo han de alcanzar…

24. 24. Será un Día en el que sus lenguas, sus manos y sus pies contra ellos testificarán,

24. 25. ese día Allah de verdad se les pagará y conocerán que Allah es la Realidad, es el Manifiesto.

24. 26. Las corrompidas son para los corrompidos y los corrompidos son para las corrompidas; mientras que los virtuosos son para las virtuosas y las virtuosas para los virtuosos. Estos son inocentes de lo que dicen y obtendrán el olvido de sus faltas y generoso sustento.

24. 27. ¡Oh, creyentes! No entréis en casa ajena sin pedir permiso y sin saludar a sus moradores. Esto es lo mejor para vosotros. ¡Sed conscientes!

24. 28. Pero, si no encontráis a nadie en ella, no entréis hasta que permiso se os dé. Si se os dice que os vayáis, ¡idos! Para vosotros es lo más apropiado. Allah conoce lo que vosotros hacéis, es Omnisciente.

24. 29. No hacéis mal alguno si entráis en casa deshabitada que algo para vosotros contenga. Allah conoce todo lo que manifestáis y ocultáis.

24. 30. Di a los creyentes que sean discretos y pudorosos. Esto es lo más apropiado. Ciertamente, Allah sabe lo que hacéis.

24. 31. Y diles a las creyentes que sean discretas y pudorosas, y no muestren sus encantos más allá de lo que deben mostrar. Y que deberían cubrirse sus cabezas y sus pechos mostrando sus encantos solo a sus maridos, a sus padres o a sus suegros, a sus hijos o a los hijos de sus maridos, a sus hermanos o a sus sobrinos, a las mujeres, a aquellos hombres que no sientan deseo o a los niños a los que no les sorprende la desnudez de una mujer. Y no deberían caminar de modo que sus encantos

ocultos se realcen. ¡Oh, creyentes! Retornad a Allah y así, quizás, prosperéis.

24. 32. Casad a los que están solteros y a esclavo con esclava, que sean honestos. Si son pobres, Allah los enriquecerá con su generosidad ¡Allah todo lo ve!

24. 33. Y aquellos que aún no puedan casarse que se contengan hasta que se les dé por Su generosidad. Y si algún esclavo anhelase su libertad y pudiera pagarla: haced un contrato y liberadlo si sabéis que hay bien en eso, y dadles parte de lo que Allah os ha dado. Y no obliguéis a vuestras esclavas a fornicar, si ellas desean ser honradas, para alcanzar más riquezas en este mundo mundano. Si alguien las obliga, después Allah les aliviará sus faltas a ellas, tan lleno de *rahma*.

24. 34. Ciertamente, descendimos aleyas claras y ejemplos para vosotros como ejemplo de lo que ocurrió antes de vosotros. Un aviso para los que tienen conciencia de Allah.

24. 35. Allah es luz de los cielos y la tierra. De Su luz ejemplo es una es hornacina donde yace un candil. El candil está envuelto en cristal y el cristal es como si fuere estrella que fulge, inflamada por el bendito olivo que ni de la axarquía ni de la agarvía es, y brilla aún el fuego no la toque. ¡Luz sobre luz! A su luz Allah dirige Él a quien quiere. Y es Allah quien ejemplos a la humanidad muestra. Y es Allah de todas cosas el Conocedor.

24. 36. Permitió Allah erigir hogares y que en ellos se recuerde su nombre, se eleven las alabazas a Él, en las mañanas y las tardes,

24. 37. con hombres a los que ni el comercio ni la venta les distrae del recuerdo de Allah, estableciendo la azalá y dando su azaque. Temen el Día que los corazones y las miradas se den la vuelta.

24. 38. Así Allah recompensará a los mejores según lo que hicieron y les aumentará su recompensa. Allah provee a quien quiere sin fin.

24. 39. Pero las acciones de cafres son como un espejismo en el desierto, en el que el sediento piensa que hay agua y cuando llega ve que nada hay… Solo encuentra a Allah, que bien le retribuirá adecuadamente… Allah presto es ajustando las cuentas.

24. 40. O como la oscuridad en la profundidad del mar y en la que le cubre ola sobre ola y nubes tenebrosas. Y aunque saque su mano es imposible verla. Si Allah no dispone luz alguna para quien Él no quiere.

24. 41. ¿Acaso no ves que aquellos que están en los cielos y la tierra, y las aves de alas extendidas, elevan alabanzas a Allah? Cada uno hace azalá y hace alabanzas como conoce. Y Allah sabe todo lo que hacen,

24. 42. es de Allah el Reino de los cielos y la tierra. El sino final de todo es Allah.

24. 43. ¿No ves cómo Allah empuja y agrupa las nubes convirtiéndolas en una masa y, entonces, cómo cae la lluvia? Y Él envía granizo del cielo a las montañas y golpea a quien Él quiere, según sus deseos. Cerca, el resplandor del relámpago casi deja ciego.

24. 44. Es Allah quien alterna la noche y el día. Ciertamente, reflexionad si podéis ver.

24. 45. Allah a cada criatura de agua creó. Algunas de ellas se arrastran sobre sus vientres, otras caminan a dos patas, otras a cuatro. Allah crea lo que quiere, es Todopoderoso.

24. 46. Así os hemos revelado aleyas claras y es Allah quien guía a quien quiere hacia firme sendero.

24. 47. Y algunos dicen: «Confiamos en Allah y en su Mensajero y le obedecemos». Pero luego, después de eso, vuelven su espalda y esos no son creyentes.

24. 48. Cuando se les llama ante Allah y su Mensajero para que Él les juzgue, algunos de ellos no están dispuestos,

24. 49. pero, cuando les alcanza la Realidad, vuelven a él tan obedientes.

24. 50. ¿Están enfermos sus corazones o de dudas están llenos? ¿Acaso temen que Allah y su Mensajero no sean justos? ¡Ay, no! Ellos son los injustos.

24. 51. Solo son creyentes a los que se les llaman para que se les juzgue y dicen: «Oímos y obedecemos». Esos prosperarán,

24. 52. esos que obedecen a Allah y a su Mensajero y respetan a Allah y son humildes ante Él. Esos saldrán triunfantes.

24. 53. Y juran por Allah, con ímpetu, que si tú se lo ordenas, ellos irían a la batalla. Di: «¡No juréis una obediencia cierta! Pues Allah bien sabe todo lo que hacéis».

24. 54. Di: «¡Obedece a Allah! ¡Obedece su Mensajero! Pues si volvéis vuestra espalda, él solo será responsable de sus asuntos y vosotros seréis responsables de los vuestros. Si le obedecéis, bien guiados seréis. Al Mensajero solo incumbe transmitir claro el mensaje».

24. 55. Allah ha prometido para aquellos que confíen y hagan buenas acciones: les hará herederos de la tierra, tal y como lo hizo con vuestros ancestros, y consolidará su *din,* el cual Él escogió para ellos, y dará seguridad ante sus miedos ¡Me reconocerán sin asociarme con nada! Los que de todo esto renieguen, sean cafres.

24. 56. ¡Estableced la azalá!, ¡dad el azaque! y ¡obedeced al Mensajero! Para que así sea la *rahma* con vosotros.

24. 57. No pienses que los cafres de la tierra pueden huir… su morada será el Fuego, ¡Qué fin más calamitoso!

24. 58. ¡Oh, creyentes! Que tus esclavos y los impúberes te pidan permiso para entrar en tres momentos: antes de la azalá del *fajr,* cuando después de *dhuhr* os quitéis las ropas y después de la azalá del *'isha*. Son tres momentos íntimos para vosotros. No hay problema en otros momentos, ninguno hacéis mal, déjales que se muevan libremente. Con esto a vosotros Allah os muestra aleyas claras. Y Allah todo lo conoce, todo lo sabe.

24. 59. Y cuando vuestros hijos alcancen la pubertad, deberán pedir permiso, como hacen los que le precedieron. Con esto a vosotros Allah os muestra aleyas claras. Y Allah todo lo conoce, todo lo sabe.

24. 60. Las mujeres maduras, que ya no están casaderas, no hacen mal si se quitan sus ropas, siempre que no exhiban sus encantos ocultos. Siempre es mejor si son pudorosas. Y Allah todo lo oye, todo lo conoce.

24. 61. No os aflija atender al ciego, al cojo, al enfermo, ni que coman en vuestras casas con vuestros padres, con vuestras madres, con vuestros hermanos y hermanas, con vuestros tíos y tías paternos y vuestros tíos y tías maternas, sea en casas de las que las llaves poseéis o en casa de un amigo, juntos o separados. Y, cuando entréis en una casa, saludaos con la fórmula, tan llena de *baraka*, de Allah. Con esto a vosotros Allah os muestra aleyas claras para que comprendáis.

24. 62. Los creyentes sinceros son los que confían en Allah y en su Mensajero. Y cuando están con este en un asunto que a todos atañe, no se retiran hasta pedirle su permiso. Quienes piden este permiso son aquellos que creen en Allah y su Mensajero. Así que si te piden permiso para algún asunto, otórgaselo a aquel de entre los que implora a Allah para que sus faltas le hagan olvidar. Ciertamente, Allah alivia sus faltas, tan lleno de *rahma*.

24. 63. No comparéis la exhortación del Mensajero con vuestros discursos. Allah sabe, ciertamente, quién de vosotros es esquivo… ¡Que tengan cuidado aquellos que transgreden su orden, no sea que caiga sobre ellos una prueba o un tormentoso castigo!

24. 64. No hay duda de que de Allah es todo lo que hay en los cielos y la tierra. Ciertamente, Él conoce lo que sois. Y el Día que a Él han de volver, ese Día se les informará de todo lo que hicieron. Allah es de toda cosa conocedor.

25. EL CRITERIO

En el nombre de Allah, el *Rahman*, el *Rahim*

25. 1. Bendito sea Aquel que descendió el criterio sobre Su siervo para que sea admonición en todos los mundos.

25. 2. Aquel que suyo es el Reino de los cielos y la tierra, que no ha tomado un hijo y no tiene quien le iguale a Él en su Reino. Es Él quien ha creado todas las cosas, determinándolas con determinación.

25. 3. Y toman a otros en vez de a Él, a ídolos que nada crean, pues han sido creados por ellos. Y es que nada posee para ellos mismos, ni daños ni beneficios, ni tienen control sobre la muerte, ni sobre la vida, ni sobre la resurrección.

25. 4. Y dicen los cafres: «Esto tan solo es un engaño, creado por él y con la ayuda de su gente». Mas, en verdad, ellos sí que crean vileza y mentira.

25. 5. Y dicen: «¡Son cuentos de los antiguos que él ha escrito! Ellos se los recitan a él en las mañanas y las tardes...».

25. 6. Responde: «Descendido fue por Aquel que conoce el secreto de los cielos y la tierra. Ciertamente, Él aligera las faltas, tan matricial...».

25. 7. Y dicen: «¿Qué le sucede a este Mensajero que come comida y pasea por el zoco?, ¿por qué no desciende sobre él un ángel que con él sea un avisador?,

25. 8. o ¿por qué no se le entrega un tesoro o un jardín del que pueda comer?». Dicen los viles: «¡En verdad, tan solo seguís a un hombre embrujado!».

25. 9. ¡Contempla lo que de ti piensan! Mas yerran y no serán capaces de encontrar el camino.

25. 10. ¡Bendito sea Aquel que, si Él quiere, hará para ti algo mejor: ¡jardines en los que debajo fluyen riachuelos y construirá palacios!
25. 11. ¡Ay, no! Niegan la Hora, mas Nosotros preparamos para los que niegan la Hora un resplandeciente fuego…
25. 12. Cuando lo vean, desde un lugar lejano, ya oirán su cólera y su rugido,
25. 13. y cuando sean arrojados a un lugar estrecho, encadenados, implorando su aniquilación.
25. 14. «No imploréis este Día por un solo tormento, pues muchos más tendréis».
25. 15. Di: «¿Acaso es mejor esto que el Jardín eterno que se prometió a los conscientes de Allah como su recompensa y meta?».
25. 16. Para ellos habrá cuanto deseen por toda la eternidad. Esto vuestro *Rabb*, con ímpetu, os lo promete.
25. 17. Y un Día Él les hará congregarse, a ellos y a los que servían en vez de Allah, y les dirá: «¿Acaso sois los que hicisteis yerrar a mis siervos o ellos solos yerraron el camino?».
25. 18. Contestarán: «¡Exaltado seas! No está bien que tomáramos como íntimos a otros que no fueran Tú, mas les diste gozos a ellos y a sus ancestros, que olvidaron el recuerdo y se convirtieron en un ruinoso pueblo».
25. 19. «Así, en verdad, niegan lo que vosotros decís y no seréis capaces de evitar el castigo ni hallar ayuda. Y cualesquiera que yerren de entre vosotros les haremos gustar un gran castigo.
25. 20. Y no enviamos antes de a ti mensajeros que, ciertamente, se alimentaban y paseaban por el zoco. Pusimos como prueba ante los demás a algunos de vosotros, ¿tendréis paciencia? Y tu *Rabb* que todo contempla…

Juz 19

Hizb 37

25. 21. Y te dicen aquellos que no esperan encontrarse con Nosotros: «¿Por qué no descienden sobre nosotros los ángeles o

contemplamos a nuestro *Rabb*?». ¡Qué arrogantes en su interior y qué insolentes han sido!

25. 22. Un Día en el que se contemplen los ángeles, no habrá buenas nuevas para los criminales, tan solo dirán: «¡No hay huida!».

25. 23. Y Nosotros indagaremos sobre lo que hicieron y las convertiremos en polvo, dispersándolas...

25. 24. Los compañeros del Jardín, ese Día, estarán en la mejor estancia y en un bello lugar de descanso.

25. 25. Y ese Día, desgarrándose los cielos anubarrados, haremos Nosotros descender a los ángeles descendidos.

25. 26. Sea el verdadero Reino, ese Día, del *Rahman*. ¡Cuán difícil será ese Día para los cafres!

25. 27. Ese Día que el que yerra se muerda las manos diciendo: «¡Ay! Si hubiera podido tomar el camino del Mensajero...

25. 28. ¡Ay de mí! Si hubiera podido no tomar a ese como amigo,

25. 29. pues me he apartado del recuerdo después que viniera a mí». Y es que el Shaytan siempre es un desertor frente al ser humano.

25. 30. Y dice el Mensajero: «¡Oh, mi *Rabb*! En verdad mi pueblo tomó este Corán tan negligentemente...»,

25. 31. mas, así, Nosotros asignamos a cada profeta un enemigo entre los prohibidos. Y basta tu *Rabb* como guía y como ayuda.

25. 32. Y dicen los cafres: «¿Por qué no se ha descendido el Corán de una sola vez?». Es porque así Nosotros lo fortalecemos en tu corazón cuerdo, Nosotros te lo hemos hecho recitar poco a poco.

25. 33. Y no te van a proponer ningún ejemplo para el que Nosotros no te demos un significado verdadero y la mejor explicación.

25. 34. Aquellos serán congregados con sus rostros hacia la Gehena ¡Qué posición más terrible! Son los que en el camino más yerran.

25. 35. Y le dimos a Musa el Libro y situamos a su hermano Harun como su valido,

25. 36. y así les dijimos: «¡Iréis los dos al pueblo que ha negado Nuestros Signos!». Así es como con destrucción los destruimos.

25. 37. ¿Y el pueblo de Nuh? Cuando negaron a los mensajeros los ahogamos y eso lo convertimos en un signo para la humanidad. Y preparamos para los que yerran un castigo con mucho dolor.

25. 38. Y las gentes de 'Ad, de Thamud y los habitantes de Rass, y tantas generaciones de entre ellas,
25. 39. a todos les dimos ejemplos y con destrucción fueron destruidos.
25. 40. Y ellos pasaron por un pueblo sobre el cual cayó una lluvia letal... ¿Acaso no lo han visto? Pues no aguardan ser alzados entre los muertos.
25. 41. Y, cuando te contemplan, tan solo te toman a guasa: «¿Acaso es este quien ha enviado Allah como Mensajero?
25. 42. En verdad, él nos habría hecho yerrar si a nuestros dioses no nos hubiéramos aferrado». Que pronto, cuando vean el castigo, conocerán quien yerró más en la senda...
25. 43. ¿Has observado al que toma como un dios a su propia pasión? ¿Acaso vas a ser su protector?
25. 44. ¿Acaso crees que la mayoría de ellos oyen o comprenden? Pues no, son como el ganado. ¡Ay! Ellos son los que más yerran en el camino...
25. 45. ¿Acaso no contemplas como tu *Rabb* ensanchece la sombra? Si Él quisiera, podría estar, completamente, fija. Luego, hicimos del sol su guía
25. 46. y, después, la retiramos hacia Nosotros, poco a poco.
25. 47. Es Él quien hace que la noche os envuelva, con el sueño como descanso, y hace que de día resucitéis.
25. 48. Es Él quien envía vientos como buena nueva que a Su *rahma* antecede. Nosotros hacemos descender del cielo agua purificada,
25. 49. para que vivifiquemos la tierra baldía y dé de beber a lo que Nosotros hemos creado: a tantos ganados y seres humanos.
25. 50. En verdad, cuántas veces lo hemos dispersado entre ellos, para que recuerden, mas cuántos humanos la rechazan, ya que solo quieren ser cafres.
25. 51. Y si hubiéramos querido, hubiéramos enviado en cada pueblo alguien que avisara,
25. 52. así que no te sometas a los cafres, frente a ellos esfuérzate con mucho esfuerzo.
25. 53. Él es el que unió los dos mares: uno agradable y dulce y otro salado y amargo. Colocó allí una barrera dispuso que sirve de límite inexorable.

25. 54. Él es quien creó de agua al ser humano y para él hace los lazos de sangre o de matrimonio. Y es tu *Rabb* el más poderoso.

25. 55. Y sirven, en vez de Allah, a quienes no pueden beneficiarles ni dañarles. Es el cafre quien se aparta de su *Rabb*.

25. 56. Y no te enviamos sino como un portador de buenas nuevas, el que viene a dar aviso.

25. 57. Diles: «No os pido ninguna recompensa, tan solo el que lo desee tome la senda hacia su *Rabb*».

25. 58. Y entrégate al Viviente, que no morirá. ¡Glorificadle con loor sobre Él! Sobre los errores de sus siervos tiene suficiente conocimiento.

25. 59. Es Él quien ha creado los cielos y la tierra y lo que media entre ellos en seis jornadas. Después, se estableció en Su trono, ¡tan matricial! Así pregunta, tan bien informado.

25. 60. Y cuando se les dice: «¡Prosternate ante el *Rahman*!», y responden: «¿Quién es el *Rahman*? ¿Acaso vamos a arrodillarnos porque tú lo mandes?». Y es esto lo que su aversión incrementa.

25. 61. Bendito sea Aquel que situó en los cielos las estrellas y dispuso, entre ellas, un candil y una resplandeciente luna.

25. 62. Él es quien ha dispuesto la noche y el día, en ciclos, para aquel que quiera recordar o desee agradecer.

25. 63. Y los siervos del *Rahman* son los que, caminando humildemente por la tierra, cuando les llaman los paganos, ellos les dicen: «*Salam*»,

25. 64. los que pasan la noche ante su *Rabb* postrados y alzados.

25. 65. Y los que dicen: «¡*Rabb* nuestro! Aparta de nosotros el castigo de la Gehena». Es, en verdad, un hecho implacable».

25. 66. Ciertamente, es una terrible morada y lugar de descanso.

25. 67. Y esos son los que resultan avaros y no generosos cuando gastan. Y es que mantienen un equilibrio,

25. 68. Y los que no imploran a otro dios que no sea Allah, no matan a nadie que haya prohibido Allah si no es con justicia, y no fornican. Y quien lo hace, encuentra un castigo.

25. 69. Doblado sea el castigo el Día de la alzada y cómo lo sufrirá, durante toda la eternidad, el desgraciado.

25. 70. Tan solo a quien retorne, confíe y obre con justicia, remplazará Allah sus errores por buenas obras. Y es Allah el que todo error alivia, tan matricial...

25. 71. Y quien pida el retorno y obre justamente, así él volverá hacia Allah con verdadera orientación.

25. 72. Y son quienes no dan testimonio falso, cuando pasan y oyen las vanidades prosiguen sin inmutarse.

25. 73. Y son quienes, cuando se les recuerda las aleyas de su *Rabb,* no caen, sordos y ciegos, ante ellos.

25. 74. Y los que dicen: «¡*Rabb* nuestro! Que nos sean dados nuestros cónyugues y nuestra progenie, alegría de nuestros ojos, que seamos firmeza para aquellos que son conscientes de Allah».

25. 75. Sean estos recompensados con el lugar más alto en el Paraíso porque tuvieron paciencia. Se encontrarán ellos con palabras de salve y de *salam.*

25. 76. ¡Eternamente allí! Qué bella morada y qué lugar para descansar…

25. 77. Di: «No se cuidará mi *Rabb* de vosotros si no le implorarais. Mas, como le negasteis, inevitable es lo que ha de ocurrir».

Final del cuarto Manzil

26. LOS POETAS

En el nombre de Allah, el *Rahman*, el *Rahim*

26. 1. *Ṭa, Sin, Mim.*
26. 2. Son estas las aleyas de un Libro irrefutable,
26. 3. aún te consuma la pena porque no se vuelvan creyentes,
26. 4. si quisiéramos, descenderíamos un Signo, ante el cual, sumisos, sus cuellos doblarían ante él.
26. 5. Y no les llega del *Rahman* una oportunidad para recordar, salvo que con rapidez se aparten de ella,
26. 6. así la niegan, pero ya recibirán noticias de lo que solían mofarse.
26. 7. ¿Acaso no contemplan todas las cosas nobles que produjimos en pares en la tierra?
26. 8. Ciertamente, en ello hay un Signo, mas la mayoría de ellos no confían.
26. 9. Y, en verdad, es tu *Rabb* tan poderoso, tan matricial...
26. 10. Y cuando exhortó tu *Rabb* a Musa: «Ve a ese pueblo infame,
26. 11. al pueblo de Faraón. ¿Es que no van a ser conscientes de Mí?».
26. 12. Y él le respondió: «*Rabb* mío, en verdad tanto temo que de mí renieguen...
26. 13. Se me estrecha el pecho y mi lengua no fluye, envía a Harun,
26. 14. de un crimen a mí me acusan y temo tanto que puedan matarme».
26. 15. Él dijo: «¡Ay, no! Iréis los dos con Nuestros Signos, pues estamos con vosotros, os escuchamos.
26. 16. Así iréis ante Faraón y le diréis que, en verdad, sois mensajeros del *Rabb* de todos los Mundos.
26. 17. Así que enviad junto a nosotros a los hijos de Israel».

26. 18. Y él le respondió: «¿Acaso no te hicimos crecer, cuando eras un niño, entre nosotros? ¿No permaneciste, por tantos años, junto a nosotros?
26. 19. E, incluso, hiciste lo que hiciste... ¡Qué ingrato eres!».
26. 20. Y le respondió: «Lo hice, pues, cuando yo yerraba,
26. 21. mas, escapé de vosotros porque tuve miedo, pero me dio mi *Rabb* sabiduría y me hizo uno de sus mensajeros.
26. 22. ¿Y es este favor el que tú me reprochas? ¿Tú que has esclavizado a los hijos de Israel?».
26. 23. Dijo Faraón: «Y, ¿quién es el *Rabb* de todo los Mundos?».
26. 24. Le respondió: «Él es el *Rabb* de los cielos y la tierra y de lo que entre ellos está. ¡Ay!, si la creencia os tocara...».
26. 25. Dijo él a los que le rodeaban: «¿No lo habéis escuchado?».
26. 26. Respondiéndole: «... Es vuestro señor y el *Rabb* de vuestros ancestros...».
26. 27. Dijo él: «Ciertamente, vuestro mensaje que ha sido enviado a vosotros está enloquecido...».
26. 28. Le respondió: «... *Rabb* es de la axarquía y la agarvía y de lo que entre ellos está. ¡Ay!, si tan solo pensarais...».
26. 29. Le dijo él: «Si tomas por dios a otro que no sea yo, te haré prender...».
26. 30. Mas, le respondió: «¿Y si te trajera algo irrefutable?».
26. 31. Le dijo: «Entonces tráelo, a ver si eres de los sinceros...».
26. 32. Así, él arrojó su cayado y, de esa forma, se convirtió en una manifiesta serpiente,
26. 33. sacó su mano y apareció, ciertamente, luminosa ante los que la contemplaron.
26. 34. Dijo él a su consejo que le rodeaba: «En verdad, este es un hechicero, que ha estudiado,
26. 35. que quiere expulsaros de vuestras tierras con su magia... Así que ¿cuál es vuestro consejo para mí?».
26. 36. Le contestaron: «Retrasa la respuesta a él y a su hermano, y envía a las ciudades una convocatoria
26. 37. para que te traigan a todos los hechiceros más sabios».
26. 38. De esa forma, a todos los hechiceros se les citó un día indicado
26. 39. y preguntaron a la gente: «¿Acaso os uniréis?
26. 40. Podríamos seguir a los hechiceros, si son los que ganen...».

26. 41. Así, cuando los hechiceros llegaron, le dijeron a Faraón: «¿Habrá una gran recompensa para nosotros si vencemos?».
26. 42. Y les respondió: «Sí, y, en verdad, os convertiréis muy cercanos a mí…».
26. 43. Musa les dijo: «¡Arrojad lo que tengáis que arrojar!»,
26. 44. mas, ellos tiraron sus cuerdas y sus báculos, y dijeron: «¡Por el poder de Faraón, en verdad, así venceremos…!».
26. 45. Musa arrojó su cayado y así se tragó sus falsedades.
26. 46. Cayeron los hechiceros postrados,
26. 47. diciendo: «¡Creemos en el *Rabb* de todos los mundos,
26. 48. *Rabb* de Musa y Harun!».
26. 49. Y les dijo: «¡Le creéis a él antes que yo os dé permiso! En verdad, él es vuestro maestro, él os enseñó la brujería… Ya veréis, ¡mandaré que os corten, de forma opuesta, la mano y el pie! ¡A todos os crucificaré!».
26. 50. Y le respondieron: «¡No puedes dañarnos! ¡En verdad, a nuestro *Rabb* hemos de volver!
26. 51. En verdad, nosotros esperamos que nuestro *Rabb* nos alivie nuestros errores, pues hemos sido los primeros en creer…».
26. 52. Y Nosotros le revelamos a Musa: «Viaja en la noche con aquellos que Me reconocen, pues, ciertamente, se os perseguirá».
26. 53. Así, envió Faraón convocatorias a las ciudades que decían:
26. 54. «Ciertamente, son poca gente
26. 55. y, en verdad, nos enfurecen,
26. 56. pero nosotros somos una multitud y en alerta estamos».
26. 57. Mas, Nosotros les quitamos jardines y fuentes,
26. 58. sus tesoros y hogares espléndidos.
26. 59. Y así hicimos herederos de ello a los hijos de Israel.
26. 60. Así pues, les persiguieron cuando el sol en la axarquía se alzaba.
26. 61. Cuando los dos grupos se vieron, los compañeros de Musa le dijeron: «En verdad, nos han alcanzado».
26. 62. Él respondió: «¡Ay, no! Pues, ciertamente, conmigo está mi *Rabb*, Él me guía».
26. 63. Así le revelamos a Musa para que golpease con su cayado el mar y, entonces, el mar se abrió en dos, se partió y cada parte era como una poderosa montaña,
26. 64. e hicimos que los otros se acercaran,

26. 65. y salvamos a Musa y a todos los que estaban con él,
26. 66. luego, Nosotros ahogamos a los otros.
26. 67. Ciertamente, hay en esto un Signo, mas la mayoría no cree.
26. 68. Y, en verdad, es tu *Rabb* tan poderoso, tan matricial…
26. 69. Y recítales a ellos la historia de Ibrahim
26. 70. cuando le dijo a su padre y a su pueblo: «¿A qué estáis adorando?».
26. 71. Le dijeron: «Adoramos a otros ídolos y seguiremos, por siempre, hacia ellos con devoción».
26. 72. Y él les dijo: «¿Os escuchan cuando les invocáis?
26. 73. ¿Pueden beneficiaros o dañaros?».
26. 74. Y le respondieron: «No, pero lo hacían nuestros ancestros y hacemos lo mismo que ellos».
26. 75. Y él les dijo: «¿Y habéis visto lo que servíais
26. 76. vosotros, vuestros padres y vuestros ancestros?
26. 77. Pues son ellos mis enemigos, excepto el *Rabb* de todos los Mundos.
26. 78. Quien me creó y me guía, Él,
26. 79. quien me alimenta y me da de beber,
26. 80. quien cuando estoy enfermo me cura,
26. 81. quien me hará morir para luego revivirme,
26. 82. de quien espero que aligere todos mis errores el Día del Juicio.
26. 83. ¡*Rabb mío*! Otórgame sabiduría y reúneme con los justos,
26. 84. que se me mencione con honor entre las generaciones futuras,
26. 85. haciéndome de los herederos del Jardín del Placer.
26. 86. ¡Y aligera los errores de mi padre, pues era de los yerrados!,
26. 87. y que no me alcance la deshonra el Día en el que sean alzados,
26. 88. un Día en el que no ayudarán ni la riqueza ni los hijos,
26. 89. tan solo aquel que vaya ante Allah con un corazón pacificado».
26. 90. Sea cercano el Jardín para quienes tuvieron conciencia de Allah,
26. 91. sea mostrado el Fuego de la Gehena para los sombríos.
26. 92. Y se les dirá: «¿Dónde están aquellos que adorabais
26. 93. en vez de Allah? ¿Acaso pueden ayudarte o ayudarse a sí mismos?».
26. 94. Así, ellos se precipitarán en ella junto a los marcados
26. 95. y las huestes de Iblis, todos juntos.

26. 96. Dirán mientras, entre ellos, disputan:
26. 97. «Por Allah, ciertamente, que de tal manera yerrábamos
26. 98. cuando os equiparábamos con el *Rabb* de todos los Mundos».
26. 99. Y no nos hicieron yerrar sino los criminales,
26. 100. mas, no tenemos quien por nosotros interceda
26. 101. ni tan siquiera un amigo cercano.
26. 102. Si pudiéramos volver, volveríamos a ser creyentes,
26. 103. pues, en verdad, un Signo hay en esto, pero la mayoría no confía.
26. 104. Y, en verdad, es tu *Rabb* tan poderoso, tan matricial...
26. 105. Desmintió el pueblo de Nuh a los enviados.
26. 106. Cuando les dijo su hermano Nuh: «¿Acaso no tenéis conciencia de Allah?,
26. 107. en verdad, para vosotros soy un Mensajero digno de confianza...
26. 108. Así que tened conciencia de Allah y obedecedme,
26. 109. pues nada os pido como recompensa, sea mi recompensa tan solo del *Rabb* de todos los Mundos.
26. 110. Así que tened conciencia de Allah y obedecedme».

Hizb 38

26. 111. Contestaron ellos: «¿Cómo creerte a ti, si quienes te siguen son chusma?».
26. 112. Respondió él: «¿Y cómo sé lo que ellos hacen?
26. 113. Ciertamente, responderán tan solo ante mi *Rabb*. ¡Ay!, si os dierais cuenta...
26. 114. No seré yo quien rechace a los creyentes,
26. 115. pues, en verdad, no soy sino alguien que un aviso claro os trae».
26. 116. Le dijeron: «Si no desistes, ¡oh, Nuh!, vas a ser lapidado...».
26. 117. Respondió él: «¡*Rabb* mío! Ciertamente, mi pueblo me ha negado...
26. 118. Así que ¡juzga con juicio entre ellos y yo!, y ¡sálvame a mí y a los creyentes que conmigo están!».
26. 119. Mas, Nosotros los salvamos, a él y a los que con él estaban en el arca cargada,

26. 120. luego, Nosotros a los otros ahogamos.
26. 121. En verdad, en esto hay un Signo, mas cuantos de ellos no creen…
26. 122. Y, ciertamente, tu *Rabb* es el poderoso, el matricial.
26. 123. Desmintieron las gentes de ‘Ad a los enviados
26. 124. cuando les dijo su hermano Hud: «¿Acaso no tenéis conciencia de Allah?
26. 125. En verdad, para vosotros soy un Mensajero digno de confianza…
26. 126. Así que tened conciencia de Allah y obedecedme,
26. 127. pues nada os pido como recompensa, sea mi recompensa tan solo del *Rabb* de todos los Mundos.
26. 128. ¿Construís en cada risco un monumento para vuestra vanidad
26. 129. y palacios esperando vivir toda la eternidad?
26. 130. Y, cuando cogéis, cogéis con semejante tenacidad…
26. 131. Así que tened conciencia de Allah y obedecedme.
26. 132. Y tened conciencia de Aquel que os proveyó de lo que conocéis:
26. 133. Él que os proveyó de reses e hijos,
26. 134. de jardines y arroyos.
26. 135. Ciertamente, cómo temo por el castigo que os sobrevendrá un excelso Día».
26. 136. Dijeron ellos: «Que más nos da o no que nos adviertas tú,
26. 137. en verdad, estas son las prácticas de los antiguos
26. 138. y no vamos a ser castigados».
26. 139. Así, ellos de él renegaron y Nosotros les destruimos. Ciertamente, en ello hay un Signo, mas la mayoría de ellos no confían.
26. 140. Y, en verdad, es tu *Rabb* tan poderoso, tan matricial…
26. 141. Desmintieron las gentes de Thamud a los mensajeros
26. 142. cuando les dijo su hermano Salih: «¿Acaso no tenéis conciencia de Allah?
26. 143. En verdad, para vosotros soy un Mensajero digno de confianza…
26. 144. Así que tened conciencia de Allah y obedecedme,
26. 145. pues nada os pido como recompensa, sea mi recompensa tan solo del *Rabb* de todos los Mundos.
26. 146. ¿Se os dejará con lo que os da seguridad

26. 147. con jardines y arroyos,
26. 148. trigales sembrados y altas palmeras datileras,
26. 149. y seguiréis excavando en las montañas las casas con tal destreza?
26. 150. Así que tened conciencia de Allah y obedecedme…
26. 151. ¡No obedezcáis el mandato de los transgresores,
26. 152. que expanden la corrupción sobre la tierra y no hacen lo correcto!».
26. 153. Le respondieron: «Tan solo estás embrujado…
26. 154. ¡Tan solo eres un simple mortal como nosotros! ¡Tráenos una prueba si es que eres sincero!».
26. 155. Dijo él: «Aquí tenéis una camella, dadle de beber una vez a ella y otra a vosotros.
26. 156. Y no la dañéis, pues os alcanzaría un castigo el Día excelso…».
26. 157. Pero ellos le desgarraron las patas y cómo se arrepintieron,
26. 158. así les alcanzó el castigo. Ciertamente, en ello hay un Signo, mas la mayoría de ellos no confían.
26. 159. Y, en verdad, es tu *Rabb* tan poderoso, tan matricial…
26. 160. Desmintió el pueblo de Lut a los mensajeros
26. 161. cuando les dijo su hermano Lut: «¿Acaso no tenéis conciencia de Allah?
26. 162. En verdad, para vosotros soy un mensajero digno de confianza…
26. 163. Así que tened conciencia de Allah y obedecedme,
26. 164. pues nada os pido como recompensa, sea mi recompensa tan solo del *Rabb* de todos los Mundos.
26. 165. ¿Vais con varones, de todos los mundos,
26. 166. mientras abandonáis a las que creadas para vosotros por vuestro *Rabb* fueron? ¿A vuestras esposas? ¡Ay, no! Sois un pueblo de transgresores…».
26. 167. Mas, ellos le replicaron: «Si no desistes, ¡oh, Lut!, serás expulsado».
26. 168. Dijo él: «En verdad, vuestra conducta la detesto.
26. 169. ¡*Rabb* mío! Sálvanos a mí y a mi casa de lo que ellos hacen…».
26. 170. Así, los salvamos a él y a su casa al completo,
26. 171. excepto a una vieja que atrás permaneció.
26. 172. Luego Nosotros destruimos a los otros

26. 173. e hicimos llover sobre ellos una lluvia... ¡Y qué terrible fue esa lluvia de la que fueron advertidos!
26. 174. Ciertamente, en ello hay un Signo, mas la mayoría de ellos no confían.
26. 175. Y, en verdad, es tu *Rabb* tan poderoso, tan matricial...
26. 176. Desmintió la gente del bosque a los enviados.
26. 177. Cuando les dijo Shuayb: «¿Acaso no tenéis conciencia de Allah?
26. 178. En verdad, para vosotros soy un Mensajero digno de confianza...
26. 179. Así que tened conciencia de Allah y obedecedme,
26. 180. pues nada os pido como recompensa, sea mi recompensa tan solo del *Rabb* de todos los Mundos.
26. 181. Dad la medida completa y no seáis de los que pérdidas causan,
26. 182. y pesad con una balanza recta.
26. 183. Y no desposeáis a la humanidad de sus cosas y con mal no corrompáis la tierra,
26. 184. Mas, ¡tened conciencia de Aquel que os creó y a las antiguas generaciones!».
26. 185. Le respondieron: «Solo eres de los que embrujados están...
26. 186. ¡Tan solo eres un simple mortal como nosotros! En verdad creemos que eres de los mentirosos,
26. 187. pues haz que sobre nosotros caiga del cielo un pedazo, si eres de los sinceros».
26. 188. Les dijo él: «Mi *Rabb* conoce lo que hacéis».
26. 189. Así, le llamaron mentiroso, ¡mas cómo les sorprendió el castigo del Día de la Sombra! ¡Fue el castigo de un Día excelso!
26. 190. Ciertamente, en ello hay un Signo, mas la mayoría de ellos no confían.
26. 191. Y, en verdad, es tu *Rabb* tan poderoso, tan matricial...
26. 192. Ciertamente, ha sido descendido el *Rabb* de los Mundos.
26. 193. Lo descendimos con un Espíritu tan fiel
26. 194. sobre tu corazón, para que seas uno de los que avisan,
26. 195. en lengua árabe irrefutable
26. 196. y que, en verdad, está en los benditos escritos de los antiguos.
26. 197. ¿Acaso no es para ellos prueba suficiente que conozcan los eruditos de los hijos de Israel?
26. 198. Si lo hubiéramos descendido sobre un no árabe,

26. 199. aun si él lo hubiera recitado, tampoco ellos habrían sido de los creyentes.
26. 200. De esa forma lo pusimos en el corazón de los criminales,
26. 201. mas, en ello no confiarán hasta que no vean un castigo terrible
26. 202. que ha de venir de repente, sin que ellos puedan percibirlo.
26. 203. Mas, entonces dirán: «¿No nos daréis un respiro?
26. 204. ¿De verdad quieren adelantar nuestro castigo?».
26. 205. Entonces verás... ¿Qué pasa si les dejamos gozar durante años,
26. 206. y luego les sobreviene lo que les fue prometido?
26. 207. ¿Acaso les servirá de algo lo que disfrutaron?
26. 208. Y es que nunca destruimos una ciudad sin que alguien, antes, les advirtiera
26. 209. con un recordar. Y es que no fuimos injustos.
26. 210. Y no lo descendió ningún demonio,
26. 211. ni les incumbía, ni capaces eran de ello.
26. 212. En verdad, ¡hasta oírlo lo tienen prohibido!
26. 213. Así que no invoques con Allah a otros dioses, si no serás castigado.
26. 214. Y advierte a los cercanos de tu clan,
26. 215. y arrópales con tus alas para aquellos que te siguen, que creyentes son.
26. 216. Mas, si te desobedecen, diles: «Ciertamente, no soy responsable de lo que hacéis».
26. 217. Entrégate en el poderoso, en el matricial...
26. 218. Quién te ve cuanto te alzas
26. 219. y cómo te mueves cuando te prosternas.
26. 220. En verdad, Él todo lo oye, todo lo sabe.
26. 221. ¿Acaso tengo que contaros sobre quién descienden los shaytanes?
26. 222. Desciende sobre todo mentiroso, criminal,
26. 223. con cautela escuchándolos y cómo la mayoría de ellos miente...
26. 224. Y a los poetas, les siguen los que se salen de la vía,
26. 225. ¿acaso no ves cómo van por cada valle vagando
26. 226. y diciendo lo que no hacen?
26. 227. Salvo para los creyentes que obran justamente, que tanto recuerdan a Allah y que se defiende tras la injusticia. Ya pronto sabrás aquello que a los errados llegando les ha de llegar.

27. LAS HORMIGAS

En el nombre de Allah, el *Rahman*, el *Rahim*

27. 1. *Ṭa, Sin*. Son estas aleyas del Corán, un libro claro,
27. 2. guía y buena nueva para los creyentes
27. 3. que establecen la azalá, que dan el azaque y que tienen certeza de la próxima vida.
27. 4. Ciertamente, para los que no creen en la vida que habrá de venir, a ellos Nosotros les adornamos sus acciones, mas qué ciegos yerran,
27. 5. para esos hay un castigo terrible y qué perdedores en la vida que habrá de venir serán.
27. 6. Pues, ciertamente, tú recibes el Corán de aquel que es Sabio, que todo conoce.
27. 7. Cuando Musa les dijo a los suyos: «Veo un fuego. Os diré de qué se trata, u os traeré una alheña para que así podáis calentaros».
27. 8. Pero cuando llegó se le dijo: «¡Bendito sea quien en el fuego esté y quien lo circunda! ¡Glorificado sea Allah, *Rabb* de todos los Mundos!
27. 9. ¡Oh, Musa! En verdad, Yo soy Allah, el Poderoso, el que tiene toda la sabiduría.
27. 10. ¡Tira tu cayado!». Así vio él como se movía, como si de una serpiente se tratara quiso escapar, dándose media vuelta. «¡Musa! ¡No temas! Ante mi presencia, los mensajeros nada tienen que temer.
27. 11. En cambio, para el impío que sustituye lo malo por lo bueno, para ese yo hago olvidar las faltas, soy todo *rahma*.

27. 12. Introduce tu mano en tu túnica y saldrá brillante, sin mácula.
Este está entre los nueve signos para el Faraón destinados.
¡Qué perversa es esta gente!».
27. 13. Mas, cuando ante ellos Nuestros Signos se muestran, dicen:
«¡Es claramente hechicería!»,
27. 14. y los rechazaron convencidos con altivez y arrogancia. Así que
contempla como fue el fin de los que extendían la corrupción.
27. 15. Y, ciertamente, Nosotros le dimos a Dawud y a Sulayman el
conocimiento. Dijeron ellos: «¡Loado sea Allah!». Es quien les
favoreció frente a tantos de Sus siervos creyentes.
27. 16. Y Sulayman heredó a Dawud, y él dijo: «¡Oh, humanidad! Se
nos ha enseñado el lenguaje de las aves y se nos otorgó todo.
Ciertamente, es manifiesto favor».
27. 17. Reunieron de Sulayman las huestes y entre ellas había *jinn*,
humanos y aves, y en formación estaban,
27. 18. y así hasta que llegaron al valle de las hormigas. Dijo una
hormiga: «¡Oh, hormigas! Entrad en vuestros hogares, no os
aplaste Sulayman y sus huestes al no percibiros».
27. 19. Mas, él sonrió ante aquella proclama y respondió: «¡*Rabb* mío!
¡Otórgame la capacidad de agradecerte el favor que nos has
concedido a mí y a mis padres!, ¡que yo haga justas acciones que
te agraden!, y ¡admíteme en tu *rahma* y entre tus justos siervos!».
27. 20. Y pasó revista a los pájaros, y les dijo: «¿Por qué no veo a la
abubilla? ¿No está presente?».
27. 21. Con severidad he de castigarla o degollarla si no me trae una
excusa convincente,
27. 22. mas, no tardó en regresar y le dijo: «Sé algo que tú no sabes...
De Saba convincentes noticias traigo.
27. 23. En verdad encontré una mujer que entre ellos reina, a quien se
le ha dado todo y que posee un trono excelso,
27. 24. y encontré a ella y a su pueblo que ante el Sol, en vez de Allah,
se prosterna. Adornó el Shaytan sus acciones y habiéndoles
apartado de la Senda, no están bien guiados
27. 25. y no se prosternan ante Allah que hace emerger todo de los
cielos y la tierra, y sabe lo que ocultáis y lo que profesáis.
27. 26. ¡Allah! ¡No hay dios sino Él! *Rabb* del excelso trono».
27. 27. Y él dijo: «Vamos a ver si eres de los sinceros o de los mentirosos.

27. 28. Ve con mi mensaje y entrégaselo. Luego apártate y mira si responden».

27. 29. Dijo ella: «¡Oh, consejeros míos! Ciertamente, se me ha entregado un noble mensaje,

27. 30. es de Sulayman y dice: "En el nombre de Allah, el *Rahman*, el *Rahim*",

27. 31. no os enfrentéis a mí, así que pacificados someteos».

27. 32. Dijo ella: «¡Oh, consejeros míos! Dadme consejo sobre este asunto, nada diré sin que seáis testigos de ello».

27. 33. Ellos respondieron: «Gran fuerza y gran valor poseemos, mas tuya es la decisión. ¡Mira que ordenas!».

27. 34. Dijo ella: «En verdad, cuando los reyes entran en una ciudad, la arruinan y someten a sus élites… Así lo hacen…,

27. 35. pero yo, sin embargo, un regalo voy a enviarle y veré cómo regresarán los mensajeros».

27. 36. Así, cuando llegó a Sulayman, le dijo: «¿Queréis darme riqueza? Mas es Allah el que todo bien me ha dado. Pero ¡no! Solo vosotros estáis contentos con estos regalos.

27. 37. ¡Volveos! Seguramente con huestes iremos y resistencia no opondrán, y seguramente les expulsaremos sometidos, abatidos».

27. 38. Y dijo: «¡Oh, consejeros míos! ¿Quién de vosotros habrá de traerme su trono antes de que se sometan ante mí?».

27. 39. Dijo un *Ifrit* de los *jinn*: «Yo te lo traeré a ti antes que de tu asiento te alces. Ciertamente, me basta mi fuerza, soy digno de confianza».

27. 40. Mas, dijo aquel que tenía el conocimiento del Libro: «Yo te lo traeré antes de que acabes de mirar». Entonces, cuando lo vio frente a sí, dijo: «Esto es generosidad de mi *Rabb* para comprobar si soy grato o ingrato. Y quien es grato solo lo es consigo mismo y quien es ingrato, mi *Rabb* se basta solo, es el más generoso».

27. 41. Dijo: «¡Cambiad la apariencia del trono y veamos si ella es de los bien guiados o no!».

27. 42. Así, cuando ella llegó, se le dijo: «¿Es este tu trono?». Respondió ella: «Parece que es…». «Se nos dio el conocimiento antes que a ella. Entregados ya estamos,

27. 43. y le advertimos de lo que ella reconocía en vez de Allah. En verdad, ella era de la gente cafre...».

27. 44. Entonces se le dijo a ella: «¡Entra en el palacio!», mas, cuando ella lo vio, pensó que era un estanque y desnudó sus piernas. Dijo él: «En verdad, este palacio es de cristal pulimentado». Ella le respondió: «*Rabb* mío... Qué impía he sido conmigo misma y cómo Sulayman me entrego a Allah, *Rabb* de todos los Mundos».

27. 45. Y al pueblo de Thamud, que le enviamos a su hermano Salih: «¡Reconoced a Allah!», y entonces en dos grupos se separaron, enfrentados.

27. 46. Les dijo Salih: «¡Oh, pueblo mío! ¿Por qué hacéis el mal antes que el bien? ¿Por qué no pedís a Allah que vuestras faltas haga olvidar? Quizás así seáis dignos de la *rahma*».

27. 47. Le respondieron ellos: «Mal presagio si te consideramos a ti y a los que te siguen». Él dijo: «El mal presagio está en manos de Allah... Mas, sois un pueblo puesto a prueba».

27. 48. Y había en la ciudad nueve hombres, cabezas de familia, que en vez de hacer justicia con la tierra, la corrompían,

27. 49. y dijeron: «Juremos por Allah que le atacaremos a él y a su familia de noche... Luego le diremos a su gente más íntima que no vimos la destrucción de su linaje y que, ciertamente, somos sinceros».

27. 50. Conspiraban una conspiración, mientras que Nosotros conspirábamos sin que ellos cuentan se dieran.

27. 51. Mas, contempla cómo fue el final... Nosotros les destruimos a ellos y a su pueblo en conjunto.

27. 52. Así están sus casas arruinadas por sus malas acciones. En verdad, hay un Signo ahí para aquellos que conocen,

27. 53. y Nosotros salvamos a aquellos que creían, que tenían conciencia de Allah.

27. 54. Y a Lut, que le dijo a su pueblo: «¿Cometéis inmoralidades a la vista de todos?

27. 55. ¿Acaso vais por lujuria con hombres en vez de con mujeres? ¡Ay, no! ¡Qué gente más ignorante sois!».

Juz 20

Hizb 39

27. 56. No dieron esa gente otra respuesta que: «¡Expulsad a la familia de Lut de la ciudad! Esta gente se cree purificada...»,

27. 57. mas, Nosotros le salvamos a él y a su casa, excepto a su mujer. Nosotros la destinamos a que fuese de los rezagados

27. 58. y Nosotros hicimos sobre ellos que cayese una lluvia. Lluvia terrible para los que fueron advertidos...

27. 59. Di: «¡Loado sea Allah! ¡Sea el *salam* para quien lo reconoce, para quien lo ha elegido! ¿Acaso es mejor quien elige a Allah o los idólatras?».

27. 60. O ¿quién creó los cielos y la tierra, y desciende la lluvia del cielo para que crezcan bellos jardines donde los árboles no podríais hacerlos crecer...? ¿Acaso hay otro dios con Allah? ¡Ay, no! Ellos son gente que lo intentan igualar...

27. 61. O ¿quién hizo firme la tierra, los ríos horadó, firmes estableció las montañas y puso un istmo entre los dos mares...? ¿Acaso hay otro dios con Allah? ¡Ay, no! La mayoría de ellos no saben...

27. 62. ¿Quién responde al necesitado cuando a Él implora, quién elimina el mal y os hace califas en la tierra...? ¿Acaso hay otro dios con Allah? ¡Ay, no! Poco recordáis...

27. 63. ¿Quién cuando la tierra y el mar sombríos están os guía, quién envía vientos como buena nueva que a Su *rahma* antecede...? ¿Acaso hay otro dios con Allah? Alzado está Allah sobre cualquier idolatría...

27. 64. ¿Quién crea la vida y la vuelve a repetir, quién de los cielos y de la tierra la provisión os otorga...? ¿Acaso hay otro dios con Allah? Di: «¡Dadme una prueba si realmente sois sinceros!».

27. 65. Di: «Nadie conoce ni en los cielos ni en la tierra lo oculto, excepto Allah. Y nadie presentirá cuándo serán levantados entre los muertos,

27. 66. ¡ay, no!, que Su conocimiento no alcanza a la próxima vida... ¡Ay, no! Si es que dudan de ella... ¡Ay, no! Sobre esto, qué ciegos están...».

27. 67. Y dicen los cafres: «Cuando nosotros y nuestros ancestros seamos polvo, cómo seremos devueltos a la vida...

27. 68. Esto se prometió, hace siglos, a nuestros ancestros... No son más que mitos de los antiguos...».

27. 69. Di: «¡Viajad por la tierra y contemplad cuál fue el fin de todo criminal!».

27. 70. Y que no sea la pena sobre ti por causa de ellos, ni te angusties por sus artimañas.

27. 71. Dicen ellos: «¿Cuándo se cumplirá esta promesa si es que es sincera?».

27. 72. Di: «Quizás esté tan cerca y vosotros queréis apresurarlo».

27. 73. Y es tu *Rabb* el que da Su favor a la humanidad, pero la mayoría de ellos no lo agradece,

27. 74. y, ciertamente, tu *Rabb* conoce lo que en sus pechos esconden y lo que explicitan,

27. 75. y no hay nada oculto ni en los cielos ni la tierra que no esté escrito claramente.

27. 76. Ciertamente, este Corán explica a los hijos de Israel gran parte sobre lo que ellos discrepan,

27. 77. y es, en verdad, guía y *rahma* para los creyentes.

27. 78. En verdad, tu *Rabb* juzgará entre ellos con Su sabiduría. Él es el dueño del poder, es el que todo lo sabe.

27. 79. Así que entrégate a Allah. Ciertamente, sobre ti es la manifiesta Verdad.

27. 80. En verdad, nada puedes hacer para que los muertos oigan ni que los sordos la llamada atiendan si vuelven la espalda,

27. 81. ni puedes guiar a los ciegos sacándolos de su error. Ciertamente, no puedes hacer que ninguno oiga, excepto los que en Nuestros Signos confían y están entregados.

27. 82. Y cuando se cumpla el veredicto contra ellos, sacaremos una criatura de la tierra que le dirá a la humanidad que no tenían certeza de Nuestros Signos.

27. 83. Y el Día que, juntas las naciones, congreguemos a la gente que negaban Nuestros Signos, serán puestos en filas

27. 84. hasta cuando venga y digan: «¿Acaso desmentisteis Mis signos que no podíais poseer con vuestro conocimiento? ¿Qué ibais a hacer?».

27. 85. Y un veredicto será dado contra ellos porque fueron impíos y nada podrán decir.

27. 86. ¿Acaso no veis que hicimos la noche para descansar y el día para ver luminosamente? En verdad, hay ahí signos para que la gente crea.

27. 87. El Día en el que se sople estruendosamente la trompeta, terrorífico será para los que estén en los cielos y en la tierra, excepto para los que Allah quiera. Y todos a Él con humildad vendrán.

27. 88. Verás las montañas, que firmes pensabas que estaban, pasar como nubes… ¡Lo hizo Allah! Quien hace la perfección en todo. Ciertamente, Él está atento a todo lo que hacéis:

27. 89. aquellos que presenten una buena acción se les recompensará con lo mejor y libres del terror de ese Día estarán,

27. 90. pero los que presenten una acción reprobable, se les dará de bruces con el Fuego: «¿Seréis recompensados por algo que no cometisteis?».

27. 91. «Solamente cumplo el mandato de servir al *Rabb* de esta ciudad, que Él declaró inviolable. ¡A Él todo pertenece! Y cumplo la orden de estar entregado a Él

27. 92. y de recitar el Corán. Así que, el que acepta la guía, la acepta para sí mismo, mas quien se extravía…». Di: «Solo estoy aquí para advertiros».

27. 93. Y di también: «¡Loado sea Allah! Él os mostrará Sus Signos y vosotros le reconoceréis. Y tu *Rabb* está bien atento a todo lo que hacéis».

28. HISTORIAS

En el nombre de Allah, el *Rahman*, el *Rahim*

28. 1. *Ṭa, Sin, Mim.*
28. 2. Son estas aleyas una escritura clarificada.
28. 3. Te recitamos la historia de Musa y Faraón, que es verdadera para aquellos que son creyentes.
28. 4. Ciertamente, Faraón tiranizó la tierra e hizo que su gente se dividiera en tribus, los oprimía, pues un grupo, de entre ellos, degollaba a sus hijos y dejaba con vida a sus mujeres. En verdad, fue de los corruptores.
28. 5. Y deseamos otorgar nuestro favor sobre los oprimidos en esta tierra y hacerlos adalides, hacerlos herederos,
28. 6. estableciéndolos en la tierra y mostrar a Faraón, Haman y a sus huestes, a través de ello, lo que más temían.
28. 7. Y revelamos, en secreto, a la madre de Musa: «Amamántale, mas, cuando por él peligro sientas, déjalo en el río y no temas ni te entristezcas. Ciertamente, Nosotros hemos de devolvértelo, haremos de él un Mensajero».
28. 8. Tras eso, lo recogió la familia de Faraón, de la que se volvería un enemigo y para ellos un pesar. En verdad, Faraón, Haman y sus huestes, ¡cuánto yerraban!
28. 9. Y dijo la mujer de Faraón: «¡Alegría de mis ojos y los tuyos! ¡No lo mates! Quizás nos beneficie o podríamos tomarlo como un hijo». Ni se dieron cuenta…
28. 10. Y fue que el corazón de la madre de Musa ardía por tal vacío que cerca estuvo de desvelarlo todo, pero Nosotros fortalecimos su corazón para que firme se mantuviera.

28. 11. Y le dijo a su hermana: «¡Síguele!», así le observó desde la distancia, sin ser percibido.

28. 12. Y Nosotros prohibimos para él los pechos de las nodrizas, mas dijo ella: «¿Querríais que os guie a la gente de una casa donde lo cuiden y sean puros con él?».

28. 13. Así fue como se lo devolvimos a su madre, para alegría de sus ojos, sin tristeza alguna, y para que supiera que es Verdad lo que Allah promete, pero la mayoría no lo sabe.

28. 14. Y, cuando tuvo todas las fuerzas y se hizo mayor, le otorgamos la sabiduría y el conocimiento. Así es como recompensamos a los que hacen el bien.

28. 15. Entró en la ciudad, de incógnito por su gente, y encontró a dos hombres peleando: uno era de su tribu y otro de la contraria. El de su tribu pidió ayuda contra el otro, de esa forma Musa le golpeó y le arrebató la vida. Él dijo: «Obra es esta del Shaytan, enemigo que claramente hace errar».

28. 16. Dijo: «¡Oh, mi *Rabb*! Injusto he sido contra mí mismo. ¡Alivia todo este pesar! Pues, ciertamente, Él es quien alivia los errores, tan matricial…».

28. 17. Dijo: «¡Oh, mi *Rabb*! Por el favor que me has otorgado no volveré a apoyar a los criminales».

28. 18. Así, al amanecer, se encontraba en la ciudad aguardando aterrorizado, mas aquel, que el día anterior, le pidió ayuda, le llamó a gritos, a lo que Musa respondió: «En verdad, eres un claro desviador».

28. 19. Tras eso intentó golpearle como lo hizo con el enemigo, hasta que este le dijo: «¿Acaso quieres matarme como mataste a aquel ayer? Si es que pretendes tan solo ser un tirano en la tierra y no de los que la reforman».

28. 20. Y vino un hombre corriendo, de la parte más lejana de la ciudad, y le dijo: «¡Oh, Musa! Ciertamente, los poderosos están reunidos para matarte, así que ¡vete! En verdad, soy sincero avisador».

28. 21. Así salió de ella, con miedo y cuidado, diciendo: «¡*Rabb* mío! Sálvame de ese pueblo vil»,

28. 22. y, cuando encaró el camino hacia Madyan, dijo: «Quiera mi *Rabb* guiarme por el camino correcto».

28. 23. Mas, cuando él llegó a las aguas de Madyan encontró a una tribu que abrevando estaban y encontró, también, a dos mujeres que alejadas estaban. Él les preguntó: «¿Qué os ocurre?», respondieron ellas: «No podemos abrevar hasta que no se vayan estos pastores. Nuestro padre es muy anciano».

28. 24. Así, él abrevó su rebaño para ellas y luego volvió a la sombra diciendo: «¡*Rabb* mío! Cualquier cosa que Tú desciendas para mí es un bien, pues soy un necesitado».

28. 25. Y después, una de ellas vino a él, con paso encogido, y le dijo: «Ciertamente, mi padre te convoca para recompensarte por abrevar el rebaño para nosotros». Así, cuando llegó ante él, le contó la historia de lo sucedido, y él le respondió: «No temas, pues a salvo estás de ese pueblo vil».

28. 26. Dijo una de ellas: «¡Oh, padre mío! Empléale, pues, en verdad, se emplea a quien es más fuerte, digno de confianza».

28. 27. Respondió el padre: «Deseo que desposes a una de mis dos hijas, mas me has de servir durante ocho años y, si hicieras diez, que sea decisión tuya. No es mi intención hacerlo difícil, pues, si Allah lo quiere, encontrarás que soy de los justos».

28. 28. Y él le dijo: «¡Sea esto entre los dos! Cualquiera de los dos plazos que yo reciba no será injusto para mí. Y Allah sea sobre lo que yo digo».

28. 29. Así, cuando Musa cumplió el plazo y viajaba con su gente, vio un fuego cerca del monte Tur y les dijo a los suyos: «¡Esperad! Veo un fuego, quizás os diga de qué se trata o una alheña del fuego os traiga y así podáis calentaros».

28. 30. Mas, cuando a él llegó, se le exhortó desde el valle que quedaba a la derecha, ¡cuán pleno de *baraka* era el lugar!, desde el árbol: «¡Oh, Musa! En verdad, Yo soy Allah, *Rabb* de todos los Mundos.

28. 31. ¡Arroja tu cayado!». Y, cuando contempló que este se movía como una serpiente, se volvió y quiso escapar para no volver más. «¡Oh, Musa! ¡Avanza sin miedo! Estás, en verdad, en lugar seguro.

28. 32. Introduce tu mano en los pliegues de tu ropa y saldrá brillante, sin mácula. Mantén tu mano a tu lado, libre de todo miedo.

Esos son dos signos de tu *Rabb* frente a Faraón y sus generales.
Ellos son gente, en verdad, muy perversa».

28. 33. A lo que él respondió: «Maté a un hombre de los suyos, mas temo que me maten.

28. 34. Mi hermano Harun es más expresivo que yo en los discursos. Así que envíalo conmigo para que me auxilie, para que refuerce lo que yo hago. Cuánto temo que nieguen mis palabras».

28. 35. Él dijo: «Fortaleceremos tu brazo con tu hermano y a ambos daremos autoridad, de esa forma no podrán tocaros. A través de Nuestros Signos, los dos y quienes os sigan, venceréis».

28. 36. Así que cuando ante ellos estuvo Musa, con Nuestros Signos irrefutables, dijeron: «Tan solo es débil magia... Jamás escuchamos que ocurriera esto, ni siquiera a nuestros ancestros».

28. 37. Y respondió Musa: «Bien sabe mi *Rabb* quién trae la guía que de Él proviene y quién tendrá la morada final. ¡Él no hará vencer a los yerrados!».

28. 38. Y dijo Faraón: «¡Oh, consejeros míos! Sabed que no hay otros dioses que no sea yo. ¡Oh, Haman! Enciende un fuego para cocer el adobe y construye una torre excelsa, quizás así pueda contemplar al dios de Musa... En verdad, bien sé que él miente».

28. 39. Y tan arrogante él y sus huestes marcharon por la tierra sin derecho alguno, creyendo que nunca volverían a Nosotros.

28. 40. Mas, cuando le cogimos a él y a sus huestes y les arrojamos al río... ¡Mirad cómo acaban los que yerran!

28. 41. E hicimos de ellos los adalides de los que llaman hacia el Fuego y el Día de la Alzada no habrá auxilio.

28. 42. E hicimos que les persiguiera una maldición en la vida mundana y el Día de la Alzada serán despreciados.

28. 43. Y, ciertamente, le dimos a Musa el Libro, después de destruir a las generaciones anteriores, para que ilumine a la humanidad y sea guía y *rahma*, y así, quizás, del recuerdo se beneficien...

28. 44. Y tú no estabas en la ladera de la agarvía cuando decretamos a Musa el mandato, ni siquiera fuiste testigo.

28. 45. E hicimos generaciones y prolongamos sus vidas, mas tú no vivías entre la gente de Madyan para recitarles Nuestras aleyas, aun hubo mensajeros...

28. 46. Y tú no estabas en la ladera del monte Tur cuando les llamamos, mas fue una *rahma* de tu *Rabb*, para advertirles al pueblo que nadie vino antes de ti. Quizás así recuerden…

28. 47. Y si les golpea el infortunio como recompensa de todo lo que hicieron sus manos, tan solo dirán: «¡Oh, *Rabb* nuestro! Si tan solo hubieras enviado un mensajero… Así, habríamos seguido tus aleyas y habríamos sido de los creyentes».

28. 48. Pero cuando a ellos vino Nuestra Verdad, dijeron: «¿Por qué no se nos da el mismo ejemplo que se le dio a Musa?», mas ¿no se mostraron tan cafres con lo que se le otorgó a Musa antes? Y dicen: «Dos trabajos de brujería son, que el uno al otro se refuerza» —y prosiguen— «ciertamente, qué cafres somos con todo eso».

28. 49. Di: «Traed un libro de Allah que guíe a los hombres mejor que esos dos, seguidlo si es que sois sinceros».

28. 50. Si no te aceptan, que sepas que tan solo siguen lo que les dictan sus deseos. ¿Y quién yerra más que el que se deja guiar por sus pasiones sin la guía dada por Allah? En verdad, Allah no guía a un pueblo que yerra.

Hizb 40

28. 51. Y, ciertamente, les transmitimos la palabra a ellos para que así, quizás recuerden.

28. 52. A aquellos a los que, antes, les dimos el Libro y lo creen,

28. 53. y, cuando se recita sobre ellos, responden: «¡Creemos en él! Es la Verdad de nuestro *Rabb*, mucho antes de él estábamos pacificados».

28. 54. Sea para ellos la recompensa doble porque son pacientes, enfrentan el mal haciendo el bien y son caritativos de la provisión que les dimos.

28. 55. Y cuando oyen palabras vanas, se vuelven y dicen: «Sean nuestras acciones para nosotros, sean para vosotros las vuestras, ¡sea el *salam* sobre vosotros! Nosotros no buscamos a los ignorantes».

28. 56. En verdad, tú no puedes guiar a quien amas, mas es Allah quien guía a quien Él quiere. Y el conoce mejor a los que guía.

28. 57. Dicen: «Si seguimos tu guía, perderemos nuestra tierra», mas ¿acaso Nosotros no les establecimos un lugar vedado y seguro al que traen frutas de toda clase? ¿No es Nuestra provisión? La mayoría de ellos no lo conoce...
28. 58. Y cuántas ciudades destruimos, echándolos a perder por su fácil vivir..., no han vivido salvo unos pocos. Y somos Nosotros los sucesores.
28. 59. Y nunca tu *Rabb* destruyó un pueblo sin haber enviado un Mensajero de su tribu que recitase Nuestras aleyas. Nunca destruimos un pueblo, salvo que su gente fuese transgresora.
28. 60. Y las cosas que se os han dado no son sino un gozo en la vida mundana, tan solo adornos. Mas, tiene Allah lo mejor y lo que más dura, ¿acaso no razonáis?
28. 61. Entonces, a quien algo bello le prometimos lo verá cumplido. ¿Acaso es comparable a quien le permitimos un breve disfrute de la vida mundana, mas luego el Día de la Alzada le convocaremos?
28. 62. Y el Día que se les llame, Él dirá: «¿Dónde están aquellos que decíais que se asociaban conmigo?».
28. 63. Dirán aquellos sobre los que sea el certero veredicto: «¡*Rabb* nuestro! Estos son a los que nosotros desviamos, les desviamos como estabamos desviados. Somos inocentes ante Ti, ellos no nos sirven a nosotros».
28. 64. Y se les dirá: «Ahora invocad a vuestros ídolos». Y les invocarán, mas no habrá respuesta, y así el castigo contemplarán. Desearán haber seguido la buena guía.
28. 65. Y el Día que se les llame, dirá: «¿Qué le respondisteis a los mensajeros?»,
28. 66. mas, la oscuridad sea ese día sobre ellos y no sabrán cómo responder.
28. 67. Puede que quien se vuelva hacia Él, confíe y haga el bien, puede esperar ser de los vencedores.
28. 68. Tu *Rabb* crea y elige lo que Él quiere. No tienen ellos elección. Exaltado sea Allah, pues Altísimo es frente a lo que le asocian,
28. 69. y tu *Rabb* bien conoce lo que esconden sus pechos y lo que muestran.
28. 70. Y Él es Allah, no hay dioses sino Él. Loado sea, en el principio y en el final, Suyo es el Juicio y a Él hemos de volver.

28. 71. Di: «¿Cómo veríais que Allah hiciera sobre vosotros la noche perpetua hasta el Día de la alzada? ¿Qué dios, salvo Allah, podría traeros la luz? ¿Acaso no oís?».

28. 72. Di: «¿Cómo veríais que Allah hiciera sobre vosotros un día perpetuo hasta el Día de la alzada? ¿Acaso otro dios, que no fuese Allah, podría traeros la noche para que descanséis? ¿Acaso no veis?».

28. 73. Y muestra de Su *rahma* son la noche y el día, así podréis descansar y anhelar Su generosidad. Y quizás seáis agradecidos...

28. 74. Y el Día que se les llame, Él dirá: «¿Dónde están aquellos que decíais que se asociaban conmigo?».

28. 75. Y haremos comparecer de cada tribu a un testigo y diremos: «¡Traed vuestra prueba!», así es como conocerán que, ciertamente, la Verdad es de Allah. Y se perderán todas sus invenciones...

28. 76. En verdad, Qarun era del pueblo de Musa, pero los oprimió. Y Nosotros ¡tantos tesoros le dimos! que ni los más fuertes podían llevar las llaves, pero cuando su pueblo le dijo: «No te regocijes, Allah no ama a los que se regocijan,

28. 77. y busca en lo que te ha dado Allah, la morada que ha de venir y la mundanal morada, no olvides compartirlo. Haz el bien como Allah ha hecho el bien sobre ti. No corrompas la tierra, pues Allah no ama a los corruptores».

28. 78. Pero respondió: «Todo lo que se me ha dado es por el conocimiento que tengo», pero ¿ignoraba que Allah destruyó a muchas generaciones antes que él, las cuales eran más poderosas y tuvieron grandes riquezas? No se cuestionarán los errores los culpables.

28. 79. Así, apareció frente a su pueblo engalanado, y dijeron los que quieren la vida mundana: «¡Oh! Querríamos tener lo que se le ha otorgado a Qarun. ¡Es de excelsa fortuna!».

28. 80. Mas, aquellos que tenían el conocimiento dijeron: «¡Ay de vosotros! La recompensa de Allah es mejor para quien cree y obra justamente. Y tan solo es para los que tengan paciencia».

28. 81. Por eso, Nosotros hicimos que la tierra le engullera a él y a su morada. Nadie, fuera de Allah, pudo ayudarle, ni pudo defenderse...

28. 82. Al amanecer, aquellos que le envidiaban ayer dijeron: «¡Oh! Allah otorga el sustento a quien Él quiere de entre Sus siervos: a unos con holgura, a otros se la restringe. Si Allah no fuese generoso, la tierra también nos habría tragado». Y, ¡ay!, nunca triunfarán los cafres.

28. 83. Sea el próximo hogar de quienes no quieren ser orgullosos en la tierra ni tampoco corromper. Qué buen final es para los que son conscientes de Allah.

28. 84. Quien venga con un bien hecho por él, algo mejor le llegará como recompensa. Pero quien venga con un mal, el que obró mal, tan solo tendrá una recompensa por lo que hizo.

28. 85. Ciertamente, Aquel que dispuso sobre ti el Corán, te hará retorno. Di: «Bien sabe mi *Rabb* quién trae la guía y quién está en un error manifiesto».

28. 86. Tú no podías esperar que se te transmitiera el Libro, pues tan solo ha sido por la *rahma* de tu *Rabb.* ¡No ayudes a los cafres!

28. 87. Que no te aparten de las aleyas de Allah, después de haber sido descendidas sobre ti. Llama hacia tu *Rabb* y no seas un idólatra.

28. 88. Y no invoques a otro dios junto Allah. ¡No hay otro dios más que Él! ¡Todo se desvanece excepto Su rostro! ¡De Él es el Juicio! ¡A Él habréis de volver!

29. LA ARAÑA

En el nombre de Allah, el *Rahman*, el *Rahim*

29. 1. *Alif, Lam, Mim.*
29. 2. ¿Piensa la humanidad que se les dejará porque dicen: «¡Creemos!», y no serán puestos a prueba?
29. 3. Ya, ciertamente, probamos a los que hubo antes que ellos, pues conoce Allah a aquellos que son sinceros y bien sabe quiénes son los mentirosos.
29. 4. ¿O piensan que los que hacen el mal de Nosotros pueden escapar? ¡Qué mal juicio ellos tienen!
29. 5. Aquel que espere encontrar a Allah que sepa que, en fecha marcada, ciertamente, habrá de venir. Y Él es quien todo lo escucha, quien todo bien conoce.
29. 6. Y aquel que se esfuerza, en verdad, solo se esfuerza para sí mismo. Ciertamente, Allah no tiene necesidad de los mundos.
29. 7. Y a aquellos que confiaron y obraron justamente aniquilaremos sus errores y una excelente retribución recibirán por lo que hicieron.
29. 8. Hemos dispuesto que el ser humano con sus padres sea excelente, mas, si se esfuerzan para que seas un idólatra, alejado de Mí, con algo que no conoces… ¡Ay, no les obedezcas! Pues hacia Mí es el retorno y bien os informaré sobre todo lo que hicisteis.
29. 9. Y aquellos que confiaron e hicieron el bien, les admitiremos entre los Justos.
29. 10. Mas, hay parte de la humanidad que dice: «¡Creemos en Allah!», pero cuando, por Allah, les alcanza un perjuicio, piensan que la persecución de la gente es el castigo de

Allah. Y si llega la ayuda de su *Rabb,* seguramente dirán: «En verdad, estábamos con vosotros». ¿Es que no es Allah quien mejor conoce lo que esconden los pechos de todos los seres?

29. 11. Y qué bien evidenciará Allah quienes son creyentes y qué bien evidenciará a quienes son hipócritas...

29. 12. Y les dicen los cafres a los creyentes: «Si seguís nuestra senda, cargaremos con vuestros errores», pero ¡no van a cargar de sus errores nada! ¡Qué mentirosos, en verdad, son!

29. 13. En verdad, llevarán su carga cargados con la de los otros y se les preguntará el Día de la Alzada sobre todo eso que inventaron...

29. 14. Así, enviamos a Nuh a su pueblo y permaneció, entre ellos, apenas cincuenta años de un milenio, cuando les alcanzó el Diluvio porque eran tan transgresores,

29. 15. mas, Nosotros le salvamos a él y a la gente de su arca, e hicimos de ello un Signo para todos los Mundos.

29. 16. E Ibrahim cuando le dijo a su pueblo: «¡Reconoced a Allah y tened conciencia de Él!, ¡qué bueno es eso para vosotros! Si vosotros supierais...».

29. 17. Adoráis a otros que no son Allah, tan solo son ídolos y creáis una mentira... Ciertamente, a esos otros que adoráis, tan lejos de Allah, nada de sustento tienen para vosotros. Mas, buscad el sustento en Allah, reconocedle agradecidos. Es a Él a quien habréis de volver.

29. 18. Mas, si lo negáis, otras generaciones renegaron antes de vosotros. Y no es asunto del Mensajero, salvo transmitiros un mensaje claro.

29. 19. ¿Acaso no aprecian como Allah dispuso la Creación y luego la hace de nuevo? En verdad, para Allah esto es muy sencillo.

29. 20. Di: «Viajad por la tierra y ved como Él dio inicio a la creación, luego volverá a crearla por última vez. Ciertamente, Allah sobre todas las cosas tiene poder».

29. 21. Castiga a quien quiere, mas sea la *rahma* para quien quiere. Es a Él a quien habréis de volver

29. 22. y no podréis huir de la tierra ni los cielos, pues fuera de Allah no hay ni protección ni auxilio.

29. 23. Aquellos que fueron cafres con Nuestros Signos, con Allah y con su encuentro, ellos que desesperados por Mi *rahma* están, son los que recibirán un doloroso castigo...

29. 24. Pero la única respuesta de su pueblo fue: «¡Matadle! ¡Quemadle!», mas Allah del fuego le salvó. En verdad, sea un Signo para la gente que cree.

29. 25. Y él les respondió: «Tomasteis, en vez de Allah, ídolos tan solo porque amáis la vida mundana... Después, el Día de la Alzada seréis cafres entre vosotros, maldiciéndoos los unos a los otros. ¡Sea el Fuego vuestra morada y no haya quien os pueda auxiliar!».

29. 26. Y confió en él Lut, y dijo: «Ciertamente, me exilio en mi *Rabb*, pues Él es el Todopoderoso, el Sabio».

29. 27. Le otorgamos a Ishaq y a Yaqub, situando en su descendencia la Profecía y el Libro. Nosotros les dimos recompensa en este mundo mundano y en el que ha de venir, que será de los justos.

29. 28. Y Lut cuando le dijo a su pueblo: «Ciertamente, sois tan inmorales como ninguno, en todos los Mundos, lo ha sido antes.

29. 29. En verdad, os aproximáis a los hombres cerrándoles el paso y hacéis el mal juntos», mas lo único que le respondió su gente fue: «¡Tráenos el castigo de Allah si es que eres sincero!».

29. 30. Él respondió: «*Rabb* mío, ayúdame frente a este pueblo tan corrupto».

29. 31. Cuando Nuestros Mensajeros fueron ante Ibrahim le trajeron buenas nuevas, le dijeron: «En verdad, vamos a arrasar a los habitantes de este pueblo. Es gente tan réproba...».

29. 32. Él dijo: «Pero ahí está Lut...», y le respondieron: «Bien conocemos quién está ahí, lo salvaremos a él y a su familia, salvo a su mujer, que es una rezagada...».

29. 33. Y, cuando llegaron Nuestros Mensajeros a Lut, él tanto se angustió por ellos, preocupándose, pero ellos le contestaron: «No te angusties ni te entristezcas, te salvaremos a ti y a tu familia, mas no a tu mujer, que es una rezagada...

29. 34. Y descenderemos sobre la gente de esta ciudad un castigo del cielo, porque han sido tan depravados...».

29. 35. Y, ciertamente, lo dejamos como un Signo incontestable para gente que usa la razón.

29. 36. Y al pueblo de Madyan, al que llegó su hermano Shuayb, que le dijo: «¡Oh, pueblo mío! Reconoced a Allah y aguardad el Día Final, no hagáis el mal corrompiendo la tierra».
29. 37. Así, lo negaron y el Terremoto les sorprendió, así cuando se hizo de día aparecieron en sus hogares, boca abajo, yacientes.
29. 38. Y 'Ad y Thamud, incontestables sean para vosotros sus hogares, pues el Shaytan hizo de las suyas, desviándoles del Sendero a pesar de que se les dio visión profunda...
29. 39. Y Qarun y Faraón y Haman... A ellos vino Musa con pruebas irrefutables, ¡qué arrogantes fueron en la tierra, mas de ella no consiguieron escapar!
29. 40. Y a cada uno sorprendimos en su falta. A unos enviamos un viento terrible, a los otros los sorprendió un terrible grito, a algunos se los tragó la tierra y a aquellos los ahogamos. Y con ellos Allah no fue injusto, la injusticia fue de ellos sobre sí mismos.
29. 41. Sea el ejemplo: quienes toman fuera de Allah protectores son como la araña que construye su casa, y, ciertamente, la casa más frágil es la de la araña. Si tan solo supieran...
29. 42. En verdad, Allah bien conoce lo que ellos imploran en vez de implorarle a Él. Y Él es el más Poderoso, el Sabio.
29. 43. Son estos ejemplos que presentamos a la humanidad, que no comprenden, salvo los que conocen...
29. 44. Creó Allah los cielos y la tierra con un fin verdadero. Ciertamente, sea un signo para los creyentes.

Juz 21

۞ Hizb 41

29. 45. ¡Recita lo que se te ha revelado en el Libro! ¡Establece la azalá! Pues, en verdad, la azalá previene de la idencencia y la maldad. Y ¡más grande es el recuerdo de Allah! Y nosotros en Él nos pacificamos.
29. 46. Y tan solo discutid con la gente del Libro con la mejor cortesía, salvo los que actúan con injusticia, y decid: «Creemos en

lo que se nos ha descendido y en lo que se os descendió a vosotros. Es nuestra Divinidad y vuestra Divinidad Una. Y en Él pacifiquémonos».

29. 47. Y de esa forma descendimos sobre ti el Libro, aquellos a quienes les dimos el Libro se aferran a él y entre ellos hay quienes creen y no rechazan Nuestras aleyas, salvo los que de los cafres son.

29. 48. Y tú no recitabas ningún Libro, antes de recibirlo, ni tampoco escribías con tu diestra. De lo contrario, los escépticos hubieran sospechado.

29. 49. ¡Ay, no! Son incontestables estas aleyas en los pechos de a quienes les hemos dado conocimiento. Tan solo rechazan Nuestras aleyas los réprobos.

29. 50. Y responden diciendo: «¿Por qué no han descendido sobre él signos que provengan de su *Rabb*?». Di: «Tan solo los Signos son de Allah y yo un irrefutable llamador».

29. 51. ¿Acaso no es suficiente para ellos lo que hemos descendido del Libro sobre ti y que a ellos se les recita? Ciertamente, hay una *rahma* y un recuerdo para la gente que es creyente.

29. 52. Di: «Baste Allah entre vosotros y yo como testigo, pues conoce lo que hay en los cielos y la tierra. Y aquellos que crean en lo falso y sean cafres con Allah, esos tienen las de perder».

29. 53. Y te apremian para que adelantes el castigo, mas, si no se hubiera fijado en el tiempo, ya les habría alcanzado. Ciertamente, les sorprenderá de repente sin darse cuenta.

29. 54. Te apremian para que adelantes el castigo, y cierto es que la Gehena rodeará a los cafres.

29. 55. El Día que les cubra el castigo por completo, desde la cabeza a los pies, Él les dirá: «¡Paladead lo que solíais hacer!».

29. 56. ¡Oh, mis siervos! ¡Creyentes! Vasta es Mi tierra, así que reconocedme a Mí.

29. 57. Cada uno paladeará la muerte, mas luego a Nosotros volveréis.

29. 58. A aquellos que creyeron y obraron justamente les otorgaremos un lugar en el Jardín, en elevadas habitaciones, bajo las que arroyos fluirán por toda la eternidad. Excelsa recompensa es para quienes lo trabajaron,

29. 59. para los que fueron pacientes y que a su *Rabb* por completo se entregan.
29. 60. Y cuántos seres no pueden tener un sustento, mas es Allah quien se ocupa del Suyo y del vuestro. Y Él es quien todo lo oye, quien todo conoce.
29. 61. Y si les preguntas: «¿Quién creó los cielos y la tierra? ¿Quién somete al sol y a la luna?», ciertamente, te responderán: «¡Allah!». Entonces, ¿hacia dónde se extravían?
29. 62. Allah es quien otorga el sustento a quien Él quiere de entre sus siervos y se lo restringe a otros. En verdad, Allah sobre toda cosa tiene conocimiento.
29. 63. Si le preguntas: «¿Quién hace descender del cielo el agua, que vivifica la tierra yerma?», ciertamente, te responderán: «¡Allah!». Diles: «¡Loado sea Allah!», mas la mayoría no lo comprende.
29. 64. Y hay en esta vida mundana tan solo distracción y vanidad, pero, en verdad, el hogar que ha de venir es la Vida. Si tan solo supieran…
29. 65. Mas, cuando montan en barco, bien que imploran a Allah siendo sinceros en el *din*, pero cuando les deja en tierra se vuelven idólatras,
29. 66. convirtiéndose en cafres con lo que Nosotros les hemos dado. ¡Que gocen! Pues en breve han de conocer…
29. 67. ¿Acaso no ven que Nosotros les vedamos una tierra, haciéndola segura, mientras ellos raptan a la gente? ¿Se aferran a lo falso y son cafres con la complacencia de Allah?
29. 68. ¿Es que hay alguien más rastrero que el que inventa mentiras contra Allah y niega la Verdad cuando le ha alcanzado? ¿No ha de ser la Gehena un hogar para los cafres?
29. 69. Aquellos que se esforzaron por Nosotros les vamos a guiar por Nuestra senda, pues Allah está con los que hacen el bien.

30. ROMA

En el nombre de Allah, el *Rahman*, el *Rahim*

30. 1. *Alif, Lam, Mim.*
30. 2. Vencida fue Roma
30. 3. en tierra vecina, mas, luego de derrotada, vencerá
30. 4. en pocos años, pues es de Allah el mandato tanto pasado como futuro. Y ese día, exultantes los creyentes estarán
30. 5. por la ayuda de Allah. Él ayuda a quien quiere y es Él, el más poderoso, tan matricial…
30. 6. Y sea dada la promesa de Allah y es que jamás Allah incumple Su promesa, pero la mayoría de la humanidad lo desconoce…
30. 7. Tan solo conocen lo manifiesto de esta vida mundana, mas de la próxima ni se preocupan.
30. 8. ¿Acaso no piensan por sí mismos? ¿No creó Allah los cielos y la tierra y todo lo que habita entre ellas, salvo con una Realidad y con un tiempo marcado? Mas cuánta gente de la humanidad son cafres en el encuentro con su *Rabb.*
30. 9. ¿Acaso no han viajado por la tierra y han observado cuál fue el fin de los antiguos? Mas poderosos que ellos eran, con fuerza labraban la tierra y construían en ella más que ellos. Y vinieron Sus enviados con pruebas irrefutables, así que Allah con ellos no fue injusto, la injusticia fue de ellos sobre sí mismos.
30. 10. Tras eso, llegó el final de los que hicieron el mal, ¡qué mal! Pues negaron los signos de Allah y se los tomaron a guasa…
30. 11. Allah origina la creación y, después, la repite para, finalmente, que vuelva a Él.
30. 12. Y el Día marcado, cuando la hora sea, desesperados estarán los criminales,

30. 13. y no habrá de sus ídolos ninguna ayuda, pues renegarán los ídolos de los cafres.
30. 14. Y el Día marcado, cuando la hora sea, serán separados:
30. 15. quienes creyeron y obraron justamente gozarán en un prado fresco,
30. 16. mas, los que cafres fueron y negaron Nuestros Signos y el encuentro en el más allá, ellos a un castigo serán entregados.
30. 17. ¡Sea así Allah alabado al despunte del alba, a la caída de la tarde!
30. 18. ¡Que también sea loado en los cielos y la tierra, en la medianoche y al mediodía!
30. 19. Él es quien hace emerge la vida en la muerte y la muerte en la vida. Vivifica la tierra yerma, así os habrá de sacar a vosotros.
30. 20. Y entre Sus Signos está el crearos de cenagosa tierra, después os convertisteis en seres humanos y os dispersasteis.
30. 21. Y otro de Sus Signos es que Él os creó en parejas para que alcancéis el equilibrio total y puso entre vosotros amor y *rahma*. En verdad, hay ahí un signo para gente que medita.
30. 22. Y entre Sus Signos está el crear los cielos y la tierra, los idiomas diversos y vuestros colores. Ahí hay, en verdad, un signo para los que conocen.
30. 23. Y entre Sus Signos está que dormís, tanto de noche como de día, y vuestro anhelo por Su generosidad. Ciertamente, son signos para gente que escucha.
30. 24. Y entre Sus Signos está el mostraros el rayo, que tanto miedo y esperanza produce, y el descender del cielo agua que vivifica la tierra yerma. Ciertamente, son Signos para gente que medita.
30. 25. Y entre Sus Signos está el que firmes permanezcan los cielos y la tierra, porque así Él lo dispone. Finalmente, cuando Él invoque con una invocación de la tierra, qué rápidos emergeréis.
30. 26. Suyos son los cielos y la tierra. Todo a Él le es obediente.
30. 27. Allah origina la creación y, después, la repite. ¡Qué sencillo para Él es! Él es el símbolo más excelso que hay en los cielos y la tierra. Él es el más Poderoso, el más Sabio…
30. 28. Os impacta con un ejemplo de vuestras propias vidas: ¿Acaso no hay entre vuestros esclavos quienes viven del sustento que Nosotros os hemos dado? ¿No os reconocéis en ellos y os

temé is como a vosotros mismos? De esta forma explicamos
Nuestros Signos a gente que razona.
30. 29. ¡Ay, no!, siguen a los perversos sus deseos sin ningún conocimiento… ¿Puede alguien dirigir a los que ha hecho errar Allah? No hay para ellos quien les pueda ayudar.
30. 30. Levanta tu rostro como un *hanif* en el *din,* pues esa es la naturaleza que ha otorgado Allah a la humanidad. No puede cambiarse en la creación de Allah, este es un *din* firme. Aunque la mayoría de la humanidad no lo sepa.
30. 31. Volved a Él, con plena conciencia, y estableced la azalá y no seáis idólatras,
30. 32. ni de aquellos que dividen su *din* y construyen cismas, cismas en las que cada uno se plazca a sí mismo con lo que tiene.
30. 33. Y, cuando a la humanidad le golpea una desgracia, invocan a su *Rabb,* volviéndose a Él; mas, cuando Él les hace paladear una *rahma,* algunos invocan junto a Su Señor a otros.
30. 34. Y son cafres con lo que les hemos dado. ¡Disfrutad! Que pronto vais a conocer…
30. 35. ¿Acaso le hemos dado alguna autoridad que atestiguan a los que asocian con Él?
30. 36. Cuando paladean una *rahma* se alegran de ello, mas, si les ocurre algo por lo que hicieron, ¡qué pronto desesperan!
30. 37. ¿Acaso no perciben que Allah es generoso con el sustento a quien Él quiere y con otros es riguroso? En verdad, estos son signos para los creyentes.
30. 38. Dale a tu familia lo que es su derecho, al necesitado y al errante viajero, esto es, pues, lo mejor para agradar a Allah y esos son los que habrán de triunfar.
30. 39. Y los que dais, incurriendo en usura, para enriquecer a la humanidad, no es enriquecerse ante Allah, pero, si dais el azaque, es lo mejor para agradar a Allah. Esos han de recibir tanto…
30. 40. Es Allah quien os creo, luego Él os sustenta y tras ello os hará morir y os revivirá. ¿Acaso hay algún ídolo que haga algo como eso? ¡Sea así Él, alabado y exaltado sobre cualquier ídolo!
30. 41. Se ha corrompido la tierra y el mar por las manos de la humanidad, así se les hará paladear lo que ellos hicieron. Quizás así retornéis…

30. 42. Di: «¡Viajad por la tierra y contemplad cuál fue el fin de los antiguos! ¡Cuántos de ellos eran idólatras!».
30. 43. Mantente firme, con tu rostro en el *din* establecido antes de que Allah haga acontecer el Día inevitable, el Día de la separación:
30. 44. quien fue cafre, para sí fue cafre, mas quienes obraron justamente, para sí mismos se prepararon
30. 45. una recompensa, para quien creyó y actuó con justicia. Ciertamente, Él no ama a los cafres.
30. 46. Y entre Sus Signos, están los vientos enviados como portadores de buenas nuevas que os dejan gustar de su *rahma* y permite navegar los barcos bajo Su mandato para que busquéis Su generosidad. Quizás así seáis agradecidos...
30. 47. Antes de ti, Nosotros hemos mandado mensajeros a sus pueblos con pruebas irrefutables, bien retribuimos a los criminales, pues debíamos auxiliar a los creyentes.
30. 48. Es Allah quien envía los vientos que alzan las nubes. Él las expande por el cielo, como Él quiere, y las fragmenta para que veas como en su interior está la lluvia. Así Él lo hace caer, cuando quiere, a sus siervos y ellos se alegran,
30. 49. mientras que ellos, antes, habían perdido cualquier esperanza.
30. 50. Así que contempla los efectos de la *rahma* de Allah: cómo vivifica la tierra yerma. Así es el Vivificador de los muertos, Él tiene poder sobre todas las cosas.
30. 51. Y si enviamos un viento, aun se vuelva amarillo, siguen siendo cafres.
30. 52. Mas, tú no puedes hacer que oiga el muerto o el sordo escuche si se apartan,
30. 53. no puedes guiar al ciego apartándolo de su error, tan solo pueden oír a quienes confíen en Nuestros Signos y estén pacificados.
30. 54. Allah es quien os creó débiles y luego convirtió la debilidad en fortaleza, para hacer de la fortaleza debilidad cuando encanezcáis. Crea Él lo que quiere, pues es quien bien conoce, el Poderoso.
30. 55. Y un Día, en el que la Hora sea, jurarán los criminales que tan solo estuvieron una hora... ¡Qué errados estaban!

30. 56. Mas, dirán quienes recibieron conocimiento y la seguridad: «Ciertamente, permanecisteis lo prescrito por Allah hasta el Día del despertar, este es el Día del despertar, mas vosotros ni lo sabíais…».

30. 57. Así, ese Día no servirán a los viles las excusas y no se les habrán de aceptar.

30. 58. Ciertamente, Nosotros le hemos dado a la humanidad en este Corán todo tipo de ejemplos, pero, si vas con una aleya a los cafres, dirán: «¡Qué falsos sois!».

30. 59. De esa forma sella Allah los corazones de los ignorantes,

30. 60. así que sé paciente, pues lo que promete Allah es la Realidad. Que no te noten débil los que no han confiado.

31. LUQMAN

En el nombre de Allah, el *Rahman*, el *Rahim*

31. 1. *Alif, Lam, Mim.*
31. 2. Son estas las aleyas de un Libro sabio,
31. 3. guía y *rahma* para aquellos que hacen el bien,
31. 4. que establecen la azalá y dan el azaque, que en la vida que habrá de venir confían.
31. 5. Sobre esos está la guía de su *Rabb* y serán quienes han de triunfar.
31. 6. Mas, hay en la humanidad aquellos que se venden a cuentos ociosos, sin conocimiento, que hacen yerrar a otros de la senda de Allah y lo toman a guasa. Para ellos hay un humillante castigo.
31. 7. Y cuando se les recitan Nuestras aleyas, dan la espalda, arrogantes, como si no las oyesen, como si sordos fuesen sus oídos. Así que ¡dales la buena nueva de un doloroso castigo!
31. 8. Ciertamente, quienes confiaron y obraron justamente para ellos han de ser los jardines del placer,
31. 9. en ellos permanecerán por toda la eternidad. ¡Lo que promete Allah es la Realidad! Y Él es el más poderoso, el más sabio.
31. 10. Creó Él los cielos sin columnas visibles, clavó en la tierra las montañas para que no se muevan ante vosotros. Diseminó en ella toda clase de criaturas e hizo descender del cielo agua para que crezca ahí toda especie de forma generosa.
31. 11. Esta es la creación de Allah, mas ahora enseñadme qué han creado los otros más allá de Él. ¡Ay, no! Los transgresores están en manifiesto error.
31. 12. Y, así, Nosotros le otorgamos a Luqman la sabiduría: «Da gracias a Allah, pues aquel que es agradecido, solo es agradecido

consigo mismo. Y aquel que es cafre e ingrato, en verdad, Allah tan solo se basta, pues es Él Digno de toda Alabanza».

31. 13. Y cuando Luqman instruyó a su hijo: «¡Oh, hijo mío! ¡No idolatres a otros dioses con Allah, pues la idolatría es una injusticia inmensa!».

31. 14. Dispusimos a la humanidad respecto a sus padres, pues pórtalo su madre en su seno con pesaroso pesar, desmamándolo a los dos años, que sean agradecidos conmigo y con sus padres. Es hacia Mí el retorno final.

31. 15. Y si se esforzaran en que Me idolatres sobre algo que no tengas conocimiento, ¡no les obedezcas! Mas acompáñalos en la vida mundana con amabilidad y oriéntate hacia aquel que te lleva hacia Mí. Luego, ya a Mí habréis de volver y, entonces, Yo ya os mostraré todo lo que vosotros solíais hacer.

31. 16. ¡Oh, hijo mío! Aun sea como el peso de un grano de mostaza y yazca bajo una roca, ya sea en los cielos y la tierra, emergerá por Allah. En verdad, Allah es sutil, tan bien informado está.

31. 17. ¡Oh, hijo mío! Establece la azalá, goza de lo honorable y proscribe lo repugnante. Sé paciente frente a las aflicciones, pues, en verdad, es a lo que debes aspirar.

31. 18. No vuelvas el rostro a la humanidad y no camines por la tierra con arrogancia, pues Allah no ama a los arrogantes ni a los que se vanaglorian.

31. 19. Modera tu ritmo, baja tu voz, ya que el sonido más desagradable es el rebuzno de un asno».

31. 20. ¿Acaso no veis que es Allah quien ha sometido todo lo que hay en los cielos y la tierra para vosotros? ¿Que sobre vosotros, colmándoos, otorga dones manifiestos y ocultos? Mas hay gente que porfía sobre Allah sin conocimiento alguno, sin guía, sin un Libro iluminado.

31. 21. Y cuando a ellos se les dice: «¡Seguid lo que ha descendido Allah!», responden: «¡No! Nosotros seguiremos lo que seguían nuestros ancestros». Aun Shaytan los invoque a un castigo resplandeciente…

31. 22. Quien pacifica su rostro en Allah y hace el bien se asegura de un firme asidero. Y en Allah confluyen todas las cosas.

31. 23. Y si alguien es cafre, que no te entristezca su condición. A Nosotros habrán de volver y les mostraremos todo lo que solían hacer. Ciertamente, Allah bien conoce lo que guardan los pechos.

31. 24. Les dejaremos que gocen un poco, luego les conduciremos a un castigo terrible.

31. 25. Y si les preguntas sobre quién creó los cielos y la tierra, seguramente te dirán: «Allah». Responde: «Loado sea Allah», pero la mayoría no lo sabe.

31. 26. Es de Allah lo que hay los cielos y la tierra, se basta a Sí mismo, es Digno de toda Alabanza.

31. 27. Si todos los árboles de la tierra fueran cálamos y la mar tinta, necesitaría siete mares más, pues las palabras de Allah no se agotarían. Ciertamente, Allah es el más poderoso, el Sabio.

31. 28. Crearos y resucitaros no es salvo si lo hiciera con una única alma. Ciertamente, Allah todo lo oye, atentamente ve.

31. 29. ¿Acaso no ves que Allah hace emerger el día de la noche y hace emerger la noche del día, asiendo el sol y la luna para que se desplacen con una demarcación fija? Y, ciertamente, Allah bien conoce todo lo que hacéis.

31. 30. Esto es porque Allah es lo Real, pero en vez de implorarle, ellos imploran a la falsedad. Y, ciertamente, Allah es el Altísimo, el Inmenso.

31. 31. ¿Acaso no ves cómo navegan los barcos por el favor de Allah, mostrándoos así Sus Signos? En verdad, hay Signos para los que son pacientes y agradecidos.

31. 32. Y cuando cubren las olas, grandes como sombras, imploran a Allah rendidos al *din*. Mas, cuando se les salva, tocando tierra, algunos de ellos dudan. Nadie duda de Nuestras aleyas, excepto los que son traidores, cafres.

31. 33. ¡Oh, Humanidad! Sed conscientes de vuestro *Rabb* y sea el temor a un Día en el que el padre no avale al hijo, ni el hijo avale al padre. Ciertamente, lo que promete Allah es Realidad, así ¡que no os engañe la vida mundana!, ¡no dejéis que el engañador os engañe sobre Allah!

31. 34. En verdad, Allah tiene conocimiento sobre la Hora. Hace descender la lluvia y conoce lo que en las matrices hay, sin

embargo, nadie sabe lo que deparará mañana y no conoce por sí mismo en que tierra morirá. Ciertamente, Allah todo lo conoce, tan bien informado está.

32. LA POSTRACIÓN

En el nombre de Allah, el *Rahman*, el *Rahim*

32. 1. *Alif, Lam, Mim.*
32. 2. Este es un Libro sin dudas en él, del *Rabb* de todos los Mundos.
32. 3. Mas, te dicen: «Se lo ha inventado…». ¡Ay, no! Pues es la Verdad de tu *Rabb* para que adviertas a un pueblo al que, antes de ti, no vino ninguno que les hiciera recordar. Quizás así sean guiados.
32. 4. Allah es quien creó, en seis días, los cielos y la tierra y todo lo que media entre ellos, después en el Trono se estableció. No hay para vosotros, fuera de Él, ni protector ni defensor, ¿acaso no recapacitáis?
32. 5. Dispone Él del mandato de los cielos y la tierra, después todo ascenderá a Él en un Día que será como mil años vuestros.
32. 6. Conoce Él el no visto y lo manifiesto, tan poderoso, tan matricial…
32. 7. Es Aquel que con belleza cualquier cosa creó, que creó a la humanidad de arcilla
32. 8. para Él luego disponer que la progenie surja de una gota de líquido eyaculado.
32. 9. Después, armoniosamente la moldeó y le insufló un espíritu. Él hizo, para vosotros, el oído, la vista y corazones sintientes. ¡Tan poco agradecidos sois!
32. 10. Y dicen: «Cuando yerma sea la tierra, en verdad, ¿de nuevo se nos ha de crear?». ¡Ay, no! Qué cafres son sobre el encuentro con su *Rabb*.
32. 11. Respóndeles: «Ya os tomará el ángel de la muerte, quien está al cargo, luego hacia vuestro *Rabb* habréis de retornar».

32. 12. Y si tan solo pudieras contemplar a los impíos, con sus cabezas colgando, frente su *Rabb*: «¡*Rabb* nuestro! Vimos y oímos... ¡Haznos retornar para que obremos con justicia! ¡En verdad, ahora, tenemos la certeza!».

32. 13. Mas, si Nosotros hubiéramos querido, en verdad, cada ser tendría guía, mas cúmplase Mi sentencia: «Que se complete la Gehena de *jinn* y hombres, ambos juntos».

32. 14. ¡Paladead, pues olvidasteis vuestro encuentro este Día! En verdad, Nosotros ya os hemos olvidado, así que ¡gozad del castigo por toda la eternidad! ¡Por todo aquello que solíais hacer!

32. 15. Tan solo se aferran a Nuestras aleyas aquellos que recuerdan con ellas, postrándose en el suelo y glorifican alzando loores a su *Rabb*. Ellos no son arrogantes,

32. 16. pues levántense de sus lechos para invocar a su *Rabb*, con miedo y esperanza, y dan a otros con lo que Nosotros les proveímos,

32. 17. mas, ningún ser sabe el oculto gozo para sus ojos que les aguarda por todo aquello que solían hacer.

32. 18. ¿Acaso un creyente es como uno que desobedece? ¡Ay, no! No son iguales...

32. 19. Para aquellos que confíen y obren justamente tendrán jardines de *al-Mawa*, como hogar por todo aquello que solían hacer...

32. 20. Y para aquellos que desobedecieron sea su hogar el Fuego. Cada vez que deseen salir de él, volverán a él y se les dirá: «¡Paladead el castigo del Fuego vosotros que solíais negarlo!».

32. 21. Y, en verdad, les haremos paladear un castigo cercano antes del gran castigo, quizás así retornen.

32. 22. ¿Y es que hay alguien tan injusto que aquel al cual se le han recordado las aleyas de su *Rabb* y luego su espalda vuelve? Ciertamente, los criminales ya tendrán su recompensa...

32. 23. Y dimos a Musa un Libro, no dudes que lo recibió, haciéndolo guía para los hijos de Israel.

32. 24. Nosotros alzamos, de entre ellos, notables guiados por Nuestro mandato, cuando fueron pacientes, cuando tuvieron certeza de Nuestros Signos.

32. 25. En verdad, tu *Rabb* los habrá de juzgar por todo lo que ellos discrepaban el Día de la Alzada.

32. 26. ¿Acaso no es buena guía cómo destruimos a tantos pueblos antiguos, sobre cuyas casas ellos pasean? En verdad, en ellas hay Signos. ¿Acaso son sordos?

32. 27. ¿No contemplan cómo Nosotros conducimos el agua por la tierra baldía y de ella emergen cereales que alimentan a su ganado y a ellos? ¿Acaso son ciegos?

32. 28. Y dicen: «Si sois sinceros… ¿Cuándo será dada esa sentencia?».

32. 29. Respóndeles: «El Día de la Apertura no beneficiará a los cafres ni sus creencias ni tregua se les ha de dar».

32. 30. Así que aléjate de ellos y espera… Pues, en verdad, ellos esperan.

33. EL OTRO BANDO

En el nombre de Allah, el *Rahman*, el *Rahim*

33. 1. ¡Oh, Profeta! Consciente sé de Allah y no obedezcas ni a cafres ni a hipócritas. Ciertamente, Allah es el que todo conoce, es pura sabiduría.

33. 2. Y sigue lo que revelado sobre ti fue por tu *Rabb*. En verdad, Allah bien sabe lo que hacéis.

33. 3. ¡Entrégate a Allah! Pues tan solo te basta Allah para los asuntos.

33. 4. No sitúa Allah en el hombre dos corazones en su pecho, ni hace que las esposas que rechazáis se conviertan en vuestras madres, ni hace que vuestros hijos adoptados sean vuestros hijos. Eso es lo que dicen vuestras bocas, mas Allah solo dice la Verdad y Él es quien guía por el sendero.

33. 5. Apellidarlos como sus padres es más justo ante Allah. Y si no supierais quién es su padre, que sean vuestros hermanos en el *din* y vuestros protegidos. Y no es perjudicial para vosotros si os equivocarais, si esa fuese la intención de vuestros corazones. Y es Allah el que toda falta alivia, tan matricial…

33. 6. El Profeta está mas cerca de los creyentes que sí mismos y sus mujeres son como las madres de ellos. Los que tengan lazos de sangre están más cerca de ellos, según lo decretado por Allah, que los creyentes y que los refugiados, a menos que favorezcáis a vuestros íntimos. Y esto está en el Libro escrito.

33. 7. Y cuando hicimos un pacto con los profetas: contigo, con Nuh, con Ibrahim, con Musa y con ‘Isa, hijo de Maryam. Y Nosotros un sólido pacto hicimos con ellos,

33. 8. para que pida la sinceridad para los sinceros, mas para los cafres un castigo doloroso habrá.

33. 9. ¡Oh, vosotros que creéis! Recordad el favor de Allah cuando, sobre vosotros, acometieron las huestes, mas Nosotros enviamos sobre ellos un viento y huestes invisibles. Y Allah bien ve lo que hacéis.
33. 10. Cuando os asediaban, desde arriba y desde abajo, cuando se nubló vuestra mirada y vuestros corazones alcanzaron vuestra garganta y dudasteis de Allah con dudas variadas.
33. 11. Ahí a prueba se puso a los creyentes y agitándoles se les agitó con fuerza.
33. 12. Y cuando los hipócritas y los enfermos de corazón dijeron: «¡No! Con Allah y Su Mensajero no hay sino delirio».
33. 13. Y fue cuando un grupo, de entre ellos, dijo: «¡Oh, pueblo de *Yathrib*! No os quedéis aquí, ¡regresad!». Pidieron, alguno de ellos, permiso al Profeta diciéndole: «Ciertamente, nuestras casas son vulnerables». En verdad, no eran vulnerables sus casas, tan solo querían huir…
33. 14. Y si hubieran entrado por los flancos, y les hubieran pedido traicionarle, ciertamente, lo hubieran hecho casi todos.
33. 15. Y en verdad, ellos habían prometido un pacto con Allah del que no podían huir. Y hay que responder del pacto ante Allah.
33. 16. Respóndeles: «No habrá beneficio alguno si huis para no morir o pretendéis que os maten. Solo se os permite disfrutar un poco de tiempo…».
33. 17. Diles: «¿Quién podrá defenderos de Allah tanto si quiere dañaros o intenta daros Su *rahma*?». No la encontrarán ellos fuera de Allah, ni protección ni auxilio.
33. 18. Bien conoce Allah a los que obstaculizan, de entre vosotros, diciéndole a sus hermanos: «Venid con nosotros…», mas luego poco batallan.
33. 19. ¡Qué míseros son con vosotros! Mas, cuando el terror les alcanza, ves cómo te miran, con ojos desencajados, tan frágiles ante la muerte. Mas, cuando el miedo parte, te hieren con sus lenguas afiladas, miserablemente, para alcanzar el botín. Esos no son creyentes, así que Allah desvanecerá sus obras. Y es que eso para Allah es tan fácil.
33. 20. Piensan que el otro bando no se ha ido, pero, si ellos regresaran, bien desearían irse al desierto a vivir con los

beduinos, preguntando qué fue de vosotros. Y, si se quedaran con vosotros, que poco combatirían.

33. 21. En verdad, para vosotros, es el Mensajero de Allah un bello ejemplo de quien confía en Allah, en el último Día, y recuerda a Allah con abundancia.

33. 22. Y, cuando los creyentes vieron al otro bando, dijeron: «Esto es lo que nos prometieron Allah y Su Mensajero. Fueron sinceros Allah y Su Mensajero». Y esto hizo aumentar su confianza y su paz.

33. 23. Entre los creyentes hay quien fue fiel a la promesa de Allah, algunos incluso dando su propia vida, mientras que otros esperan, pues su compromiso nunca se ha tambaleado.

33. 24. Así Allah querrá recompensar a los sinceros por su sinceridad y castigar a los hipócritas, si así Él lo desea, o los hará volver a Él. Ciertamente, es Allah quien toda falta alivia, tan matricial…

33. 25. Tan lejos condujo Allah a los cafres, en Su ira, sin que obtuvieran nada bueno. En la batalla les basta Allah a los creyentes. Y es que Allah es fuerza, tiene todo el poder.

33. 26. Hizo descender de sus murallas a la gente del Libro que apoyaron a los otros, sembrando en sus corazones el terror, y así, a unos matasteis y a otros lo tomasteis prisioneros.

33. 27. Y por eso heredasteis sus tierras, sus casas, sus riquezas y una tierra que jamás pisasteis. Y es Allah el que tiene poder sobre todas las cosas.

33. 28. ¡Oh, Profeta! Diles a tus esposas: «Si anheláis la vida mundana y sus aderezos, venid, que os daré en beneficio y os habré de dejar ir tan bien,

33. 29. mas, si anheláis a Allah, a Su Mensajero y a lo que habrá de llegar, Allah ha preparado para vosotras, que habéis hecho el bien, una excelsa recompensa».

33. 30. ¡Oh, mujeres del Profeta! La que cometa indiscutible fornicio se le duplicará el castigo. Esto es para Allah muy franco,

Juz 22

Hizb 43

33. 31. mas, si de entre vosotras obedecéis a Allah y a Su Mensajero y obra justamente, les daremos una recompensa doble y prepararemos para ella un sustento generoso.

33. 32. ¡Oh, mujeres del Profeta! No sois como las otras mujeres... Si tenéis conciencia de Allah, no seáis tan laxas en vuestro hablar, que llegue a mover vuestros actos el que tiene un corazón enfermo. ¡Hablad a media voz!

33. 33. Gozad de vuestros hogares y no os mostréis como se mostraban las paganas en tiempos antiguos. ¡Estableced la azalá! ¡Donad el azaque! ¡Seguid a Allah y a su Mensajero! Tan solo desea Allah eliminar de vosotras la mácula, ¡oh, gente de la Casa! ¡Purificaos purificándoos!

33. 34. Y recordad lo que se recita en vuestras casas, aleyas de Allah y Sabiduría. Ciertamente, Allah es sutil y de todo bien informado está.

33. 35. En verdad, aquellos que están pacificados y las que están pacificadas son creyentes, los obedientes y las obedientes, y los que son sinceros y las que son sinceras, los pacientes y las pacientes, humildes, generosos, que ayunan y son pudorosos, que tanto recuerdan a Allah, ya sean hombres o mujeres, les guarda Allah el alivio de sus faltas y una recompensa excelsa.

33. 36. Y ni el creyente ni la creyente, cuando Allah y Su Mensajero están sobre ellos, no tienen otra opción que elegir. Y quien desobedece a Allah y a Su Mensajero, en verdad, yerra en claro error.

33. 37. Y cuando tú le dices a aquel que favorecido fue por Allah y por ti: «¡Guarda a tu esposa y ten conciencia de Allah!», aún escondes en tus entrañas lo que Allah te dará, pues temías a la humanidad, pero Allah tiene más derecho que ellos para que tengas temor. Así que cuando Zayd la divorció, te la dimos como esposa, para que nadie dude que aquellos que creen pueden casarse con las esposas de sus hijos adoptivos cuando estos han terminado con ellas. Y sea así cumplido el mandato de Allah.

33. 38. No tenga el Profeta malestar por aquello que le impone Allah. Este es el camino de Allah que vivieron otros antes que tú. Y sea el mandato de Allah decreto decretado.

33. 39. Aquellos que transmiten los mensajes de Allah y ante Él son humildes, no son humildes ante otro que no sea Allah. Y baste Allah para evaluarlo todo.

33. 40. No es Muhammad el padre de ningún hombre, él es el Mensajero de Allah y el sello de la profecía. Y es Allah quien toda cosa conoce.

33. 41. ¡Oh, vosotros que creéis! ¡Recordad a Allah! Recordadle mucho,

33. 42. exaltadle en las mañanas y las tardes.

33. 43. Él es quien hace azalá sobre vosotros, con sus ángeles, trayéndoos de las sombras a la luz. Es para los creyentes tan matricial,

33. 44. que se les saludará el Día que le encuentren: «¡Salam!», habiéndole preparado una recompensa generosa.

33. 45. ¡Oh, Profeta! Nosotros, ciertamente, te enviamos como testigo y portador de la buena nueva, y como aquel que avisa,

33. 46. eres quien llama a Allah con Su permiso, eres como un candil que ilumina,

33. 47. que la buena nueva a los creyentes traiga para ellos de Allah un gran favor.

33. 48. Y no obedezcas a cafres e hipócritas, ignora sus males y entrégate a Allah. Que te baste Allah como protector.

33. 49. ¡Oh, vosotros que creéis! Si desposáis a mujeres creyentes y luego de ellas os divorciáis sin haber consumado, no tenéis que guardar un periodo de espera. Así que proveed por su beneficio y dejadlas marchar con amabilidad.

33. 50. ¡Oh, Profeta! Ciertamente, Nosotros te hicimos lícitas para ti a tus esposas, a las que diste la dote, y a aquellas que Allah te ha dado como derecho, a las hijas de tus tíos y tías, tanto de tu padre como de tu madre, las que contigo han emigrado si el Profeta con ellas quiere casarse. Si lo deseas, hazlo solo tú, pues los otros creyentes no pueden. En verdad, sabemos por qué hemos hecho obligatorio esto, con respecto a las esposas y esclavas, así que, que no te dé ningún reparo. Y es Allah el que toda falta alivia, tan matricial…

33. 51. Puedes hacer esperar o llamar para ti o volver con alguna de las que te separaste. No hay mal en ello. Esto aporta tranquilidad a sus ojos y aleja su pena, pues estarán satisfechas con lo que tú les des. Y Allah bien sabe lo que hay en vuestros corazones, pues todo conoce, tan tolerante.

33. 52. No te sea lícito, tras esto, tomar otras esposas, ni cambiar, aun goces de su belleza, excepto si son las que están en tu derecho. Y es que Allah toda cosa observa.

33. 53. ¡Oh, vosotros que creéis! No entréis a la hora de la comida en la casa del Profeta, salvo que se os dé permiso para la hora de la comida. No os quedéis allí merodeando, pues cuando os llamen, tomadla y marcharos. No os quedéis charlando, pues podríais ofender al Profeta y ponerle en apuros si os pidiera salir. Y Allah no se pone en apuros ante lo que es Verdad, y, cuando preguntéis a sus esposas por algo, hacedlo detrás de un velo. Es esto más puro para vuestros corazones y para sus corazones. No hay razón para importunar al Mensajero de Allah y nunca os caséis con sus mujeres después de él, pues podría ser grave ante Allah.

33. 54. Si mostráis algo o lo escondéis, en verdad, Allah de todas las cosas es conocedor.

33. 55. Ellos no hacen mal si se tratan de sus padres, sus hijos, sus hermanos, los hijos de sus hermanos y hermanas, sus compañeras o las que con derecho disponen. ¡Tened conciencia de Allah! En verdad, Allah de toda cosa es testigo.

33. 56. Ciertamente, Allah y sus ángeles sobre el Profeta hacen azalás. ¡Oh, vosotros que creéis! ¡Estableced azalás y pacificado *salam* sobre él!

33. 57. Es cierto que aquellos que molestan a Allah y a su mensajero, Allah, en este mundo y el que habrá de venir, ha preparado un castigo terrible.

33. 58. Los que molestan a los creyentes y a las creyentes sin causa, en verdad, culpables son de calumniar y de manifiesta transgresión.

33. 59. ¡Oh, Profeta! Diles a tus esposas, a tus hijas y a las esposas de los creyentes que sobre ellas sus mantos sean. Eso es lo mejor para que se las conozca y no se las moleste. Y es Allah quien toda falta alivia, tan matricial…

33. 60. Si los hipócritas, los que tienen el corazón enfermo y los calumniadores en la ciudad no desisten, Nosotros te alzaremos contra ellos y no serán tus vecinos, salvo unos pocos.

33. 61. Maldecidos sean, dondequiera que se encuentren serán completamente aniquilados,

33. 62. como lo hizo Allah con los que antes vivieron. Pues jamás encontrarás cambios en la senda de Allah.

33. 63. Te pregunta la humanidad por la Hora, dile: «Tan solo el conocimiento lo tiene Allah». ¿Cómo podrías saberlo? Quizás la hora se avecine…

33. 64. Ciertamente, Allah a los cafres ha maldecido y les ha preparado un fuego resplandeciente

33. 65. en el que por toda la eternidad estarán, por siempre. Y no habrá ni amigos ni ayuda.

33. 66. Un Día en el que orientados sus rostros hacia el Fuego dirán: «Oh, desearíamos haber obedecido a Allah y a su Mensajero».

33. 67. Y dirán: «¡*Rabb* nuestro! En verdad, obedecimos a nuestros señores y a nuestros mayores, que nos hicieron yerrar en el camino».

33. 68. «¡*Rabb* nuestro! Duplica su castigo y que tengan una gran maldición…».

33. 69. ¡Oh, vosotros que creéis! No seáis como aquellos que molestaron a Musa, Allah le declaró inocente de aquello que le acusaban. Y es que ante Allah era honorable.

33. 70. ¡Oh, vosotros que creéis! Tened conciencia de Allah y con la palabra certera hablad,

33. 71. para que esta haga justicia a vuestras obras y alivie vuestros errores. Aquel que obedezca a Allah y Su Mensajero, en verdad, un éxito grandioso tendrá.

33. 72. Ciertamente, ofrecimos la confianza a los cielos, la tierra y las montañas, pero rechazaron hacerse cargo, de ellos tuvieron miedo. El ser humano, sin embargo, se hizo cargo. En verdad, él es atrevido, ignorante.

33. 73. Así castigará Allah a los hipócritas y a las hipócritas, a los idólatras y a las idólatras, mas se volverá Allah a los creyentes y a las creyentes. Y es Allah el que toda falta ha de aliviar, tan matricial…

34. SABA

En el nombre de Allah, el *Rahman*, el *Rahim*

34. 1. ¡Sean las alabanzas para Allah! A Él pertenece todo lo que hay en los cielos y la tierra. ¡Sean las alabanzas para Él en la vida que habrá de venir! Y es que Él es Sabio y de todo está bien informado,

34. 2. bien sabe lo que excava la tierra y lo que emerge de ella, lo que del cielo desciende y lo que se eleva a él. Y es Él tan matricial, el que con alivio alivia nuestras faltas.

34. 3. Y dicen los cafres: «No nos alcanzará la Hora…», respóndeles: «¡Ay, no! Por mi *Rabb* que os alcanzará, pues Él conoce lo oculto y nada escapa de Él, ni el peso de un átomo en los cielos y la tierra. Nada hay ni más pequeño ni mayor que no esté claramente registrado

34. 4. para recompensar a aquellos que bien creyeron y obraron justamente. Son para estos que habrá alivio de sus errores y sustento tan generoso.

34. 5. Sin embargo, aquellos que se esforzaron en contra de Nuestras aleyas, para ellos habrá un pestilente castigo».

34. 6. ¡Que contemplen aquellos a los que se les dio el conocimiento lo que sobre ti fue descendido por tu *Rabb*, es esa la Verdad y la guía hacia la senda del más poderoso, el Digno de toda Alabanza!

34. 7. Y dirán los cafres: «¿Acaso deberíamos dirigirnos a un hombre que os profetice cuando descompuestos del todo estéis, en verdad, seréis creados de nuevo?».

34. 8. ¿Acaso él inventa mentiras sobre Allah o está poseído? ¡No! Los que no creen en la vida que habrá de venir hacia el castigo se dirigen y extraviados, ya tan lejos, están.

34. 9. ¿Acaso no contemplan que, frente y tras ellos, los cielos y la tierra hay? Si Nosotros quisiéramos, podríamos hacer que la tierra los engullera o que cayeran sobre ellos fragmentos del cielo. Ciertamente, en eso hay un Signo para todo siervo que quiere volver.

34. 10. Y, en verdad, le dimos a Dawud Nuestro gran favor: «¡Oh, montañas! ¡Alzad las alabanzas con él y los pájaros también!». Y suave le hicimos el hierro

34. 11. para que hiciera cotas de malla de precisa medida en los anillos, trabajada justamente. Ciertamente, Yo soy el que conoce viendo más allá.

34. 12. Y a Sulayman el viento, el cual por la mañana va hacia un mes y por la tarde va a otro más. Y para él, Nosotros hicimos fluir un arroyo de bronce fundido. Y los *jinn* trabajaron, con el permiso de su *Rabb*, para él. Y cualquiera, de entre ellos, que desobedeciera Nuestro mandato, le haríamos gustar el castigo del fuego resplandeciente.

34. 13. Le trabajaron todo lo que él quiso: las estancias del templo, estatuas y calderos tan grandes como aljibes y marmitas fijadas. Trabajad, ¡oh, casa de Dawud! ¡Sed agradecidos! Y qué pocos de mis siervos son agradecidos.

34. 14. Así, cuando Nosotros decretamos sobre él la muerte, tan solo lo supieron porque la carcoma carcomió su báculo y, cuando cayó, vieron los *jinn* que, si ellos hubieran conocido lo oculto, no hubieran permanecido tanto tiempo en ese castigo humillante.

34. 15. Ciertamente, tenía Saba en su territorio un signo: dos jardines, uno a la derecha y otro a la izquierda. «¡Comed del sustento que os da vuestro *Rabb* y dadle las gracias a Él! ¡Un magnífico país y un *Rabb* que las faltas alivia!

34. 16. Mas, como le dieron la espalda, así Nosotros les enviamos una inundación contra ellos que anegó su presa y Nosotros cambiamos sus dos jardines por otros, dos jardines en el que maduraban frutas amargas, con algunos tamariscos y pocos árboles de loto.

34. 17. Es así como recompensamos lo cafres que fueron, y ¿acaso así recompensamos a alguno salvo al cafre?

34. 18. Y dispusimos, entre ellos y las ciudades por Nosotros bendecidas, otras ciudades visibles y determinamos viajar entre ellas, con seguridad, de noche y de día.

34. 19. Así dijeron: «*Rabb* nuestro, prorroga nuestros viajes», y así fueron injustos consigo mismos, mas les hicimos ser mitológicos y les dispersamos allende dispersos. En verdad, en esto hay un signo para aquel que tenga paciencia y sea agradecido.

34. 20. Y, ciertamente, reafirmó Iblis la opinión que se tenía de ellos, excepto de un grupo de creyentes,

34. 21. aunque no tenía sobre ellos ningún poder. Tan solo quisimos evidenciar quiénes creían en la vida que habrá de venir de quiénes tenían dudas de ella. Y es que tu *Rabb* de todo es el guardián.

34. 22. Di: «Invocad a aquellos por los que clamáis, en vez de a Allah, mas no poseen ellos ni el peso de un átomo de los cielos y la tierra, ni tan siquiera participan, y tampoco le dan apoyo».

34. 23. Y no habrá ninguna intercesión, excepto si lo permite Él, hasta que, cuando sea eliminado el miedo de sus corazones, exclamen: «¿Qué es lo que ha dicho vuestro *Rabb*?», se les responderá: «La Verdad y Él es el Altísimo, el Inmenso».

Hizb 44

34. 24. Di: «¿Quién os sustenta con los cielos y la tierra?». Di: «Es Allah. Ciertamente, nosotros o vosotros, unos siguen la buena guía, mientras otros están, ciertamente, desviados».

34. 25. Di: «No se os preguntará sobre nuestros errores, ni se os preguntará de lo que vosotros hagáis».

34. 26. Di: «Nos reunirá a todos nuestro *Rabb*, luego juzgará entre nosotros con exactitud. Y él es quien juzga, el todo lo conoce».

34. 27. Di: «Enseñadme a quienes tomasteis como ídolos... junto a Él. ¡Ay, no! Él es Allah, tan poderoso, tan sabio».

34. 28. Y no te hemos enviado a ti sino como portador de la buena nueva y como aquel que avisa a la humanidad por completo, pero la mayoría de la humanidad no lo conoce,

34. 29. y te dicen: «¿Cuándo habrá de cumplirse esa promesa si es que eres sincero?».

34. 30. Respóndeles: «Para vosotros fijado está el Día, no puede posponerse ni siquiera una hora y no podréis adelantarlo».

34. 31. Y dicen los cafres: «Nunca creeremos en este Corán ni en lo que hubo antes de él». Si tan solo pudieras ver a los perversos, frente ante su *Rabb*, reprendiéndose los unos a los otros, los que se dejaron oprimir le dirán a los que oprimieron: «Si no hubiera sido por vosotros, seríamos creyentes».

34. 32. Dirán los que oprimieron a los que se dejaron oprimir: «¿Acaso somos nosotros quienes os apartamos de la guía cuando ya se os indicó? No, vosotros mismos sois los culpables».

34. 33. Y los que se dejaron oprimir le dirán a los que oprimieron: «¡Ay, no! Conspirasteis durante la noche y el día, cuando nos ordenasteis que fuéramos cafres en Allah y que estableciéramos iguales con Él... Mas cómo se esconderán cuando contemplen el castigo. Nosotros les pondremos argollas en el cuello a quienes fueron cafres. ¿Serán así recompensados por todo lo que solían hacer?».

34. 34. Y no enviamos a una ciudad a alguien que avise sin que los ricos dijeran: «Ciertamente, con el mensaje que nos habéis enviado, somos cafres».

34. 35. Y replicaron: «Nosotros tenemos más riqueza e hijos, así no se nos castigará».

34. 36. Respóndeles: «En verdad, es mi *Rabb* quien otorga el sustento a quien Él quiere y a otros se lo restringe. Mas, la mayoría de la humanidad no lo conoce».

34. 37. Y ni vuestra riqueza ni vuestros hijos os harán más cercanos a Nosotros, tan solo quien confíe y obre justamente, esos serán los recompensados, doblemente, por lo que hicieron y vivirán en habitaciones seguras.

34. 38. Sin embargo, quien se esfuerce en que Nuestras aleyas fallen, esos al castigo serán entregados.

34. 39. Diles: «En verdad, es mi *Rabb* quien otorga el sustento a quien Él quiere de sus siervos, y también se lo restringe. Todo lo que habéis dado será recompensado. Y es Él el Sustentador».

34. 40. Y un Día os congregará, todos juntos, luego Él dirá a sus ángeles: «¿Acaso os servían a vosotros?».

34. 41. Responderán: «¡Exaltado seas! Eres nuestro protector contra ellos». ¡Ay, no! Que ellos servían a los *jinn*, la mayoría en ellos creían.
34. 42. Mas, ese día no tendréis poder para beneficiaros ni dañaros los unos a los otros y les diremos a los viles: «Gustad del castigo del Fuego que vosotros solíais negar…».
34. 43. Y, cuando se le recitaban Nuestras aleyas irrefutables, decían: «Este no es sino un hombre que quiere apartaros de los que vuestros padres adoraban». Y decían: «No es más que una mentira inventada». Y seguían diciendo los cafres sobre la Verdad que a ellos vino que tan solo era brujería manifiesta.
34. 44. Y no les otorgamos ningún Libro para que estudiaran ni les enviamos, antes que, a ti, ninguno que les llevara el aviso.
34. 45. Y negaron a sus ancestros, y ni siquiera obtuvieron ni la décima parte de lo que Nosotros les dimos, y negaron a Mis Enviados. ¡Qué severa fue mi condena!
34. 46. Di: «Tan solo os aviso de una sola cosa: poneos ante Allah, en parejas o solos, y meditad. No está vuestro compañero poseído, pues, en verdad, no es sino alguien que viene a advertir antes de que llegue un castigo terrible».
34. 47. Di: «No os pido recompensa alguna, es vuestra, mi recompensa solo es de Allah y Él es de toda cosa testigo».
34. 48. Di: «Ciertamente, mi *Rabb* manifiesta la Verdad, Él conoce el no visto».
34. 49. Di: «Sobrevino la Verdad, pues la falsedad ni crea ni recrea».
34. 50. Di: «Si yerro, pues yerraré, en verdad, contra mí mismo. Si, en verdad, sigo el recto sendero, quien me lo revela es mi *Rabb*. Ciertamente, es Él quien todo lo oye, está tan cerca…».
34. 51. Y si pudieras contemplar cuando, aterrorizados, sin posibilidad de escapar, sean tomados de un lugar próximos,
34. 52. y digan: «¡Creemos en Él!», mas ¿cómo poder alcanzarlo estando tan lejos
34. 53. y antes cafres fueron con Él? ¡Antes! Cuando dudaban del no visto desde un lugar tan lejano…
34. 54. Sea interpuesto, entre ellos y lo que desean, un muro como ocurrió con sus ancestros. Pues, en verdad, con inquietud están en la duda.

35. AQUEL QUE ORIGINÓ

En el nombre de Allah, el *Rahman*, el *Rahim*

35. 1. Loado sea Allah, Aquel que originó los cielos y la tierra, que hizo a los ángeles mensajeros con dos, tres o cuatro alas. Él mejora la creación como el Él quiere, en verdad Allah sobre todo tiene poder.

35. 2. Es Allah quien a la humanidad otorga Su *rahma*, nadie salvo Él puede guardarla. Y todo cuanto guarda, tras guardarlo, nadie puedo liberarlo. Y es Él el Poderoso, el Sabio.

35. 3. ¡Oh, humanidad! Recordad el favor de Allah sobre vosotros, ¿acaso hay otro creador que no sea Allah, que os dé sustento de los cielos y la tierra? No hay dioses sino Él, pero ¿cómo deambuláis desviados?

35. 4. Y si te niegan, ya fueron negados los mensajeros antes de ti, mas es Allah, que todo habrá de retornar.

35. 5. ¡Oh, humanidad! Ciertamente, lo que promete Allah es la Verdad. No dejéis que os seduzca la vida mundana y que sobre Allah no os seduzca el seductor.

35. 6. Ciertamente, es Shaytan vuestro enemigo, ¡tomadle como enemigo! Tan solo invita a su bando a los que vivirán, acompañándole, en el fuego resplandeciente.

35. 7. Los cafres tendrán un castigo terrible y aquellos que creyeron y obraron justamente, para ellos habrá olvido de sus errores y una gran recompensa.

35. 8. ¿Acaso no embellecen las malas acciones y aparentan ser buenas? Mas Allah hace yerrar a quien quiere y guía a quien quiere... Que a ti nada te aflija el pesar, en verdad, Allah bien conoce lo que hacen.

35. 9. Y es Allah quien envía los vientos que alzan las nubes y Nosotros las conducimos a una tierra yerma y revivificamos la tierra tras haber muerto. Sea así la Resurrección.

35. 10. Quien desee la gloria que sepa que la gloria absoluta es de Allah. Es a Él a quien se elevan las excelsas palabras y las excelsas acciones justas. Mas, aquellos que conspiran tendrán un terrible castigo y su conspiración con maldad se desvanecerá.

35. 11. Y Allah os creó de arcilla, de una gota eyaculada y, después, os hizo parejas. Y no concibe una hembra ni da a luz sin que Él lo conozca. Y nadie vive, tras una larga o precoz edad, sin que esté escrito. Y, en verdad, para Allah, qué sencillo es.

35. 12. ¿Acaso no son tan similares los dos mares? Uno fresco y dulce, tan agradable de beber, mientras que el otro es tan salobre y amargo. Y de ambos coméis carne fresca y extraéis joyas que portáis, y ¿no veis las naves que sobre ellos navegan? Es para que busquéis su favor. Quizás sea agradecido…

35. 13. Él hace que la noche penetre al día y el día penetre a la noche, Él es quien somete al sol y la luna haciéndolos que vayan por marcado término. Este es Allah, vuestro *Rabb*, suyo es el Dominio. Y aquellos que invocáis a otros que no son Él, ni el hueso de un dátil poseen.

35. 14. Si a ellos invocáis, no oyen vuestra invocación, y si la oyeran, no os podrán responder. Y el Día de la alzada bien negarán a quien idólatrasteis y nadie está tan bien informado como Él.

35. 15. ¡Oh, humanidad! Vosotros necesitáis a Allah, mas Él a Sí mismo se basta, tan meritorio de loor.

35. 16. Si Él quisiera, os aniquilaría y os cambiaría por una creación nueva,

35. 17. y es que eso para Allah no es dificultad.

35. 18. Y nadie cargará con la carga de otro, mas, si alguien estuviera sobrecargado, no se le ayudará, aunque sea familia. Tan solo adviérteles, a los que son humildes ante su *Rabb* en secreto y establecen su azalá. Quienquiera que se purifique, se purifica en beneficio propio. Y es hacia Allah el destino final.

35. 19. No son iguales el ciego ni el que lejos ve,

35. 20. ni lo son las sombras ni la luz,

35. 21. ni lo son el sombrío frescor ni el calor abrasador,

35. 22. no son iguales los vivos y los muertos. Ciertamente, Allah hace oír a quien Él quiere y tú no puedes hacer que oigan los que están en sus sepulcros.

35. 23. Tan solo vienes a avisar.

35. 24. Ciertamente, Nosotros te enviamos con la Verdad, como portador de la buena nueva y para avisarles. Y no hay comunidad que no tenga quien le avise.

35. 25. Y si mentiroso te llaman, también sus ancestros renegaron. A ellos vinieron mensajeros con irrefutables pruebas y los Salmos, un Libro iluminador.

35. 26. Después, sorprendí a los cafres y cuál fue mi condena...

35. 27. ¿Acaso no contemplas como Allah hace descender del cielo el agua, haciendo, así, que surjan frutos de diversos colores? Y en las montañas hay filones blancos y rojos, ¡qué diversidad de tonos!, y también los hay de un negro zaíno.

35. 28. Y la humanidad y los animales también son de diversos tonos, mas humildes ante Allah, pues sus siervos conocen que, ciertamente, Allah es Poderoso y alivia todo error.

35. 29. En verdad, quienes recitan el Libro de Allah, establecen su azalá y son caritativos, en secreto o en público, de lo que Nosotros les hemos provisto que esperen un negocio que nunca decaerá,

35. 30. para que les dé Él su recompensa y aumente Su favor. En verdad es Él quien toda falta alivia, tan agradecido...

35. 31. Y lo que te revelamos del Libro es la Verdad, confirmando todo lo anterior. Ciertamente, Allah de lo que sus siervos hacen bien informado está, todo lo contempla.

35. 32. Después, dimos como herencia el Libro a quienes de Nuestros siervos hemos escogido. Algunos se perjudican a sí mismos, otros se moderan y otros avanzan en las buenas obras con el permiso de Allah. Ese es el gran favor.

35. 33. En los jardines del Edén entrarán, adornándoseles con áureos y aljofarados brazaletes, vistiendo allí con finas sedas.

35. 34. Y dirán: «¡Loado sea Allah! Aquel que de nosotros suprimió las penas. Ciertamente, nuestro *Rabb* es el que toda falta alivia, tan agradecido.

35. 35. Aquel que nos situó en la Casa de la Eternidad por su inmensa generosidad. No nos tocará la pena, no nos tocará el cansancio».

35. 36. Y para aquellos que fueron cafres sea el Fuego de la Gehena, no está decretado para ellos que a su muerte se les aligere su tormento. Así es como Nosotros recompensamos al ingrato.

35. 37. Y se lamentarán: «De aquí, ¡oh, *Rabb* nuestro!, sácanos y obraremos justamente, no como hacíamos antes». «¿Acaso no os otorgamos una vida que bastaba para recordar el recuerdo que se os hizo llegar? Ya alguien os avisó… ¡Gustad, pues, ahora! Los viles no tendrán ningún auxilio».

35. 38. Ciertamente, Allah conoce el no visto de los cielos y la tierra, bien conoce lo que esconden los pechos.

35. 39. Él es quien os hizo sus califas en la tierra. Así que quien sea un cafre que sufra las consecuencias de serlo. Ser un cafre tan solo sirve para hacerlos, ante su *Rabb*, más odiados y es que no se prospera siendo un cafre, ser un cafre tan solo lleva a la perdición.

35. 40. Di: «¿Habéis contemplado esos ídolos que invocáis en vez de Allah? ¡Mostradme lo que han creado en la tierra o lo que comparten con los cielos!, o ¿acaso les hemos dado un Libro, con una prueba irrefutable, para que se basen? ¡Ay, no! Las promesas que, mutuamente, se hacen los viles no son más que ilusiones».

35. 41. Ciertamente, Allah es sostén de los cielos y la tierra, si se derrumbasen, no habría otro sino Él que pudiera sostenerlos. Ciertamente, Él es el más tolerante, toda falta alivia…

35. 42. Y ellos juraron, intencionadamente, por Allah, que, si venía alguien a avisarlos, serían guiados mejor que cualquier otra comunidad. Mas, cuando vino aquel que les habría de advertir, tan solo incrementaron su aborrecimiento,

35. 43. fueron arrogantes en la tierra y conspiraron el mal, pero conspirar el mal tan solo es para sus autores. ¿Acaso esperan algo distinto a lo que les ocurrió a los antiguos? Mas nunca encontrarás el camino de Allah con cambios ni encontrarás el camino de Allah con alteración alguna.

35. 44. ¿Acaso no viajan por la tierra y ven cómo sus ancestros, aun siendo más poderosos que ellos, acabaron? Y de Allah nada puede escapar ni en los cielos ni en la tierra. Ciertamente, Él todo lo conoce, tiene el poder manifiesto.

35. 45. Y si quisiera castigar Allah a la humanidad por lo que hacen, no quedaría criatura alguna sobre la faz de la tierra, mas Él marca un plazo fijado y cuando venza Su plazo… ¡Qué bien contempla Allah a sus siervos!

36. YA-SIN

En el nombre de Allah, el *Rahman*, el *Rahim*

36. 1. *Ya, Sin.*
36. 2. Por el sabio Corán,
36. 3. que eres tú, en verdad, uno de los enviados,
36. 4. de aquellos que en recto sendero están,
36. 5. con una Revelación del Más Poderoso, del *Rahim*,
36. 6. para que avises a la gente cuyos antepasados no se les advirtió y por eso se olvidan…
36. 7. En verdad, es cierto lo dicho sobre ellos, pero la mayoría de ellos ya no confían…
36. 8. Así, pusimos en sus cuellos argollas, hasta sus barbillas, para que se alcen sus cabezas,
36. 9. les pusimos un muro ante ellos, que les cubre, para que no puedan ver.
36. 10. Pero lo mismo da que les avises o no: no confiarán…
36. 11. Solo exhórtales a que sigan el recuerdo y a que, en secreto, con el *Rahman* se dejen eclipsar. ¡Porta para ellos buenas nuevas y la noble recompensa!
36. 12. Nosotros devolvemos la vida a los muertos y registramos lo que antes hicieron y las huellas que dejaron. Lo enumeramos en un claro registro.
36. 13. Exponles un ejemplo, el de las gentes de la ciudad a la que llegaron los enviados.
36. 14. Cuando les enviamos dos, ellos los rechazaron. A un tercero fortalecimos y dijeron: «Para nosotros, ciertamente, son».
36. 15. Y ellos dijeron: «¡Solo sois unos mortales como nosotros! ¡Nada ha sido revelado por el *Rahman*! ¡Solo mentís!».

36. 16. Y les contestaron: «Nuestro *Rabb* sabe que se os enviaron mensajeros,
36. 17. y nuestro deber es solo dar un mensaje claro».
36. 18. Y ellos dijeron: «Mal presagio, ciertamente, vemos en vosotros. Si no paráis, os lapidaremos y terrible castigo os alcanzará».
36. 19. Les respondieron a ellos: «¡El mal presagio es con vosotros! Se os muestra el recuerdo, mas, ¡no!, aún más lejos vais...».
36. 20. Y, entonces, de la parte más alejada de la ciudad vino un hombre agitado y dijo: «¡Oh, pueblo mío! ¡Seguid a los mensajeros!
36. 21. ¡Seguid a quien ningún pago os exige! ¡A los que bien guiados están!
36. 22. ¿Por qué no seguir a Aquel que me creó? Es a Él al que habréis de volver.
36. 23. ¿Cómo tomar otros dioses en vez de a Él? ¿Quién podrá salvarme e interceder por mí si el *Rahman* me desea un daño?
36. 24. Si eso hiciera, con certeza, estaría claramente en el error.
36. 25. Yo, en verdad, confío en vuestro *Rabb*... ¡Oídme!».
36. 26. Se dijo: «¡Entrad en el Jardín!», y respondió: «¡Oh, si mi pueblo conociera
36. 27. las faltas que mi *Rabb* me aligeró y en gran honor me situó!».

Juz 23

Hizb 45

36. 28. Tras él no enviamos contra su gente ningún ejército celeste, no lo hicimos descender,
36. 29. tan solo un estruendo hubo y aniquilados todos.
36. 30. ¡Pobres sirvientes! No vino un Mensajero del que no se mofaran...
36. 31. ¿Acaso no ven cuántas generaciones Nosotros antes que ellos destruimos? Esas ya no volverán...
36. 32. Y todos juntos, ciertamente, comparecerán ante Nosotros.
36. 33. Y sea un signo la tierra yerma, la revivimos e hicimos brotar el grano que les alimenta,

36. 34. y plantamos palmerales de datileras y viñedos, e hicimos brotar manantiales

36. 35. para que coman de sus frutos. Esto no lo han hecho sus manos, ¿por qué no son agradecidos?

36. 36. Alabanzas sean para Aquel que creó todo en par, tanto lo que crece de la tierra como a vuestras entrañas..., y también aquello que no conoce.

36. 37. Y signo es también la noche, pues retiramos la luz del día y quedan ellos en la oscuridad.

36. 38. Y el sol, también, que navega por mandato dado por el Todopoderoso, el que todo conoce,

36. 39. y la luna a la que le ordenamos ciclos hasta que se vuelve seca como una vieja rama de palmera.

36. 40. No se le permite al sol alcanzar a la luna, ni a la noche el día. Cada uno en una órbita navega.

36. 41. Otro signo ellos tienen en cómo Nosotros cargamos a sus descendientes en un barco abarrotado

36. 42. y Nosotros creamos naves semejantes para que navegaran.

36. 43. Si quisiéramos, los ahogaríamos, y nadie a sus gritos podría responder ni se salvarían,

36. 44. pues solo lo harían por Nuestra *rahma* y así un poco más disfrutarían.

36. 45. Pero cuando se les dice: «¡Tened conciencia de lo que delante y detrás de vosotros está! Quizás así os alcance la *rahma*»,

36. 46. y no viene a ellos ningún Signo de los Signos de su *Rabb*, solo de él se apartan.

36. 47. Y cuando se les dice: «¡Gastad lo que os ha dado Allah!». Ellos, cafres, les dicen a los creyentes: «¿Por qué dar de comer a aquel, pues si Allah quisiera podría alimentar? Estáis tan equivocados...»,

36. 48. y dicen: «¿Cuándo se cumplirá la promesa? ¿Es cierto lo que decís?»,

36. 49. mas, todos esperan un simple estruendo que les sorprenderá en plena discusión

36. 50. y no serán capaces de expresar su voluntad ni volver con sus gentes.

36. 51. Sonará con estruendo la trompeta y de sus tumbas avezados saldrán hacia su *Rabb*

36. 52. diciendo: «¡Ay de nosotros! ¿Quién nos ha despertado de nuestro reposo? De esto os avisó el *Rahman* y es que los mensajeros fueron sinceros...».
36. 53. Ciertamente, un único estruendo bastará y todos vendrán ante Nosotros.
36. 54. Ese Día nadie será tratado injustamente y, según lo que solíais hacer, se os retribuirá.
36. 55. Así, los dueños del Jardín lo ocuparán felices, ese Día,
36. 56. ellos y sus esposas, a la sombra, se reclinarán en almohadones,
36. 57. para ellos habrá fruta y cualquier otra cosa que pidan.
36. 58. ¡*Salam*! Es la palabra de un *Rabb* matricial.
36. 59. ¡Oh, criminales! Permanecerán ese Día alejados.
36. 60. ¿No hice un pacto con vosotros, hijos de Adam, que no serviríais al Shaytan, que para vosotros es claro enemigo,
36. 61. sino que me serviríais a Mí? Este es el recto sendero.
36. 62. Y, de hecho, él ha extraviado a una gran multitud de vosotros. ¿Acaso no razonáis?
36. 63. Ahí está la Gehena, la cual se os prometió:
36. 64. ¡Arded hoy por lo cafres que solíais ser!
36. 65. Ese Día sellaremos sus bocas y nos hablarán sus manos y sus pies, que nos contarán lo que hicieron...
36. 66. Si quisiéramos, taparíamos su vista... Entonces correrían hacia el camino, pero ¿cómo iban a ver?
36. 67. Si quisiéramos, les paralizaríamos para que no pudieran avanzar ni retroceder de sus lugares...
36. 68. A ellos que una larga vida les dimos, les hicimos invertir su crecimiento... ¿Es que no razonan?
36. 69. No le enseñamos a él poesía, tampoco le conviene, pues esto no es más que un recuerdo, un claro Corán
36. 70. para advertir a todo lo vivo y se cumpla el mandato con los cafres.
36. 71. ¿Acaso no ven que Nosotros creamos para ellos, con nuestras propias manos, el ganado que poseen?
36. 72. Los hicimos dóciles, así os sirven unos de montura y otros de alimento,
36. 73. obteniendo provecho de ellos y bebidas... ¿No nos darán las gracias?

36. 74. Mas, tomaron otros dioses en vez de Allah, así puede que sean defendidos…
36. 75. ¡No podrán defenderles!, sino que ellos comparecerán contra ellos…
36. 76. ¡No te entristezcan sus palabras! Nosotros sabemos, en verdad, tanto lo que ellos ocultan como lo que manifiestan.
36. 77. ¿No ve el ser humano que fue creado de una gota eyaculada? Pero ahí tienes a uno que claramente disputa…
36. 78. Ofrece un ejemplo y se olvida de cómo fue él creado. Dice: «¿Quién dará vida a los huesos? ¡Están descompuestos!».
36. 79. Di: «Los vivificará Aquel que los produjo por primera vez. Él que conoció bien toda la Creación.
36. 80. Aquel que os hizo fuego para un árbol verde, del cual encendéis».
36. 81. ¿Acaso no es Aquel que creó los cielos y la tierra capaz de crear otros como esa gente? Pues sí. Él es creador de todo, todo lo conoce.
36. 82. Sea su mandato, pues cuando algo desea tan solo dice: «¡Sé!», y es.
36. 83. Así que sean las alabanzas con Aquel que en cuyas manos de todas las cosas la majestad radica. Y a Él habréis de volver.

Final del quinto Manzil

37. DISPUESTOS EN FILAS

En el nombre de Allah, el *Rahman*, el *Rahim*

37. 1. Y aquellos que dispuestos en filas,
37. 2. ellos que con vigor los dirigen,
37. 3. recitando así el recuerdo:
37. 4. «En verdad, vuestro Dios es Uno,
37. 5. *Rabb* de los cielos y la tierra, y de todo lo que entre ellos hay, *Rabb* de la axarquía».
37. 6. Nosotros engalanamos el cielo mundano con estrellas
37. 7. y lo protegimos de todos los shaytanes rebeldes,
37. 8. para que no puedan oír, así, la excelsa asamblea, pues expulsados sean de todo lugar,
37. 9. arrojados sean. Y es que ellos tendrán un castigo eterno,
37. 10. pues si alguno, a escondidas, algo roba, le perseguirá una penetrante y brillante luz.
37. 11. Así que pregúntales si fue difícil para Nosotros crearles a ellos más que a los que creemos. En verdad, Nosotros les creamos de arcilla viscosa,
37. 12. ¡ay! Pues tú te asombras y ellos se burlan.
37. 13. Y cuando les haces recordar no quieren recordar…
37. 14. Y cuando contemplan un Signo, se burlan
37. 15. diciendo: «Esto es simple hechicería,
37. 16. pues cuando expiremos y solo polvo y huesos seamos, ¿acaso seremos resucitados?,
37. 17. ¿lo serán nuestros antepasados?».
37. 18. Respóndeles: «¡Sí! Y vosotros seréis humillados».
37. 19. Tan solo un grito, uno solo bastará. Así es como verán
37. 20. y dirán: «¡Ay de nosotros! Es el Día de la retribución».

37. 21. «Este es el día del Juicio, el cual vosotros negabais».
37. 22. Que congregados sean los viles y los suyos y aquellos a los que servían,
37. 23. otros que no eran Allah, así guiadles al camino de la Gehena.
37. 24. Y, paradles, ciertamente, para preguntarles:
37. 25. «¿Por qué no os ayudáis los unos a los otros?».
37. 26. ¡Ay, no! Ellos este Día se mostrarán sumisos
37. 27. y volviéndose, los unos a los otros para preguntarse,
37. 28. dirán: «En verdad, con que legitimidad veníais a nosotros».
37. 29. Responderán: «¡Ay, no! No fuisteis creyentes
37. 30. y no tuvimos poder alguno sobre vosotros... ¡Ah! Fuisteis un pueblo rebelde».
37. 31. Certera sea sobre ellos la Palabra de nuestro *Rabb*, en verdad, que bien vamos a disfrutar,
37. 32. pues os hicimos desviaros, pues nosotros somos desviados.
37. 33. Así, ese Día, el castigo compartirán,
37. 34. en verdad, así es como haremos con los criminales.
37. 35. De hecho, cuando se les dijo a ellos: «No hay más dios que Allah», qué altivos eran,
37. 36. y respondían: «¿Acaso dejaremos a nuestros dioses por un poeta poseído?».
37. 37. ¡Ay, no! Pues Él trajo la Verdad y confirmó a los enviados.
37. 38. En verdad, cómo vais a gozar del castigo doloroso
37. 39. y tan solo por lo que hicisteis se os habrá de recompensar...
37. 40. Sin embargo, los siervos de Allah, los elegidos,
37. 41. para ellos habrá un sustento dispuesto,
37. 42. así como frutas. Y serán honrados
37. 43. en los jardines del Placer,
37. 44. echados sobre solios, unos frente a otros.
37. 45. Circulará, entre ellos, un cáliz de cristalina agua,
37. 46. blanca, delicia para los que la beban,
37. 47. que no dañará ni embriagará.
37. 48. Y junto a ellos habrá acompañantes de mirada contenida, de bellos ojos,
37. 49. tal y como si fuesen huevos bien protegidos.
37. 50. Así, se volverán los unos a los otros preguntándose,
37. 51. diciendo uno de entre ellos: «En verdad, yo tuve un compañero

37. 52. que solía decirme si era uno de los que creía,
37. 53. que cuando muriéramos tan solo seríamos polvo y huesos, así ¿cómo se nos juzgaría?».
37. 54. Dirá él: «¿Veis algo?».
37. 55. Cuando mire hacia abajo, le verá en medio de la Gehena
37. 56. y dirá: «¡Por Allah! Casi buscas mi ruina…
37. 57. si no llega a ser por el favor de mi *Rabb* estaría, en verdad, entre ellos».
37. 58. ¿Acaso no hemos muerto?
37. 59. Una vez, tan solo, y no fuimos castigados.
37. 60. Ciertamente, es este un éxito excelso,
37. 61. por esta obra deberían todos obrar.
37. 62. ¿Acaso es mejor esto o el árbol de *Zaqqum*?
37. 63. En verdad, Nosotros hicimos esto como una prueba para los réprobos,
37. 64. es este un árbol que crece en el fondo de la Gehena,
37. 65. de frutos tales como cabezas de shaytanes.
37. 66. Mas, de él habrán de comer y con ellos llenarán sus vientres,
37. 67. luego, ciertamente, una mezcla de agua hirviente habrán de beber
37. 68. para, después, volver a la Gehena.
37. 69. Allí, en verdad, encontrarán ellos a sus padres, que yerraron,
37. 70. ellos que sus pasos apurados siguieron.
37. 71. Y es que, ciertamente, yerraron, antes que ellos, los antiguos,
37. 72. aunque Nosotros les enviamos a quienes les avisaran.
37. 73. Pero ¡mira!, ¡mira cuál fue el fin de los que advertidos fueron!
37. 74. Tan solo los siervos de Allah elegidos.
37. 75. Y, en verdad, cómo Nos invocó Nuh, así fue excelente Nuestra respuesta,
37. 76. y cómo le salvamos a él y a su familia de una gran angustia.
37. 77. E hicimos de su progenie supervivientes
37. 78. y le ennoblecimos ante todos lo que habrían de venir.
37. 79. ¡Sea el *salam* sobre Nuh en todos los Mundos!
37. 80. Ciertamente, así es como recompensamos a los que obran bien,
37. 81. pues, en verdad, él es uno de nuestros siervos creyentes.
37. 82. Luego, ahogamos al resto…
37. 83. Y, ciertamente, de su linaje era Ibrahim,

37. 84. cuando fue a su *Rabb*, con el corazón sano,
37. 85. cuando le dijo a su padre y a su casa: «¿A quién sirves?
37. 86. ¿Son estos falsos dioses los que en vez de Allah deseáis?
37. 87. ¿Qué pensáis del *Rabb* de todos los Mundos?».
37. 88. Alzó su mirada hacia las estrellas
37. 89. y dijo: «Estoy enfermo»,
37. 90. se dieron media vuelta y todos se apartaron de él.
37. 91. Mas, él se volvió hacia los dioses de ellos y dijo: «¿No coméis?,
37. 92. ¿qué os ocurre?, ¿no habláis?».
37. 93. Y se volvió hacia ellos golpeándolos con diestra mano.
37. 94. Ellos, entonces, apresurados, fueron hacia él,
37. 95. pero él les respondió: «¿Sois siervos de lo que habéis esculpido
37. 96. y Allah os ha creado a vosotros y a todo lo que hacéis?».
37. 97. Dijeron: «Construid para él una pira y lanzadle al fuego resplandeciente…».
37. 98. Así es como quisieron conspirar contra él, mas Nosotros a ellos les humillamos,
37. 99. y él dijo: «Ciertamente, voy hacia mi *Rabb*, Él me guiará.
37. 100. *Rabb* otórgame una justa descendencia».
37. 101. Así, Nosotros le dimos un hijo tolerante.
37. 102. Mas, cuando él alcanzó la mocedad, le dijo: «¡Oh, hijo mío! Ciertamente, contemplé en sueños que te sacrificaba, ¿qué ves tú en eso?», respondió él: «¡Oh, padre mío! Cumple el mandato. Seré, si Allah así lo quiere, de los que tienen paciencia».
37. 103. Mas, cuando entregados por completo ya los dos estaban y él había puesto su cabeza contra el suelo,
37. 104. Nosotros le llamamos: «¡Ibrahim!
37. 105. En verdad, que bien has cumplido la visión. Ciertamente, así Nosotros retribuimos a los que obran bien».
37. 106. Esta era, verdaderamente, la prueba manifiesta.
37. 107. Y Nosotros con un sacrificio excelso le rescatamos
37. 108. y le ennoblecimos ante todos lo que han de venir.
37. 109. ¡Sea el *salam* sobre Ibrahim!
37. 110. Es así como retribuimos el bien.
37. 111. En verdad, él es uno de nuestros siervos que confían.
37. 112. Y Nosotros le trajimos la buena nueva de Ishaq, profeta de los justos,

37. 113. y fue Nuestra *baraka* sobre él y sobre Ishaq. Y en su progenie algunos hicieron el bien, mientras que otros fueron consigo mismos injustos.
37. 114. Y conferimos Nuestro favor a Musa y a Harun,
37. 115. salvándoles a ambos y a su pueblo de una gran calamidad.
37. 116. Y Nosotros les ayudamos y así llegaron a vencer.
37. 117. A ambos les dimos un Libro irrefutable,
37. 118. les guiamos por el recto sendero
37. 119. y les ennoblecimos ante todos los que habrían de venir.
37. 120. ¡Sea el *salam* sobre Musa y Harun!
37. 121. Es así como Nosotros retribuimos el bien,
37. 122. pues, en verdad, fueron dos siervos creyentes.
37. 123. Y, verdaderamente, Ilyas fue uno de los mensajeros.
37. 124. Cuando le dijo a su pueblo: «¿Acaso no tenéis conciencia de Allah?
37. 125. ¿Invocaréis a Baal olvidando al más bello de los creadores?
37. 126. ¿A Allah que es vuestro *Rabb*, el de vuestros padres y ancestros?».
37. 127. Mas, le negaron y así es como se les hará comparecer,
37. 128. tan solo los siervos de Allah son los elegidos
37. 129. y les ennoblecimos ante todos los que habrían de venir.
37. 130. ¡Sea el *salam* sobre Ilyas!
37. 131. Es así como Nosotros retribuimos el bien,
37. 132. pues, en verdad, fue uno de nuestros siervos creyentes.
37. 133. Y Lut, también, fue uno de nuestros mensajeros.
37. 134. Cuando Nosotros le salvamos a él y a su familia por completo,
37. 135. salvo una vieja rezagada.
37. 136. Después, Nosotros aniquilamos a los otros.
37. 137. Y vosotros que pasáis sobre ellos por la mañana
37. 138. y por la noche, ¿acaso no razonáis?
37. 139. Y fue Yunus uno de nuestros mensajeros
37. 140. cuando huyó de un barco cargado,
37. 141. echó suertes y perdió,
37. 142. y una ballena se lo tragó y era culpable.
37. 143. Y, si él no hubiera sido de los que glorifican,
37. 144. habría permanecido en su vientre hasta el Día de la Resurrección.

۞ Hizb 46

37. 145. Así, Nosotros le arrojamos a una costa, enfermo estaba,
37. 146. e hicimos crecer sobre él una planta de calabazas.
37. 147. Y Nosotros enviamos a cien mil o, incluso, más,
37. 148. mas, como creyeron, gozaron un poco más.
37. 149. Ahora pregúntales si tu *Rabb* tiene hijas como ellos tienen hijos
37. 150. o si mientras creábamos los ángeles femeninos eran testigos…
37. 151. Tan solo hay falsedad en lo que dicen.
37. 152. Que Allah ha engendrado… ¡Qué mentirosos son!
37. 153. ¿Acaso ha elegido a las hijas frente a los hijos?
37. 154. ¿Qué ocurre con vosotros? ¿Cómo pretendéis saber?
37. 155. ¿No recapacitáis sobre lo que se os aconseja?
37. 156. ¿O quizás tenéis irrefutable autoridad?
37. 157. Traed, pues, vuestro libro si es que sois sinceros.
37. 158. Y hacen que haya entre Él y los *jinn* un vínculo de sangre, pero que bien saben los *jinn* que ellos serán llevados.
37. 159. ¡Alabado sea Él! Pues por encima de lo que ellos le atribuyen están,
37. 160. sin embargo, los siervos de Allah, los elegidos.
37. 161. Así que vosotros y a quienes reconocéis
37. 162. contra Él no podréis tentar…,
37. 163. tan solo podréis a los que vayan a abrasarse en la Gehena.
37. 164. Y no hay nadie entre nosotros, excepto Él, que no tenga posición dispuesta,
37. 165. y, ciertamente, estamos dispuestos en filas.
37. 166. Y somos de los que alzan la alabanza.
37. 167. Ellos solían decir:
37. 168. «Si tuviéramos un recuerdo que de los antiguos proviniera,
37. 169. en verdad, seríamos siervos de Allah escogidos».
37. 170. Mas, son cafres por ello, pero… ¡qué pronto van a conocer!
37. 171. Nuestra palabra ha sido precedida para nuestros siervos, mensajeros,
37. 172. ellos habrán de auxiliar
37. 173. y nuestro bando es el que habrá de vencer.
37. 174. Así que ¡apártate de ellos por un momento!,

37. 175. y contémplales... ¡Qué pronto van a contemplar!
37. 176. ¿Acaso quieren adelantar Nuestro castigo?
37. 177. Mas, cuando descienda sobre ellos, que desagradable despertar tendrán.
37. 178. ¡Apártate de ellos por un momento!,
37. 179. y contémplales... ¡Qué pronto van a contemplar!
37. 180. ¡Alabado sea tu *Rabb* que por encima de lo que le atribuyen está!
37. 181. Que sea el *salam* sobre los mensajeros
37. 182. y loor sea sobre Allah, *Rabb* de todos los mundos.

38. ṢAD

En el nombre de Allah, el *Rahman*, el *Rahim*

38. 1. *Ṣad.* De lo que se ha de recordar el Corán está lleno,
38. 2. ¡ay de aquellos cafres que se vanaglorian y confrontan!
38. 3. ¿A cuántas generaciones Nosotros aniquilamos antes de ellos? Mas, cuando invocaban, no tuvieron posibilidad de escapar.
38. 4. Y se asombran que haya venido entre ellos alguien que les avise, pero dicen los cafres: «Este es un hechicero mentiroso
38. 5. que quiere hacer que los dioses sean el Uno. En verdad es tan ilógico…».
38. 6. Prosiguieron sus notables para que ellos continuaran y fueran pacientes con sus dioses, pues, en verdad, es cosa deseable.
38. 7. No oímos esto en la última creencia, tan solo es una invención.
38. 8. «¿Cómo se van a descender sobre él los consejos y no sobre nosotros?». ¡Ay, no! Si dudan sobre Mis consejos es porque aún no han degustado mi castigo.
38. 9. O ¿acaso poseen tesoros de la *rahma* de tu *Rabb* el Poderoso, el Benefactor?
38. 10. O ¿poseen el Dominio de los cielos y la tierra y de lo que hay entre ellas? Pues que intenten subir con cuerdas…
38. 11. Sus soldados de un ejército tan formado allí serán derrotados.
38. 12. Ya negó el pueblo de Nuh, el de 'Ad y el de Faraón, aquel que era recio como estacas,
38. 13. el de Thamud y el pueblo de Lut y, también, la gente del bosque. Esos que eran un ejército.
38. 14. En verdad, todos renegaron de los mensajeros y, así, acaeció Mi castigo.

38. 15. Y no esperan estos sino un grito, uno que no se podrá posponer.
38. 16. Ellos dicen: «¡*Rabb* nuestro! Adelanta lo que Tú compartirás antes del Día de saldar las cuentas».
38. 17. Sé paciente con lo que ellos dicen y recuerda a Nuestro siervo Dawud, tan vigoroso. En verdad, él a Nosotros se volvía.
38. 18. En verdad, sujetamos las montañas con él para que alabaran en el ocaso y en el alba,
38. 19. y los pájaros en bandadas. Todos a él se volvían.
38. 20. Y fortalecimos su reino y Nosotros le dimos sabiduría y un hablar certero.
38. 21. ¿Vinieron a ti las noticias de esos dos litigantes que saltaron las murallas de palacio?
38. 22. Entraron donde estaba Dawud y este se asustó al verlos, pero dijeron: «¡No temas! Somos dos litigantes y uno ha ofendido al otro. Así que júzganos a ambos con la justicia y no seas parcial, guíanos por el camino correcto.
38. 23. Ciertamente, este es mi hermano, que tiene noventa y nueve ovejas y yo solo una oveja. Y él ha dicho: "Dámela a mí", pero me gana al discutir...».
38. 24. Él respondió: «En verdad, es injusto contigo pidiéndote que le dieras una de tus ovejas a las suyas». A veces entre socios pueden ser injustos los unos con los otros, excepto aquellos que creen y obran justamente, mas estos, ¡qué pocos son! Y así Dawud comprendió que Nosotros quisimos probarle y pidió a su *Rabb* que sus errores fueran aliviados, cayendo de rodillas, volviendo hacia Nosotros.
38. 25. Y le aliviaremos sus faltas y, por ello, tiene un sitio cercano a Nosotros, un bello lugar de retorno.
38. 26. ¡Oh, Dawud! En verdad, Nosotros te hicimos califa en la Tierra, ¡juzga, pues, a la humanidad con justicia! Y no sigas los deseos si no quieres errar de la senda de Allah. Ciertamente, para los que yerran de la senda de Allah habrá un castigo terrible porque olvidaron el Día de las cuentas.
38. 27. Y no creamos el cielo y la tierra y todo lo que hay entre ellos sin una razón. Eso es lo que piensan los cafres. ¡Ay por los cafres del Fuego!

38. 28. ¿Acaso Nosotros trataremos igual a aquellos que creen y obran justamente frente aquellos que esparcen la corrupción por la tierra? ¿Trataremos igual al consciente que al malvado?

38. 29. Un Libro bendito descendimos sobre ti, para que medites sobre sus aleyas y para que recuerden los que tengan un corazón cuerdo.

38. 30. Y Nosotros le dimos a Dawud a Sulayman, ¡qué excelente siervo! En verdad, él también volvía a Nosotros.

38. 31. Cuando dispusimos para él, a la caída de la noche, unos corceles bien criados,

38. 32. así dijo: «Ciertamente, preferí amar a los bienes en vez del recuerdo de mi *Rabb* hasta que velados desaparecieron.

38. 33. ¡Que vengan a mí!», y comenzó a golpear con su espada sus patas y sus cuellos.

38. 34. Y, en verdad, probamos a Sulayman cuando colocamos en su trono un cadáver, mas luego él se arrepintió

38. 35. diciendo: «¡*Rabb* mío! Haz olvidar mis errores y otórgame un Reino como a ningún otro tras de mí. En verdad, Tú eres el que otorga».

38. 36. Así es como para él sometimos a los vientos para que soplaran gentilmente, bajo su mandato, donde él lo dispusiera,

38. 37. y a toda clase de shaytanes, los que construyen y los que recalan

38. 38. y a otros encadenados con cadenas.

38. 39. «Sea este nuestro regalo, sin limitación dispón de él».

38. 40. Y, ciertamente, con Nosotros tiene un sitio y un bello lugar para retornar.

38. 41. Recuerda a Nuestro siervo Ayub cuando exhortó a su *Rabb*: «Me ha tocado el Shaytan con pesar y sufrimiento».

38. 42. «¡Golpea con tu pie! Hay ahí un manantial de agua fresca para lavarte y que bebas».

38. 43. Y así Nosotros le dimos a él y a los suyos mucho más: la *rahma* Nuestra y el recuerdo para aquellos que tienen un corazón cuerdo.

38. 44. «Toma un puñado de hierba en tu mano y golpéala, mas no rompas tu promesa». En verdad, qué paciente le encontramos y qué excelente siervo era. Él volvía una y otra vez.

38. 45. Recuerda a Nuestros siervos Ibrahim, Ishaq y Yaqub, poseedores de gran fuerza y de certera visión.
38. 46. Ciertamente, Nosotros los purificamos con el recuerdo de la Morada
38. 47. y, ciertamente, están ante Nosotros como los excelsos elegidos.
38. 48. Recuerda a Ismail, a Elisha y a Dhu-l Kifl, todos ellos eran de los mejores.
38. 49. Sea este un recuerdo, pues, en verdad, los que tengan conciencia de Allah un bello lugar tendrán.
38. 50. Jardines del Edén, cuyas puertas abiertas serán,
38. 51. en los que reclinados pedirán frutas, en abundancia, y bebida.
38. 52. Y con ellos las del modesto mirar de una misma edad.
38. 53. Esto se os promete el día de las cuentas,
38. 54. en verdad, este es nuestro sustento que no se habrá de agotar.
38. 55. Sea así y, ciertamente, los rebeldes tendrán mal lugar al que retornar.
38. 56. Una Gehena en la que habrán de entrar, sea ese un lugar de desgracias.
38. 57. Esto es ahora lo que habrán de gustar: hirviente y hedionda agua
38. 58. y tantas cosas iguales a estas.
38. 59. «Para este gentío, que rápido se precipita hacia vosotros, no habrá bienvenida para ellos, en verdad, en el fuego arderán».
38. 60. Responderán: «¡Ay, no! Vosotros no sois bienvenidos, vosotros preparasteis esto… ¡Qué lugar tan infame!».
38. 61. Dirán: «¡*Rabb* nuestro! A los que prepararon esto dobla su castigo en el Fuego»,
38. 62. y replicarán: «¿Qué nos pasa que vemos a hombres que creíamos que eran malvados,
38. 63. los que dejamos en ridículo? ¿O acaso nuestros ojos no los contemplan?».
38. 64. Ciertamente, esto es verdad, una discusión de la gente del Fuego.
38. 65. Di: «Tan solo soy alguien que avisa y no hay dios sino Allah, el Uno, el que siempre prevalece.
38. 66. *Rabb* de los cielos y la tierra y de lo que entre ellos está, el más poderoso, el que toda falta alivia».

38. 67. Di: «Es una noticia excelsa,
38. 68. pero de ella os apartáis.
38. 69. Yo no tengo el conocimiento de la Altísima Asamblea cuando discutían,
38. 70. tan solo se me ha revelado a mí que soy alguien que, claramente, viene a avisar».
38. 71. Cuando dijo tu *Rabb* a los ángeles: «En verdad, he de crear a un humano de arcilla,
38. 72. así cuando lo proporcione e infunda Mi espíritu en él, ¡caed prosternados ante él!».
38. 73. De esa forma se prosternaron los ángeles, todos juntos,
38. 74. excepto Iblis, ¡tan arrogante!, que en un cafre se convirtió.
38. 75. Él dijo: «¡Oh, Iblis! ¿Qué te impide prosternarte ante lo que Yo he creado con Mis propias manos? ¿Tan altivo o tan poderoso eres?».
38. 76. Respondió él: «Yo soy mejor que él, pues yo fui creado de fuego y él fue creado de arcilla».
38. 77. Él dijo: «¡Vete de aquí! Así seas maldito
38. 78. y, en verdad, sobre ti pesará Mi maldición hasta el Día del Juicio».
38. 79. Respondió él: «¡*Rabb* mío! Dame un margen hasta el Día de la Resurrección».
38. 80. Él contestó: «Así sea, tendrás un margen
38. 81. hasta el Día del tiempo marcado».
38. 82. Dijo él: «Sea por tu poder que buscaré la perdición de todos,
38. 83. excepto de Tus siervos elegidos por ti».
38. 84. Él respondió: «Sea la Verdad y la Verdad es que Yo digo
38. 85. que, ciertamente, llenaré la Gehena contigo y con todos los que te sigan».
38. 86. Di: «Nada os pido, ni por ello recompensa alguna y no soy de los que pretenden,
38. 87. pues, en verdad, esto tan solo es un consejo para todos los mundos.
38. 88. Y ya habréis de conocer esto que os informo en un tiempo que ha de venir».

39. AGRUPADOS

En el nombre de Allah, el *Rahman*, el *Rahim*

39. 1. Descendido fue el Libro de Allah, el Poderoso, el Sabio.
39. 2. Ciertamente, Nosotros descendimos sobre ti un Libro con la Verdad, así que sirve a Allah con un *din* sincero,
39. 3. tan solo es de Allah el *din* sincero, mas aquellos que toman a otros fuera de Él como íntimos: «Tan solo les servimos para que a Allah nos acerquen…». Ciertamente, Allah sentenciará sobre aquellos de lo que discutían, pues, en verdad, Allah no guía a aquel que es un mentiroso, un cafre.
39. 4. Si Allah hubiera querido tomar un hijo, de seguro que habría elegido a quien hubiera querido: ¡que exaltado sea Él! Él es Allah, el Uno, quien ha de dominar.
39. 5. Creó los cielos y la tierra con un sentido final. Envuelve en la noche al día y envuelve el día en la noche. Dispuso el sol y la luna y los dirigió a cada órbita designada. ¿Acaso no es el más poderoso aquel que todas las faltas ha de aliviar?
39. 6. Os creó de un único ser, del que luego sacó a una compañera. Y descendió para vosotros ocho clases de ganado. Luego, Él os compuso en el seno de vuestras madres, creación tras creación, que era tres veces oscuro. Este es Allah, vuestro *Rabb*, suyo es el Reino. No hay dios que no sea Él, así que, ¿cómo podéis alejaros tanto?
39. 7. Si sois cafres, en verdad, Allah no os necesita, pues no quiere de sus siervos la ingratitud, mas, si sois agradecidos, os querrá. Él no carga a nadie con la carga de otro, pues luego a vuestro *Rabb* habréis de volver y Él os informará de lo que hacíais. Buen conocedor es Él de lo que guardan en los pechos.

39. 8. Y, cuando toca al ser humano la adversidad, invoca a su *Rabb*, volviéndose hacia Él, mas, cuando Él le otorga Su favor, se olvida de Aquel al que solía invocar y achaca a otros lo que antes sucedió, los establecen iguales a Allah haciendo yerrar a otros en su camino. Di: «¡Goza un poco cafre! Pues, en verdad, serás un compañero del Fuego».

39. 9. Es aquel que vela durante la noche, postrado y alzado, prestando atención a lo que habrá de venir y esperando la *rahma* de su *Rabb*. Di: «¿Acaso son iguales los que conocen y los que no conocen?», en verdad, solo se benefician del recuerdo los que poseen un corazón cuerdo.

39. 10. Di: «¡Oh, siervos míos que creéis! ¡Tened conciencia de vuestro *Rabb*! Aquellos que bellamente obren en este mundo mundano serán buenos, pues la tierra de Allah es ancha. Ciertamente, se retribuirá a los pacientes con una recompensa sin fin».

39. 11. Di: «Ciertamente, mandato mío es que yo sea siervo de Allah con un *din* sincero,

39. 12. sea mandato mío que esté pacificado el primero».

39. 13. Di: «Ciertamente, temo, si desobedezco a mi *Rabb*, el castigo de un Día excelso».

39. 14. Di: «Es Allah a quien sirvo con un *din* sincero,

39. 15. así que servid a quien querais en vez de servirle a Él». Diles: «Los perdedores, en verdad, solo serán quienes se pierdan a sí mismos y perderán a sus familias el Día de la Alzada, ¿acaso no es una perdida incontestable?».

39. 16. Sea sobre ellos una sombra de Fuego y debajo de ellos también sea la sombra, arriba y abajo, así como Allah infunde el temor a Sus siervos… ¡Oh, siervos míos, tened conciencia de Mí!

39. 17. Y sea para aquellos que evitaron a los ídolos, rechazando reconocerles, y volvieron hacia Allah, el que anuncies la buena nueva a mis siervos,

39. 18. a aquellos que escuchan la Palabra y la siguen bellamente… ¡Esos son los que Allah guía! ¡Son los que tienen un corazón cuerdo!

39. 19. ¿Qué le ocurre a aquel sobre el que está la sentencia de castigo? ¿Acaso podrías tú salvar a alguien que está en el Fuego?

39. 20. Mas, los que tuvieron conciencia de su *Rabb* estarán en
elevadas habitaciones sobre las que hay otras elevadas, bajo las
que arroyos fluirán. Y es esta promesa de Allah, no falta Allah
a aquello que promete.

39. 21. ¿Acaso no contemplas como desciende del cielo el agua y,
después, Él la guía a los manantiales en la tierra? Tras eso,
emergen los cereales, de distintos colores, que, tras eso, se
marchitan volviéndose gualdos para convertirse en brozas. Sea
este un recuerdo para los que comprendan desde un corazón
cuerdo.

39. 22. Así es aquel al que abrió Allah su pecho al islam y marcha
hacia la luz de su *Rabb*. Mas, ¡ay de los que tienen endurecidos
sus corazones al recuerdo de Allah! Esos yerran claramente.

39. 23. Allah descendió un bello relato, un Libro, ¡tan similar!, ¡tan
consistente! Escalofríos sienten en la piel aquellos que son
humildes ante su *Rabb*, mas luego se calman su piel y sus
corazones con el recuerdo de Allah. Esa es la guía de Allah,
que guía a quien quiere y a quien Él quiere hace yerrar, ese no
tendrá guía alguna.

39. 24. Así, ese que trata de cubrirse la cara es el que peor castigo
ha de recibir el Día de la Alzada y se le dirá a los réprobos:
«¡Saboread! Saboread lo que solíais hacer…».

39. 25. Cómo negaron sus ancestros y cómo les sorprendió el castigo,

39. 26. pues Allah les hizo gustar la vida mundana, pero, en verdad,
el castigo es de la vida que ha de venir, cuán mayor es. Si tan
solo supieran…

39. 27. Y es que hemos dado a la humanidad en este Corán todos los
ejemplos para que reflexionen,

39. 28. es un Corán árabe, sin torcedura alguna. Quizás, así, sean
conscientes de Él.

39. 29. Os presenta Allah un ejemplo, el de un hombre que tiene socios
que no están de acuerdo y un hombre sometido, pacificado a
otro hombre. ¿Acaso son iguales? Loado sea Allah, mas, ¡ay!,
la mayoría de ellos no conoce.

39. 30. Tú morirás y, ciertamente, ellos morirán,

39. 31. después, el Día de la Alzada, ya discutiréis ante vuestro *Rabb*…

Juz 24

۞ Hizb 47

39. 32. ¿Acaso hay alguien más vil que aquel que miente contra Allah y niega la sinceridad que a él llega? ¿No hay una morada en la Gehena para los cafres?

39. 33. Quienes os traen la sinceridad y quienes sinceramente la confirman, esos son los que tienen conciencia de Allah.

39. 34. Para ellos habrá lo que deseen junto a su *Rabb*, una recompensa para los bienhechores,

39. 35. ocultado sea por Allah lo malo que hicieron y se les recompense por las más bellas obras que hicieron.

39. 36. ¿No es Allah suficiente para Su siervo? Te amenazaron con otros que no eran Él, mas a quien hace yerrar Allah, nadie lo puede guiar.

39. 37. Y aquel a quien dirija nadie lo podrá hacer yerrar. ¿No es Allah el Poderoso y quien ha de retribuir?

39. 38. Y, si le preguntaras que quién creó los cielos y la tierra, seguramente te dirían que Allah. Respóndeles: «Mira que invocas a otros que no son Allah, pues si Él quisiera dañarte, ninguno de ellos podría evitarlo. Si Allah quisiera mostrar Su *rahma,* quién de ellos podría impedir Su rahma». Diles: «Suficiente sea Allah para mí, en Él confían los que confianza tienen».

39. 39. Di: «¡Oh, pueblo mío! Haced según quienes sois, que yo también lo haré. Y pronto habréis de conocer

39. 40. sobre quién caerá el desgraciado castigo, sobre quién caerá un castigo eterno».

39. 41. En verdad, Nosotros descendimos sobre ti el Libro para la humanidad con la Verdad, así que quien acepta la guía es para uno mismo y quien yerra lo hace contra sí. Y es que tú no eres su protector.

39. 42. Allah toma el ánima en el momento de su muerte y también de los que duermen, mas aún no han muerto. Así, mantiene las que ha decretado como muertas y devuelve las otras con un sino marcado. En verdad, hay signos para que la gente medite.

39. 43. ¿Acaso tomarán a otros como intercesores en vez de Allah? Di: «Incluso sin poder y sin comprender…».

39. 44. Di: «De Allah es toda la intercesión, suyo es el poder sobre los cielos y la tierra y a él habréis de volver».

39. 45. Y, cuando se recuerda a Allah, el Único, les invade la repugnancia en los corazones, pues no creen en la vida que habrá de venir, y cuando se les menciona a otros que no son Él, se alegran…

39. 46. Di: «¡Oh, Allah! Aquel que originó los cielos y la tierra, que conoce lo no visto y lo visto, Tú que juzgarás a tus siervos de lo que diferían».

39. 47. Si los criminales tuvieran poder sobre lo que hay en la tierra, seguro que lo ofrecerían como pago a cambio del terrible castigo del Día de la Alzada. Mas, Allah mostrará aquello que ellos no tomaron a cuenta.

39. 48. Se les mostrará el mal que hicieron y les asediará todo aquello de lo que se burlaron,

39. 49. pues cuando la humanidad sufre una desgracia, Nos invocan. Luego cuando les damos Nuestro favor, dicen: «En verdad, esto nos ha sido dado por nuestro conocimiento». ¡Ay, no! Es una prueba, pero muchos no lo saben…

39. 50. En verdad, lo mismo dijeron los antiguos y de nada les sirvió lo que ganaron.

39. 51. Les golpeó su propio mal que bien ganaron y estos criminales sufrirán las consecuencias de su mal, incapaces serán de escapar.

39. 52. ¿Acaso no conocen que Allah da Su sustento a quien Él quiere y se lo restringe a quien Él quiere? En verdad, hay, en ello, signos para un pueblo que cree.

39. 53. Di: «¡Oh, siervos míos! Os dañáis vosotros mismos, mas no desesperéis de la *rahma* de Allah. En verdad, Allah es el que toda falta alivia. Él es indulgente, tan matricial».

39. 54. Volved a vuestro *Rabb* y pacificaos en Él antes que llegue el castigo, pues luego no habrá auxilio…

39. 55. Y seguid lo mejor que os ha descendido de vuestro *Rabb* antes de que llegue el castigo, de improviso, mientras sois conscientes,

39. 56. no sea que vuestra ánima diga: «¡Ay! Me descuidé tanto de Allah y cómo me burlé de Él...»,

39. 57. o digas: «Si Allah me hubiera guiado, yo hubiera sido de los que de Él tienen conciencia...».

39. 58. O diga al contemplar el castigo: «Si tuviera otra oportunidad, sería de los que hacen el bien...».

39. 59. ¡Ay, no! Ciertamente, vinieron a ti mis aleyas, pero las negasteis y fuisteis arrogantes, de los cafres.

39. 60. Y, en el Día de la Alzada, aquellos que renegaron de Allah sus rostros se oscurecerán. ¿Es que no hay en la Gehena un refugio para los arrogantes?

39. 61. Y llevará Allah a aquellos que tuvieron conciencia de Él a un lugar seguro, no les alcanzará ni el mal ni estarán apenados.

39. 62. Allah es el Creador de todo cuanto hay, Él es el Protector de todo.

39. 63. Suyas son las llaves de los cielos y la tierra. Y quienes sean cafres con estas aleyas serán los que han de perder.

39. 64. Di: «¿Acaso a otro que Allah me ordenáis adorar? ¡Oh, necios!».

39. 65. Y se reveló sobre ti y a aquellos antes de a ti: «Si idolatras a otros, en verdad, tus obras serán vacías y seguramente acabes perdiendo...

39. 66. ¡Ay, no! A Allah tan solo adora y sé de los que agradecen»,

39. 67. pues no han valorado a Allah por su merecido valor. Mientras que la tierra al completo está agarrada por su puño el Día de la Alzada, los cielos serán plegados a su diestra. ¡Alabado y Altísimo es Él sobre lo que intentan asociarle!

39. 68. Y bramará la trompeta y fulminados caerán los que estén en los cielos y la tierra, salvo los que Allah quiera. Entonces, volverá a sonar la trompeta, por segunda vez, y se alzarán expectantes.

39. 69. Y brillará la tierra con la luz de su *Rabb* y el Libro será dispuesto, vendrán profetas y testigos. Se juzgará con la Verdad y nadie será tratado con injusticia,

39. 70. pues sea pagado cada uno según sus acciones. Y Él bien sabe lo que ellos hacen.

39. 71. Y conducidos serán los cafres a la Gehena, agrupados hasta que se abran las puertas y les digan los guardianes: «¿Acaso no vinieron a vosotros mensajeros, gente vuestra, que os recitaron

aleyas de vuestro *Rabb* y os avisaron sobre el encuentro desde este día?», responderán: «¡Sí!». Más que justa es la sentencia que castiga a los cafres.

39. 72. Se les dirá: «¡Entrad por las puertas de la Gehena! Sea esta vuestra eternidad...», qué mal hogar será para los arrogantes.

39. 73. Y conducidos serán los que tuvieron conciencia de su *Rabb* al Jardín, agrupados hasta que se abran las puertas y les digan los guardianes: «¡Sea el *salam* sobre vosotros! Lo hicisteis bien, así que Sea esta vuestra eternidad, entrad...».

39. 74. Y dirán: «Las alabanzas sean para Allah, aquel que cumplió su promesa con nosotros y nos hizo heredar la tierra. Asentémonos donde queramos en el Jardín». Así de excelente es la recompensa de los que bien hacen.

39. 75. Y habrás de contemplar a los ángeles en torno al Trono, en círculos, exaltando con loores a su *Rabb*. La Verdad les sea dictada a ellos y dirán: «Loado sea Allah, *Rabb* de todos los Mundos».

40. EL QUE ALIVIA LOS ERRORES

En el nombre de Allah, el *Rahman*, el *Rahim*

40. 1. *Ha, Mim.*

40. 2. Descendió el Libro de Allah, el Poderoso, el que todo conoce,

40. 3. el que alivia los errores, el que acepta el retorno, duro en el castigo y poseedor de todo el poder. No hay dios sino Él. Es el destino final.

40. 4. Tan solo los cafres discuten sobre los signos de Allah… y no seas engañado por su prosperidad en la tierra.

40. 5. Renegaron antes que ellos el pueblo de Nuh y, antes que ellos, los que se opusieron. Y en cada comunidad conspiraron contra los mensajeros que se habían enviado, pues discutieron con falsedades para intentar dañar a la Realidad. Pero Yo los alcancé y cómo fue Mi castigo…

40. 6. Y así es como se cumple el mandato de tu *Rabb* sobre aquellos que son cafres, ellos que serán habitantes del Fuego.

40. 7. Los que sostienen el Trono y los que elevan loores a su *Rabb*, creen en Él y le piden que alivie los errores de los creyentes: «¡*Rabb* nuestro! Tú, que todo lo abarcas en Tu *rahma* y Tu conocimiento, haz sus errores olvidar a aquellos que quieren retornar y seguir Tu senda. ¡Sálvales, pues, del castigo de la Gehena!

40. 8. ¡*Rabb* nuestro! Hazles entrar en los jardines del Edén como les prometisteis, junto a los justos, entre sus padres, esposas y progenie. Ciertamente, eres el más poderoso, el Sabio.

40. 9. ¡Líbrales de todo mal! Y a quien hayas librado del mal ese día que sea bendecido con Tu *rahma*. Eso es un éxito sublime».

40. 10. Mas, a los cafres se les gritará: «En verdad, cómo os aborrece Allah, mayor aborrecimiento del que os tenéis a vosotros mismos, pues se os exhortó a confiar y fuisteis cafres».
40. 11. Responderán: «¡*Rabb* nuestro! Nos hiciste morir dos veces y nos diste la vida otras dos, ya os confesamos nuestros errores... ¿Hay para la salida algún camino?».
40. 12. Esto que os pasa es porque cuando invocabais a Allah, el Uno, no creíais, mas, si hacían idolatría, sí que creíais... Mas la decisión es de Allah, el Altísimo, el Inmenso.
40. 13. Él es quien os muestra Sus Signos y desciende el sustento para vosotros. Pero no recuerda sino a aquel que se reoriente,
40. 14. así que invocad a Allah con sinceridad en el *din*, aunque sea odioso para los cafres.
40. 15. Él posee el atributo más alto y es el *Rabb* del Trono. Envía al Espíritu con Su mandato sobre quien Él quiere de entre Sus siervos para advertir del Día del encuentro,
40. 16. un Día en el que todo emergerá y nada podrá esconderse a Allah. ¿De quién será el Reino ese Día? De Allah, Él es Uno, es el Victorioso.
40. 17. Ese Día se recompensará a cada ser por lo que hizo, no habrá injusticias ese Día. En verdad, Allah presto es en saldar las cuentas.
40. 18. ¡Avísales del Día cercano, cuando los corazones suban por la garganta desolados, ya no tendrán los criminales ni amigos íntimos ni nadie intercederá por ellos!
40. 19. Bien conoce Él las miradas furtivas y lo que esconden los pechos,
40. 20. y Allah juzgará con justicia. Mas, aquellos que invocaban a otros en vez de a Él, no los podrán juzgar por nada. Y es, ciertamente, Allah quien todo lo oye, quien profundamente observa.
40. 21. ¿Acaso no has viajado por la tierra y has visto como acabaron los antiguos? Eran muy poderosos y han dejado marcas en la tierra, mas cómo Allah les alcanzó por sus acciones. ¡Nadie puede hacer nada para protegerles frente a Allah!
40. 22. Es así porque cuando se les enviaron los mensajeros con pruebas irrefutables fueron cafres y Allah les alcanzó. En verdad, Él es fuerte, castiga con severidad.

40. 23. En verdad, enviamos a Musa con Nuestros Signos y una irrefutable autoridad

40. 24. ante Faraón, Haman y Qarun, mas ellos dijeron que era un hechicero mentiroso.

40. 25. Pero cuando él les trajo Nuestra Verdad, le respondieron: «¡Asesinad a los hijos varones de aquellos que creen como él y dejad vivas a sus mujeres!», mas cómo erraron en su hacer los cafres.

40. 26. Y dijo Faraón: «¡Dejadme que yo mate a Musa! A ver si llama a su *Rabb*... Cómo temo que él cambie vuestro *din* o haga de este un país corrupto».

40. 27. Y Musa le contestó: «Me protejo en mi *Rabb*, y *Rabb* vuestro, de todo arrogante que no cree en el Día que se rendirán las cuentas».

40. 28. Y dijo un hombre creyente de la casa de Faraón que guardaba su creencia: «¿Acaso vas a matar a un hombre por decir que mi *Rabb* es Allah? ¿Habiendo traído pruebas evidentes de vuestro *Rabb*? Si es mentira, que la mentira sobre él recaiga, pero, si es una Verdad, os habrá de golpear algo de lo que promete. Ciertamente, Allah no dirige al que transgrede, al que miente».

40. 29. «¡Oh, Pueblo mío! Vuestro es el Reino hoy, vencedores en la tierra, mas ¿quién ha de ayudarnos cuando nos sorprenda el castigo de Allah?», pero Faraón respondió: «Tan solo os muestro lo que veo y os guío por el recto sendero».

40. 30. Y el creyente dijo: «¡Oh, pueblo mío! Temo que os pase lo mismos que a otros que antes se opusieron,

40. 31. como le ocurrió al pueblo de Nuh, de 'Ad, de Thamud y todos los que después de ellos vinieron. Allah no quiere ninguna injusticia para Sus siervos.

40. 32. ¡Oh, pueblo mío! Cómo temo por vosotros en el Día de la llamada,

40. 33. un Día que os daréis la espalda y nadie os protegerá de Allah, pues a quien Allah hace errar nadie le podrá dirigir.

40. 34. Y antes ya vino Yusuf con pruebas evidentes, pero no cesasteis en vuestras dudas sobre lo que os vino. Y, cuando murió, dijisteis: «Allah no enviará tras Él a ningún otro Mensajero...». Es así como Allah deja dudando a los que son rebeldes, que permanecerán en la duda.

40. 35. Aquellos que discuten de las aleyas de Allah sin tener autoridad es terrible ante Allah y los creyentes. Y es así como sella Allah cada corazón arrogante, tirano.

40. 36. Faraón dijo: «¡Haman! Construye una torre para que alcance los caminos,

40. 37. caminos celestes para contemplar al Dios de Musa. Yo creo que él miente». Así embelleció Faraón el mal de su acción y se le hizo salir de la senda, así es como la conspiración de Faraón fue completamente en vano.

40. 38. Y el creyente respondió: «¡Oh, pueblo mío! Seguidme, pues os llevaré por camino correcto.

40. 39. ¡Oh, pueblo mío! En verdad, la vida mundana es un gozo ligero, mas la que ha de venir es una morada firme.

40. 40. Quien obre con mal se le pagará con algo similar, en cambio, los que han hecho el bien, ya sean hombres o mujeres, que obren justamente, accederán al Jardín y se les sustentará sin medida.

Hizb 48

40. 41. ¡Oh, pueblo mío! ¿Cómo es que yo os llamo a la salvación, mientras vosotros invocáis al fuego?

40. 42. ¿Me exhortáis a que sea cafre con Allah y a que idolatre algo que desconozco, mientras que yo invoco al Poderoso, al que los errores alivia?

40. 43. No dudo de que lo que me exhortáis no merece ser invocado ni en la vida mundana ni en la que habrá de venir… Volveremos a Allah solos, rebeldes sean los moradores del Fuego.

40. 44. Ya recordaréis lo que os digo… Y yo dispongo mis asuntos en Allah, pues, ciertamente, profundamente observa a los siervos».

40. 45. Así le protegió Allah de los males que tramaron y envolvió un terrible castigo a la gente de Faraón,

40. 46. pues se les expondrá, en las mañanas y las noches, al Fuego, y cuando acometa la Hora: ¡que la gente de Faraón reciba el tormento más terrible!

40. 47. Y, cuando discutan en el Fuego, dirán, entonces, los débiles a los arrogantes: «Ciertamente, fuimos vuestros seguidores, ahora ¿cómo vais a apartar una parte de ese fuego?».

40. 48. Y responderán los arrogantes: «En verdad, estamos todos en él, pues es así como Allah lo ha dictado entre Sus sirvientes».

40. 49. Y aquellos que estén en la Gehena a los guardianes les dirán: «Implorad a vuestro *Rabb* para que aligere tan solo un día del castigo»,

40. 50. pero a ellos se les dirá: «¿Acaso no vinieron a vosotros mensajeros con irrefutables pruebas?», a lo que responderán: «¡Sí!». Así se les dirá: «¡Entonces invocad!», mas la invocación de los cafres tan solo es errar…

40. 51. En verdad, Nosotros ayudamos a Nuestros mensajeros y a los que creen, ya sea en esta vida mundana y en el Día donde los testigos se alzarán,

40. 52. un Día en el que no habrá beneficio alguno para el criminal, pues será la maldición sobre ellos y tendrán un terrible hogar.

40. 53. Y es que, en verdad, Nosotros dimos a Musa la guía y Nosotros hicimos que heredaran los hijos de Israel el Libro,

40. 54. guía y recuerdo para los dotados de un corazón cuerdo.

40. 55. Así que ¡sé paciente! En verdad, la promesa de Allah es Realidad. Pide que se te alivien tus faltas y eleva alabanzas a tu *Rabb* en las tardes y las mañanas.

40. 56. Ciertamente, quien discute los Signos que pertenecen a Allah, sin tener autoridad alguna, vendrán a sus pechos grandezas que no alcanzará… Mas busca refugio en Allah, pues Él es, en verdad, quien todo lo oye, quien profundamente observa.

40. 57. La creación de los cielos y la tierra es más grande que crear a la humanidad, pero la mayoría de la humanidad nada sabe…

40. 58. Y es que no son iguales el ciego que el que ve, ni los que creyeron y obraron justamente ni los que hicieron el mal. ¡Tan poco prestáis atención!

40. 59. En verdad, la Hora está llegando, que no quepa duda alguna, pero la mayor parte de la humanidad no confía.

40. 60. Y dijo vuestro *Rabb*: «Invocadme y Yo os responderé, pero aquellos que sean altivos y no Me reconozcan que entren humillados en la Gehena».

40. 61. Allah es Aquel que dispone para vosotros la noche para descansar y el día en el que os permite ver. Ciertamente, Allah es quien da su recompensa a la humanidad, pero la mayor parte de la humanidad no da las gracias.

40. 62. Ese es Allah, vuestro *Rabb*, creador de toda cosa. No hay dioses sino Él, así que cómo podéis estar tan engañados…,

40. 63. de la misma forma que se engañan los que un lugar de establecimiento rechazaron los signos de Allah.

40. 64. Allah es el que para vosotros hizo la tierra para establecerse e hizo del cielo un domo y formó vuestras formas de forma excelente, que os provee con lo bueno. Ese es Allah, vuestro *Rabb*. ¡Bendito sea Allah! ¡*Rabb* de todos los Mundos!

40. 65. Él es Viviente, no hay dioses sino Él. Así que invocadle a Él en un *din* sincero. Loado sea Allah, *Rabb* de todos los Mundos.

40. 66. Di: «Ciertamente, recibí una prohibición de adorar a aquellos que invocáis en vez de Allah, cuando a mí han llegado pruebas irrefutables de mi *Rabb* y se me ordena pacificarme en el *Rabb* de todos los Mundos».

40. 67. Él es quien os creó de arcilla tras una gota eyaculada, después fuisteis un coágulo de sangre, tras eso os convirtió en niños para llegar a vuestra madurez y, luego, os sorprenderá la senectud… Mas entre vosotros hay quien muere antes. Así, se llega a un fijado vencimiento y quizás meditéis…

40. 68. Él es quien da la vida y la muerte, de esa forma, cuando decreta un asunto, Él dice: «¡Sé!», y es.

40. 69. ¿Acaso no contemplas a aquellos que discuten sobre los Signos de Allah? ¿Dónde deambulan los yerrados?

40. 70. Ellos que han negado el Libro y el mensaje que enviamos junto a Nuestros mensajeros, pero pronto van a saber,

40. 71. cuando con argollas en sus cuellos y encadenados sean arrojados

40. 72. a un agua hirviente, para que en el Fuego sean quemados.

40. 73. Tras eso se les dirá: «¿Dónde está lo que idolatrabais

40. 74. en vez de Allah?». Responderán: «Nos abandonaron… ¡Ay, no! Antes no invocábamos nada…». Así es como hace errar Allah a los cafres.

40. 75. Eso es por todo lo que festejabais en la tierra sin derecho y por haber sido arrogantes.

40. 76. ¡Entrad por las puertas de la Gehena! ¡Permaneceréis por toda la eternidad en ella! Qué terrible es el hogar de los arrogantes…

40. 77. Sé paciente, pues, lo que promete Allah es la Realidad. Mas, si Nosotros te hacemos ver lo que les hemos prometido en esta vida, o si te llamamos a Nosotros primero, de seguro que ellos a Nosotros han de volver.

40. 78. Y ya enviamos a otros mensajeros antes de ti, algunos te los hemos mencionado y otros de los que no te hemos contado. Ningún mensajero porta un Signo si no es con permiso de Allah. Mas, cuando lo que Allah ordena llegue, se decidirá con justicia y los falsos perdidos estarán…

40. 79. Es Allah quien dispuso las reses para que unas sean vuestra montura y con otras os alimentéis,

40. 80. de ambas os beneficiáis, y así conseguís vuestro propósito que dictan vuestros corazones. Sobre ellas y sobre las naves os transportáis.

40. 81. Y es Él quien os hace contemplar Sus Signos. Así que, ¿cuál de esos Signos de Allah vais a negar?

40. 82. ¿Acaso no has viajado por la tierra y has contemplado cuál fue el final de las antiguas generaciones? Eran más numerosos, más poderosos y dejaron impresionantes legados en la tierra, pero de nada les sirvió todo lo que acopiaron,

40. 83. pues cuando a ellos vinieron los mensajeros con pruebas irrefutables se alegraron de su conocimiento, pero fueron abrumados por los que solían burlarse.

40. 84. Así, cuando vieron Nuestro castigo, tan solo dijeron: «Creemos solo en Allah y rechazábamos lo que idolatrábamos…»,

40. 85. pero de nada les sirvió esa creencia cuando vieron Nuestro castigo. Sea esta la senda de Allah que ya se aplica a sus siervos. Y es ahí cuando fue la perdición para los cafres.

41. EXPLICADAS EN DETALLE

En el nombre de Allah, el *Rahman*, el *Rahim*

41. 1. *Ha, Mim.*
41. 2. Fue descendido del *Rahman*, del *Rahim,*
41. 3. un Libro que explicadas en detalle han sido sus aleyas, un Corán en árabe para un pueblo que quiere conocer,
41. 4. el cual es portador de la buena nueva y de avisos. Mas, la mayoría da la espalda, ellos no escuchan
41. 5. y dicen: «Nuestros corazones están protegidos y nuestros oídos no oyen frente a aquello a lo que nos llamas, pues entre tú y nosotros hay un velo. Así que haz lo que quieras, que nosotros haremos lo que queramos».
41. 6. Respóndeles: «Tanto solo soy un ser humano como vosotros, se me ha revelado que vuestro Dios es Uno. Tomad el camino recto hacia Él y buscad que Él os alivie vuestras faltas. ¡Ay de los idólatras!
41. 7. Ellos que no dan ni el azaque y que cafres son con la vida que ha de venir.
41. 8. Tan solo aquel que crea y actúe justamente, tendrá una recompensa que no tendrá fin».
41. 9. Diles: «¿De veras que vais a ser cafres con Aquel que creó la Tierra en dos jornadas y le hacéis rivalizar con otros? Este es el *Rabb* de todos los Mundos».
41. 10. Y que asentó las montañas sobre ella y con *baraka* las bendijo otorgando tantas clases de sustento, tan solo en cuatro jornadas consecutivas, para los que buscan…
41. 11. Que luego se dirigió al cielo humeante, exhortándole, y a la tierra también: «¡Venid ambos! ¡Sea de vuestro agrado o no!», a lo que le dijeron: «¡Acudimos con agrado!».

41. 12. Así coronó los siete cielos en dos jornadas y reveló a cada cielo Su mandato. Y adornamos el cielo mundano con candiles y se hicieron seguros. Este es el decreto, del Poderoso, del que todo conoce.

41. 13. Mas, si se apartan, diles: «Se os advierte contra un rayo como el que golpeó a 'Ad y Thamud

41. 14. cuando a ellos vinieron los mensajeros, unos tras otro, y decían: "Tan solo hacer la '*ibada* a Allah", y ellos les respondían: "Si nuestro *Rabb* hubiera querido, habría hecho descender ángeles, así que vamos a ser cafres con vuestro mensaje"».

41. 15. Los habitantes de 'Ad fueron tan arrogantes en su país, sin derecho alguno, y dijeron: «¿Acaso hay quien sea más fuerte que nosotros?». Mas, no vieron que Allah, quien los creó, era más fuerte que ellos... Y es que cómo negaron Nuestros Signos...

41. 16. Por eso enviamos contra ellos un viento ululante, días de desgracia en los que Nosotros les hicimos paladear el terrible castigo en la vida mundana. Mas, el castigo de lo que habrá de venir será aún peor y no tendrán quien les ayude.

41. 17. Y sobre Thamud aún Nosotros les habíamos guiado, ellos prefirieron la ceguera a la guía, así que les alcanzó el rayo, sin lluvia alguna, un castigo terrible por todo lo que hicieron.

41. 18. Y salvamos a aquellos que confiaron y tuvieron conciencia de Él.

41. 19. Y un Día, cuando se congreguen hacia el Fuego a los enemigos de Allah, se les dividirá en grupos,

41. 20. hasta que lleguen y contra ellos testifiquen sus oídos, sus ojos y sus pieles sobre todo lo que hicieron...

41. 21. Ellos les dirán a sus pieles: «¿Por qué testificas contra nosotros?», y ellas responderán: «Es Allah, quien a todos hace hablar, es quien hace hablar a toda cosa. Él os creó una primera vez y a Él habréis de volver.

41. 22. Y es que no podréis esconderos para que no atestigüen contra vosotros vuestros oídos, vuestros ojos y vuestras pieles. Y es que creíais que Allah no sabía lo que hacíais.

41. 23. Pues esos pensamientos que pensasteis de vuestro *Rabb* son los que os han arruinado, así que ahora sois perdedores».

41. 24. Aunque, ciertamente, seáis pacientes, el Fuego será su hogar. Y, ciertamente, aunque le imploren, nada recibirán.

41. 25. Y les hemos hecho coincidir con aquellos que mejoraron su presente y su futuro, mas la Palabra ya se cumplió con otras generaciones de *jinn* y de la humanidad antes que ellos. Son ellos unos perdedores.

41. 26. Y dicen los cafres: «¡No escuchéis el Corán! ¡Haced ruido cuando lo lean! Os vais a salir con la vuestra…».

41. 27. Es así como les haremos paladear a los cafres un castigo terrible y les recompensaremos tan mal como ellos hicieron.

41. 28. Sea esta la recompensa de los enemigos de Allah. ¡Fuego! En el cual encontrarán un hogar para toda la eternidad. Recompensa por haber rechazado Nuestras aleyas.

41. 29. Los cafres responderán: «¡*Rabb* nuestro! Enséñanos a aquellos que nos hicieron yerrar, de entre los *jinn* y los humanos, y los situaremos a nuestros pies para que estén en lo más hondo».

41. 30. Ciertamente, aquellos que dijeron: «¡Nuestro *Rabb* es Allah!», y se hayan mantenido firmes, sobre ellos descenderán los ángeles para que no teman ni estén tristes, sino que reciban la buena nueva del Jardín que les fue prometido.

41. 31. Nosotros somos vuestros íntimos en la vida mundana y en la que habrá de venir. Y habrá en ella para vosotros lo que deseéis y solicitéis,

41. 32. signo de hospitalidad de Quien toda la falta alivia, tan matricial…

41. 33. ¿Y quién es el que mejor que habla que aquel que llama hacia Allah, obra justamente?, y dice: «En verdad, ¿estoy yo pacificado?».

41. 34. Y es que no es igual hacer el bien que hacer el mal, repudia el mal con bien y que tu enemigo se convierta en un íntimo amigo.

41. 35. Y esto está reservado para los que tienen paciencia, tan solo para aquel con gran dicha.

41. 36. Y, si te susurra el Shaytan el mal, busca refugio en Allah. En verdad, es Él quien todo lo oye, quien todo lo sabe.

41. 37. Y entre Sus Signos están la noche y el día, el sol y la luna. ¡No os postréis ni ante el sol ni la luna! Tan solo postraos ante Allah, que os creó, pues, ciertamente, es a Él a quien reconocéis.

41. 38. Mas, si sois tan arrogantes, los cercanos a su *Rabb* le glorifican durante la noche y el día, sin cansancio,

41. 39. y entre Sus Signos ves la tierra baldía, mas luego Nosotros hacemos descender la lluvia sobre ella y revive y verdea agitándose. Ciertamente, es Él quien la hace revivir, quien puede revivificar a los muertos, pues, en verdad, todo el poder es Suyo.

41. 40. Ciertamente, aquellos que distorsionan Nuestras aleyas no pueden huir de Nosotros. ¿Acaso es mejor ser lanzado al Fuego o ir seguro el Día de la alzada? Obrad como os plazca, en verdad, profundamente observa Él lo que hacéis.

41. 41. En verdad, existen aquellos que son cafres con el recuerdo cuando a ellos llega, mas, ciertamente, es un Libro magnífico,

41. 42. nada falso hay en él, ni al principio ni al final, pues fue descendido por el Sabio, de Aquel que es Digno de toda Alabanza.

41. 43. No te cuenta a ti nada que no haya sido dicho a los enviados anteriores. En verdad, tu *Rabb* es el que alivia cualquier error, pero también castigará con mucho dolor.

41. 44. Y si Nosotros hubiéramos dispuesto un Corán en lengua de extranjeros, hubieran dicho: «¿Por qué no están explicadas al detalle sus aleyas? ¿Por qué es lengua de extraños? ¿Y el árabe?», respóndeles: «Es guía y curación para los que creen, mas los que con oídos sordos y ante él son ciegos… Para esos es como si se les llamara de un lugar lejano»,

41. 45. y, ciertamente, le dimos a Musa el Libro, mas lo cuestionaron. Si no llega a ser por un decreto anterior de tu *Rabb*, ya les habríamos juzgados… Y, ciertamente, están ellos sumergidos en la duda…

41. 46. Quien obra justamente lo hace para sí mismo, mas quien hace él mal también lo hace para sí mismo. Y es que tu *Rabb* no es injusto con sus siervos.

Juz 25

۞ Hizb 49

41. 47. A Él le pertenece el conocimiento de la Hora. Y no emerge ningún fruto de su vaina, ni concibe ni da a luz hembra alguna sin que Él lo conozca. Y el Día, cuando Él les reclame: «¿Dónde están aquellos con los que idolatrabais?», dirán: «En verdad, anunciamos que nadie de nosotros atestigua sobre ello».
41. 48. Y abandonarán a aquellos que antes invocaban y entendieron que estos no tendrán lugar donde escapar.
41. 49. No se fatiga el hombre de implorar el bien, mas, si un mal le golpea, cómo se desespera, cómo se desanima.
41. 50. Y, en verdad, si hacemos degustar Nuestra *rahma* tras haber vivido un pesar, seguramente digan: «Esto me pertenece, mas no creo que llegue la Hora, pero, si volviese a mi *Rabb,* habría para mí de su parte mejor recompensa...». Ya les indicaremos a los cafres todo lo hacían y paladearán un terrible castigo.
41. 51. Y es que cuando Nosotros damos Nuestro favor a la humanidad, esta se aparta y se distancia, mas, cuando les golpea un mal, no dejan de implorar...
41. 52. Diles: «¿Acaso no veis que eso es de Allah, mas luego sois cafres? ¿Quién yerra tanto para oponerse así?».
41. 53. Que pronto le mostraremos Nuestros Signos en cada horizonte, en cada uno de ellos, para que claramente les llegue la Realidad. ¿No te basta que tu *Rabb* sea testigo de toda cosa?
41. 54. ¡Cuánto dudan de que se encontrarán con su *Rabb*! Sin duda, Él es quien cubre toda la realidad...

42. EL CONSEJO

En el nombre de Allah, el *Rahman*, el *Rahim*

42. 1. *Ha, Mim,*
42. 2. *'Ayn, Sin, Qaf.*
42. 3. Así se revela sobre ti y sobre los antiguos Allah, el Poderoso, el Sabio.
42. 4. Suyo es lo que en los cielos y la tierra hay, Él es el Altísimo, el Sublime.
42. 5. Casi el cielo se rasga, en lo más alto, y los ángeles que glorifican con los loores de su *Rabb* y piden que se alivien las faltas de los que están en la tierra. Ciertamente, es Allah quien hace que se olviden las faltas, tan matricial...
42. 6. Y aquellos que tomaron otros que no son Allah como sus íntimos, Allah les acecha. Y es que no eres tú su protector.
42. 7. Así te hemos revelado un Corán en árabe para que prevengas a la ciudad y a los que a su vera están, para que prevengas del innegable Día de la congregación. En él unos estarán en el Jardín y otros en el resplandeciente fuego.
42. 8. Y, si quisiera Allah, habría dispuesto una sola comunidad, mas Él a quien quiere admite en su *rahma*. Los criminales no tendrán ni íntimos ni nadie que les ayude.
42. 9. ¿Cómo es que han tomado íntimos que no son Él? Pues es Allah el Íntimo, Él que revive a los muertos, Él que sobre toda cosa tiene el poder.
42. 10. Y es Aquel que, cuando discrepáis, arbitra, Allah, así es Allah, mi *Rabb*. A Él me entrego y a Él vuelvo.
42. 11. Originador de los cielos y la tierra, que hizo de vosotros mismos compañeras, así como parejas para vuestro ganado,

para que os multiplicaseis. No hay cosa tal como Él, quien todo lo oye, quien profundamente ve.

42. 12. Suyas son las llaves de los cielos y la tierra. Otorga o restringe el sustento a quien Él quiere. Ciertamente, de toda cosa es conocedor.

42. 13. Un camino sea para ti en asuntos de *din* lo que se le indicó a Nuh, lo que sobre ti hemos revelado, y lo que indicamos a Ibrahim, Musa e ‘Isa: ¡estableced un *din* y no lo dividáis! Que difícil para los idólatras le es aquello a lo que tú les llamas. Allah elige para Sí a quien quiere y guía a quien a Él quiere volver.

42. 14. Tan solo se dividieron tras llegar a ellos el conocimiento, ¡qué rebeldes fueron! Y si no fuese por una palabra que de tu *Rabb* proviene, con un tiempo fijado, ya se habrían asentado, pero quienes heredaron el Libro, después de ellos, inquietantes, permanecen dudando…

42. 15. Así pues, llama y mantente firme como se te ha ordenado y no sigas sus vanos deseos, tan solo di: «Yo confío en el Libro que ha descendido Allah. Se me ha ordenado hacer justicia entre vosotros, pues es Allah nuestro *Rabb* y el vuestro. Nosotros responderemos de nuestras acciones y vosotros de las vuestras. Que no haya replicas entre nosotros y vosotros, pues Allah nos reunirá a todos y a Él volveremos».

42. 16. Y es que aquellos que replican sobre Allah después de conocerlo contestan con un argumento inválido para su *Rabb*. Fomentan su ira y para ellos habrá un castigo severo.

42. 17. Allah es quien hizo descender el Libro con la Realidad y con la justa Balanza. ¿Acaso sabes? Quizás esté cerca la Hora.

42. 18. Anhelan que se adelante aquellos que no creen, mientras los creyentes sienten escalofríos de ello, pues conocen que eso es verdad. Sabed que, ciertamente, aquellos que discuten sobre la hora yerran en la lejanía.

42. 19. Allah es tan sutil con sus siervos, otorga sustento a quien Él quiere. Él es tan fuerte, tan Poderoso.

42. 20. A aquel que quiera labrar el campo que habrá de venir, ¡cuánto acrecentaremos su cosecha! Aquel que desee labrar el campo de este mundanal mundo bien le daremos de él, pero nada tendrá en la vida que ha de venir.

42. 21. ¿Acaso tienen a otros que les prescriben sobre *din,* sobre lo que no permite Allah? Si no hubiera palabra final, ya habría decisión para ellos. Ciertamente, los criminales tendrán un doloroso castigo.

42. 22. Contemplarás a los criminales temblar de miedo por todo lo que hicieron, pues caerá sobre ellos, mientras aquellos que confiaron y obraron justamente estarán en los jardines del Jardín y tendrán todo lo que deseen junto a su *Rabb.* Esa es la gran generosidad.

42. 23. Esta es la buena nueva que Allah trae a Sus súbditos que creen y obran justamente. Di: «Ninguna recompensa os pido, solo que améis a los otros». Y es que a quien obre bellamente, Nosotros aumentaremos para él todo lo bueno. Ciertamente, es Allah quien toda falta alivia, tan agradecido.

42. 24. Mas, os responderán: «Habéis inventado una mentira contra Allah», mas, si Allah quiere, tu corazón sellará. Y es Allah quien elimina la falsedad y establece la Verdad con Sus palabras. Ciertamente, es Él quien conoce lo que guardan los pechos.

42. 25. Y es Él, también, quien acepta un retorno sincero de Sus siervos, haciendo aliviar lo malo, pues bien conoce lo que hacéis.

42. 26. Y escucha a aquel que confía y obra justamente y le aumentan a Su Favor. Y qué castigo terrible tendrán los cafres…

42. 27. Si otorgase Allah el sustento a Sus siervos generosamente, de seguro que se rebelarían en la tierra. Sin embargo, Él lo desciende, según su criterio, como quiere. Que bien informado Él está sobre Sus sirvientes, que profundamente ve.

42. 28. Y es Él quien hace descender la lluvia tras desesperanzaros diseminando Su *rahma.* Él es íntimo, de todo loor es digno.

42. 29. Y entre Sus Signos están la creación de los cielos y la tierra, cómo las criaturas se dispersaron y cómo, cuando Él lo desea con todo Su poder, las puede reunir.

42. 30. Y, cuando acontece la desgracia, es por lo que habéis ganado con vuestras manos, mas cuánto alivia…

42. 31. Y no podréis huir en la tierra y no tendréis íntimo ni ayuda que no sea de Allah.

42. 32. Y entre Sus Signos están las naves que surcan el mar como si fueran montañas.

42. 33. Si lo desea cesa el viento, así detienen el movimiento. En verdad, hay Signos para todo aquel que sea paciente, que sea agradecido.

42. 34. O todo lo aniquila por lo que hicieron, mas cuánto alivia...

42. 35. Que sepan quienes disputan sobre Sus Signos, que no habrá refugio para ellos.

42. 36. Así que todo lo que se os da es gozo para la vida mundana, pero lo que Allah tiene es mejor y más duradero para los que se entregan a su *Rabb*.

42. 37. Ellos que evitan los grandes errores y las transgresiones, que cuando tienen ira lo acaban olvidando,

42. 38. que escuchan a su *Rabb*, que establecen la azalá y buscan el consejo mutuo, que donan de lo que Nosotros les proveímos

42. 39. y que cuando el tirano les golpea ellos se protegen.

42. 40. La recompensa de una mala acción es algo malo, pero quien olvide y lo arregle tendrá recompensa de Allah. Ciertamente, Él no ama a los viles.

42. 41. Y quien se proteja de una injusticia no estarán en contra de la Senda,

42. 42. solo lo estarán los que oprimen a la humanidad y violentan la tierra sin causa. Para esos habrá un castigo terrible.

42. 43. Quien es paciente y olvida, ciertamente, eso es una gran actuación,

42. 44. pero a quien Allah hace errar, ese no tendrá guía ni protector. Ya verás a los criminales, cuando contemplen el castigo, que dirán: «¿Y no hay modo de volver a la Senda?».

42. 45. Y los verás que serán expuestos ante Él, abatidos por la desgracia, mirando furtivamente, mientras que los que creyeron dirán: «Verdaderamente, los perdedores son los que se perdieron ellos mismos y sus familias en el Día de la Alzada». En verdad, los malhechores tendrán un castigo largo...

42. 46. Y es que no hay protector ninguno ni quien le pueda prestar ayuda, salvo de Allah. A quien Allah hace errar no podrá hallar la Senda.

42. 47. ¡Responded a vuestro *Rabb* antes que llegue el Día en que de Allah no podrán ser alejados! No habrá donde refugiarse ese Día, ya no podréis negar…

42. 48. Así que, si de ti se apartan, Nosotros no te hemos mandado para que seas su guardián, para ti únicamente recae el explicar. Y es que cuando alguien paladea una *rahma* Nuestra se alegra, pero, si recibe un mal por lo que hicieron con sus propias manos, el ser humano se vuelve cafre.

42. 49. De Allah es el Reino de los cielos y la tierra, crea lo que Él quiere. Otorga hijas a quien quiere, otorga hijos a quien quiere

42. 50. o les da ambos, hijos e hijas, o le hace yermo a quien Él quiere. Ciertamente, todo lo sabe, Él tiene el poder.

42. 51. A ningún mortal le permite Allah que hable si no le revela Él, detrás de un velo, o enviando un Mensajero que revela con Su permiso lo que Él quiere. Ciertamente, es el Altísimo, el Sabio.

42. 52. Y así es como Nosotros te hemos revelado una inspiración por Nuestra orden. Tú que no sabías que era el Libro ni la Confianza, mas Nosotros hicimos luz de eso para que guíe a quien queramos de Nuestros sirvientes. En verdad, Tú eres el guía al recto sendero,

42. 53. camino de Allah, a quien pertenece todo lo que entre los cielos y la tierra está. Sin duda a Allah todo asunto habrá de volver…

43. LOS ORNATOS

En el nombre de Allah, el *Rahman*, el *Rahim*

43. 1. *Ha, Mim.*
43. 2. Por la escritura esclarecida,
43. 3. ciertamente, Nosotros hicimos descender un Corán en árabe, quizás así comprendáis
43. 4. que, en verdad, está en un Libro matriz que poseemos Nosotros, tan exaltado, tan lleno de sabiduría.
43. 5. ¿Acaso vamos a privaros del recuerdo porque seáis un pueblo corrupto?
43. 6. Y a cuántos profetas enviamos Nosotros a los antiguos
43. 7. y no vino a ellos ningún profeta del que ellos no se burlaran.
43. 8. Aun así, aniquilamos a gente más fuerte, poderosos, que estos que ya han sobrepasado el hacer de los antiguos.
43. 9. Y si les preguntas: «¿Quién creó los cielos y la tierra?», seguro que te responden: «Los ha creado el más Poderoso, el que bien conoce».
43. 10. Él es quien hace que la tierra sea un lecho y os dispone sendas en ella, quizás seáis bien guiados,
43. 11. Él es quien desciende el agua del cielo, exacta, para que reviva la tierra yerma, es de esa forma que se os habrá de alzar.
43. 12. Y es quien ha creado todo en parejas y os ha dado los barcos y los animales que montáis
43. 13. para que os situéis firmemente sobre sus espaldas. Así que recuerda el favor de tu *Rabb* cuando los montéis con firmeza y digáis: «Alabanzas sean para Aquel que sujetó esto para nosotros, pues nosotros no hubiéramos sido capaces».
43. 14. Y, ciertamente, a nuestro *Rabb* hemos de volver.

43. 15. Mas, algunos atribuyen a Sus sirvientes algo de Él, pero, en verdad, el ser humano es claramente ingrato.
43. 16. O ¿acaso Él tomaría hijas de su creación y a vosotros os concede progenie?,
43. 17. y, cuando la buena nueva es dada a uno de ellos, sabe que es el *Rahman*, su rostro torna oscuro y se angustia.
43. 18. ¿Quien crece en ornatos es incapaz de discutir cuando llega la disputa?
43. 19. Y piensan que los ángeles, quienes son esclavos del *Rahman*, son femeninos. ¿Han sido, acaso, testigos de su creación? Anotaremos sus declaraciones y de ellas habrán de responder.
43. 20. Ellos dicen: «Si el *Rahman* hubiera querido, no le habríamos servido». No conocen nada, no hacen más que suponer.
43. 21. ¿Acaso Nosotros no les dimos un Libro para aferrarse antes que este?
43. 22. ¡Ay, no!, responden: «Encontramos a nuestros padres siguiendo una tradición y, en verdad, seguimos sus pasos como guía…».
43. 23. Y así, no enviamos a alguien que avisara, antes de ti, a ningún pueblo que no dijeran los ricos: «En verdad, nuestros padres tenían una tradición, en verdad, seguimos sus pasos».

Hizb 50

43. 24. Di: «¿Incluso si yo os trajera mejor guía que la que tenéis de vuestros ancestros?», a lo que respondieron: «En verdad, nosotros con el mensaje que portas somos cafres».
43. 25. Mas, les ajustamos las cuentas… ¡Mira! Cómo fue el fin de los que lo negaron…
43. 26. Y cuando Ibrahim le dijo a su padre y a su pueblo: «Ciertamente, yo no estoy de acuerdo con lo que vosotros adoráis,
43. 27. tan solo sirvo a Aquel que me originó, Él es, pues, mi guía».
43. 28. Sus palabras perdurarán por generaciones. Quizás así vuelvan.
43. 29. ¡Ay, no! Les dejé gozar a sus ancestros hasta que vino a ellos la Realidad y un Mensajero irrefutable.
43. 30. Y, cuando a ellos vino la Verdad, dijeron: «¡Esto es hechicería! Nosotros somos cafres frente a ello…».

43. 31. Y dijeron: «¿Por qué no se ha descendido el Corán a un gran hombre de las otras dos ciudades?».

43. 32. ¿Acaso son ellos quienes otorgan la *rahma* de tu *Rabb*? Nosotros otorgamos, entre ellos, los dones en la vida mundana y elevamos a unos sobre otros para que les sirvan. Mas, la *rahma* de tu *Rabb* es mejor que lo que se acopia.

43. 33. Y si no hubiera sido por evitar que la humanidad hubiera sido una sola comunidad, Nosotros habríamos dispuesto en las casas de los cafres tejados de plata y escaleras de acceso,

43. 34. para sus casas con puertas y solios en los que reclinarse.

43. 35. ¡Tantos ornatos! Pero todo esto no es sino vano gozo de la vida mundana frente a la que habrá de venir junto a tu *Rabb* y los que de Él tienen conciencia.

43. 36. Y quien se aparte del recuerdo del *Rahman*, Nosotros le asignaremos de acompañante un Shaytan, que por siempre con él permanecerá,

43. 37. que, en verdad, le apartará de la senda, aun pensando que está bien guiado.

43. 38. Hasta el día que a Nosotros venga, le dirá: «Ojalá entre tú y yo no hubiera la distancia que separa de las dos axarquías… ¡Qué mal acompañante!».

43. 39. Y no habrá beneficio para vosotros el Día que seáis castigados por ser impíos.

43. 40. ¿Acaso puedes hacer que un sordo oiga o mostrar el camino a un ciego o al que, en la claridad, se encuentra perdido?

43. 41. Así, Nosotros te llevaremos, más luego Nosotros les castigaremos,

43. 42. o es que no te mostramos lo que les hemos prometido… Así, sobre ellos, tenemos todo el poder.

43. 43. Así que ¡aférrate a lo que se te ha revelado a ti! Es un recto sendero

43. 44. ya que es recuerdo para tu pueblo y para ti, pronto de ello tendréis que responder.

43. 45. Pregunta, pues, a aquellos que Nosotros enviamos ante de ti, Nuestros mensajeros, si dispusimos de dioses cerca del *Rahman* para que los sirváis.

43. 46. Y es que ya enviamos a Musa con Nuestros Signos frente a Faraón y su corte. Les dijo así: «Yo soy un Mensajero del *Rabb* de todos los Mundos».

43. 47. Mas, cuando presentó Nuestros Signos, de ellos se burlaron,

43. 48. aun mostró que cada Signo era más grande que el anterior. Y les sorprendimos con tal castigo... Quizás así recapacitarán...

43. 49. Y le dijo: «¡Oh, hechicero! Invoca por nosotros a tu *Rabb*, pues Él ha hecho un pacto contigo. En verdad, nos dejaremos guiar...»,

43. 50. pero cuando Nosotros levantamos el castigo, ellos rompieron su promesa.

43. 51. Y se dirigió Faraón a su pueblo, diciendo: «¡Oh, pueblo mío! ¿No es mío el reino de Egipto y estos ríos que fluyen bajo mis pies? ¿Acaso no lo veis?,

43. 52. o ¿no soy yo mejor que este que es un insignificante y a duras penas se expresa?

43. 53. ¿Por qué no lleva brazaletes de oro?, o ¿por qué no viene acompañado de ángeles?».

43. 54. De esa forma él extravió a su pueblo y ellos le obedecieron. En verdad, fueron un pueblo tan corrupto...

43. 55. Cuando Nos enfurecieron les dimos lo que se merecían, así los ahogamos a todos.

43. 56. Hicimos, pues, un precedente y un ejemplo para las siguientes generaciones.

43. 57. Y, cuando se presenta el hijo de Maryam como ejemplo, tu pueblo se burla de él.

43. 58. Dicen: «¿Acaso no son mejores nuestros dioses que Él?». No te dispone esto sino para discutir, son gente que tan solo discute.

43. 59. Ciertamente, él es un siervo al que Nosotros hemos agraciado con Nuestro favor haciéndole ejemplo para los hijos de Israel.

43. 60. Y, si Nosotros quisiéramos, os sucederían los ángeles en la Tierra.

43. 61. Y es que es este un medio para conocer la hora. ¡Que no haya duda y seguidme a Mí! Este es un recto sendero.

43. 62. Y no dejéis que os pierda el Shaytan. Un enemigo claramente es.

43. 63. Y cuando 'Isa vino, con irrefutables pruebas, y dijo: «Vengo a vosotros con la Sabiduría y para aclarar aquello sobre lo que discutíais. Así que ¡sed conscientes de Allah y obedecedme!
43. 64. Ciertamente, Allah es mi *Rabb* y el vuestro, ¡adoradle! Este es el recto sendero».
43. 65. Mas, entre ellos, confrontaron los bandos. ¡Ay por aquellos que yerran, pues tendrán un castigo el Día del dolor!
43. 66. Tan solo esperan la Hora que vendrá de repente, no serán conscientes…
43. 67. Los amigos ese Día serán enemigos a excepción de quien sea consciente de Allah.
43. 68. ¡Oh, siervos míos! No tenéis que temer este día ni estar tristes,
43. 69. vosotros que creísteis en Nuestras aleyas y os pacificasteis.
43. 70. ¡Entrad en el Jardín con vuestras esposas! ¡Gozad!
43. 71. Circularemos, entre ellos, áureas vajillas y cálices que todo lo que ellos mismos deseen contendrán, ¡deleite de sus ojos! Y estaréis allí por toda la eternidad,
43. 72. es este el Jardín que heredáis por todo lo que habéis hecho.
43. 73. Sea para vosotros la fruta, abundante, que comeréis.
43. 74. Pero para los criminales sea el castigo de la Gehena, para toda la eternidad,
43. 75. que no habrá de remitir, aun desesperados estén,
43. 76. pues no somos injustos con ellos, sino que ellos injustos fueron consigo mismos.
43. 77. Llorando llamarán: «¡Oh, Malik! Que tu *Rabb* nos ponga fin», mas él responderá: «¡Ahí os quedaréis!
43. 78. Pues, en verdad, ¡os mostramos la Verdad y muchos de vosotros la rechazasteis!».
43. 79. ¿Acaso traman algo? Nosotros también tramamos…
43. 80. ¿O acaso piensan que no Nos enteramos de sus secretos y sus cónclaves? ¡Ay, no! Nuestros mensajeros bien toman nota.
43. 81. Di: «Si el *Rahman* tuviera un hijo, entonces yo sería el primero que le serviría».
43. 82. Glorificado sea el *Rabb* de los cielos y la tierra, *Rabb* del Trono que está por encima de lo que le atribuyen.
43. 83. Déjales en sus vanas conversaciones, que jueguen hasta que se encuentren el Día prometido…

43. 84. Y es Él el Dios que está en los cielos y la tierra. Él que todo lo sabe, que todo conoce.
43. 85. ¡Bendito sea Aquel que tiene el Reino sobre los cielos y la tierra y todo lo que entre ellos está! Suyo es el conocimiento de la Hora y a Él volveremos.
43. 86. Y ningún poder tienen aquellos que invocan a otros en vez de a Él, pues no pueden interceder, excepto aquellos que dan testimonio verídico y conocen…
43. 87. Y si les preguntas quién os ha creado, te dirán que Allah… ¡Cómo pueden engañarse tanto!
43. 88. Y él les responde: «¡Oh, *Rabb* mío! Es gente que no cree…».
43. 89. Así que apártate de ellos y di: «¡*Salam*! Mas qué pronto van a conocer…».

44. EL HUMO

En el nombre de Allah, el *Rahman*, el *Rahim*

44. 1. *Ha, Mim.*
44. 2. Por la escritura esclarecida
44. 3. que, ciertamente, Nosotros descendimos en una noche bendita. En verdad, somos nosotros los que advertimos
44. 4. que en ella se dirime todo asunto de Sabiduría.
44. 5. Un mandato es que a Nosotros pertenece. Ciertamente, Nosotros lo enviamos
44. 6. como *rahma* de tu *Rabb*. Pues, verdaderamente, Él todo lo oye, todo lo conoce,
44. 7. *Rabb* de los cielos y la tierra y de lo que entre ellos está. Si tuvierais certeza, pues
44. 8. no hay dios sino Él, quien da la vida y la muerte. Es vuestro *Rabb* y el *Rabb* de vuestros antiguos ancestros.
44. 9. ¡Ay, no! Si en dudas están, jugando,
44. 10. mas, aguarda un Día que traiga al cielo un humo visible
44. 11. que cubra a la humanidad. Este será un doloroso castigo.
44. 12. «¡*Rabb* aparta de nosotros el castigo! En verdad, somos creyentes…».
44. 13. ¿Cómo van a recordar ellos si ya vino a ellos un Mensajero irrefutable?
44. 14. A quien le dieron la espalda diciendo: «¡Es un sabio poseído!».
44. 15. Ciertamente, Nosotros apartaremos el castigo por poco tiempo, pero volveréis a hacerlo.
44. 16. Un Día nos apoderaremos con firmeza de todo, entonces Nosotros haremos justicia.

44. 17. Y es que, en verdad, ya probamos antes al pueblo de Faraón y a ellos vino un Mensajero noble:
44. 18. «Entregadme, pues, a los siervos de Allah. En verdad, yo soy para vosotros un Mensajero de confianza.
44. 19. No seáis sediciosos contra Allah, pues yo he venido a vosotros con una autoridad manifiesta.
44. 20. Me refugio en mi *Rabb,* puesto que intentáis lapidarme.
44. 21. Y si es que no confiáis en mí, dejadme solo».
44. 22. Así, él invocó a su *Rabb*: «¡En verdad este es un pueblo de criminales!».
44. 23. De esa forma, salió con Mis siervos, pues os perseguirán,
44. 24. deja el mar descansar, pues, en verdad, su ejército habrá de tragarse.
44. 25. Cuántos dejaron abandonados sus jardines y arroyos,
44. 26. trigales y parajes generosos,
44. 27. y placeres con los que se solían deleitar.
44. 28. Es así como Nosotros se lo otorgamos a otro pueblo,
44. 29. mas, no lloraron ni el cielo ni la tierra, no hubo ni un respiro para ellos.
44. 30. Y, en verdad, Nosotros salvamos a los hijos de Israel de un castigo terrible,
44. 31. de Faraón. Ciertamente, él fue tan arrogante, tan transgresor.
44. 32. Y, en verdad, Nosotros los elegimos, a sabiendas, entre todos los Mundos,
44. 33. y les dimos signos con los que, claramente, les probamos.
44. 34. En verdad ellos dicen:
44. 35. «Ciertamente, tan solo moriremos una única vez, mas no seremos resucitados.
44. 36. Traed a nuestros padres si es que sois sinceros».
44. 37. ¿Acaso eran mejores el pueblo de Tubba y sus ancestros? ¡Los aniquilamos, pues, en verdad, eran criminales!
44. 38. Y es que Nosotros no creamos los cielos, la tierra y lo que hay entre ellos por un simple juego.
44. 39. Nosotros los creamos con un fin, pero la mayor parte de ellos no lo conoce.
44. 40. En verdad, el Día de la sentencia a todos se les habrá de reunir,
44. 41. un día en el que nadie protegerá a nadie, en el que no habrá auxilio,

44. 42. excepto sobre aquel que sea la *rahma* de Allah. En verdad, Él es el más poderoso, es el más matricial.
44. 43. Ciertamente, el árbol de *Zaqqum*
44. 44. es el alimento del vil.
44. 45. Es como turbio óleo que cuece sus entrañas,
44. 46. como agua hirviendo.
44. 47. «Prendedle y llevadle al centro de la Gehena,
44. 48. luego derramad sobre su cabeza el castigo hirviente».
44. 49. ¡Saboread! Ciertamente, eres el más poderoso, el más noble.
44. 50. En verdad, esto es aquello sobre lo que dudasteis…
44. 51. Ciertamente, los que tienen conciencia de Allah estarán en un lugar seguro,
44. 52. en un Jardín y entre arroyos,
44. 53. vestidos de seda fina y brocados, unos frente a otros.
44. 54. Así mismo sus parejas serán acompañantes de bellos ojos,
44. 55. pedirán allí toda clase de frutos, con seguridad,
44. 56. no saborearán otra muerte más que la primera y Él los protegerá del castigo de la Gehena,
44. 57. pues es generosidad de tu *Rabb*. ¡Qué triunfo excelso!
44. 58. Así, verdaderamente, lo facilitamos en tu lengua para que del recuerdo os beneficiéis.
44. 59. Mas, aguarda que, en verdad, ellos te aguardan.

45. AGACHADO

En el nombre de Allah, el *Rahman*, el *Rahim*

45. 1. *Ha, Mim.*
45. 2. Descendido fue el Libro de Allah, el Poderoso, el Sabio.
45. 3. Ciertamente, en los cielos y la tierra hay Signos para los creyentes.
45. 4. En la Creación y en las criaturas que Él extiende hay signos para la gente que certeza tiene,
45. 5. Y en el suceder de la noche y el día, y cuando Allah hace descender del cielo el sustento que vivifica la tierra yerma, y en cómo se dirigen los vientos, hay signos para la gente que usa la razón.
45. 6. Estas son las aleyas de Allah que Nosotros te recitamos a ti con la Verdad. ¿En qué van a creer si en Allah y en Sus aleyas no creen?
45. 7. ¡Ay por todos los mentirosos y viles
45. 8. que, habiendo oído las aleyas de Allah que se les recitan, luego persisten, arrogantes, como si no las oyesen! Dales la buena nueva de un castigo doloroso.
45. 9. Y, cuando conocen algo de Nuestras aleyas, se burlan, tendrán un humillante castigo,
45. 10. ante ellos la Gehena y sus riquezas de nada servirán y tampoco aquellos que tomaron a otros protectores en vez de Allah. Habrá para ellos un excelso castigo.
45. 11. Sea esta una guía y para los que son cafres con los Signos de su *Rabb* habrá un castigo de inmundo dolor.
45. 12. Allah es quien sostiene para vosotros el mar, para que naveguéis por él y así busquéis Su favor. Quizás, así, seáis agradecidos…

45. 13. Y es Él quien sostiene para vosotros lo que hay en los cielos y la tierra. Todo proviene de Él. En verdad, en ello hay signos para la gente que medita.

45. 14. Diles a los creyentes que olviden los errores de aquellos que no tienen esperanza por los días de Allah, para que recompense a la gente por lo que hicieron.

45. 15. Quien obra justamente lo hace por sí mismo, quien hace el mal lo hace contra sí. Luego a vuestro *Rabb* habréis de volver.

45. 16. Y dimos a los hijos de Israel el Libro, la Sabiduría y la Profecía, y les otorgamos sustento con cosas saludables, y les dimos preferencia sobre todo los Mundos.

45. 17. Otorguémosles a ellos pruebas irrefutables sobre el Mandato. Y no discreparon hasta más tarde, tras haber recibido el conocimiento por envidia mutua. En verdad, tu *Rabb* ya los juzgará el Día de la Alzada por todo lo que ellos discrepaban.

45. 18. Después te situamos en vía firme sobre el Mandato. Así que síguelo y no los vanos deseos de quien nada sabe,

45. 19. pues, en verdad, de nada te servirán ante Allah. Y los réprobos son íntimos entre ellos, pero es Allah íntimo de los que tienen conciencia de Él.

45. 20. Sea claridad para la humanidad, guía y *rahma* para un pueblo con certeza.

45. 21. ¿Acaso piensas que aquellos que obran mal serán tratados, en vida y tras la muerte, como los creyentes y los justos? Nefasto es su juicio…

45. 22. Allah ha creado los cielos y la tierra con una finalidad y será recompensado cada uno por lo que hizo y nadie será objeto de injusticias.

45. 23. ¿Acaso contemplas como toman por divino su deseo y Allah les hace yerrar a sabiendas, sellando su oído y su corazón y cubriendo sus ojos? ¿Quién podrá dirigirles tras ello? ¿No vais a recordar?

45. 24. Y dicen: «No hay más que la vida mundana. Morimos y vivimos y nada, salvo el tiempo, nos destruirá». Pero ellos ningún conocimiento tienen, ellos tan solo elucubran,

45. 25. y cuando les son recitadas a ellos Nuestras aleyas, irrefutables, lo único que argumentan: «¡Traed de vuelta a nuestros ancestros si es que sois sinceros!».

45. 26. Respóndeles: «Allah os da la vida y os trae la muerte, luego Él os hará reuniros, el Día de la alzada, no hay más duda en ello, mas la mayoría de la humanidad no lo sabe».

45. 27. Sea de Allah el Reino de los cielos y la tierra. Y el Día y la Hora ya están marcados, ese Día perdidos estarán los falsos.

45. 28. Y, entonces, contemplarás a cada comunidad arrodillada. Cada comunidad será exhortada frente a su Libro: «Hoy se os recompensará por lo que hicisteis.

45. 29. Esta Escritura claramente habla con verdades sobre vosotros. Ciertamente, Nosotros escribíamos todo lo que vosotros hacíais».

45. 30. Así, quienes creyeron y obraron justamente les admitirá su *Rabb* en Su *rahma.* ¡Qué gran éxito!

45. 31. Mas, quien fue un cafre: «¿Acaso no se os recitaron Mis aleyas? Mas fuisteis altivos y un pueblo réprobo…».

45. 32. Y cuando se les decía que, en verdad, la promesa de Allah es la Verdad y de la Hora no hay duda, ellos respondían: «No sabemos que es la Hora, solo podemos imaginar con poca imaginación y no seremos nosotros los que creamos».

45. 33. Y aparecerá ante ellos el mal que hicieron y les envolverá todo aquello que ridiculizaron.

45. 34. Y será dicho: «Hoy Nosotros nos olvidamos de vosotros como vosotros os olvidasteis de que este Día llegaría. ¡Sea el fuego vuestro hogar! No habrá para vosotros ningún auxilio…».

45. 35. Sea esto así porque tomasteis las aleyas de Allah a risa y la vida mundana bien os engañó». Mas, ese Día no habrá escape de ello ni serán calmados.

45. 36. Así sea loado Allah, *Rabb* de los cielos y la tierra, *Rabb* de todos los Mundos,

45. 37. pues suya es la grandeza en los cielos y la tierra. Él es el Poderoso, el Sabio.

Juz 26

۞ Hizb 51

46. LAS DUNAS

En el nombre de Allah, el *Rahman*, el *Rahim*

46. 1. *Ha, Mim.*
46. 2. Descendido fue el Libro por Allah. El más poderoso, el Sabio.
46. 3. No hemos creado los cielos y la tierra y todo lo que hay entre ellos, salvo con un propósito y un periodo finito, mas los cafres de lo que les avisamos huyen.
46. 4. Di: «¿Acaso veis lo que imploráis en vez de Allah? ¡Enseñadme lo que ha creado en la tierra o si algo hacen en los cielos! Traedme un Libro, antes que este, o una tradición de conocimiento si es que sinceros sois».
46. 5. Y ¿hay alguien que más yerra que aquel que en vez de invocar a Allah lo hace a quien no responderá hasta el Día de la Alzada con sus súplicas inconscientes,
46. 6. y cuando la humanidad sea congregada serán sus enemigos y negarán reconocerles?
46. 7. Cuando les son recitadas Nuestras aleyas incontestables, dicen los cafres de la Verdad que a ellos viene: «¡Qué evidente! ¡Esto es brujería!».
46. 8. O dicen: «¡Se lo ha inventado!». Respóndeles: «Si me lo hubiera inventado, no tenéis poder alguno para salvarme de Allah, ¡ninguno! Bien sabe Él lo que decís vosotros mismos

sobre esto. Él se basta, testigo es entre vosotros y yo. Él todas las faltas alivia, tan matricial…».

46. 9. Diles: «No soy el primero de los mensajeros ni conozco lo que será de mí, ni tampoco de vosotros. Tan solo sigo lo que se me ha revelado, solamente soy el portador de un aviso incontestable».

46. 10. Diles: «¿Acaso no veis que ocurre si este proviene de Allah y sois cafres con Él? Y da testimonio de ello, de forma parecida, un hijo de Israel, mientras que vosotros sois arrogantes… Ciertamente, Allah no dirige a un pueblo tan vil».

46. 11. Los cafres les dicen a los creyentes: «Si hubiera sido bueno, seguro que no nos hubieran precedido en ello», pero como no están guiados por Él, responden: «¡Qué antigua falsedad!».

46. 12. Antiguamente, el Libro de Musa era arraigo y matricialidad. Sea este un Libro verdadero, en la lengua árabe, que advierte a los que yerran y porta la buena nueva a aquellos que hacen el bien.

46. 13. Ciertamente, quienes dicen: «Nuestro *Rabb* es Allah», y permanecen firmes, nada tienen que temer y no estarán tristes.

46. 14. Estos serán los que moren en el Jardín por toda la eternidad, es recompensa por lo que hicieron.

46. 15. Y nosotros disponemos al ser humano que se comporte extraordinariamente con sus padres, pues su madre con esfuerzo lo llevó en su vientre y con esfuerzo le dio a luz. El embarazo y el destete duran treinta meses, mas, cuando crece y llega a la adultez, a la edad de cuarenta, dice: «*Rabb* mío, permíteme que sea generoso con el favor que Tú nos otorgaste, sobre mí y mis padres, y hazme justo a mí y a mi progenie. Vuelvo a ti, pues, en verdad, yo soy de los pacificados».

46. 16. Estos son los que Nosotros aceptaremos mejor de lo que ellos hicieron, dejando pasar lo que hicieron mal. Estarán entre los que moren en el Jardín, sincera promesa que les fue prometida.

46. 17. Mas, hay otros que les dicen a sus padres: «¡Uf! ¿De verdad me avisáis que se me levantará de mi tumba cuando han pasado tantísimas generaciones antes de mí?». Ellos dos, mientras, suplicarán a Allah: «¡Ay! ¡Cree! La promesa de Allah es

la Verdad», mas él responderá: «Qué es esto salvo antiguos cuentos…».

46. 18. Estos son los que tienen la Verdad contra ellos, que se cumplirá como se cumplió, mucho antes que ellos, entre los *jinn* y la humanidad. En verdad, cuánto han de perder.

46. 19. Y todos serán considerados según lo que hicieron y Allah compensará sus acciones y no habrá injusticia alguna sobre ellos.

46. 20. Ese Día serán expuestos los cafres al Fuego: «Vosotros agotasteis lo bueno en vuestra vida mundana y os acomodasteis en los placeres, pero hoy se os recompensa con un terrible castigo, porque arrogantes fuisteis en la tierra sin derecho alguno y por lo desobedientes que fuisteis».

46. 21. Y recuerda al hermano de 'Ad, quien advirtió a su pueblo en las dunas, tantas advertencias se hicieron antes y después: «¡No reconozcáis a otro que Allah!, pues temo que caerá sobre vosotros un castigo el Día excelso!»,

46. 22. pero le respondieron: «¿Vienes a nosotros para apartarnos de nuestros dioses? Muéstranos con lo que nos amenazas si es que eres sincero…».

46. 23. Y les dijo: «Tan solo el conocimiento es de Allah y yo os transmito el mensaje con el cual se me ha enviado, mas veo que sois un pueblo ignorantemente pagano».

46. 24. Así, cuando contemplaron la nube aproximarse por sus valles, dijeron: «Es una nube que lluvia nos trae». «¡Ay, no! Pues era lo que pedisteis adelantar, un viento con un terrible castigo,

46. 25. que ha de destruir toda cosa por el mandato de su *Rabb*». Después, no se vio nada más que sus casas… ¡De esa forma recompensamos a un pueblo culpable!

46. 26. Y, en verdad, les otorgamos tal poder como no lo tuvisteis vosotros: escuchaban, miraban atentamente y tenían ardiente corazón, pero no les sirvió para nada ni la escucha, ni la mirada atenta ni su ardiente corazón cuando rechazaron las aleyas de Allah y les asedió aquello de lo que se burlaban.

46. 27. Y, así, Nosotros destruimos los pueblos que había a vuestro alrededor, les dimos varios signos a ver si volvían…

46. 28. ¿Por qué no les ayudaron aquellos que en vez de estar al lado de Allah habían tomado dioses para que estuvieran más cerca?

¡Ay, no! ¡Les abandonaron! Fue, tan solo, por su falsedad, por todo lo que inventaron…

46. 29. Y cuando te trajimos a un grupo de *jinn* para que escucharan el Corán. Cuando lo escucharon, se dijeron entre ellos: «¡Escuchadlo en silencio!», y, cuando terminó, fueron a avisar a su pueblo.

46. 30. Ellos dijeron: «¡Oh, pueblo nuestro! Ciertamente, hemos escuchado un Libro descendido después de Musa, que confirma todo lo anterior, que guía hacia la Verdad y hacia el recto sendero».

46. 31. ¡Oh, pueblo nuestro! Responded al que implora a Allah y creed en Él, pues Él toda falta os aliviará y os protegerá de un dolorosísimo castigo.

46. 32. Mas, aquellos que no respondan a la llamada de Allah no podrán huir de la tierra ni tendrán protector fuera de Él. En que evidente error ellos están.

46. 33. ¿No ven que Allah es Aquel que creó los cielos y la tierra, sin cansancio alguno en Su Creación, y que es capaz de devolver la vida a los muertos? Pues sí, sobre toda cosa Él tiene el poder.

46. 34. El Día en el que los cafres en el Fuego yazcan: «¿Acaso es esto Verdad?», y ellos responderán: «Sí, claro que lo es, por nuestro *Rabb…*». Él responderá: «¡Paladead el castigo por lo cafres que solíais ser!».

46. 35. ¡Sed pacientes con la paciencia, que lo fueron los mensajeros con determinación! ¡No pidáis que se precipiten los acontecimientos sobre ellos! Un Día verán lo que les fue prometido y les parecerá que tan solo pasó una hora del día. ¡Comunicado sea! Y ¿quién ha de ser destruido sino un pueblo perverso?

47. MUHAMMAD

En el nombre de Allah, el *Rahman*, el *Rahim*

47. 1. A los cafres y a quienes se alejen de la senda de Allah, ¡vanas sean sus acciones!
47. 2. Y a aquellos que creyeron y obraron justamente confiando en lo que se ha descendido sobre Muhammad, ¡que es la Verdad!, que su *Rabb* destruya sus errores y mejore sus condiciones.
47. 3. Esto es porque los cafres siguen la falsedad y los creyentes siguen la Verdad de su *Rabb*. Así es como lo presenta Allah a la humanidad como ejemplo.
47. 4. Así, cuando en batalla encontréis a los cafres, ¡golpeadles en la nuca! Hasta que se sometan. Atadlos con fuerza, mas liberadlos después por merced o que paguen rescate hasta que termine la guerra. Así hacedlo. Si Allah hubiera querido, los habría derrotado, mas quiere probaros a los unos y a los otros. Y no dejará que se marchiten las obras de los que por la senda de Allah cayeron.
47. 5. Él les guiará y mejorará sus corazones
47. 6. introduciéndoles en el Jardín, el cual volverán a conocer.
47. 7. ¡Oh, vosotros que creéis! Si ayudáis a Allah, Él os ayudará y os mantendrá firmes en vuestro andar.
47. 8. Sea para los cafres la destrucción y yermas sean sus obras,
47. 9. eso es así es porque lo que ha descendido Allah aborrecen, Él hará que vanas sean sus obras.
47. 10. ¿Acaso no viajan por la tierra y ven cuál fue el final de los que les precedieron? Allah los aniquiló y los cafres tendrán algo similar.
47. 11. Eso es así porque Allah protege a aquellos que creen, mas a los cafres no les protege nadie.

47. 12. En verdad, Allah hará entrar a aquellos que creyeron y obraron justamente a los jardines bajo los que arroyos fluyen, pero aquellos que cafres han sido gozarán y comerán como lo hace el ganado, mas el Fuego será su morada.

47. 13. Y cuántos pueblos, más fuertes que el tuyo que te ha echado, Nosotros hemos destruido sin que nadie les pudiera ayudar...

47. 14. ¿Acaso quien tiene la irrefutable prueba de su *Rabb* se puede comparar con aquellos que engalanan su maldad y siguen sus deseos?

47. 15. Tomad el ejemplo de un Jardín, el cual está prometido a los que son conscientes de Allah. En él habrá arroyos de agua tan pura, arroyos de *laban* de un gusto inmutable y arroyos de vino de gran dulzor para los que lo beban, así como arroyos de pura miel. Para ellos habrá en él toda clase de frutas y de parte de su *Rabb* les aliviará... ¿Acaso serán como los que habitarán en el Fuego por toda la eternidad y se les dará a beber un agua hirviente que desgarra sus entrañas?

47. 16. De entre ellos hay alguno que te escucha, pero cuando parten de tu lado dicen a aquellos que se les ha dado el conocimiento: «¿Qué es lo que ha dicho ahora?». A estos son a los que Allah ha sellado sus corazones y solo siguen sus deseos.

47. 17. Aquellos que acepten la guía, Él les aumentará, les guiará y les dará haciéndolos conscientes.

47. 18. Así, ¿qué van a aguardar, si es que les sorprende la Hora de improviso? Ya llegan sus señales... ¿Les servirá de algo el recordar cuando les llegue a ellos?

47. 19. Así, has de saber que no hay dios sino Allah y pide que tus errores se hagan aliviar, y los de los creyentes y de las creyentes. Y Allah bien conoce cómo os movéis y dónde yacéis.

47. 20. Y dicen los creyentes: «¿Por qué no desciende una sura?», mas, cuando se revela una precisa y se recuerda el deber de luchar, ves en sus corazones una dolencia, pues te miran con la mirada asediada por la muerte... Pues llegará para ellos

47. 21. obedecer y articular palabra conveniente. Así, cuando tomen la decisión, tanto sería mejor si hacia Allah son sinceros.

47. 22. Quizás, si les das autoridad, corrompan la tierra y corten vuestros lazos tribales.

47. 23. Es a estos a quienes ha maldecido Allah haciéndolos sordos y de ojos ciegos.

47. 24. ¿Acaso no reflexionan sobre el Corán? ¿O es que sus corazones están cerrados a cal y canto?

47. 25. Aquellos que vuelven sobre sus pasos, después de haberles llegado la incontestable guía, el Shaytan los ha tentado con una gran esperanza...

47. 26. Eso es así porque dicen los que aborrecen lo que ha descendido Allah: «Os vamos a obedecer en una parte...», mas Allah bien sabe sus secretos.

47. 27. Entonces, cuando los ángeles de la muerte los lleven, golpeando sus rostros y sus espaldas, ¿qué ha de ocurrir?

47. 28. Eso es así porque siguen lo que enfada a Allah y aborrecen lo que a Él le satisface, así Él hace vanas sus obras.

47. 29. ¿Acaso consideran aquellos cuyos corazones están enfermos que nunca descubrirá Allah sus malas intenciones?

47. 30. Si Nosotros quisiéramos los verías y sabrías quiénes son, pues marcados están, pero sabrás quiénes serán por la forma de hablar. Y Allah bien conoce vuestras acciones,

47. 31. y os probaremos hasta saber quién, de entre vosotros, se esfuerza y es paciente, probándoos para saber sobre lo que se afirma de vosotros.

47. 32. Los cafres y los que no están en la Senda de Allah y se oponen al Mensajero, a pesar de que Nosotros les mostramos la guía, nunca causarán daño alguno a Allah. Y así, hacen vanas sus obras...

47. 33. ¡Oh, vosotros que creéis! ¡Obedeced a Allah! ¡Obedeced a Su Mensajero! Y no hagáis que vanas sean vuestras obras.

47. 34. Ciertamente, a los cafres que se apartan de la Senda de Allah y mueran siendo cafres, Él no les aliviará sus faltas.

47. 35. ¡Ay, no! No os rindáis y les invitéis a la paz, pues vosotros sois los vencedores. Y es que Allah está con vosotros y nunca desmerecerá vuestras acciones.

47. 36. La vida mundana tan solo es juego y divertimento, mas, si creyeseis y tuvierais conciencia de Allah, Él os daría vuestra recompensa y no os pedirá vuestras riquezas.

47. 37. Si Él os lo pide y os mostráis avariciosos, bien sabrá Él el odio que tenéis.

47. 38. Aquí estáis conminados a gastar por la Senda de Allah, pero entre vosotros hay avariciosos. Quien es avaricioso solo es avaricioso consigo mismo. Y es que Allah está libre de toda necesidad, mientras que vosotros qué necesitados estáis... Si huis, Él os reemplazará por otro pueblo que no será como vosotros.

48. LA VICTORIA

En el nombre de Allah, el *Rahman*, el *Rahim*

48. 1. Ciertamente, Nosotros te otorgamos una Victoria incontestable,
48. 2. así te alivia Allah tus primeras y últimas faltas, manifestando Su favor en ti y guiándote por un recto sendero,
48. 3. y te auxilia Allah con poderoso auxilio.
48. 4. Él es quien hizo descender la *sakina* en los corazones de los creyentes para incrementar su confianza con seguridad. Y pertenecen a Allah las cohortes de los cielos y la tierra. Y es Allah el que todo lo conoce, el Sabio,
48. 5. para admitir a los creyentes y a las creyentes en jardines bajo los que arroyos fluyen, en los que por toda la eternidad estarán y se destruirán sus malas acciones. Y es esto para Allah un éxito excelso,
48. 6. y para penalizar a los hipócritas y a las hipócritas y a los idólatras y a las idólatras que cosas malas asumen sobre Allah, contra ellos se vuelve la maldad y la ira de Allah, les maldecirá y preparará para ellos la Gehena. ¡Qué terrible final!
48. 7. Y pertenecen a Allah las cohortes de los cielos y la tierra. Y es Allah el que todo lo conoce, el Sabio.
48. 8. Ciertamente, te enviamos Nosotros como testigo, como portador de buenas nuevas y aquel que ha de prevenirles,
48. 9. para que la gente crea en Allah y su Mensajero, para que le respeten y le honren, para que le alaben en las mañanas y las tardes.
48. 10. Aquellos que te juran lealtad, en verdad, se la juran a Allah. La mano de Allah está en sus manos, mas, si uno rompiese su juramento, solamente se perjudica él, y si, en cambio, cumple lo pactado con Allah, qué pronto le dará una excelsa recompensa.

48. 11. Te dirán a ti los más rezagados de los beduinos árabes: «Nos ocupan nuestras riquezas y familia, pide para que nuestras faltas Él alivie». Dicen con sus lenguas lo que no tienen en sus corazones, respóndeles: «¿Quién se puede anteponer por vosotros ante Allah si decide para vosotros el mal o decide para vosotros el bien?». ¡Ay, no! Bien informado está Allah de lo que hacéis.

48. 12. Mas, no pensabais que el Mensajero y los creyentes iban a regresar con sus familias… ¡Cómo os gustaba! E imaginasteis muy mal, pues sois gente tan depravada…

48. 13. Y para quien no cree en Allah y en Su Mensajero, ciertamente, Nosotros, así, hemos preparado a los cafres para un resplandeciente fuego.

48. 14. Y de Allah es el Reino de los cielos y la tierra. Alivia los errores a quien Él quiere y castiga a quien Él desea. Y es Allah el que alivia toda falta, tan matricial…

48. 15. Te dirán aquellos, que rezagados estaban, cuando vayas a tomar el botín: «¡Permítenos seguirte!». Ellos son los que desean alterar las palabras de Allah, respóndeles: «¡No nos vais a seguir! ¡Así, antes, lo ha dicho Allah!». Mas, te dirán: «¡Ay! Nos envidiáis», mas qué poco comprenden…

48. 16. Di a los más rezagados de los beduinos árabes: «Se os llaman en contra de un pueblo valeroso al que combatiréis, excepto se pacifiquen, mas, si obedecéis, Allah os dará una bella recompensa. Pero, si huis, como ya huisteis antes, ¡qué castigo más terrible tendréis!».

48. 17. Ni al ciego, ni al cojo, ni al enfermo culpéis. A aquel que obedezca a Allah y a Su Mensajero se le admitirá en Jardines bajo los que arroyos fluyen, mas, si huye, un terrible castigo se le concederá.

Hizb 52

48. 18. Satisfecho está Allah con los creyentes cuando te juraron fidelidad bajo el árbol, pues bien sabía lo que había en sus corazones. Así descendió la brisa de la serenidad sobre ellos y les recompensó con una victoria cercana

48. 19. y con un gran botín de guerra que ellos habrán de tomar. Y es Allah el Poderoso, el Sabio.

48. 20. Y os prometió Allah un gran botín de guerra que ya tomaréis, mas Él lo dispuso con premura y lo arrebató de las manos de los otros hombres para que sea un Signo para los creyentes y os guíe por recto sendero.

48. 21. Y sobre otras cosas no tenéis poder alguno, todo lo controla Allah. Y es Allah el que tiene poder, sobre todo.

48. 22. Y si contra ti combaten los cafres, hubieran huido. Pues no encontrarían ni protector ni quien les ayude.

48. 23. Marcado fue por Allah, lo cual ya pasó antes y no habrá, en lo que Allah dispone, ningún cambio.

48. 24. Y Él es quien apartó de vosotros sus manos y de ellos vuestras manos en la vaguada de La Meca, después de Él daros la victoria sobre ellos. Bien ve Allah lo que hacéis.

48. 25. Son ellos los cafres, quienes os dificultaban estar en la Inviolable Mezquita y no os permitieron llegar al lugar del sacrificio. Y si no fuese por los desconocidos creyentes y las creyentes, los hubierais arrasado —sin saberlo— y ellos hubieran respondido con violencia, pero es Allah quien en su infinita *rahma* se la da a quien quiere. Si, ciertamente, los creyentes hubieran estado aparte, seguramente Nosotros les hubiéramos infligido a los cafres un doloroso castigo.

48. 26. Cuando tuvieron los cafres en sus corazones la furia, furia dada por la pagana ignorancia, fue cuando Allah descendió la *sakina* sobre Su Mensajero y sobre los creyentes, y les hizo adherirse a la declaración de conciencia hacia él. Fue la realidad para ellos y lo mejor. Y es Allah quien de todas las cosas tiene buen conocimiento.

48. 27. Cumplió Allah de su Mensajero tan verdadera visión: «En verdad, entrarás en en la sagrada Mezquita, si Allah lo quiere, de forma segura, algunos con la cabeza afeitada y otros con el cabello cortado, sin temor alguno». Y Él sabía lo que vosotros no, así Él aprestó la victoria cercana.

48. 28. Él es quien envió a un Mensajero con una guía y con el *din* de la Realidad, para que prime sobre todos las demás. ¡Que os baste Allah como testigo!

48. 29. Muhammad es el Mensajero de Allah, aquellos que están con él son firmes frente a los cafres y se tratan con *rahma* entre ellos. Miradlos cómo se inclinan y se postran anhelando la generosidad y la aprobación de Allah. Marcado sea el rostro de quienes se prosternan. Así, lo cuenta la Torá y, así, lo cuenta el Evangelio, que los comparan con una semilla que cuando brota se fortalece y el tallo se alza, ¡qué alegría para aquel que siembra!, y ¡cómo enfurece al cafre! Allah ha prometido para los que crean y obren con justica que aliviados sean todos sus errores y una excelsa recompensa.

49. LAS HABITACIONES

En el nombre de Allah, el *Rahman*, el *Rahim*

49. 1. ¡Oh, vosotros que creéis! No os anticipéis ni a Allah ni a Su Mensajero. Tened conciencia de Allah, pues todo lo oye, todo lo conoce.

49. 2. ¡Oh, vosotros que creéis! No alcéis vuestras voces frente a la voz del Profeta y no vociferéis como soléis hacerlo entre vosotros... Vanas serían vuestras acciones y ni siquiera os daríais cuenta.

49. 3. Ciertamente, aquellos que bajan sus voces ante el Mensajero de Allah son los que Allah ha probado sus corazones para que tengan conciencia. A ellos se les aliviarán sus errores y tendrán una maravillosa recompensa.

49. 4. En verdad, aquellos que desde sus habitaciones te llaman, la mayoría, no tienen entendimiento alguno...,

49. 5. pues si fueran pacientes esperarían a que salieras donde ellos están. Y Allah es el que toda falta alivia, tan matricial...

49. 6. ¡Oh, vosotros que creéis! Si os trae alguien perverso una nueva, investigadla bien, no sea que dañéis a la gente por ignorancia y después tengas que buscar de aquello que hiciste el arrepentimiento.

49. 7. Y sabed que entre vosotros está el Mensajero de Allah. Si él os obedeciera, en muchas ocasiones, qué difícil sería para vosotros. Mas, Allah os hace que vosotros améis Su confianza y bella os la hace en vuestros corazones. Y, sin embargo, os hace odiar lo que hacen los cafres, el desafío y la desobediencia. Esos están bien guiados

49. 8. en la generosidad y la complacencia de Allah. Y es Allah el que bien conoce, el Sabio.

49. 9. Si dos grupos de creyentes combaten, haced que se reconcilien, mas, si uno de los dos oprime al otro, entonces, combatidles hasta que vuelvan al mandato dado por Allah. Y, cuando se pacifiquen, que hagan las paces con justicia y que actúen en la imparcialidad. Ciertamente, Allah ama a los que imparciales son.

49. 10. En verdad, los creyentes son hermanos. ¡Que se reconcilien con sus hermanos y sean conscientes de Allah! Puede que así Él sea matricial…

49. 11. ¡Oh, vosotros que creéis! Que nadie de un pueblo ridiculice a otro pueblo, quizás sean mejores que de los que se burlan. Ni que tampoco lo hagan las mujeres con otras, quizás las ridiculizadas sean mejores que las que ridiculizan. Tampoco hagáis críticas ni uséis motes groseros con los otros… ¡Qué mala cosa es ser llamado perverso después de ser creyente! Y si no vuelven, esos son los viles…

49. 12. ¡Oh, vosotros que creéis! Evitad suponer demasiado, porque tantas imaginaciones pueden ser una falta… Tampoco os espiéis ni os injuriéis los unos a los otros. ¿Comeríais, acaso, la carne de un hermano que ha fallecido? ¡Ay, no! Qué horror os causaría… ¡Tened conciencia de Allah!, pues Él es a quien hay que volver, tan matricial…

49. 13. ¡Oh, humanidad! Nosotros os creamos de un hombre y una mujer e hicimos diferentes naciones y tribus para que os conozcáis los unos a los otros. Ciertamente, entre vosotros el más noble es para Allah quien de vosotros tiene conciencia de Él. En verdad, es Allah Conocedor, tan bien informado…

49. 14. Dicen los beduinos árabes: «¡Somos creyentes!», respóndeles tú: «¡No creéis!», y diles después: «¡Nos hemos pacificado, mas la creencia aún no entró en vuestros corazones! Si obedecierais a Allah y a Su Mensajero, para nada serían vacías vuestras acciones. Ciertamente, Allah es quien toda falta alivia, tan matricial…».

49. 15. Únicamente son creyentes los que confían en Allah y en su Mensajero y, luego, no dudan, mas se esfuerzan poniendo su riqueza y sus propias vidas por la causa de Allah. Esos son los sinceros.

49. 16. Di: «¿Vais a enseñar a Allah su *din*? A Allah que conoce lo que hay en los cielos y la tierra...». Y es Allah, el que toda cosa conoce.

49. 17. Piensan que te hacen un favor por haberse pacificado, diles: «¡No penséis que me hacéis un favor por pacificaros. ¡Ay, no! Pues Allah es quien os beneficia guiándoos hacia la confianza, si es que sois sinceros...».

49. 18. Bien conoce Allah lo que oculto en los cielos y la tierra está. Y es Allah quien, profundamente, ve lo que hacéis.

Final del sexto Manzil

50. QAF

En el nombre de Allah, el *Rahman*, el *Rahim*

50. 1. *Qaf.* Por el glorioso Corán,
50. 2. ¡ay!, se extrañan los cafres con alguien que les advierte, mas dicen: «¡Qué ilógico!
50. 3. ¿Cómo? ¿Cuando fallezcamos tan solo seremos polvo? ¡Qué lejos nos pilla…!».
50. 4. Bien sabemos lo que consume de ellos la tierra y Nosotros tenemos una escritura bien guardada…
50. 5. ¡Ay! Que niegan la Verdad cuando a ellos les vino, encontrándose gobernados por la confusión.
50. 6. ¿Acaso no ven el abovedado cielo sobre ellos, cómo lo creamos y lo estructuramos sin grieta alguna?,
50. 7. y ¿cómo hemos allanado la tierra fijando firmemente las montañas haciendo crecer toda clase de bella vegetación?
50. 8. Es una imagen y un recuerdo para todo el que reconoce y se orienta.
50. 9. Y ¿cómo descendemos del cielo la bendita agua con la que hacemos crecer jardines y el grano para cosechar,
50. 10. y altas las palmeras datileras con racimos bien dispuestos?,
50. 11. ¡sea sustento de los siervos! Devolvemos Nosotros la fertilidad a la tierra yerma, así sea la resurrección.
50. 12. Renegaron, hace tiempo atrás, el pueblo de Nuh, la gente de Ras y los de Thamud,
50. 13. los de ‘Ad, los del Faraón y los hermanos de Lut,
50. 14. la gente del bosque y los de Tubba. ¡Todos negaron a los mensajeros, así cumpliose Mi amenaza!
50. 15. ¿Acaso estábamos cansados de la primera Creación? ¡Ay! Cómo dudan de la creación renovada,

50. 16. pues Nosotros creamos al ser humano y bien conocemos lo que le susurran sus mismas entrañas, estamos Nosotros más cerca de él que su vena yugular.
50. 17. Cuando los hallazgos los halladores tengan, a la izquierda y a la derecha sentados,
50. 18. no proferirá él palabra alguna que no tenga un observador bien dispuesto
50. 19. y le sobrevenga la angustia de la muerte que traerá la Verdad: «¡De eso intentabas escapar!».
50. 20. Y bramará la trompeta. El Día prometido será
50. 21. y cada cual vendrá acompañado de uno que le conducirá y otro que testificará:
50. 22. «En verdad, que igual te daba todo esto... Así, te desvelamos lo que te cubría y hoy tu vista es tan profunda, tan cortante...».
50. 23. Y dirá su compañero cercano: «¡Esto es lo que tengo preparado!
50. 24. Arrojado sea a la Gehena todo cafre, todo obstinado,
50. 25. aquel que lo bueno prohíbe, agresivo, escéptico con los otros,
50. 26. aquel que ponía a Allah junto a otro dios... ¡Arrojado sea a un castigo terrible!».
50. 27. Dirá su otro compañero cercano: «¡Oh, *Rabb* nuestro! ¡No soy yo quien le hizo transgredir, sino que él ya antes erraba...!».
50. 28. Él responderá: «¡No discutáis en Mi presencia! Mucho antes Yo os advertí.
50. 29. No cambiaré Mi palabra y no seré injusto con Mi Creación».
50. 30. Un Día Nosotros diremos a la Gehena: «¿Ya estás llena?», y responderá: «¿Hay más que queden?»,
50. 31. mas, acercaremos el Jardín a aquellos que tuvieron conciencia de Allah, tan cerca:
50. 32. «Esto es lo que os prometimos, a todo aquel que a Él volvió y se mantuvo en Él,
50. 33. que fue humilde con el *Rahman*, sin mostrarlo, con el corazón encogido.
50. 34. ¡Entrad, pues, en él pacificados! ¡Este es el Día sin fin!
50. 35. Tendrán allí cuanto quieran y con Nosotros aún hay más...».
50. 36. ¡A cuántas generaciones hemos destruido Nosotros antes que ellos, tan fuertes y tan poderosos, que recorrieron las tierras intentando escapar! ¿Acaso hay lugar alguno dónde se pueda escapar?

50. 37. Ciertamente, en ello hay un recuerdo para aquellos que tienen corazón o para quien quiere escuchar y está presente.
50. 38. En verdad, Nosotros creamos los cielos y la tierra y lo que media entre ellos en seis jornadas y ni nos alcanzó cansancio alguno.
50. 39. Así que sé paciente con aquello que dicen y eleva alabanzas a tu *Rabb* antes que se alce el sol y después de que se ponga,
50. 40. y en la noche, ¡alábale! Y hazlo después de prosternarte.
50. 41. Escucha, pues, con atención el Día que, desde un lugar cercano, llame el Llamador,
50. 42. un Día que se oirá el estruendo de la Verdad. Ese Día es el Día del Retorno.
50. 43. Ciertamente, Nosotros somos quienes traemos la vida y la muerte, somos el fin al que volver.
50. 44. El Día que se abra la tierra, dejándoles salir corriendo… ¡Qué fácil para Nosotros será reunirles!
50. 45. Nosotros bien sabemos lo que ellos dicen, tu deber no es obligarles. Mas, haz recordar con el Corán a quien tema Mi advertencia.

51. LOS VIENTOS QUE DISPERSAN

En el nombre de Allah, el *Rahman*, el *Rahim*

51. 1. ¡Por los vientos que dispersan
51. 2. a aquellas que llevan pesada carga,
51. 3. a aquellas que ligeras se aprestan,
51. 4. a aquellas que Su mandato entregan!
51. 5. Ciertamente, te es prometido lo cierto
51. 6. y, de verdad, que el Juicio ocurrirá
51. 7. y con el cielo lleno de senderos.
51. 8. Desde luego que tenéis opiniones diferentes,
51. 9. mas, los yerrados de ellos yerrados están.
51. 10. ¡Maldición sobre los mentirosos!,
51. 11. que confusos, descuidados,
51. 12. preguntan: «¿Cuándo habrá de llegar el día del Juicio?».
51. 13. Sea un Día en el que con el Fuego se probará...
51. 14. ¡Saboread vuestra prueba! ¿Esto es lo que anhelabais adelantar?
51. 15. En verdad, los que tengan conciencia de Allah en jardines y arroyos habrán de estar
51. 16. tomando lo que les ha dado su *Rabb*. Ciertamente, en el pasado estos hicieron el bien:
51. 17. de noche poco dormían
51. 18. y al despuntar el alba, pedían a Allah que sus faltas aliviaran,
51. 19. dándole de su riqueza, una parte, a quien se lo pedía y al pobre también.
51. 20. Y en la tierra hay signos para los que certeza tienen
51. 21. y en vosotros mismos. ¿No los veis?
51. 22. Y en el cielo vuestro sustento y aquello que se os prometió.

51. 23. Sea por el *Rabb* del cielo y de la tierra, pues, en verdad, es tan Real como cuando habláis.
51. 24. ¿Te ha llegado la historia de los huéspedes de Ibrahim generoso?
51. 25. Cuando entraron, le dijeron: «¡*Salam*!», respondió él: «¡*Salam*! Sois gente a la que yo no conozco».
51. 26. Se fue hacia los suyos y vino con un ternero bien asado,
51. 27. así se lo ofreció y les dijo: «¿No coméis?».
51. 28. Mas, él sintió miedo de ellos. Le respondieron: «No temas», y le dieron la buena nueva de que tendría un hijo docto.
51. 29. Pero su esposa, gritando y golpeándose la cara, les dijo: «¡Soy una vieja yerma!».
51. 30. A lo que ellos respondieron: «Así lo dice tu *Rabb*. Ciertamente, Él es el Sabio, el que todo conoce».

Juz 27

۞ Hizb 53

51. 31. Él dijo: «¿Qué os trae aquí, mensajeros?».
51. 32. Le respondieron: «En verdad, se nos envía contra un pueblo depravado,
51. 33. para lapidarlos con barro cocido,
51. 34. marcados son por tu *Rabb* por haber todo transgredido».
51. 35. Así sacamos a los creyentes que allí habitaban,
51. 36. pues solo había una casa de gente en Allah pacificada
51. 37. y dejamos una señal para los que temen el castigo doloroso.
51. 38. Y en Musa hay otro, cuando le enviamos a él ante el Faraón con una autoridad incontestable,
51. 39. mas llévole su poder a volverse y dijo: «¿O es un hechicero o está poseído?».
51. 40. Así, le agarramos, a él y a su ejército, y lo lanzamos al río. ¡Él estaba acusado!
51. 41. Y la gente de 'Ad, cuando Nosotros les enviamos un viento yermo,
51. 42. que nada dejó… Pasó y pasó hasta que no quedó más que ruinas.

51. 43. Y la gente de Thamud, cuando se les dijo a ellos: «¡Gozad un momento más!»,
51. 44. pero se rebelaron contra el mandato de su *Rabb* y un rayo les sorprendió, aunque lo veían,
51. 45. pero no fueron capaces de ponerse en pie, no pudieron defenderse.
51. 46. Y el pueblo de Nuh, antes de ellos, ¡qué viles, en verdad fueron ellos!
51. 47. Y el cielo que construimos con majestuosidad. En verdad, le dimos un espacio inmenso.
51. 48. Y la tierra que extendimos, que bien la aplanamos.
51. 49. Y toda cosa Nosotros la creamos por parejas, quizás así reflexionéis…
51. 50. «¡Id a refugiaros en Allah! Yo soy para vosotros, de parte de Él, un llamador incontestable,
51. 51. y no establezcas otros dioses que no sean Allah. Ciertamente, yo soy para vosotros, de parte de Él, un incontestable nuncio».
51. 52. De todos los que, anteriormente, vinieron, dijeron: «¡Es un hechicero o un poseso!».
51. 53. ¿Es que no se han contado esto los unos a los otros? ¡Ay, no! Son gente rebelde…
51. 54. ¡Aléjate de ellos y así no habrás de ser culpado!
51. 55. Y haz recordar para que, ciertamente, recuerden, pues el recuerdo beneficia a los creyentes.
51. 56. Yo no he creado a los *jinn* y a los hombres sino para que Me adoren.
51. 57. No quiero de ellos sustento alguno, no quiero que Me den de comer.
51. 58. Ciertamente, es Allah el Sustentador de todo, el Poseedor del poder, el Fuerte.
51. 59. Así, aquellos que hacen el mal tendrán su merecido como sus ancestros, tendrán un castigo semejante. ¡Ay, no! Que no me pidan que llegue…
51. 60. Mas, ¡ay! por los cafres en el Día que les ha prometido.

52. LA MONTAÑA

En el nombre de Allah, el *Rahman*, el *Rahim*

52. 1. ¡Por la Montaña!,
52. 2. y ¡por una escritura inscrita
52. 3. en un papiro desenrollado!
52. 4. ¡Por la Casa tan frecuentada
52. 5. y por la bóveda elevada!
52. 6. ¡Por el mar agitado!
52. 7. Ciertamente, el castigo de tu *Rabb* acontecerá
52. 8. y nadie podrá evitarlo!
52. 9. Un Día que se agiten con ímpetu los cielos
52. 10. y con tal movimiento las montañas se muevan.
52. 11. ¡Ese Día! ¡Ay, de aquellos que todo negaban!
52. 12. ¡Que en vano discutían mofándose!
52. 13. Un Día en el que se les empujará hacia el Fuego de la Gehena, volviéndolos a empujar,
52. 14. ¡este es el Fuego el cual vosotros solíais negar!
52. 15. ¿Acaso esto es brujería?, o ¿aún no lo podéis ver?
52. 16. ¡Entrad en ella! Aun seáis pacientes o no, no hay diferencia para vosotros. Solo es recompensa por aquello que hicisteis.
52. 17. En verdad, los que fueron conscientes de Allah están en jardines y placeres,
52. 18. gozando de lo que les ha dado Su *Rabb,* preservándolos del Fuego de la Gehena.
52. 19. ¡Comed y bebed! Es la satisfacción por lo que hicisteis.
52. 20. Reclinados en solios alineados, emparejados con bellezas de grandes ojos,
52. 21. y a los que creyeron y cuyos descendientes les siguieron en creencia, los reuniremos con su progenie. No disminuiremos

ninguna de sus obras, cada persona será responsable de lo que hizo.

52. 22. Y les daremos frutas y carnes a su gusto,
52. 23. pasándose entre ellos un cáliz que no los llevarán a las palabras vanas ni a la vileza,
52. 24. circunvalándolos muchachos que, para ellos, serán como perlas ocultas.
52. 25. Y se volverán y se preguntarán entre ellos
52. 26. diciendo: «Ciertamente, antes estábamos viviendo con miedo junto a los nuestros,
52. 27. mas, Allah nos favoreció y nos protegió del castigo abrasador».
52. 28. En verdad, solíamos invocarle antes, llamándole. Él es el más amable, tan matricial...
52. 29. Así que hazles recordar, por la complacencia de tu *Rabb*, que no eres un hechicero ni un poseso,
52. 30. pues si dicen: «Es un poeta... Para ellos esperaremos las desgracias a su tiempo...»,
52. 31. respóndeles: «¡Esperad! Esperad si es lo que queréis, que yo con vosotros esperaré...».
52. 32. ¿Tienen algún mandato para decir eso o son simplemente gente vil?
52. 33. O cuando dicen: «Eso se lo ha inventado él». ¡Ay, no! No creen,
52. 34. pues que traigan un ejemplo de lo que dicen si es que son sinceros...
52. 35. ¿Acaso fueron creados de la nada? ¿Han sido ellos los creadores?
52. 36. ¿Crearon los cielos y la tierra? ¡Ay, no! No creen...
52. 37. ¿Acaso poseen los tesoros de tu *Rabb*? ¿Creen que algo pueden controlar?
52. 38. ¿O tienen una escalera que les permita escuchar? Si alguno la tiene, que dé una prueba clara...
52. 39. ¿O tendrá Él hijas y para vosotros son los hijos?
52. 40. ¿O les exiges tú una recompensa para que se vean envueltos en deudas?
52. 41. ¿O pueden estar en el no visto y dar cuenta de ello?
52. 42. ¿O tan solo conspiran? Pero ya hay una conspiración contra los cafres.
52. 43. ¿Tienen un dios diferente que Allah? Alabado sea Allah sobre todos los que le asocian.

52. 44. Y si vieran caer un trozo de cielo, dirían: «¡Las nubes están apiladas!».

52. 45. Déjales hasta que llegue un Día en el cual sean arrebatados,

52. 46. un Día en que no les sirvan sus conspiraciones y no sean ayudados.

52. 47. Y para aquellos que tan viles fueron habrá otro castigo antes, pero la mayoría de ellos lo desconoce…

52. 48. Y con paciencia espera el juicio de tu *Rabb*, pues estás en Nuestros ojos. Y eleva loores a tu *Rabb* cuando alzado estés,

52. 49. y eleva tu loores a Él durante la noche y cuando se disipen las estrellas.

53. LA ESTRELLA

En el nombre de Allah, el *Rahman*, el *Rahim*

53. 1. ¡Por la estrella que se retira!
53. 2. Que no está yerrado vuestro compañero ni hace errar,
53. 3. y que no habla desde su deseo,
53. 4. pues es tan solo porque una revelación se le ha revelado.
53. 5. Enséñele el que dispone un gran poder,
53. 6. que con gran fuerza se alza
53. 7. mientras en el horizonte más alto él estaba.
53. 8. Luego, él se aproximó y bajando,
53. 9. a dos arcos del suelo,
53. 10. así le reveló a Su siervo lo que le inspiró.
53. 11. No miente su corazón acerca de lo que vio.
53. 12. ¿Vais a discutir sobre lo que él vio?
53. 13. En verdad, le vio una segunda vez
53. 14. junto al árbol de loto, cerca del límite,
53. 15. junto al Jardín de la Morada,
53. 16. cuando cubierto el árbol de loto lo cubría.
53. 17. No desvió la fija mirada, no fue una ilusión,
53. 18. y vio los Signos de su *Rabb*, el más grande.
53. 19. ¿Acaso nos visteis a Lat, al-Uzza
53. 20. y a Manat, la tercera?
53. 21. ¿Queréis para vosotros hijos varones y para Él hijas?
53. 22. ¡Qué reparto más injusto!
53. 23. Tan solo son nombres con los que, vosotros y vuestros ancestros, nombrasteis a los que Allah no le ha otorgado ninguna legitimidad. No siguen sino supuestos y sus propios caprichos, aun habiendo descendido la guía de su *Rabb*.

53. 24. ¿Acaso puede tener el hombre lo que quiera?
53. 25. Son de Allah la otra vida y esta.
53. 26. Y cuántos ángeles hay en los cielos, que no harán nada si no es tras el permiso de Allah, a quien Él quiera, a quien a Él le agrade.
53. 27. En verdad, los que no creen en la vida que habrá de venir a los ángeles le ponen nombre de mujer.
53. 28. ¡Qué ignorantes son! No siguen sino supuestos y frente a la Realidad de nada les sirve.
53. 29. Así que ¡apártate de quienes ignoren Nuestro recuerdo y no deseen salvo la vida mundana!
53. 30. Ese es todo el conocimiento que pueden alcanzar. Bien conoce Allah a quien yerra de su camino y mejor conoce a los que son guiados.
53. 31. Y es de Allah lo que en los cielos y la tierra está, retribuye Él por lo que hicieron a aquellos que el mal hacen y a los que hicieron el bien dándoles lo mejor.
53. 32. Aquellos que evitan los grandes errores y lo inmoral y tan solo cometen pequeños errores, Ciertamente, tu *Rabb* sus faltas ha de aliviar. Él conoce bien, os conoce cuando os creó de la tierra y cuando tan solo erais un feto en el vientre de vuestras madres... Así, no creáis que sois puros. Bien conocen a los que de Él tienen conciencia.
53. 33. ¿No ves que quien te vuelve la espalda,
53. 34. poco da y es un necio?
53. 35. ¿Acaso tiene el conocimiento de lo culto? ¿Está viendo?
53. 36. ¿No se le ha contado del contenido de las páginas de Musa
53. 37. y de Ibrahim? Su deber ambos han cumplido.
53. 38. Nadie llevará una carga ajena
53. 39. y el ser humano tendrá solo lo que hizo,
53. 40. viendo pronto de su esfuerzo el resultado,
53. 41. que retribuido con generosidad después será,
53. 42. pues de todo tu *Rabb* es el fin.
53. 43. Él hace pasar de la risa al llanto,
53. 44. Él da la muerte y la vida.
53. 45. Él os creó en parejas, como varón y hembra,
53. 46. de una gota eyaculada.

53. 47. Él es quien se compromete a otra creación
53. 48. y os da riquezas y posesiones.
53. 49. Es Él, el *Rabb* de Sirio,
53. 50. Aquel que destruyó a la primera generación de 'Ad
53. 51. y a la de Thamud, de quien no quedó nadie.
53. 42. Y antes lo hizo con la gente de Nuh, que fueron, en verdad, injustos y rebeldes,
53. 53. aniquilando sus ciudades,
53. 54. cubriéndolas como las cubrió.
53. 55. ¿De cuál de los dones de tu *Rabb* vas a dudar?
53. 56. Sea este un aviso tal y como a los antiguos se les advertía.
53. 57. ¡Ya se aproxima!
53. 58. Tan solo Allah puede apartarla…
53. 59. ¿Acaso de esta narración os asombráis?
53. 60. ¿Vais a reír en vez de llorar?
53. 61. ¿Persistís en vuestra negligencia?
53. 62. Pues ¡prosternaos ante Allah y adoradle!

54. LA LUNA

En el nombre de Allah, el *Rahman*, el *Rahim*

54\. 1. Cerca está la Hora, en canal la luna se abre,
54\. 2. mas, ven un Signo y, apartándose, dicen: «¡Qué antigua hechicería!»,
54\. 3. y, negándola, prosiguen con sus deseos, pero todo orden está establecida.
54\. 4. Y ya llegaron a ellos historias para disuadirles,
54\. 5. sabiduría irrefutable, mas no les sirven esos avisos.
54\. 6. ¡Apártate de ellos! Un Día llamará el Llamador para algo terrible,
54\. 7. con gachas miradas saldrán de sus tumbas como langostas en su nube,
54\. 8. apresurados, hacia Quien les llama. Dirán los cafres: «¡Qué difícil es este Día!».
54\. 9. Negaron, antes de ellos, el pueblo de Nuh. Negaron a Nuestro siervo diciéndole: «¡Eres un poseso!», y lo rechazaron.
54\. 10. Pero él imploró a su *Rabb*: «¡En verdad estoy indefenso! ¡Ayúdame!»,
54\. 11. y así Nosotros abrimos las puertas del cielo, cayendo torrencial agua,
54\. 12. y Nosotros hicimos brotar el agua de los manantiales, así se encontraron las aguas por un poderoso decreto.
54\. 13. Y le embarcamos en un arca hecha de tablas y clavos
54\. 14. que flotó a Nuestra vista, sea recompensa a aquel a quien habían negado.
54\. 15. Y así lo dejamos como un signo, mas ¿se dejarán advertir?
54\. 16. Mas, ¡cómo fueron Mi castigo y Mis advertencias!

54. 17. Y así, os facilitamos el Corán como advertencia, pero ¿habrá quien se deje advertir?
54. 18. Renegó la gente de 'Ad y ¡cómo fue Mi castigo y Mis advertencias!
54. 19. Ciertamente, Nosotros enviamos sobre ellos un viento ululante en un día de interminable infortunio,
54. 20. que arrancaba a los hombres como si fueran desraizados troncos de palmera.
54. 21. Mas, ¡cómo fueron Mi castigo y Mis advertencias!
54. 22. Y así, os facilitamos el Corán como recuerdo, pero ¿habrá quien se deje advertir?
54. 23. La gente de Thamud renegó también a los que advertían
54. 24. y así respondieron: «¿Acaso vamos a seguir a un mortal salido de entre nosotros? ¡En verdad, estaríamos errados y poseídos!
54. 25. ¿Por qué a él, de entre todos nosotros, se le daría el recuerdo? ¡Tan solo es un mentiroso impertinente!».
54. 26. Ya conocerán mañana quién es el mentiroso impertinente...
54. 27. Así, Nosotros les enviamos una camella para probarlos... Así que ¡obsérvales y sé paciente!
54. 28. Y diles que compartan entre ellos el agua, que beban por turnos.
54. 29. Pero llamaron a uno de ellos que empuñó la espada y le desgarraron las patas.
54. 30. Mas, ¡cómo fueron Mi castigo y Mis advertencias!
54. 31. Y así, Nosotros enviamos un único estruendo y quedaron como la paja que se usa para alzar una cerca.
54. 32. Y así, os facilitamos el Corán como advertencia, pero ¿habrá quien se deje advertir?
54. 33. La gente de Lut negó los avisos,
54. 34. así que mandamos una tormenta de piedras sobre ellos, excepto a la familia de Lut, a quienes salvamos al alba
54. 35. como una dádiva Nuestra. De esa forma recompensamos a aquel que agradece.
54. 36. Y, en verdad, les prevenimos de Nuestro poder, pero ellos los avisos cuestionaron.
54. 37. Y ellos les exigieron a sus huéspedes, así que Nosotros sellamos sus ojos. Ahora, paladead Mi castigo y Mis avisos...

54. 38. y temprano, a la mañana siguiente, tuvieron un largo castigo.
54. 39. Ahora, paladead Mi castigo y Mis avisos…
54. 40. Y así, os facilitamos el Corán como advertencia, pero ¿habrá quien se deje advertir?
54. 41. Y, ciertamente, la gente del Faraón recibió avisos,
54. 42. desmintieron todos Nuestros Signos y les tomamos con toda Nuestra gloria, con Nuestro poder.
54. 43. ¿Acaso vuestros cafres son mejores que ellos? ¿Tenéis alguna excepción en el Libro?
54. 44. O a veces dicen: «¡Estamos unidos! ¡Nos defenderemos!».
54. 45. Pronto será derrotada su unión y tendrán que escapar…
54. 46. Mas, la Hora es un tiempo prometido, Hora de lamentos y amargor.
54. 47. Ciertamente, los criminales yerran y poseídos están…
54. 48. Un Día serán arrastrados al Fuego por sus rostros… ¡Paladead el tacto del Fuego!
54. 49. En verdad, Nosotros creamos todos con un decreto
54. 50. y Nuestro mandato tan solo es como un golpe de vista.
54. 51. Y así derrotamos a los que, en el pasado, eran como vosotros. Pero ¿hay quien quiera recordar?
54. 52. Y todo lo que hicieron anotado está,
54. 53. cada acción, pequeña o grande, escrita está.
54. 54. En verdad, los que tuvieron conciencia de Allah entre jardines y arroyos estarán,
54. 55. establecidos en un asiento cercano al más poderoso Soberano.

Hizb 54

55. EL *RAHMAN*

En el nombre de Allah, el *Rahman*, el *Rahim*

55. 1. El *Rahman*
55. 2. que enseñó el Corán,
55. 3. que al hombre creó,
55. 4. que le instruyó a argumentar.
55. 5. El sol y la luna son ciclos
55. 6. y las plantas y los árboles se postran.
55. 7. Que el cielo alzó y la balanza dispuso,
55. 8. para que no mintáis en el pesaje,
55. 9. sino que seáis justos en el peso, no corrompáis la balanza.
55. 10. La tierra Él para sus criaturas la dispuso,
55. 11. pues en ellas hay frutas envueltas y palmeras datileras,
55. 12. vainas de granadas y aromáticas plantas.
55. 13. ¿Cuál de los favores de vuestro *Rabb* vais a rechazar?
55. 14. Creo Él al ser humano de arcilla, como la cerámica,
55. 15. y de ígnea flama a los *jinn*.
55. 16. ¿Cuál de los favores de vuestro *Rabb* vais a rechazar?
55. 17. *Rabb* de las dos axarquías y de las dos agarvías.
55. 18. ¿Cuál de los favores de vuestro *Rabb* vais a rechazar?
55. 19. Dejó los dos mares encontrarse
55. 20. y entre ellos dispuso un muro que ellos no atravesarán.
55. 21. ¿Cuál de los favores de vuestro *Rabb* vais a rechazar?
55. 22. De ambos provienen la perla y el coral.
55. 23. ¿Cuál de los favores de vuestro *Rabb* vais a rechazar?

55. 24. Suyas son las naves que navegan alzándose como montañas.
55. 25. ¿Cuál de los favores de vuestro *Rabb* vais a rechazar?
55. 26. Todo aquel que aquí está finito es.
55. 27. Y solo permanecerá el rostro de tu *Rabb*, Él que es el Majestuoso, que es digno de todo honor.
55. 28. ¿Cuál de los favores de vuestro *Rabb* vais a rechazar?
55. 29. Le imploran los que están en los cielos y en la tierra. Un asunto de Él es cada día.
55. 30. ¿Cuál de los favores de vuestro *Rabb* vais a rechazar?
55. 31. Pronto nos ocuparemos de vosotros, en dos grupos.
55. 32. ¿Cuál de los favores de vuestro *Rabb* vais a rechazar?
55. 33. ¡*Jinns*! ¡Hombres! Si sois capaces, atravesad las regiones celestes y terrestres… No vais a pasar si no es con Nuestra autoridad.
55. 34. ¿Cuál de los favores de vuestro *Rabb* vais a rechazar?
55. 35. Se lanzarán contra vosotros fuego llameante y humo, y no podréis defenderos.
55. 36. ¿Cuál de los favores de vuestro *Rabb* vais a rechazar?
55. 37. Cuando el cielo se desgarre y de rosado se tiña, turbio,
55. 38. ¿cuál de los favores de vuestro *Rabb* vais a rechazar?
55. 39. Ese Día, ya no se les preguntará sobre sus faltas a los seres humanos y a los *jinn*.
55. 40. ¿Cuál de los favores de vuestro *Rabb* vais a rechazar?
55. 41. Reconoceremos a los criminales por sus marcas y por un mechón de cabello y por los pies se les cogerá.
55. 42. ¿Cuál de los favores de vuestro *Rabb* vais a rechazar?
55. 43. ¡Esa es la Gehena para criminales que renegaban!
55. 44. E irán y vendrán de ella entre agua hirviente.
55. 45. ¿Cuál de los favores de vuestro *Rabb* vais a rechazar?
55. 46. Sin embargo, para quien temió antes de presentarse ante su *Rabb* ofreceremos dos jardines,
55. 47. ¿cuál de los favores de vuestro *Rabb* vais a rechazar?,
55. 48. de tupido follaje,
55. 49. ¿cuál de los favores de vuestro *Rabb* vais a rechazar?,
55. 50. con dos fuentes brotando,
55. 51. ¿cuál de los favores de vuestro *Rabb* vais a rechazar?,
55. 52. con frutas a pares.
55. 53. ¿Cuál de los favores de vuestro *Rabb* vais a rechazar?

55. 54. Reclinados estarán yaciendo en alfombras con brocados. Esas frutas a su alcance estarán.
55. 55. ¿Cuál de los favores de vuestro *Rabb* vais a rechazar?
55. 56. Allí habrá acompañantes de mirada baja, que aún no han sido tocadas ni por humano ni *jinn*,
55. 57. ¿cuál de los favores de vuestro *Rabb* vais a rechazar?,
55. 58. como si fueran rubíes y corales.
55. 59. ¿Cuál de los favores de vuestro *Rabb* vais a rechazar?
55. 60. ¿Es esta la recompensa por la excelencia?
55. 61. ¿Cuál de los favores de vuestro *Rabb* vais a rechazar?
55. 62. Más allá de esos dos habrá otros dos jardines,
55. 63. ¿cuál de los favores de vuestro *Rabb* vais a rechazar?,
55. 64. ambos de profundo verdor,
55. 65. ¿cuál de los favores de vuestro *Rabb* vais a rechazar?,
55. 66. en los cuales brotan dos fuentes.
55. 67. ¿Cuál de los favores de vuestro *Rabb* vais a rechazar?
55. 68. En ambos habrá fruta, dátiles y granados,
55. 69. ¿cuál de los favores de vuestro *Rabb* vais a rechazar?
55. 70. Habrá excelencias, bellezas,
55. 71. ¿cuál de los favores de vuestro *Rabb* vais a rechazar?,
55. 72. de ojos negros, protegidas en lugar seguro,
55. 73. ¿cuál de los favores de vuestro *Rabb* vais a rechazar?,
55. 74. que aún no han sido tocadas ni por hombre ni *jinn*,
55. 75. ¿cuál de los favores de vuestro *Rabb* vais a rechazar?,
55. 76. yaciendo sobre almohadones verdes y bellas alfombras,
55. 77. ¿cuál de los favores de vuestro *Rabb* vais a rechazar?
55. 78. ¡Que la *baraka* sea con el nombre de tu *Rabb*! Él, que es el Majestuoso, que es digno de todo honor.

56. LO QUE HABRÁ DE SUCEDER

En el nombre de Allah, el *Rahman*, el *Rahim*

56. 1. Cuando ocurra lo que habrá de suceder,
56. 2. ninguno podrá lo que ocurrió negar.
56. 3. Derribará, exaltará
56. 4. cuando agitada la tierra se agite
56. 5. y las montañas se pulvericen,
56. 6. así no sean más que motas de polvo a dispersar.
56. 7. Y así seréis divididos en tres grupos:
56. 8. Los que a la diestra estén…, ¿quiénes son los de la diestra?
56. 9. Los que a la siniestra estén…, ¿quiénes son los de la siniestra?
56. 10. Y los adelantados de los adelantados,
56. 11. esos son los más cercanos
56. 12. a los jardines del Placer.
56. 13. Muchos habrá de los antiguos
56. 14. y pocos de los modernos.
56. 15. En tan bien alhajados solios
56. 16. reclinados sobre ellos, unos frente a otros.
56. 17. Circunvalándolos inmortales muchachos
56. 18. con cálices, jarras y una copa de cristalina agua,
56. 19. que no dará dolor de cabeza, ni les intoxicará,
56. 20. y frutas a su preferencia
56. 21. y de aves la carne que plazcan.
56. 22. Y bellezas de grandes ojos,
56. 23. como si fueren perlas tan bien protegidas,
56. 24. en recompensa por lo que solíais hacer.
56. 25. No oirán vanas palabras ni vileza alguna,
56. 26. tan solo se dirá: ¡*Salam*! ¡*Salam*!

56. 27. Los que a la diestra estén..., ¿quiénes son los de la diestra?
56. 28. Estarán ellos entre árboles de loto, sin espinas,
56. 29. y racimos de plataneros,
56. 30. bajo una sombra extensa,
56. 31. cerca del agua de manantiales brotando
56. 32. y abundante fruta,
56. 33. sin límite, sin prohibición,
56. 34. en elevadas alfombras.
56. 35. En verdad, Nosotros las hicimos así,
56. 36. las hicimos inmaculadas,
56. 37. apasionadas, de edad similar
56. 38. para los que a la diestra están.
56. 39. ¡Tantos habrá de los antiguos
56. 40. y tantos de los modernos!
56. 41. Mas, los que a la siniestra estén..., ¿quiénes son los de la siniestra?
56. 42. En abrasador fuego y en agua hirviendo estarán,
56. 43. y a la sombra de un sombrío humo
56. 44. no encontrarán ni refresco ni placer.
56. 45. En verdad, ellos antes en el lujo vivieron
56. 46. y siguieron en la excelsa vileza.
56. 47. Y solían decir: «Cuando muramos y seamos polvo y huesos, ¿se nos resucitará?,
56. 48. ¿también lo harán a nuestros ancestros?».
56. 49. Di: «¡Los antiguos y los modernos
56. 50. serán congregados, en verdad, un marcado Día!».
56. 51. Tras eso, ciertamente, ¡oh, vosotros que erráis!, ¡mentirosos!,
56. 52. comeréis del árbol de *Zaqqum*,
56. 53. así llenaréis vuestros vientres,
56. 54. bebiendo agua hirviendo
56. 55. que beberéis como camellos sedientos...
56. 56. ¡Esa será la hospitalidad que les aguarda el Día del Juicio!
56. 57. Nosotros os creamos, ¿por qué no sois sinceros?
56. 58. ¿Acaso no veis lo que eyaculáis?
56. 59. ¿Sois vosotros quienes creáis o Nosotros los que creamos?
56. 60. Nosotros decretamos para vosotros la muerte y nadie se Nos puede escapar,

56. 61. para que os cambiemos y Nosotros os volvamos a crear de una forma que no conocéis…
56. 62. ¡Ya habéis conocido la primera creación!, ¿por qué no queréis recordar?
56. 63. ¿Acaso no veis vuestros campos sembrados?
56. 64. ¿Sois vosotros quienes sembráis o Nosotros somos los que sembramos?
56. 65. Si Nosotros hubiéramos querido, secaríamos vuestra cosecha y solo podríais lamentaros:
56. 66. «¡Ciertamente, nos asedian las deudas,
56. 67. ¡ay, no!, despojados fuimos!».
56. 68. ¿Acaso no veis el agua que bebéis?
56. 69. ¿Sois vosotros quienes hacéis que descienda o somos Nosotros quienes la descendemos?
56. 70. Si Nosotros hubiéramos querido, la haríamos salada, ¿por qué no sois agradecidos?
56. 71. ¿Acaso no veis el fuego que encendéis?
56. 72. ¿Sois vosotros quienes hacéis crecer el árbol o somos Nosotros quienes lo hacemos crecer?
56. 73. Nosotros lo hicimos como recuerdo y como don para los supervivientes.
56. 74. Así que ¡glorifica el nombre de tu *Rabb*, el Excelso!
56. 75. Pues ¡no! Juro por las estrellas que se ponen,
56. 76. ciertamente, un juramento excelso, si supierais…
56. 77. Este es, en verdad, un Corán generoso
56. 78. en un libro bien guardado,
56. 79. que tan solo lo tocan los purificados,
56. 80. descendido por el *Rabb* de los Mundos.
56. 81. ¿Cómo os es tan indiferente
56. 82. y os sustentáis de falsedades?
56. 83. Pues, cuando sube vuestro hálito por la garganta,
56. 84. y en ese momento lo contempláis,
56. 85. nosotros más cerca estaremos que vosotros de él, mas no lo veréis.
56. 86. ¿Por qué si no vais a ser juzgados
56. 87. no lo hacéis de nuevo, si es verdad lo que decís?
56. 88. Entonces, si es de los adelantados:

56. 89. reposará y recompensa en un Jardín placentero tendrá.
56. 90. Si es de los que esté a la diestra:
56. 91. pues que el *salam* sea sobre ti, que eres de los que están a la diestra.
56. 92. Y si fuese de los que erraban negándolo,
56. 93. que sea huésped del agua ardiente
56. 94. y arda en la Gehena.
56. 95. De seguro que esto es una verdad certera,
56. 96. así que ¡glorifica el nombre de tu *Rabb*, el Excelso!

57. EL HIERRO

En el nombre de Allah, el *Rahman*, el *Rahim*

57. 1. Alabado sea Allah por todo lo que está en los cielos y la tierra, el Poderoso, el Sabio.
57. 2. Suyo es el reinado de los cielos y la tierra. Él otorga la vida y la muerte. Y Él sobre todas las cosas tiene el poder.
57. 3. Él es la primera causa y la causa última, el Manifiesto y el Oculto. Y Él de las todas cosas bien conoce.
57. 4. Él es quien creó los cielos y la tierra en seis jornadas y, después, Él se aposentó sobre Su trono. Él conoce quién entra en la tierra y quién sale de ella, quién desciende del cielo y quién asciende a él. Él está con vosotros dondequiera que estéis. Y es Allah, de lo que hacéis, buen observador.
57. 5. Suyo es el reinado de los cielos y la tierra, y todo a Allah habrá de retornar.
57. 6. Él hace que la noche penetre al día y el día penetre a la noche. Y Él bien sabe lo que hay en los pechos.
57. 7. ¡Confiad en Allah y Su Mensajero! Y dad caridad de lo que Él os otorgó, pues para los que, entre vosotros, confiaron y dieron, para ellos habrá una gran recompensa.
57. 8. Y, ¿por qué no confiáis en Allah cuando Su Mensajero os invita que creáis en su *Rabb,* aun cuando ha concertado una alianza con vosotros? ¿Sois creyentes?
57. 9. Él es quien desciende sobre Su siervo inequívocos signos con los que Él os trae de la oscuridad a la luz. Y, ciertamente, Allah es con vosotros tan amable, tan matricial…
57. 10. ¿Y por qué no habréis de ser caritativos por causa de Allah, si es Su herencia en los cielos y la tierra? No sois iguales entre

vosotros: quienes antes de la victoria fueron caritativos y combatieron, para esos habrá un excelso rango frente a aquellos que después de la victoria fueron caritativos y combatieron. Y a todos les promete Allah lo mejor. Y es Allah buen conocedor de lo que hacéis.

57. 11. Aquel que haga un buen préstamo a Allah, Él lo multiplicará y le otorgará una generosa recompensa.

57. 12. El Día que contemples a los creyentes y las creyentes con su luz fluyendo ante ellos y a su diestra: «¡Buenas nuevas para vosotros sean dadas hoy! ¡Jardines bajo los que arroyos fluyen en donde permaneceréis por toda la eternidad! ¡Qué éxito más excelso!».

57. 13. Ese Día dirán los hipócritas y las hipócritas a aquellos que creyeron: «¡Esperadnos, que nosotros queremos tomar vuestra luz!», mas se les responderá: «¡Atrás! ¡Buscad vosotros la luz!». Dispuesta será una muralla entre ellos con una puerta, que dentro estará la *rahma* y fuera, frente a ellos, yace el castigo.

57. 14. Gritarán: «¿No estábamos con vosotros?», les responderán: «¡Pues sí! Pero tentados, guardasteis y dudasteis. Vuestros deseos os indujeron hasta que llegó la orden de Allah. Engaños sobre Allah dados por el engañador.

57. 15. Así, hoy no se aceptará ningún rescate ni por vosotros ni por los cafres, vuestro hogar será el Fuego, que vuestra protección sea». ¡Qué terrible final!

57. 16. ¿No llegó el tiempo de aquellos que humildes de corazón recordaron a Allah y descendió sobre ellos la Verdad, y no de quienes, habiéndosele dado el Libro, tanto tiempo transcurrió que se endurecieron sus corazones? Y cuántos de ellos eran de los perversos…

57. 17. ¡Conoced que Allah vivifica la tierra después de que se vuelva yerma! Ciertamente, os hicimos claras las aleyas para que podáis comprenderlas.

57. 18. En verdad, aquellos y aquellas que den limosna, dan un bello préstamo a Allah que será multiplicado y les otorgará una recompensa generosa.

57. 19. Y aquellos que crean en Allah y Su Mensajero serán los sinceros y testigos con su *Rabb*, para ellos sean la recompensa y Su luz.

Y para aquellos que fueron cafres y negaron Nuestros Signos,
que sean compañeros del Fuego.
57. 20. ¡Conoced que la vida mundana es un juego, un divertimento
y simple adorno, que competís jactándoos entre vosotros por
vuestras riquezas e hijos! Tened como ejemplo la lluvia que,
tras ella, alegra a los labradores, pues crece, mas luego la ves
amarillear y marchitarse, convirtiéndose en broza... Y en la
vida que habrá de venir habrá un castigo severo o hará las
faltas olvidar Allah con gozo, mientras que la vida mundana
tan solo es fugaz disfrute.
57. 21. ¡Rivalizad porque alivie vuestras faltas vuestro *Rabb* y por un
Jardín que es tan extenso como los cielos y la tierra, dispuesto
para los que creen en Allah y Sus mensajeros! Esa es la dádiva
otorgada por Allah a los que Él quiere. Y es Allah poseedor de
una excelsa generosidad.
57. 22. No golpea el infortunio, ni en la tierra ni los cielos, sin que
escrito sea antes de que Nosotros lo hagamos ocurrir. Esto
para Allah es sencillo.
57. 23. Para que no os aflijáis si algo se os escapa y no os regocijéis
si algo Él os da. Y Allah no ama a nadie que se engañe a sí
mismo, que sea un fanfarrón,
57. 24. ni a aquellos que son avaros y disfrutan con la avaricia sobre la
humanidad. Y quien vuelve la espalda a Allah, Él se basta a Sí
mismo, es digno de todas las alabanzas...
57. 25. Así, enviamos a Nuestros mensajeros con Signos incontestables
y descendimos la Escritura y la Balanza, para establecer a la
humanidad la justicia. Y descendimos el hierro, que posee una
poderosa fuerza y beneficios para la humanidad. Y esto es para
que, sin que ellos supieran, conozca Allah quiénes le ayudan
y a Sus mensajeros. Ciertamente, Allah es pura fuerza, puro
poder.
57. 26. Y, ciertamente, Nosotros enviamos a Nuh y a Ibrahim y en
su descendencia pusimos la Profecía y el Libro: los hubo entre
ellos bien guiados, mas muchos de entre ellos se desviaron...
57. 27. Luego, Nosotros enviamos a mensajeros que prosiguieron, así
como ‘Isa, hijo de Maryam, y le dimos el Evangelio y llenamos
de *rahma* y suavidad los corazones de quienes a él seguían,

mas el monacato lo innovaron ellos, y no se lo prescribimos Nosotros, buscando agradar a Allah, pero ¡no respetaron con verdadero respeto! Así que Nosotros les dimos a los creyentes, de entre ellos, su recompensa, pero la mayoría tan solo fueron perversos.

57. 28. ¡Oh, vosotros que creéis! ¡Sed conscientes de Allah y Su Mensajero! Así, Él os otorgará el doble de Su *rahma*, tendréis luz para vuestro camino y se olvidarán vuestras faltas. Y Allah es el que toda falta alivia, tan matricial...

57. 29. Así que la gente del Libro sepa que no tienen poder alguno sobre el favor de Allah, que Su favor tan solo está en manos de Allah y Él se lo da a quien quiere. Y es Allah poseedor de una excelsa generosidad.

Juz 28

۞ Hizb 55

58. LA DISCUSIÓN

En el nombre de Allah, el *Rahman*, el *Rahim*

58. 1. En verdad, oyó Allah a aquella que discutía por causa de su esposo, que ante Allah se lamentaba. Y es que Allah oye todo lo que ambos decís, ciertamente, es quien todo lo oye, quien atentamente ve.
58. 2. Aquellos que rechazan, mas no llegan a divorciar a sus mujeres diciendo que son como sus madres, mas no son sus madres solo aquellas que los han parido. Y, ciertamente, dicen algo terrible y palabras falsas, pero Allah es aquel que, con olvido, vuestas faltas alivia.
58. 3. Aquellos que rechazan, mas no llegan a divorciar a sus mujeres diciendo que son como sus madres, luego se acercan de nuevo a ellas, deben liberar un esclavo antes del encuentro conyugal. Se os advierte de ello. Y Allah bien sabe lo que hacéis.
58. 4. Quien no pueda que ayune dos meses consecutivos antes del encuentro conyugal. Quien no pudiera que alimente a sesenta pobres. Es para que confiéis en Allah y Su Mensajero, pues estas son las leyes de Allah. Y ¡qué castigo más doloroso los cafres tendrán!
58. 5. En verdad, los que se oponen a Allah y Su Mensajero sobre ellos sea la desgracia desgraciada como ocurrió a la gente de antes de ellos. Y, ciertamente, Nosotros hemos descendido

signos indiscutibles. Y ¡qué castigo más humillante los cafres tendrán!

58. 6. El Día en el que levantados sean por Allah, juntos, se les mostrará lo que hicieron. Registrado está por Allah, mientras ellos lo han olvidado. Y Allah de todas las cosas es testigo.

58. 7. ¿Acaso no ves que Allah conoce todo lo que está en los cielos y la tierra? No hay reunión secreta de tres donde Él no sea el cuarto, ni de cinco donde Él no sea el sexto. Da igual que sean menos o más, Él siempre está con ellos dondequiera que estén. Luego, Él les mostrará lo que hicieron el Día de la Alzada. Allah bien conoce todo lo que ocurre.

58. 8. ¿Acaso no ves a aquellos que se les prohibió celebrar reuniones secretas cómo se escabullen y vuelven a lo que se les prohibió para transgredir y desobedecer al Mensajero? Y, cuando vienen a ti, te saludan con un saludo tan distinto a Allah y dicen en su interior: «¿Por qué no nos castiga Allah por lo que decimos?». ¡Les baste la Gehena, allí arderán! ¡Qué terrible final!

58. 9. ¡Oh, vosotros que creéis! Cuando celebréis reuniones secretas, no lo hagáis conspirando para transgredir y desobedecer al Mensajero, sino con la voluntad de ser virtuosos y ser conscientes de Allah. ¡Sed conscientes de Allah, con quien os habréis de reunir!

58. 10. Las reuniones secretas son creadas por el Shaytan para entristecer a los creyentes, mas no puede él hacerles ningún daño, salvo que lo permita Allah. Y en Allah ponen su confianza los creyentes.

58. 11. ¡Oh, vosotros que creéis! Cuando se os dice: «¡Haced sitio en vuestras asambleas!», y si hacéis sitio, Allah os hará sitio. Y si se os dice: «¡Levantaos!», y si os levantáis, Allah elevará a aquellos que crean de entre vosotros y a aquellos que el conocimiento elevarán. Y Allah bien sabe lo que hacéis.

58. 12. ¡Oh, vosotros que creéis! Cuando querais mantener una conversación a solas con el Mensajero, ofreced un donativo. Es esto mejor y más puro para vosotros, mas, si no podéis… Allah es el que toda falta alivia, tan matricial…

58. 13. ¿Os asusta dar una limosna antes de hablar con el Mensajero? Si no lo hacéis y Allah se vuelve hacia vosotros, ¡estableced azalá!, ¡dad el azaque!, y ¡obedeced a Allah y a Su Mensajero! Y Allah bien conoce todo lo que hacéis.

58. 14. ¿Acaso no has visto a aquellos que han tomado como íntimos a gente que provoca la ira de Allah? Ni están con vosotros ni están con ellos y juran falsamente aun sabiéndolo.

58. 15. Ha preparado para ellos Allah un terrible tormento. En verdad, qué malo es lo que hacen.

58. 16. Toman sus juramentos como escudos, mas desvían a otros de la senda de Allah. ¡Qué humillante castigo!

58. 17. Ni vuestra riqueza ni vuestra prole servirán frente Allah. Esos serán compañeros del Fuego por toda la eternidad.

58. 18. El Día que Allah los alce a todos, le jurarán como lo hacen con vosotros y pensarán que tienen algo. No hay duda de que ellos son mentirosos…

58. 19. Apodérese de ellos el Shaytan y olvidarse les hizo de recordar a Allah. Esos son los que toman partido con el Shaytan y no hay duda de que quien va con Shaytan es un perdedor.

58. 20. En verdad, aquellos que se oponen a Allah y a Su Mensajero serán humillados.

58. 21. Escrito está por Allah: «¡Ciertamente, la victoria es Mía y de Mis mensajeros!». Allah es el más fuerte, el más poderoso.

58. 22. No encontrarás verdaderos creyentes en Allah y en el último Día entre aquellos que amen a los que se opongan a Allah y a Sus mensajeros, aunque sean sus padres, hijos, hermanos o familia. La confianza está escrita en sus corazones por Allah y les ha fortalecido con Su Espíritu. Él les hará entrar en jardines en los que debajo fluyen arroyos, en los que permanecerán por toda la eternidad. Satisfecho estará Allah con ellos y ellos estarán satisfechos con Él. Estos son los que toman partido por Allah y solo aquellos que estén al lado de Allah habrán de prosperar.

59. LAS CONGREGACIONES

En el nombre de Allah, el *Rahman*, el *Rahim*

59. 1. Alabado sea Allah por todo lo que en los cielos y la tierra hay, el Poderoso, el Sabio.

59. 2. Él es quien expulsó de sus hogares a los cafres de entre la gente del Libro cuando se congregaron por primera vez. ¿Acaso creíais que iban a salir? ¿Acaso creían que sus fortalezas les protegerían contra Allah? Mas Allah les tocó donde menos esperaban y puso miedo en sus corazones y ellos con sus propias manos destruyeron sus casas, ayudados por los que creían. ¡Aprended la lección todos los que podáis percibir!

59. 3. Si Allah no hubiera decretado su expulsión, bien les habría castigado en esta vida mundana, mas en la próxima les espera el castigo del Fuego

59. 4. porque se opusieron a Allah y a Su Mensajero. Cualquiera que se oponga a Allah, ciertamente, Allah lo castiga con severidad.

59. 5. Cuando las palmeras talabais o las dejabais sobre sus raíces, lo hacíais bajo el permiso de Allah para humillar a los perversos.

59. 6. Y cómo le otorgó Allah a Su Mensajero cuando no contribuisteis con caballos ni camellos, mas Allah da poder a Sus mensajeros sobre quien Él quiere. Y Allah sobre toda cosa tiene poder.

59. 7. Todo lo que Allah concede a Su Mensajero de los pueblos pertenece a Allah, a Su Mensajero, a sus parientes, a los huérfanos, al necesitado y al viajero. Que circule y que no vaya solo al rico, mas, si el Mensajero os da algo, aceptadlo, y si os prohíbe algo, absteneos. Y ¡sed conscientes de Allah! Ciertamente, Allah castiga severamente.

59. 8. A los pobres refugiados que expulsados fueron de sus casas, anhelando la gracia de Allah y su complacencia, auxiliando a Allah y a Su Mensajero, ¡esos son los sinceros!

59. 9. Y aquellos, que asentados en sus casas y antes de ellos creen, aman a los refugiados que hacia ellos van y en sus pechos no hay envidia de lo que se les ha dado y les prefieren sobre sí mismos, aun estando en la penuria. Los que se guarden de su propia codicia, esos victoriosos serán.

59. 10. Y aquellos que tras ellos vinieron diciendo: «¡Oh, *Rabb* nuestro! Nuestras faltas y las de nuestros hermanos en la creencia que estuvieron antes de nosotros haz olvidar. No pongas rencor alguno en nuestros corazones contra aquellos que creen. ¡Oh, *Rabb* nuestro! Tú que eres tan suave, tan matricial…».

59. 11. ¿No has visto a aquellos hipócritas que a sus hermanos cafres entre la gente del Libro dicen: «Si os destierran, nos iremos con vosotros y no obedeceremos a quien dicte algo en contra vuestra, y si os atacan, os hemos de proteger». Y Allah es testigo de cómo mienten.

59. 12. Porque, si son desterrados, con ellos no irán. Porque, si les atacan, no les protegerán. Y, aunque les auxilian, les darán la espalda y huirán. No habrá ayuda alguna.

59. 13. Ciertamente, les temen con un miedo tan intenso, más que a Allah. Esta es gente sin entendimiento…

59. 14. No combatirán con vosotros unidos, excepto en pueblos fortificados o tras altas murallas. ¡Hostiles son entre ellos! Los creéis unidos, más en sus corazones divididos están. Esta es gente que no razona…

59. 15. Como los que antes que ellos paladearon lo grave de su conducta y les espera un doloroso castigo.

59. 16. Como el Shaytan cuando le dice a la humanidad: «¡Sé cafre!», y, cuando cafre se ha vuelto hacia él, le dice: «¡Ya no estoy contigo! Yo temo a Allah, *Rabb* de todos los mundos»,

59. 17. ¡que sea el final para ambos el Fuego!, donde han de permanecer por toda la eternidad. ¡Y sea esa la recompensa de los que transgreden!

59. 18. ¡Oh, vosotros que creéis! Sed conscientes de Allah y dejad que cada uno se dé cuenta de lo que le depara el mañana. ¡Sed

conscientes de Allah! Ciertamente, Allah es consciente de todo lo que hacéis.

59. 19. Y no seáis como aquellos que habiéndose olvidado de Allah, Él hace que se olviden de sí mismos, esos son los impíos.

59. 20. No son iguales los que habitan en el Fuego que quienes habitan en el Jardín, los que habitan el Jardín son los que el éxito habrán de alcanzar.

59. 21. Si Nosotros hubiéramos descendido este Corán sobre una montaña, seguramente la hubieras visto humillada y hendirse por sumisión a Allah. Ejemplos sean estos para la humanidad, quizás así mediten…

59. 22. Él es Allah. No hay dioses sino Él, el conocedor del no visto y de lo visto. Él es el *Rahman*, el *Rahim*.

59. 23. Él es Allah. No hay dioses sino Él, el Rey, el Insondable, el que otorga la Paz, el Digno de confianza, el Guardián, el Todopoderoso, el Fuerte, el Supremo. Alabado sea Allah sobre todo lo que se le pueda asociar.

59. 24. Él es Allah. El Creador, el Hacedor, el Dador de Formas. Suyos son los más bellos nombres. Alabado sea Él por todo lo que en los cielos y la tierra hay. Y Él es el Poderoso, el Sabio.

60. ¡EXAMINADLAS!

En el nombre de Allah, el *Rahman*, el *Rahim*

60. 1. ¡Oh, vosotros que creéis! No toméis a mis enemigos y vuestros enemigos como vuestros íntimos, ofreciéndoles amor mientras ellos son cafres con la Verdad que vino a vosotros. Hacen exiliarse al Mensajero y a vosotros porque creéis en Allah, vuestro *Rabb*, si salís para esforzaros por Mi causa y anheláis Mi complacencia, ¿de verdad le tendréis amor? Bien sé lo que escondéis y mostráis. Y quien de entre vosotros obra así yerra del firme sendero.

60. 2. Ciertamente, si os dominan, os convertiréis en sus enemigos y alzarán contra vosotros sus manos y sus lenguas tendrán mal. Y cómo desean que fuerais cafres…

60. 3. No os beneficiarán ni vuestras familias ni vuestras proles el Día de la Alzada, pues Él os juzgará a todos. Y es Allah el que profundamente ve.

60. 4. Ciertamente, hay un bello ejemplo en Ibrahim y los que estaban con él, cuando dijeron a su pueblo: «Nos apartamos de vosotros y lo que sea que adoráis en vez de Allah. Nos apartamos de vosotros, pues ha aparecido entre vosotros y nosotros enemistad y aversión por siempre, hasta que creáis únicamente en Allah», mas dijo Ibrahim a su padre: «Pediré que tus errores se olviden, mas nada puedo hacer por ti en contra de Allah. ¡Oh, *Rabb* nuestro! A Ti nos entregamos y retornamos, pues eres el destino Final.

60. 5. ¡Oh, *Rabb* nuestro! No nos hagas pruebas para los cafres y alivia nuestros errores. ¡Oh, *Rabb* nuestro! Tuyo es todo el poder, toda la sabiduría».

60. 6. Ahí, ciertamente, tenéis un bello ejemplo para quien tiene esperanza en Allah y en el último Día. Mas quien se aparta... Allah se basta Él mismo, Él es digno de todo loor.

60. 7. Quizás Allah establezca la amistad entre vosotros y los que fueron vuestros enemigos. Y todo el poder es de Allah, pues toda falta alivia, tan matricial...

60. 8. No os prohíbe Allah ser amables con aquellos que no combatieron por vuestro *din* y os echaron de vuestras casas por ser amables y justos. Y es que Allah ama a aquellos que son justos,

60. 9. mas, os prohíbe Allah haceros íntimos de aquellos que os combatieron por vuestro *din* y os hicieron migrar o les ayudaron. Quienes se hagan íntimos, esos son infames...

60. 10. ¡Oh, vosotros que creéis! Cuando a vosotros lleguen las creyentes emigradas, ¡examinadlas! Bien conoce Allah su creencia. Si descubrís que, en verdad, son creyentes, no las devolváis a los cafres, pues no son lícitas para ellos ni ellos lo son para ellas. Dadles a los cafres lo que gastaron, no se os ha de reprochar si os casáis con ellas, si les entregáis su dote. Mas, que no permanezcan con vosotros las cafres. Pedid lo gastado y que ellos pidan lo gastado. Esta es la decisión de Allah, Él decide entre vosotros. Y es Allah el que todo conoce, el Sabio.

60. 11. Y si alguna de vuestras esposas os deja por los cafres y, después, vencéis, dadles a ellos, por los que ellas os dejaron, lo que gastaron. ¡Sed conscientes de Allah, que es en quien confiáis!

60. 12. ¡Oh, Profeta! Cuando las creyentes vengan a prestarte juramento que no sean idólatras, que no roben, que no cometan adulterio, que no asesinen a sus hijos ni pronuncien calumnia forjada entre sus manos y pies, ni te desobedezcan en lo conocido, toma su juramento y pide que Allah alivie sus errores. Ciertamente, es Allah el que toda falta alivia, tan matricial...

60. 13. ¡Oh, vosotros que creéis! Que no sean vuestros íntimos aquellos que provocan la ira de Allah, pues se desesperan contra la próxima vida, como los cafres que se desesperan de los que yacen en la tumba.

61. ALINEADOS

En el nombre de Allah, el *Rahman*, el *Rahim*

61. 1. Loor a Allah por todo lo que en los cielos y la tierra hay, es el Poderoso, el Sabio.
61. 2. ¡Oh, vosotros que creéis! ¿Por qué decís algo distinto de lo que hacéis?
61. 3. Tan odioso es para Allah que digáis lo que luego no hacéis.
61. 4. Ciertamente, Allah ama a aquellos que combaten por Su causa alineados como si fueran un pilar.
61. 5. Y cuando Musa le dijo a su pueblo: «¡Oh, pueblo mío! ¿Por qué me ofendéis cuando sabéis que yo soy un enviado de Allah para vosotros?», mas, cuando se desviaron, Allah extravió sus corazones. Y es que Allah no guía a un pueblo infame.
61. 6. Y cuando 'Isa, hijo de Maryam, dijo: «¡Oh, hijos de Israel! Ciertamente, yo soy un Mensajero de Allah para vosotros, que os confirma la Torá que hay entre mis manos y os trae la buena nueva de un Mensajero que vendrá tras de mí cuyo nombre será Ahmad», mas, cuando con irrefutables pruebas vino a ellos, le dijeron: «¡Claramente es un hechicero!».
61. 7. ¿Hay alguien más infame que aquel que urde mentiras contra Allah, aun si se le invita a pacificarse? Y es que Allah no guía a un pueblo infame.
61. 8. Intentan apagar la luz de Allah con sus bocas, mas Allah mantiene firme Su luz, aunque lo odien los cafres.
61. 9. Él es quien envió a Su enviado con la guía y un *din* verdadero para que prevalezca sobre el *din* de todos ellos, aunque lo odien los idólatras.

61. 10. ¡Oh, vosotros que creéis! ¿Debería mostraros un pacto que os libre de un doloroso castigo?

61. 11. Confiad en Allah y en Su Mensajero y esforzaros por la causa de Allah con vuestras riquezas y con vosotros mismos. Es lo mejor para vosotros, si supierais…

61. 12. Él os aliviará vuestras faltas y os hará entrar en los jardines bajo cuyos arroyos fluyen y una morada purificada en los jardines del Edén. ¡Eso sí que es un éxito excelso!

61. 13. Y otra cosa que amaréis es la ayuda de Allah y la próxima victoria. ¡Da la buena nueva a los creyentes!

61. 14. ¡Oh, vosotros que creéis! ¡Coadyuvad con Allah! Tal y como lo hizo 'Isa, hijo de Maryam, cuando les dijo a sus apóstoles: «¿Quiénes me ayudarán en la senda de Allah?», respondieron los apóstoles: «Nosotros seremos los que te ayudaremos en la causa de Allah». Así, de los hijos de Israel, unos creyeron y otros no, mas nosotros fortalecimos a aquellos que creyeron contra sus enemigos y así los dominaron.

۞ Hizb 56

62. EL DÍA DE LA CONGREGACIÓN

En el nombre de Allah, el *Rahman*, el *Rahim*

62. 1. Alabado sea Allah por todo lo que en los cielos y la tierra hay, el Rey, el Insondable, el Poderoso, el Sabio.
62. 2. Él es Aquel que alzó de entre aquellos, a los que aún no se les había dado la escritura, un Mensajero, que recita Sus aleyas y les purifica enseñándoles el Libro y la Sabiduría. Ciertamente, antes de esto, con que claridad erraban,
62. 3. mas, otros, de entre ellos, no se han unido. Y Él es el Poderoso, el Sabio.
62. 4. Esta es la generosidad de Allah, Él se la da a quien quiere. Y es Allah quien poseen la excelsa generosidad.
62. 5. El ejemplo de aquellos que tomaron la Torá y luego la rechazaron. Son como si fueran un burro que carga libros. ¡Miserable ejemplo es el de la gente que reniega de las aleyas de Allah! Y es que Allah no guía a un pueblo perverso...
62. 6. Di: «¡Oh, vosotros los judíos! Si sostenéis que sois íntimos de Allah, mas excluís a otra gente, desead la muerte si sois sinceros...»,
62. 7. mas, nunca la desean por lo que hicieron sus manos. Y es que Allah bien conoce a los perversos.
62. 8. Di: «Ciertamente, la muerte de la cual huis os encontrará seguro. Tras eso, se os hará retornar ante Aquel que lo oculto y lo manifiesto conoce y ya os dará cuenta de lo que hacíais».

62. 9. ¡Oh, vosotros que creéis! Cuando se llame a la azalá el día de la congregación, daos prisa para recordar a Allah y dejad vuestros quehaceres. Cuán mejor es para vosotros, si llegarais a saber…

62. 10. Mas, cuando terminéis la azalá, dispersaos por la tierra y buscad la generosidad de Allah, ¡recordad a Allah en demasía! Y quizás así prosperéis…

62. 11. Y, cuando ven un negocio o algo con lo que entretenerse, se apresuran y te dejan esperando. Di: «Con Allah está algo mejor que el entretenimiento y el mejor negocio. Y es Allah el mejor sustentador».

63. LOS HIPÓCRITAS

En el nombre de Allah, el *Rahman*, el *Rahim*

63. 1. Cuando a ti vienen los hipócritas diciendo: «Damos testimonio de que, ciertamente, tú eres el Mensajero de Allah», y bien conoce Allah que tú eres Su Mensajero y da testimonio de cómo sin duda los hipócritas mienten.

63. 2. En sus pactos se escudan y desvían a otros de la senda de Allah. En verdad, ¡cuánto mal hacen!

63. 3. Eso es porque ellos creyeron y luego se volvieron cafres. Así fueron sellados sus corazones para que nada comprendieran.

63. 4. Y, cuando se les ve, su presencia te agrada. Mas, si hablan, escucha lo que dicen, pues son como troncos secos que se tambalean. Piensan que todo grito está contra ellos. ¡Ellos son el enemigo! ¡Ten cuidado! ¡Que Allah los confunda! ¿Cómo pueden deambular tanto?

63. 5. Y cuando se les dice: «¡Venid! Que toda falta sea aliviada porque lo pida el Mensajero de Allah», giran sus cabezas, retirándose con arrogancia.

63. 6. Es lo mismo que reclames el olvido de sus faltas o no, pues a ellos no se les aliviarán sus faltas. Ciertamente, Allah no guía a aquellos que son perversos.

63. 7. Ellos son quienes dicen: «Nada gastéis en aquellos que están con el Mensajero de Allah, así ellos le dejarán en tropel». Y son de Allah los tesoros de los cielos y de la tierra, mas no lo comprenden los hipócritas.

63. 8. Dicen: «Si volvemos a Medina, seguramente los poderosos expulsarán a los que son débiles». Mas, el poder pertenece a Allah, a Su Mensajero y a los creyentes. Pero los hipócritas no lo saben.

63. 9. ¡Oh, vosotros que creéis! No dejéis que os distraigan vuestra riqueza ni vuestra prole del recuerdo de Allah. Y aquellos que lo hacen, esos son los perdedores.

63. 10. Y gastad de lo que os proveímos antes, a uno de vosotros le sobrevenga la muerte y diga: «¡*Rabb* mío! ¿Por qué no me otorgas un poco más de tiempo para que dé caridad y acciones justas?».

63. 11. Mas, nunca Allah da más cuando a cada uno el plazo expira. Y está Allah bien informado de todo lo que hacéis.

64. ILUSIONES

En el nombre de Allah, el *Rahman*, el *Rahim*

64. 1. ¡Exalta a Allah todo lo que hay en los cielos y la tierra! Suyo es el Reino, suya es el loor y Él sobre toda cosa tiene poder.

64. 2. Él es quien os creó a vosotros, así entre vosotros hay cafres y creyentes. Y es Allah el que profundamente ve lo que hacéis.

64. 3. Creó los cielos y la tierra con un sentido y os moldeó a vosotros bellamente. Y Él es la causa final.

64. 4. Él conoce todo lo que hay en los cielos y la tierra y conoce lo que escondéis y hacéis manifiesto. Y Allah conoce lo que hay en vuestros pechos.

64. 5. ¿Acaso no vino a vosotros lo que les ocurrió a los antiguos cafres? Paladearon las consecuencias de sus acciones y les espera a ellos un castigo doloroso.

64. 6. Pues vinieron a ellos mensajeros con irrefutables pruebas y les dijeron: «¿Unos mortales van a guiarnos?». Fueron cafres y les dieron la espalda, mas Allah nada necesitaba de ellos: Él es Suficiente, es al que hay que alabar.

64. 7. Afirman los cafres que no serán alzados. Di: «¡Pues sí! *Rabb* mío os hará alzaros de vuestras tumbas y, tras ello, de lo que hicisteis se os informará. Cosa fácil es para Allah...».

64. 8. Así que confiad en Allah, en Su Mensajero y en la luz que Nosotros hemos descendido. Y Allah de lo que hacéis está bien informado.

64. 9. El Día que Él os junte para el Día del encuentro, ese será el Día de las ilusiones. Y aquellos que crean en Allah y obren justamente, Él destruirá sus errores y les hará entrar a jardines

en los que debajo fluyen arroyos, en los que permanecerán por toda la eternidad, ¡qué éxito excelso!

64. 10. Y esos que siendo cafres renegaron de Nuestros Signos, esos serán compañeros del Fuego por toda la eternidad. ¡Qué mal final!

64. 11. No golpea el infortunio sin el permiso de Allah y aquel que cree en Allah, a ese Él guía su corazón. Y es Allah el que toda cosa sabe.

64. 12. Así que obedeced a Allah y obedeced a Su Mensajero, mas, si la espalda le dais... Solo incumbe a nuestro Mensajero facilitaros su mensaje.

64. 13. ¡Allah! No hay otros dioses sino Él, deja que sobre Allah pongan su confianza los creyentes.

64. 14. ¡Oh, vosotros que creéis! Ciertamente, entre vuestras esposas y nuestros hijos puede haber enemigos para vosotros. ¡Cuidado con ellos! Mas, si os piden perdón, pasadlo por alto, olvidad sus errores. Ciertamente, es Allah el que toda falta alivia, tan matricial...

64. 15. Tan solo vuestras haciendas y vuestros hijos son pruebas. Y con Allah hay una recompensa excelsa.

64. 16. Así que sed conscientes de Allah tanto como podáis, escuchando, obedeciendo y gastando caritativamente, pues es en vuestro propio beneficio. Los que se guardan de la avaricia de sí mismos, esos habrán de triunfar.

64. 17. Ciertamente, los que dais a Allah un buen préstamo, multiplicado os lo devolverá y vuestras faltas aliviará. Y es Allah el más agradecido, es tolerante,

64. 18. conoce lo oculto y lo notificado. ¡Tan poderoso! ¡Tan Sabio!

65. EL DIVORCIO

En el nombre de Allah, el *Rahman*, el *Rahim*

65. 1. ¡Oh, Profeta! Cuando divorciéis a una mujer, divórciadla luego
de hacer su periodo de espera, computad bien los días siendo
conscientes de Allah, vuestro *Rabb*. No las echéis de sus casas
y no las dejéis irse, salvo si son fornicadoras manifiestas. Y esos
límites dispuestos están por Allah. ¡Quien traspase los límites
dispuestos por Allah qué injusto es consigo mismo! Tú no
sabes si Allah traerá tras ello una nueva situación.
65. 2. Cuando este llegue a su final, tratadlas con amabilidad tanto
si se quedan como si se marchan y tomad de entre vosotros
dos hombres justos como testigos y testimoniad ante Allah.
Así se exhorta a quienes creen en Allah y en el último Día. A
quien tiene conciencia de Allah, Él una salida le encuentra
65. 3. proveyéndole Él de donde menos él se lo espera. Y aquel que
se entrega a Allah, Él le es suficiente. En verdad, Allah cumple
Sus propósitos, pues es Allah quien dispone para toda cosa
una medida.
65. 4. Y para aquellas de vuestras mujeres si dudáis que ha
desaparecido su menstruación esperad tres meses, e igual sea
para la que no ha menstruado aún. Y para aquellas que estén
embarazadas que su periodo de espera termine cuando den a
luz. A quien es consciente de Allah, Él sus asuntos facilita.
65. 5. Este es el mandato que Allah ha descendido sobre vosotros. Y
quien es consciente de Allah, Él destruye sus errores y excelsa
le otorga su recompensa.
65. 6. Alojadlas donde habitéis según vuestros medios y no les hagáis
daño ni las molestéis. Y si estuvieran embarazadas, dadles

todo lo necesario hasta que den a luz. Si al que amamantan fuese vuestro, dadles a ellas lo justo y llegad a un acuerdo entre vosotros con amabilidad. Mas, si se os hace difícil llegar a un acuerdo, que tome una nodriza.

65. 7. Que gaste el hombre con medios según sus medios. Quien tenga una provisión menos abundante que gaste de acuerdo con lo que Allah le dio. Allah no carga a nadie con más de lo que Él le da. Traerá Allah después de la dificultad facilidad.

65. 8. ¡Cuántos pueblos se rebelaron contra el mandato de su *Rabb* y Sus mensajeros! Y así Nosotros en cuenta lo tomamos y les castigamos con terrible castigo…

65. 9. Paladearon las consecuencias de sus acciones, acciones que los llevaron a la perdición.

65. 10. Preparó Allah para ellos un castigo severo. ¡Sed conscientes de Allah vosotros dotados de cuerdo corazón y que creéis! Descendió Allah a vosotros un recuerdo

65. 11. y un Mensajero que recita sobre vosotros las aleyas de Allah ¡tan claras! Que a los que son dignos de confianza y obran justamente los traen de la oscuridad hacia la luz. Y quien crea en Allah y obre con justicia le hará entrar en jardines en los que debajo fluyen arroyos, en los que permanecerán por toda la eternidad. Así, mejor Allah le otorgue su sustento.

65. 12. Allah es quien creó los siete cielos e iguales tierras, descendió su mandato poco a poco para que conozcáis, es aquel que sobre toda cosa tiene poder y Allah engloba el conocimiento de toda cosa.

66. LA ILICITUD

En el nombre de Allah, el *Rahman*, el *Rahim*

66. 1. ¡Oh, Profeta! ¿Por qué ilícito haces lo que lícito hizo Allah para ti buscando la satisfacción de tus esposas? Y es Allah el que toda falta alivia, tan matricial…

66. 2. Así os ordenó Allah a vosotros romper vuestros pactos. Y es Allah vuestro guardián, pues es Él quien todo lo conoce, quien todo lo sabe.

66. 3. Y cuando en secreto el Profeta a una de sus esposas algo le dijo, mas ella lo reveló y Allah se lo mostró, dándole a conocer una parte y otra ocultada fue. Así, cuando ella se lo contó, le dijo: «¿Quién sobre esto te ha informado?». A lo que él respondió: «Revelado me fue por Aquel que todo conoce, por Aquel que de todo bien informado está».

66. 4. Si retornáis a Allah, señal es que vuestros corazones se han inclinado, mas, si contra él coadyuváis, entonces Allah será su Protector. Y Jibril y los justos creyentes y los ángeles le asistirán.

66. 5. Quizás su *Rabb*, si él os divorcia, os sustituirá por esposas mejores que vosotras, pacificadas, creyentes, orientadas a Allah, que vuelvan hacia Allah entregadas a la *'ibada*, que ayunan ya fuesen antes casadas o que núbiles sean.

66. 6. ¡Oh, vosotros que creéis! Protegeos vosotros y a vuestra gente del Fuego, alimentado por hombres y piedras, sobre el que estarán hieráticos ángeles, ¡tan severos!, que nunca desobedecen aquello que Allah les ordena, tan solo hacen lo que les ha sido ordenado.

66. 7. ¡Oh, cafres! No inventéis en este día. La única recompensa por aquello que hicisteis será.

66. 8. ¡Oh, vosotros que creéis! Retornad a Allah bien orientados en sinceridad y quizás así vuestro *Rabb* elimine de vosotros los errores y os admita en el Jardín en el que debajo fluyen arroyos. El Día en el que por Allah no habrá desgracia para el Profeta y para aquellos que confiaron junto a él. Su luz fluirá ante ellos y a sus diestras, y dirán: «*Rabb* nuestro, haz que perfecta sea la nuestra luz y nuestras faltas sean aliviadas. Ciertamente, Tú sobre toda cosa tienes poder».

66. 9. ¡Oh, Profeta! ¡Esfuérzate contra cafres e hipócritas y sé vehemente con ellos! Pues su refugio será la Gehena. ¡Qué terrible final!

66. 10. Presenta Allah como ejemplo de cafres a la mujer de Nuh y a la mujer de Lut. Ambas reconocían a nuestros justos siervos, mas les traicionaron y de nada les sirvió ante Allah. Y se les dijo: «Entrad las dos en el Fuego con los demás que entran…».

66. 11. Y presenta Allah como ejemplo de creyentes a la mujer de Faraón, cuando ella dijo: «¡Mi *Rabb*! ¡Construye para mí cerca de Ti una casa en el Paraíso y sálvame del Faraón y de sus acciones! ¡Sálvame de este pueblo criminal!».

66. 12. Y a Maryam, hija de Imram, de beatífica pureza a la que Nosotros insuflamos Nuestro Espíritu en su interior. Ella aceptó con sinceridad las palabras de su *Rabb* y Sus Libros, siendo de las obedientes.

Juz 29

۞ Hizb 57

67. EL REINO

En el nombre de Allah, el *Rahman*, el *Rahim*

67\. 1. ¡Bendito sea Aquel que en cuya mano está el Reino y sobre toda cosa es poderoso!

67\. 2. Aquel que creó la vida y la muerte para probaros, para ver quién es de vosotros el mejor. Él es Poderoso, el que otorga de vuestras faltas el olvido.

67\. 3. Él, que creó los siete cielos abovedados. No encontrarás contradicción alguna en la creación del *Rabb* de la *rahma*. ¡Vuelve a mirar! ¿Ves alguna fisura?

67\. 4. ¡Mira dos veces más!, y tu mirada abatida, agotada, volverá.

67\. 5. Engalanamos el cielo con candiles y los hicimos proyectiles contra los shaytanes para los que un fuego resplandeciente preparamos.

67\. 6. Para los cafres que desafían a su *Rabb* el castigo es el Fuego… ¡Qué fin más calamitoso!

67\. 7. Cuando sean arrojados oirán su respiración agitada, en plena ebullición,

67\. 8. a punto de estallar. A cada grupo arrojado se les dirá: «¿Acaso no se os advirtió?».

67\. 9. y ellos responderán: «Claro que sí…». Y dirán: «Vinieron a advertirnos, pero le negamos. Y dijimos: ¡Allah no ha revelado nada! ¡Qué equivocado estás!».

67. 10. Y ellos dirán: «Si hubiéramos escuchado o razonado, ahora no estaríamos en el resplandeciente fuego».
67. 11. Así, reconocerán sus faltas. ¡Que bien lejos los del resplandeciente fuego estén!
67. 12. Ciertamente, aquellos que sean humildes ante su *Rabb* sus faltas olvidadas serán y tendrán recompensa sin igual.
67. 13. Y vuestras opiniones igual da que en secreto las ocultéis o que las proclaméis. Él es el omnisciente, conoce todo lo que se guarda en vuestros pechos.
67. 14. ¿Acaso no va a saber quién lo creó? El más Sutil, atento a todo.
67. 15. Es Él quien hizo dócil la tierra para que la recorráis y de ella comáis el sustento. De Él es la resurrección.
67. 16. ¿A salvo estáis de Aquel que en el cielo está, pero que la tierra hace convulsionar?
67. 17. O ¿a salvo estáis de Aquel que en el cielo está, pero podría lapidarte con un torbellino de piedras? Así veréis cómo era mi advertencia…
67. 18. Todo negaron los que estuvieron antes que ellos y así fue Mi ira.
67. 19. ¿Acaso no ven a los pájaros encima de ellos, desplegando y recogiendo sus alas? Las sostiene el *Rahman*. Él lo ve todo.
67. 20. ¿Quién sino el *Rahman* los tiene como un ejército para auxiliaros? Presos de una ilusión están los cafres.
67. 21. ¿Quién es el que os proveería de sustento si Él os lo interrumpiese? ¡Ay! Persisten en el orgullo, en su extravío.
67. 22. ¿Quién es el mejor guiado en el recto sendero? ¿Aquel que va agachado o aquel que erguido va?
67. 23. Di: «Él es quien os creó, que os dio vista, oído y sentimientos… ¡Qué poco agradecidos sois!».
67. 24. Di: «Él es quien os multiplicó en la tierra. Hacia Él congregados seréis»,
67. 25. y ellos responderán: «¿Cuándo se ha de cumplir esta amenaza? ¿Es cierto que sincero sois?».
67. 26. Di: «¡Solo Allah lo conoce! Y solo doy un aviso claro…»,
67. 27. pero cuando vean, aproximándose, se afligirán los rostros de los cafres y se les dirá: «¡He aquí lo que reclamabais!».

67. 28. Di: «¿Habéis visto si Allah puede destruirme a mí o a los míos cómo puede llenarnos de *rahma*? ¿Quién protegerá a los cafres del terrible tormento?».

67. 29. Di: «Él es el *Rahman*, nosotros confiamos en Él, nos aferramos en Él. Ya conoceréis quién estaba en un error evidente».

67. 30. Di: «¿Acaso habéis pensado si el agua se os agotara mañana? ¿Quién volvería a hacer el agua fluir?».

68. EL CÁLAMO

En el nombre de Allah, el *Rahman*, el *Rahim*

68. 1. *Nun*. Por el cálamo y por lo que escriben.
68. 2. Por la bendición de tu *Rabb*, que poseído no estás
68. 3. y una recompensa sin fin tendrás.
68. 4. En verdad, qué excelso carácter tienes,
68. 5. pues tú ya verás y ellos verán
68. 6. quién de todos vosotros estará con locura afligido.
68. 7. Es tu *Rabb* quien mejor conoce a aquel que se extravió de Su camino y Él conoce a los que firmemente caminan.
68. 8. Así que no obedezcas a los difamadores,
68. 9. pues ellos desean que laxo tú seas para que se puedan escabullir,
68. 10. y no obedezcas al que siempre jura en vano,
68. 11. al difamador que calumnias siembra,
68. 12. al que el bien impide, el transgresor, el criminal,
68. 13. el arrogante y sobre todo el infame,
68. 14. que pretende solo riquezas e hijos varones.
68. 15. Cuando se les recitan Nuestras aleyas dicen: «¡Antiguas fábulas!»,
68. 16. ¡bien marcaremos su hocico!
68. 17. Les probamos cómo lo hicimos con los poseedores de un jardín. Ellos juraron que, en la mañana, recogerían sus frutos
68. 18. aun no teniendo permiso.
68. 19. Un castigo de su *Rabb* mientras dormía les asedió
68. 20. y con tierra yerma amanecieron.
68. 21. Entonces, por la mañana, los unos a los otros se dijeron:
68. 22. «¿Vamos a nuestro campo a recoger las frutas?».
68. 23. Y salieron, susurrando:

68. 24. «Os aseguro que ningún pobre hoy en el jardín entrará».
68. 25. Y salieron temprano, totalmente convencidos,
68. 26. pero cuando lo vieron dijeron: «Seguro que nos hemos extraviado...
68. 27. ¡No! Se nos ha arruinado...».
68. 28. El más moderado de ellos dijo: «¿No os lo había dicho? No lo habéis exaltado...».
68. 29. Y los otros respondieron: «¡Exaltado sea nuestro *Rabb*! En verdad mal lo hicimos...»,
68. 30. y aproximándose se recriminaron los unos a los otros
68. 31. diciendo: «¡Ay de nosotros! Fuimos rebeldes,
68. 32. quizás nuestro *Rabb* nos dé algo mejor que este lugar. ¡A Él volvamos!».
68. 33. Qué castigo les dimos..., pero, si supieran que el que les espera en la otra vida es mucho más grande. Si supieran...
68. 34. Así los que tienen conciencia de Allah tienen jardines placenteros.
68. 35. ¿Acaso trataremos igual a los que se entregan a Nosotros que a los criminales?
68. 36. ¿Qué os pasa? ¿Qué manera de juzgar es esta?
68. 37. ¿No tenéis un libro donde se os enseña
68. 38. que se os habrá de recompensar según escojáis?
68. 39. ¿O es que no habéis recibido de Nosotros un juramento que os ata hasta el Día de la Alzada? Ciertamente, por ello se os juzgará.
68. 40. ¡Pregúntales quién les garantiza esto!
68. 41. ¿O es que acaso tienen otros dioses que le garantizan esto? Pues que traigan a sus dioses, a ver si es cierto lo que dicen...
68. 42. El Día en el que se desvele todo y sean llamados a prosternarse no serán capaces,
68. 43. con la mirada abatida, cubiertos de vergüenza porque se les invitó a prosternarse cuando aún estaban seguros.
68. 44. Así que déjame a solas con aquel que niega estos dichos. Les conduciremos poco a poco, sin que nada sepan.
68. 45. Un poco más de tiempo les concedo. Firme es Mi plan.
68. 46. ¿O es que reclamas un pago cuando están ahogados por las deudas?

68. 47. ¿O es que conocen lo oculto y toman nota?

68. 48. Sé paciente ante el juicio de tu *Rabb* y no seas como el hombre que, dentro de la ballena, lleno de angustia, gritó...

68. 49. Si la bendición del *Rabb* no le alcanzara, se le habría abandonado arrojado a desnuda costa,

68. 50. pero su *Rabb* le escogió y le situó entre los Justos.

68. 51. Poco les falta a los cafres para clavar su mirada en ti cuando el recuerdo oyen y dicen: «Poseído está».

68. 52. Mas, no es este sino un recuerdo para todos los Mundos.

69. LO INEVITABLE

En el nombre de Allah, el *Rahman*, el *Rahim*

69. 1. ¡Lo Inevitable!
69. 2. ¿Qué es lo Inevitable?
69. 3. Y ¿cómo sabrás que es lo Inevitable?
69. 4. Las gentes de Thamud y las de 'Ad ya negaron estremecimiento...
69. 5. Thamud fue destruida por un terrible sonido
69. 6. y 'Ad por un viento ululante y violento
69. 7. que Él les impuso durante siete días y ocho noches destruyéndolo todo. La gente cayó como troncos de palmeras huecas.
69. 8. ¿Acaso ves rastro de ellos?
69. 9. Y el Faraón, antes que ellos, corrompió las ciudades, errando,
69. 10. desobedeciendo al Mensajero de su *Rabb* y este los agarró firmemente.
69. 11. Ciertamente, Nosotros, cuando las aguas se desbordaron, os salvamos en una embarcación.
69. 12. Así lo hicimos para que recordéis y que el oído con atención lo retenga.
69. 13. Entonces, cuando suene el estruendo de la trompeta una sola vez,
69. 14. se alce la tierra y las montañas se desvanezcan de un solo golpe,
69. 15. ese será el Día que lo Inevitable sucederá.
69. 16. El cielo, desollado, quebradizo ese Día estará,
69. 17. y los ángeles a sus lados ese Día estarán y ocho de ellos el trono de tu *Rabb* sobre ellos portarán.
69. 18. Ese Día se os mostrará, nada de vosotros oculto quedará.
69. 19. Pues aquel que reciba su sentencia en su mano diestra dirá: «¡Aquí leed lo escrito!
69. 20. ¡Cierto es que yo esperaba el juicio!».

69. 21. Así gozará de vida placentera
69. 22. en un Jardín elevado,
69. 23. en el que los racimos de fruta estarán al alcance de su mano.
69. 24. ¡Comed y bebed satisfechos, pues es recompensa de vuestros días pasados!
69. 25. Pero aquel que reciba su sentencia en la mano zurda dirá: «¡Ay! Desearía que no la hubieran escrito para mí
69. 26. y jamás hubiera recibido la sentencia de mi juicio...
69. 27. ¡Ojalá el fin hubiera sido mi fin!
69. 28. De nada ha servido mi riqueza
69. 29. ni mi poder, que me abandona».
69. 30. ¡Cogedle! ¡Encadenadle!,
69. 31. y ¡que en el Fuego arda!,
69. 32. pero sujetadle... ¡con cadena de setenta codos!
69. 33. En verdad, ni confiaba en Allah, el Excelso,
69. 34. ni nunca animó a alimentar al hambriento.
69. 35. Así que hoy aquí no tiene ni amigo íntimo
69. 36. ni más alimento que el pus de las heridas
69. 37. que solo los transgresores comen.
69. 38. ¡Ay, no! Juro por lo que veis
69. 39. y por aquello que no podéis ver
69. 40. que, ciertamente, esta es palabra certera de un Noble Mensajero.
69. 41. No es esta ni palabra de un poeta..., ¡qué poca confianza tenéis!
69. 42. Ni tampoco es palabra de un hechicero..., ¡qué poco recapacitáis!
69. 43. ¡Esta es Revelación descendida por el *Rabb* de los Mundos!
69. 44. Si él nos hubiera atribuido palabras,
69. 45. le habríamos cogido de la mano diestra,
69. 46. luego habríamos seccionado su aorta
69. 47. y ninguno de vosotros podríais podido impedirlo.
69. 48. Esto, ciertamente, es un recuerdo para aquellos que son conscientes de Allah.
69. 49. Bien sabemos que entre vosotros hay difamadores,
69. 50. pero la pérdida es siempre para los cafres.
69. 51. Pero, sin lugar a duda, ¡certera es la verdad!,
69. 52. así que ¡exalta el nombre de tu *Rabb*, el Altísimo!

70. LA ESCALERA ASCENDENTE

En el nombre de Allah, el *Rahman*, el *Rahim*

70. 1. Pregunta el curioso por el castigo que ocurrirá
70. 2. para los cafres, que nadie prevendrá,
70. 3. que viene de Allah, *Rabb* de la ascendente escalera
70. 4. por la que los ángeles y el Espíritu ascienden a Él en el Día que a cincuenta mil años equivale.
70. 5. ¡Sé paciente! ¡Con bella paciencia!
70. 6. Ellos lo ven lejos
70. 7. y Nosotros lo vemos cerca.
70. 8. El Día que el cielo sea cobre fundido
70. 9. y las montañas copos de lana,
70. 10. cuando nadie pregunte por su amigo,
70. 11. ellos se verán el uno al otro. El culpable querrá librarse del castigo de ese día ofreciendo en sacrificio a sus hijos varones,
70. 12. a su esposa y a su hermano,
70. 13. y a aquellos quienes lo cobijaron,
70. 14. a todos en la tierra… y ¡creyó que se salvaría!
70. 15. ¡Ay, no! Ciertamente, hay una hoguera,
70. 16. que arrancará su piel a tiras,
70. 17. llamando a aquel que negó la verdad y volvió la espalda,
70. 18. al avaro, al que atesoró escondiendo.
70. 19. Ciertamente, el ser humano fue creado impaciente,
70. 20. cuando le alcanza un mal se angustia,
70. 21. pero cuando le alcanza el bien es ruin.
70. 22. Excepto quienes hacen la azalá,
70. 23. ellos que son constantes en su azalá,
70. 24. ellos que de su prosperidad saben que una parte es por derecho

70. 25. para el mendigo y el necesitado,
70. 26. ellos que creen sinceramente en el Día del Juicio,
70. 27. ellos que saben de los castigos que otorga su *Rabb*,
70. 28. ciertamente, nadie debe sentirse libre de los castigos de su *Rabb*.
70. 29. Ellos que guardan su cuerpo con modestia,
70. 30. excepto con sus parejas o con lo que legalmente gozan; así no se les puede acusar,
70. 31. mientras que los que desean más allá de eso... ¡Esos son los transgresores!
70. 32. Ellos que confían y guardan las promesas,
70. 33. ellos que en sus testimonios son honestos,
70. 34. ellos que mantienen firmemente su azalá.
70. 35. A estos en jardines se les honrará.
70. 36. Pero ¿qué pasará con los cafres, que apresurados vienen ante ti
70. 37. en multitud por la siniestra y por la diestra?
70. 38. ¿Acaso esperan entrar en el Jardín del Placer?
70. 39. ¡Ay, no! Les creamos de aquello que conocen,
70. 40. ¡Pues no! Sin duda juro por el *Rabb* de la axarquía y la agarvía que Nosotros tenemos poder
70. 41. para sustituirlos por otros mejores... y nada podrán hacer, ni impedírnoslo.
70. 42. Así que deja que hablen palabras vacías y jueguen entre ellos hasta que llegue aquel señalado Día,
70. 43. un Día en el que saldrán de sus sepulturas, veloces como si buscarán una meta,
70. 44. con la mirada abatida, cubiertos de vergüenza... Es ese el Día del que les advertimos.

71. NUH

En el nombre de Allah, el *Rahman*, el *Rahim*

71. 1. Nosotros, con certeza, enviamos a Nuh a su pueblo: «¡Advierte a tu pueblo antes de que llegue un terrible castigo!»,
71. 2. así dijo: «¡Oh, pueblo mío! Estoy aquí para hablaros claro.
71. 3. ¡Reconoced a Allah y tened conciencia de Él!, ¡hacedme caso!
71. 4. Pues, de ese modo, os aliviará vuestras faltas antes de un plazo fijado, plazo fijado de Allah que cuando venza no podréis retrasarlo ni un momento. ¡Ay!, si supierais...».
71. 5. Dijo: «¡*Rabb* mío! He implorado a mi pueblo noche y día,
71. 6. pero mi exhortación no ha servido, sino para que huyan aún más lejos.
71. 7. Yo siempre les invité para que Tú les hagas olvidar sus faltas, pero con sus dedos se tapan los oídos y se cubren con sus mantos, obstinados, ¡tan arrogantes!».
71. 8. Así les volví a exhortar en público
71. 9. y se lo anuncié, de nuevo, en público y en secreto,
71. 10. diciéndole: «¡Pedid que sea sobre vosotros el olvido del *Rabb*, pues, ciertamente, es Él quien extiende el olvido!
71. 11. Él hará descender sobre vosotros una lluvia abundante.
71. 12. Él os dará riquezas e hijos, jardines y ríos.
71. 13. ¿Acaso no es asunto vuestro? ¿Por qué no observáis la grandeza de Allah,
71. 14. que ha creado todo paso por paso?, ¿qué os ocurre?
71. 15. ¿No habéis visto como Allah creó los siete cielos, uno sobre otro,
71. 16. y dispuso en ellos la luna como luz y el sol como candil?
71. 17. Allah es el que os ha hecho emerger de la tierra como a las plantas,

71\. 18. después os hará volver a ella y os volverá a sacar.
71\. 19. Allah allanó la tierra para vosotros,
71\. 20. para que la recorráis con largos caminos».
71\. 21. Así dijo Nuh: «¡*Rabb* mío! Ellos me han desobedecido y solo han seguido a aquellos que sus bienes y sus hijos no los llevan sino al extravío,
71\. 22. quienes creen que conspiran
71\. 23. diciendo: "¡No abandonéis a vuestros dioses! ¡No dejéis ni a Wadd, ni a Suwa, ni a Yaguth, ni a Yauq ni a Nasr!"».
71\. 24. Ciertamente, han extraviado a tantos... A los perversos no hacen sino extraviarles más,
71\. 25. son sus faltas las que les arrojaron y por las que les invadió un fuego... Y no hallarán otro auxilio que no sea Allah.
71\. 26. Y dijo Nuh: «¡*Rabb* mío! No dejes a ningún cafre sobre la tierra,
71\. 27. pues si les dejas, ellos desviarán a tus siervos y sus hijos no serán sino decadentes y cafres...
71\. 28. ¡*Rabb* mío! Hazme olvidar mis faltas tanto a mí como a mis padres y a cualquiera de los que entre en mi casa digno de confianza, los creyentes y las creyentes. Y que solo sea la ruina para los perversos».

۞ Hizb 58

72. EL JINN

En el nombre de Allah, el *Rahman*, el *Rahim*

72. 1. Di: «Me fue revelado que escuchando un grupo de *jinn* dijeron: "En verdad que oímos un tal maravilloso Corán
72. 2. que por vía recta conduce. Creímos en ella y no asociaremos nada a nuestro *Rabb*, el Único,
72. 3. y que Él, altísimo en Su majestad, no toma ni compañera ni tiene hijos"».
72. 4. Y aquel que, de entre nosotros, solía decir locuras contra Allah, ¡cómo miente!,
72. 5. aunque nosotros pensábamos que nadie, ni humano ni *jinn,* mentiría contra Allah.
72. 6. Pero hubo hombres de entre los humanos que buscaron refugio en hombres entre los *jinn* y así se enloquecieron aún más.
72. 7. Creyeron, como hacéis vosotros, que Allah a nadie haría alzarse,
72. 8. tocamos el cielo, pero lo encontramos pleno de severos guardianes y estrellas flameantes.
72. 9. Y así nos sentamos allí, en sitios para oír, pero todo aquel que ahora escucha, escucha tan solo una estrella flameante esperándole.
72. 10. No sabemos si su *Rabb* quiere el mal para los que están en la tierra o quiere para ellos el bien guiado camino,
72. 11. pues, ciertamente, entre nosotros hay gente que sigue el recto sendero y otros que no. Seguimos caminos distintos.

72. 12. Y creímos que de Allah no podríamos escapar ni por tierra ni volando.

72. 13. Cuando comprendimos la Guía, nos aferramos a él. Quien se sostiene en su *Rabb* no teme ni pérdida ni injusticia.

72. 14. Pues entre nosotros están los que son musulmanes y los que se apartan. Los que aceptan el islam son lo que eligen un camino bien guiado,

72. 15. pero los que se apartan, esos son leña para el Fuego.

72. 16. Si hubieran tomado el recto camino, les daríamos de beber agua abundante

72. 17. para probarles. Aquel que se aparte del Recuerdo de su *Rabb* le haremos subir por tortuosa espiral».

72. 18. Y las mezquitas de Allah son, no invoquéis a otro que no sea Allah, el Único.

72. 19. Cuando el siervo de Allah se levantó y le invocó, cuántos intentaron arremeter contra él.

72. 20. Di «En verdad, solo invoco a mi *Rabb* y no lo asocio, es el Único».

72. 21. Di: «No puedo ni beneficiaros ni causaros daño alguno».

72. 22. Di: «Nadie puede protegerme de Allah, ni nunca encontraré refugio fuera de Él,

72. 23. solo entrego un comunicado de Allah, Sus mensajes». Aquel que ignore a Allah y a Sus mensajeros le espera el Fuego de los Fuegos en el que permanecerá por toda la eternidad.

72. 24. Así, cuando vean lo prometido, sabrán quién es el más débil, el que recibe ayuda, siendo inferior.

72. 25. Di: «No sé, ciertamente, si está cerca sobre lo que os advertimos o si mi *Rabb* lo mantiene a cierta distancia.

72. 26. Él es el Único que conoce lo oculto, pero no se lo muestra a nadie,

72. 27. solo a sus mensajeros, a los que Él ha aceptado. Los envía, y ordenan que los vigilen

72. 28. para asegurarse de si Sus mensajeros han entregado los mensajes de Su *Rabb*. Lo sabe todo y toma nota de todo cuanto ocurre».

73. ARREBUJADO

En el nombre de Allah, el *Rahman*, el *Rahim*

73. 1. ¡Oh, tú arrebujado!
73. 2. Vela toda la noche, excepto
73. 3. la media noche, o un poco menos
73. 4. o más, y recita el Corán lenta y claramente.
73. 5. Ciertamente, Nosotros te traemos un denso decir.
73. 6. La primera parte de la noche es para las palabras más profundas y cortantes,
73. 7. pues, ciertamente, por el día tienes mucha ocupación.
73. 8. ¡Recuerda el nombre de tu *Rabb*! ¡Entrégate a Él en plenitud!
73. 9. Él es el *Rabb* de la axarquía y la agarvía. No hay otros dioses sino Él. Así que ¡tómale como protector!
73. 10. Sé paciente con lo que ellos te dicen, apártate cortésmente de ellos
73. 11. y déjame a Mí con los que niegan la verdad, poseedores de lujos. ¡Dales prórroga breve!
73. 12. Tenemos cadenas y Fuego resplandeciente,
73. 13. y alimento que sofoca y penoso tormento
73. 14. el Día que la tierra tiemble junto a las montañas, montañas que se convertirán en montones de arena.
73. 15. Ciertamente, os hemos mandado un Mensajero para que sea vuestro testigo, como antes lo enviamos ante el Faraón,
73. 16. Faraón que desobedeció al Mensajero y a él lo arruinamos de tal forma…
73. 17. Entonces, si no creéis, ¿cómo vais a tener conciencia el Día que los muchachos encanezcan?
73. 18. El Día que el cielo se desgarre es cuando se cumplirá Su promesa.

73. 19. En verdad, este es un recuerdo. Quien quiera, que tome el camino hacia su *Rabb*.

73. 20. Ciertamente, sabe tu *Rabb* que tu azalá ocupa casi dos tercios de tu noche —a veces media, otras un tercio—, así como los que te siguen. Él bien sabe que no vais a medirlo con medida exacta, así que ¡vuélvete hacia Él! Y es Allah quien la noche y el día determina, así que recita lo que sea más fácil para ti del Corán. Él sabe cuándo alguno de vosotros está enfermo, tanto cuando unos viajan atravesando una tierra lejana buscando los dones de Allah como cuando lidian por causa de Allah. Así que recitad lo que sea más fácil para vosotros, mantened vuestra azalá, dad el azaque haciendo un bello préstamo a Allah. Si bien lo hacéis, será un anticipo generoso para vosotros mismos, pues habréis de volver a Allah. Él es la mejor y la más excelsa recompensa. Pedid a Allah que os alivie vuestras faltas, ciertamente, Allah es quien, tan lleno de matricialidad, mejor las faltas te alivia.

74. EMBOZADO

En el nombre de Allah, el *Rahman*, el *Rahim*

74. 1. ¡Oh, tú embozado!
74. 2. Álzate y avisa,
74. 3. y a tu *Rabb* engrandece,
74. 4. y tus vestidos purifica,
74. 5. y escapa de la abominación.
74. 6. No des por conseguir aún más
74. 7. y por tu *Rabb* paciente aguarda
74. 8. cuando brame la estruendosa trompeta,
74. 9. pues será ese difícil Día.
74. 10. Y para los cafres no habrá facilidad alguna.
74. 11. ¡Déjame solo con lo que he creado!
74. 12. A quien gran riqueza le otorgué
74. 13. e hijos presentes.
74. 14. Todas las facilidades él tuvo
74. 15. y aún desea más.
74. 16. ¡Ay, no! Rebelde a Nuestros Signos ha sido,
74. 17. pronto le cubriré con oscuridades.
74. 18. Ciertamente, ha pensado y decidido,
74. 19. pues ¡que sea destruido por lo que decidió!,
74. 20. y otra vez, ¡que sea destruido por lo que decidió!
74. 21. y luego miró,
74. 22. amohinado y triste,
74. 23. volvió su espalda, ¡tan arrogante!,
74. 24. y dijo: «Esto solo es brujería aprendida…,
74. 25. solo palabras de un ser finito».
74. 27. Así, lo entregaré al ardiente lugar

74. 28. donde nada habrá de quedar,
74. 29. donde abrasado será el simple mortal.
74. 30. Hay diecinueve a su cargo
74. 31. y no pusimos como guardianes del Fuego sino a ángeles. Y no los pusimos Nosotros en ese número, sino para probar a los cafres. Así se os otorgó el Libro a aquellos que confiáis en lo Seguro y sentisteis que vuestra confianza aumentaba. Y esos que recibieron el Libro no dudaron de aquellos que confiaron, pero aquellos de corazón enfermo y los cafres dijeron: «¿Qué quiere decir Allah con esta parábola?». Es así como Allah deja extraviarse y guía a quien Él quiere. Y nadie conoce los ejércitos de su *Rabb*, excepto Él. ¡Que esto sea un aviso para los mortales!
74. 32. ¡Ay, no! Por la luna
74. 33. y la noche en la que se retira.
74. 34. Y por el brillo del despunte del día.
74. 35. Ciertamente, es uno de los más grandes
74. 36. avisos para todo mortal,
74. 37. para aquellos que tanto se adelantan como se retrasan.
74. 38. Cada uno será recompensado según lo que hizo.
74. 39. Los que estén a la diestra,
74. 40. en los jardines, se preguntarán
74. 41. acerca de los culpables:
74. 42. «¿Qué les condujo al ardiente lugar?».
74. 43. Y ellos les contestarán: «Ni éramos los de la azalá,
74. 44. ni alimentábamos al pobre…
74. 45. y, en cambio, vanas palabras hablábamos
74. 46. y negábamos el Día del Juicio…
74. 47. hasta que a nosotros vino la Certeza».
74. 48. Pues nadie puede interceder por ellos.
74. 49. ¿Por qué se apartaron del recuerdo
74. 50. como asnos temerosos
74. 51. huyendo de un león?
74. 52. Cada uno de ellos deseaba que las páginas se desenrollarán ante sí…
74. 53. Pero ¡no! Ellos no temieron la otra vida…
74. 54. ¡Ay, no! Este es tan solo un recordatorio,

74. 55. así que quien quiera recordar, ¡que recuerde!
74. 56. Pero no lo recordarán, excepto, si, ciertamente, Allah quiere. De Él la gente tiene conciencia y a la gente los libera haciéndoles olvidar.

75. LA ALZADA

En el nombre de Allah, el *Rahman*, el *Rahim*

75. 1. ¡No! ¡Juro por el Día de la Alzada!
75. 2. Y ¡no! ¡Juro por el ego que se inculpa!
75. 3. ¿Acaso no piensa el ser humano que no volveremos a unir sus huesos?
75. 4. Pero si..., sí que Nosotros somos capaces de restituir hasta las puntas de sus dedos.
75. 5. Pero no... ¡Ay!, que prefiere el ser humano seguir negando lo que hay frente a sí
75. 6. y pregunta: «¿Cuándo será el Día de la Alzada?».
75. 7. Cuando la vista se deslumbre
75. 8. y la luna se eclipse,
75. 9. y, cuando el sol y la luna se conjungan,
75. 10. ese Día dirá el ser humano: «¿Adónde podré escapar?».
75. 11. Otra vez ¡no! No habrá escape posible...
75. 12. Junto a tu *Rabb*, ese Día, estará el descanso.
75. 13. Se le dirá al ser humano, ese Día, qué hizo y qué dejó de hacer.
75. 14. Y así el ser humano testificará en contra de sí mismo,
75. 15. aun cuando intente excusarse.
75. 16. ¡No aceleres tu lengua para recitar la revelación!
75. 17. Ciertamente, es cosa Nuestra unirla y recitarla...
75. 18. Así que cuando Nosotros la recitemos..., ¡recita!,
75. 19. que luego, ciertamente, a Nosotros nos corresponde explicarla.
75. 20. ¡Ay, no!, pero en vez de eso amáis la vida inmediata
75. 21. y dejáis la próxima.
75. 22. Ese Día, fulgentes estarán unos rostros
75. 23. mirando a su *Rabb*.

75. 24. Mientras que otros, ese Día, fruncidos estarán
75. 25. pensando, agobiados, en aquello que hicieron.
75. 26. ¡Ay, no! Cuando se alce hasta la garganta
75. 27. dirán: «¿Quién ahora podrá sanarme?».
75. 28. Y creerá que es el momento de la separación.
75. 29. Pero se juntarán pierna contra pierna
75. 30. marchando, ese Día, hacia tu *Rabb*.
75. 31. Mas, ¡no! Ni fue sincero ni hizo azalá
75. 32. y, además, negó lo evidente y dio la espalda.
75. 33. Y después… regresó con los suyos pavoneándose…
75. 34. ¡Ay de ti! ¡Ay de ti!
75. 35. Y otra vez ¡ay de ti! ¡Ay de ti!
75. 36. ¿Acaso piensas que el ser humano quedará sin propósito?
75. 37. ¿No fue creado de líquido eyaculado
75. 38. que después se convirtió en un coágulo de sangre? Él lo creó y lo armonizó.
75. 39. Así Él os hizo como pareja: varón y hembra.
75. 40. ¿Acaso no tiene Él el poder de revivir a los muertos?

76. EL SER HUMANO

En el nombre de Allah, el *Rahman*, el *Rahim*

76. 1. ¿Acaso no ha pasado el ser humano un tiempo en el que no era nada?

76. 2. Nosotros hemos creado al ser humano de líquido eyaculado, mezclado, para ponerle a prueba. Le dimos el oído, la vista,

76. 3. por sendero le guiamos en el cual es grato o ingrato.

76. 4. Ciertamente, preparamos para los cafres cadenas y argollas y fuego resplandeciente,

76. 5. los justos beberán de cálices una mezcla con alcanfor

76. 6. tomada de una fuente. De la que fluye en abundancia beberán aquellos que reconocen a Allah.

76. 7. Cumplieron sus promesas y temieron un día en el cual el pesar se extenderá.

76. 8. Y, aunque necesitaban esa comida, se la dieron al pobre, al huérfano y al cautivo,

76. 9. y dijeron: «Os damos de comer por Allah, no queremos de vosotros ni recompensa ni gratitud,

76. 10. pues tememos de nuestro *Rabb* en un día terrible, severo».

76. 11. Así les protege Allah del pesar de ese día y hará que brillen y estén felices.

76. 12. Se les recompensará por haber sido pacientes con un Jardín y vestidos de seda,

76. 13. reclinados en almohadones, ya no sentirán ni calor del sol ni el terrible frío.

76. 14. Y cerca, sobre ellos, les cubrirán las sombras y podrán coger sus frutos colgantes.

76. 15. Se les dará a ellos vajillas de plata y copas de cristal,

76. 16. de un cristal argénteo jamás imaginado,

76. 17. y se les servirá una bebida, en un cáliz, que es infusión de jengibre

76. 18. tomada de la fuente de Salsabil.

76. 19. Y entre ellos habrá eterna compañía. Cuando los vean pensarán que son como perlas esparcidas,

76. 20. y, cuando mires allá, no verás sino bendición y un gran Reino.

76. 21. Vestirán ropajes de seda verde y grávidos brocados, se adornarán con brazaletes de plata y su *Rabb* les dará una bebida purificada.

76. 22. Esto se os da como recompensa. Vuestros esfuerzos han sido apreciados.

76. 23. En verdad, somos Nosotros los que te revelamos el Corán descendiéndolo gradualmente.

76. 24. Espera el mandato de tu *Rabb* y no obedezcas a ningún criminal ni a ningún cafre,

76. 25. recuerda el nombre de tu *Rabb* al comienzo del día y al caer la tarde,

76. 26. y por la noche, ¡prostérnate ante Él! ¡Alábale durante la larga noche!

76. 27. Hay quienes aman la vida inmediata e igual les da el Día del lamento.

76. 28. Nosotros les hemos creado y les hicimos fuertes. Y, cuando Nosotros deseemos, por otros podemos sustituirlos.

76. 29. Ciertamente, este es un recuerdo. Así que el que quiera que tome el camino a su *Rabb.*

76. 30. Y si Allah no lo desea, vosotros no lo querréis. Allah es el Omnisciente, el Sabio.

76. 31. Él admite a quien quiere en su *rahma*, pero, ¡ay! de los que están en tinieblas... Él les ha preparado un tormentoso castigo.

77. LOS ENVIADOS

En el nombre de Allah, el *Rahman*, el *Rahim*

77. 1. Por aquellos que gentiles enviados fueron
77. 2. y por los que tempestuosos soplaron,
77. 3. diseminándose aquí y allá,
77. 4. haciendo distinguir con buen criterio,
77. 5. portando un recuerdo
77. 6. como prueba o aviso.
77. 7. Ciertamente, lo que os prometimos ocurrirá.
77. 8. Pues cuando las estrellas se apaguen
77. 9. y el cielo esté desollado,
77. 10. las montañas se conviertan en polvo,
77. 11. y cuando el tiempo de los mensajeros se cumpla…
77. 12. ¿Qué día comparecerán?
77. 13. El Día de la clarificación.
77. 14. Y ¿cómo sabrás El Día de la clarificación?
77. 15. Ese Día… ¡Ay, de los que niegan la verdad!
77. 16. ¿Acaso no destruimos a los antiguos
77. 17. y después a los que les prosiguieron?
77. 18. Pues así haremos con los transgresores.
77. 19. Ese Día… ¡Ay, de los que niegan la verdad!
77. 20. ¿Acaso no os creamos de líquido eyaculado,
77. 21. que depositamos en morada segura
77. 22. durante mandato estipulado?
77. 23. Así, mostramos nuestro poder… ¡Cuán excelente es nuestro poder!
77. 24. Ese Día… ¡Ay, de los que niegan la verdad!
77. 25. ¿Acaso no hicimos de la tierra un lugar de encuentro

77. 26. para vivos y muertos?
77. 27. ¿Acaso no arraigamos elevadas las montañas y os dimos agua dulce?
77. 28. Ese Día... ¡Ay, de los que niegan la Realidad!
77. 29. ¡Id hacia aquello que negabais!
77. 30. ¡Id a la sombra que sobre tres columnas se alza,
77. 31. sombra atenuada, sombra que no mitiga frente la llama!
77. 32. Que grandes chispas como alcázares arrojan,
77. 33. como si se tratara de broncíneos camellos.
77. 34. Ese Día... ¡Ay, de los que niegan la verdad!
77. 35. Sin palabras estarán ese Día.
77. 36. Y ya no se les permitirá dar excusas.
77. 37. Ese Día... ¡Ay, de los que niegan la verdad!
77. 38. ¡Este es el Día de la clarificación! Os reunimos, a vosotros y vuestros ancestros,
77. 39. si tenéis una conspiración que sea contra Mí...
77. 40. Ese Día... ¡Ay, de los que niegan la verdad!
77. 41. Ciertamente, aquellos que tienen conciencia de Allah disfrutarán de la sombra, los manantiales
77. 42. y las frutas que deseen.
77. 43. ¡Comed y bebed a vuestro gusto por lo que habéis hecho!
77. 44. Ciertamente, así es la recompensa para los que hacen el bien.
77. 45. Ese Día... ¡Ay, de los que niegan la verdad!
77. 46. ¡Comed y disfrutad aún un poco más! Qué perversos sois...
77. 47. Ese Día... ¡Ay, de los que niegan la verdad!
77. 48. Cuando se les dice: «¡Inclinaos!», no se inclinan.
77. 49. Ese Día... ¡Ay, de los que niegan la verdad!
77. 50. Entonces, ¿a qué revelación después de esta se van a aferrar?

Juz 30

۞ Hizb 59

78. LA PROFECÍA

En el nombre de Allah, el *Rahman*, el *Rahim*

78. 1. ¿Sobre qué se preguntan unos a otros?
78. 2. Sobre la excelsa profecía es
78. 3. por lo que discrepan.
78. 4. ¡No! Ya conocerán…
78. 5. Pero ¡no! Ya conocerán…
78. 6. ¿No hicimos la tierra como un lecho
78. 7. y las montañas firmes como estacas?
78. 8. ¿Acaso no os creamos por parejas,
78. 9. dándoos para vuestro descanso el sueño,
78. 10. cubriéndoos con la noche,
78. 11. y haciendo el día como medio de sustento?
78. 12. Y ¿acaso no construimos sobre vosotros siete firmes cielos
78. 13. y no colocamos en ellos un fulgente candil?
78. 14. ¿No os enviamos desde las nubes agua a raudales
78. 15. para que grano y plantas emerjan
78. 16. y jardines exuberantes?
78. 17. Ciertamente, ya está designado el Día de la Decisión,
78. 18. un Día en el que se sople estruendosamente la trompeta y vosotros vengáis en multitudes,
78. 19. en el que el cielo se abrirá como un pórtico,
78. 20. en el que las montañas se desvanezcan como un espejismo.

78. 21. Ciertamente, la Gehena espera,
78. 22. hogar de rebeldes,
78. 23. en el que permanecerán largo tiempo.
78. 24. Donde no probarán ni frescor ni bebida,
78. 25. tan solo agua hedionda e hirviendo.
78. 26. Para ellos es recompensa adecuada,
78. 27. aun no esperaban esta retribución,
78. 28. pues conscientes Nuestros Signos renegaron.
78. 29. Y todo eso lo escribimos en un escrito.
78. 30. Ahora ¡disfrutad! Pues no haremos, sino que esto aumente…
78. 31. En cambio, para los que tienen conciencia de Allah hay un lugar triunfal
78. 33. con jardines y viñedos,
78. 34. con eterna y espléndida compañía
78. 34. escanciando los cálices sin fin.
78. 35. Ni palabras vanas ni falsedades oirán más.
78. 36. Esta es la recompensa de tu *Rabb*, un regalo merecido
78. 37. del *Rabb* de los cielos, de la tierra y de lo que entre ellos hay, el *Rahman*. Ellos no tienen poder para hablarle.
78. 38. Ese Día en el que el Espíritu y los ángeles estarán alineados en filas, no hablarán excepto si el *Rahman* se lo permite y solo lo oportuno dirán.
78. 39. El Día de la Verdad. Quien quiera que tome el camino de retorno a tu *Rabb*.
78. 40. Os advertimos frente a un inminente castigo. Ese Día, cuando cada persona verá lo que tiene entre sus manos, el cafre dirá: «Como desearía haber seguido siendo polvo…».

79. LOS ÁNGELES SEGADORES

En el nombre de Allah, el *Rahman*, el *Rahim*

79. 1. Por los ángeles segadores que con violencia asfixian
79. 2. y por los que lo hacen grácilmente.
79. 3. Por aquellos que nadan en profundidades,
79. 4. adelantándose con ventaja,
79. 5. un asunto disponiendo.
79. 6. El Día que se sienta el gran temblor,
79. 7. que por otro más sucedido será,
79. 8. los corazones, ciertamente, se estremecerán
79. 9. y gachas las miradas serán.
79. 10. Dicen ellos: «¿Acaso volveremos a nuestra antigua forma
79. 11. después de haber sido huesos putrefactos?».
79. 12. Dicen: «¡Es imposible volver!».
79. 13. Tan Solo habrá una llamada
79. 14. y ¡helos sobre la tierra vueltos!
79. 15. ¿Acaso no llegó a ti la historia de Musa?
79. 16. Su *Rabb* le llamó en el sagrado valle de *Tuwa*:
79. 17. «¡Ve ante Faraón, pues, ciertamente, ha excedido los límites
79. 18. y dile: "¿No querrás purificarte,
79. 19. dirigirte a tu *Rabb* y, así, quizás tengas humildad ante Él?"».
79. 20. Así él le mostró el gran Signo,
79. 21. mas, él lo negó y lo rechazó.
79. 22. Con qué facilidad él le volvió la espalda
79. 23. y convocando a su pueblo, exclamó:
79. 24. «Yo soy vuestro *rabb* altísimo».
79. 25. Y le infringió Allah un castigo ejemplar aquí y allá.

79. 26. Pues siempre hay, en verdad, una lección para, ante Allah, tener humildad.
79. 27. ¿Qué es más difícil de crear? ¿Vosotros o el cielo que Él ha edificado?
79. 28. Alzó Él la bóveda celeste y la armonizó,
79. 29. oscureciéndola por la noche y la aurora despuntando.
79. 30. Y extendió, después de esto, la tierra,
79. 31. sacando de ella el agua y los pastos,
79. 32. fijando firmemente las montañas,
79. 33. todo para vosotros y vuestros rebaños.
79. 34. Mas, cuando acontezca el gran estremecimiento,
79. 35. el Día que el hombre recuerde sus esfuerzos
79. 36. y se manifieste el fuego para quien pueda verlo,
79. 37. para quien rebelde se haya mostrado
79. 38. y prefiera la vida mundana,
79. 39. será en el Fuego refugiado.
79. 40. Mientras que quien haya permanecido en pie frente a su *Rabb* y los viles deseos del ego haya limitado,
79. 41. tendrá su refugio el Jardín.
79. 42. Te preguntan por la Hora: «¿Cuándo sucederá?»,
79. 43. pero tú de ello no tienes noticia.
79. 44. Ese momento a tu *Rabb* solo pertenece.
79. 45. En verdad, advierte solo a los cautos.
79. 46. El día que esto vieren, no les parecerá haber yacido más de una tarde o una mañana.

80. SE AMOHINÓ

En el nombre de Allah, el *Rahman*, el *Rahim*

80. 1. Se amohinó y volvió la espalda
80. 2. cuando el ciego vino a él.
80. 3. ¿Quién sabe? Quizás quería purificarse
80. 4. o que el recuerdo le beneficiase simplemente recordando...
80. 5. Y al rico,
80. 6. sin embargo, ¡qué buena acogida le diste!,
80. 7. y aun si no buscaba purificarse, pero te dio igual...
80. 8. En cambio, quien llegó a ti anhelando,
80. 9. eclipsado por Allah,
80. 10. de él te apartaste.
80. 11. ¡No! Sea esto un recuerdo
80. 12. para quien quiera recordar,
80. 13. en nobles hojas,
80. 14. exaltadas, purificadas,
80. 15. de la mano de escribas
80. 16. nobles y virtuosos.
80. 17. ¡Sea la ruina para el hombre ingrato!
80. 18. ¿De qué ha sido creado?
80. 19. De una gota eyaculada Él lo ha creado y con existencia determinada,
80. 20. facilitándole, luego, su camino
80. 21. para que después muera y sea sepultado.
80. 22. Entonces, cuando Él lo desee, lo levantará.
80. 23. ¡No! No cumplió lo que Él le ha ordenado.
80. 24. ¡Que mire el hombre su alimento!
80. 25. Ciertamente, nosotros derramamos agua en abundancia,

80. 26. después rasgamos profundamente la tierra
80. 27. e hicimos crecer el grano en ella,
80. 28. y vides y hortalizas,
80. 29. y olivos y palmeras,
80. 30. huertas frondosas
80. 31. y frutas y pastos,
80. 32. todo para ti y tus rebaños.
80. 33. Mas, cuando el ensordecedor estruendo sea,
80. 34. El Día que el hombre huya de su hermano,
80. 35. de su madre, de su padre,
80. 36. de su esposa y de sus hijos,
80. 37. un día en que cada cual solo de sus propios asuntos se preocupará…
80. 38. Ese Día algunos rostros brillarán,
80. 39. risueños, regocijándose,
80. 40. mientras que otros rostros, penumbrosos,
80. 41. cubiertos de oscuridad,
80. 42. los de los cafres, lo de los infelices serán.

81. EL OSCURECIMIENTO

En el nombre de Allah, el *Rahman*, el *Rahim*

81. 1. Cuando se oscurezca el Sol
81. 2. y las estrellas se apaguen y caigan,
81. 3. cuando las montañas movidas sean
81. 4. y sean abandonadas las camellas preñadas.
81. 5. Y cuando las bestias agrupadas sean,
81. 6. los mares hiervan,
81. 7. cada uno se emparejará con sus acciones,
81. 8. y se le pregunte a la niña, que fue enterrada viva,
81. 9. qué falta cometió para que la asesinaran.
81. 10. Y cuando las hojas se abran
81. 11. y el cielo esté desollado.
81. 12. Cuando el fuego resplandezca
81. 13. y el Jardín se ofrezca,
81. 14. sabrá cada uno qué presentar.
81. 15. ¡Lo juro por las estrellas que se retiran,
81. 16. que huyen y desaparecen!,
81. 17. y ¡por la noche que desciende!,
81. 18. y ¡por el día que alienta!
81. 19. Ciertamente, esta es palabra de un noble Mensajero,
81. 20. poseedor de gran poder, cercano al dueño del firme Trono,
81. 21. que es obedecido y digno de confianza.
81. 22. Y vuestro compañero no está poseído,
81. 23. pues lo vio en claro horizonte.
81. 24. Y ni esconde nada sobre lo oculto
81. 25. ni de Shaytan, maldito, posee las palabras.
81. 26. Así que ¿a dónde vais?

81. 27. Ciertamente, un recuerdo es este para todos los Mundos,
81. 28. para aquellos que quieren seguir, ciertamente, la vía recta,
81. 29. pero a menos que quiera Allah, *Rabb* de los Mundos, vosotros no lo querréis.

82. EL CIELO MENGUADO

En el nombre de Allah, el *Rahman*, el *Rahim*

82. 1. Cuando el cielo mengue
82. 2. y se dispersen las estrellas,
82. 3. cuando los mares se desborden
82. 4. y las tumbas sean revueltas,
82. 5. cada uno, en su respirar, sabrá lo que hizo y lo que dejó atrás.
82. 6. ¡Oh, humanidad! ¿Acaso te decepcionó tu *Rabb*, el Generoso,
82. 7. que te creó, que te dio forma y te armonizó?
82. 8. ¿No te creó del modo que Él quiso?
82. 9. Pero ¡no! Negáis la Retribución
82. 10. cuando, ciertamente, hay quien os vigila,
82. 11. prodigiosos escribas,
82. 12. que saben todo aquello que hacéis.
82. 13. Ciertamente, los justos están en los placeres,
82. 14. mientras que los perversos están en el Fuego,
82. 15. en el que arderán el Día del Juicio
82. 16. y de él no podrán ausentarse.
82. 17. ¿Cómo explicarte qué es el Día del Juicio?
82. 18. Si… ¿Cómo hacerte saber qué es el Día del Juicio?
82. 19. Será un día en el que nadie podrá hacer nada por nadie y solo de Allah, ese día, el poder será.

83. LOS DEFRAUDADORES

En el nombre de Allah, el *Rahman*, el *Rahim*

83. 1. ¡Ay de los defraudadores!
83. 2. Aquellos que cuando otros miden les exigen todo,
83. 3. mas, cuando ellos miden, o pesan, les dan menos.
83. 4. ¿Acaso no reflexionan en que serán despertados,
83. 5. en un glorioso Día,
83. 6. un Día en que la humanidad esté ante el *Rabb* de los Mundos?
83. 7. Ciertamente, ¡no! Escrito está para los perversos el *Sijin*.
83. 8. Y ¿cómo podemos hacerte saber que es el *Sijin*?
83. 9. Escrito está.
83. 10. Y ese día ¡ay, por los que niegan,
83. 11. por aquellos que negaron el Día del Juicio!
83. 12. Y esto no puede sino negarlo el transgresor, el criminal.
83. 13. Cuando se recitaban nuestros versos dicen: «¡Antiguas fábulas!».
83. 14. ¡Ay, no! Sus corazones de óxido se han teñido por lo que han hecho.
83. 15. ¡No! En verdad, ese Día de su *Rabb* estarán ciegos,
83. 16. pero luego, ciertamente, se consumirán con ojos abiertos
83. 17. y se les dirá: «¡Esto es lo que negabais!».
83. 18. ¡No! La lista de los justos está en el Jardín.
83. 19. Y ¿cómo podemos hacerte saber qué es el Jardín?
83. 20. Escrito está.
83. 21. Lo atestiguarán los allegados.
83. 22. ¡Sí! Los justos vivirán sus delicias,
83. 23. yaciendo en almohadones, observando.
83. 24. ¡Reconocerás en sus caras el fulgor del placer!

83. 25. Les será escanciado un néctar sellado,
83. 26. sellado con almizcle, ¡que lo envidien los envidiosos!,
83. 27. mezclado con agua del Tasnim,
83. 28. una fuente de la que beberán los allegados.
83. 29. Ciertamente, aquellos que desobedecieron solían reírse de los creyentes
83. 30. y se guiñaban el ojo cuando pasaban junto a ellos,
83. 31. y bromeaban cuando volvían con su gente.
83. 32. Y, cuando los vieron, se les dijo: «Ciertamente, estáis extraviados»,
83. 33. pero no han sido enviados para ser sus guardianes.
83. 34. Mas, llegará el día en el cual los creyentes se rían de los cafres
83. 35. yaciendo en almohadones, observando.
83. 36. ¿No se les ha pagado a los cafres según lo que hicieron?

84. EL DESGARRO

En el nombre de Allah, el *Rahman*, el *Rahim*

84. 1. Cuando el cielo se desgarre
84. 2. obedeciendo a su *Rabb* como se le ha requerido.
84. 3. Cuando la tierra se esparza
84. 4. y emerjan sus entrañas, quedando vacía,
84. 5. escuchando a su *Rabb* como se le ha requerido.
84. 6. ¡Oh, humanidad! Con esfuerzo, ciertamente, buscas a tu *Rabb* y le encontrarás.
84. 7. Pues a quien le sea dada la sentencia en la mano diestra
84. 8. se le reconoce rápidamente
84. 9. y regresará felizmente con su gente.
84. 10. Pero quien reciba su sentencia en la espalda
84. 11. pedirá la destrucción, rápidamente,
84. 12. pues en resplandeciente Fuego se abrasa.
84. 13. En verdad, vivía con su gente gozoso
84. 14. pensando que nunca retornaría.
84. 15. ¡Ay, que sí! Su *Rabb* de lejos le veía.
84. 16. ¡Ay, que no! Juro por el crepuscular resplandor,
84. 17. por la noche y por aquello que la envuelve,
84. 18. y por la luna cuando el plenilunio alcanza,
84. 19. que tendréis que pasar de un estado al otro.
84. 20. ¿Por qué ellos no confían,
84. 21. aun cuando se recita el Corán sobre ellos, como tampoco postran su frente en el suelo?
84. 22. ¡Ay, no! Aquellos que son cafres lo siguen negando,
84. 23. pero Allah bien conoce aquello que esconden.
84. 24. Dales las noticias de un doloroso castigo.

84. 25. Sin embargo, para aquellos que confíen y obren bien, sea una recompensa que jamás menguará.

85. EL ZODIACO

En el nombre de Allah, el *Rahman*, el *Rahim*

85. 1. ¡Por el Zodiaco!,
85. 2. y ¡por el Día prometido!,
85. 3. y ¡por el testigo y lo que atestigua!
85. 4. ¡Malditos sean los que hicieron el pozo
85. 5. de fuego, tan bien alimentado,
85. 7. sentándose en torno a él!
85. 6. Así se da testimonio de lo que ellos les hicieron a los creyentes,
85. 8. pues resentidos estaban porque estos se aferraban a Allah, el Poderoso, el que toda loa recibe.
85. 9. Es Allah el Rey de los cielos y la tierra, es Allah testigo de todo.
85. 10. En verdad, aquellos que persiguen a los creyentes y a las creyentes y luego no se arrepienten, se les dará el castigo de la Gehena, por el fuego socarrado…
85. 11. Sin embargo, aquellos que se aferren y obren bien se les dará jardines bajo los que fluirán ríos. ¡Qué gran éxito es!
85. 12. Muy fuerte, en verdad, agarra tu *Rabb*.
85. 13. De hecho, Él crea y vuelve a crear,
85. 14. pues Él es Aquel que alivia, Aquel que amor da,
85. 15. *Rabb* del Trono glorioso,
85. 16. que hace lo que dicta Su voluntad.
85. 17. ¿Acaso no conoces las historias de los ejércitos
85. 18. del Faraón y de Thamud?
85. 19. ¡Ay! de aquellos cafres que aun renegando siguen,
85. 20. mientras que Allah les asedia…
85. 21. ¡Un glorioso Corán es este,
85. 22. escrito en una tablilla a buen recaudo!

86. EL LUCERO DEL ALBA

En el nombre de Allah, el *Rahman*, el *Rahim*

86.1. ¡Por el cielo y el lucero del Alba!
86. 2. ¿Acaso te han hecho saber qué es el lucero del Alba?
86. 3. De luz intensa es la estrella,
86. 4. ciertamente, sobre cada uno que respira hay un protector.
86. 5. ¡Que vea el ser humano de lo que fue creado!
86. 6. Fue creado de líquido eyaculado
86. 7. que salió de entre el espinazo y los huesos del pecho.
86. 8. En verdad, Él tiene el poder de traernos a la vida.
86. 9. El día que mostrados sean los secretos
86. 10. no habrá ni poder ni auxilio habrá para él.
86. 11. ¡Por el cielo cuya esencia es el retorno!,
86. 12. y ¡por la tierra que es el florecer!
86. 13. Ciertamente, es palabra decisiva
86. 14. y no asunto jocoso.
86. 15. Ellos conspiraciones conspiran,
86. 16. mientras Yo conspiro conspiraciones.
86. 17. Así que otorga a los cafres una tregua, una pequeña tregua…

Hizb 60

87. EL ALTÍSIMO

En el nombre de Allah, el *Rahman*, el *Rahim*

87. 1. ¡Exalta el nombre de tu *Rabb*, Altísimo!
87. 2. Quien creó todo armoniosamente,
87. 3. quien todo guía y su existencia determinó,
87. 4. quien hace emerger el pasto
87. 5. que, después, convierte en secos rastrojos.
87. 6. Te enseñaremos a recitar y, así, no olvidarás,
87. 7. excepto si Allah así lo quiere. Ciertamente, lo manifiesto y lo oculto conoce Él.
87. 8. Y te facilitaremos la mayor facilidad.
87. 9. ¡Recuerda si el recuerdo es beneficioso!
87. 10. Se recordará al que sea humilde ante Allah
87. 11. y será olvidado el infeliz,
87. 12. que en un enorme fuego arderá,
87. 13. sin estar ni vivo ni muerto.
87. 14. Feliz sea aquel que, ciertamente, se purifique,
87. 15. que recuerde el nombre de su *Rabb* y haga azalá.
87. 16. ¡No! ¿Acaso vais a preferir la mundanal vida
87. 17. siendo la que ha de venir mejor y más duradera?
87. 18. Ciertamente, esto se encuentra en los antiguos Libros,
87. 19. en las escrituras de Ibrahim y de Musa.

88. EL ARROBAMIENTO

En el nombre de Allah, el *Rahman*, el *Rahim*

88. 1. ¿Es que no te contaron sobre el arrobamiento?
88. 2. Gachos sean, ese día, los rostros
88. 3. deudores y exhaustos de su trabajo,
88. 4. ardiendo en un Fuego resplandeciente,
88. 5. forzados a beber de un manantial ardiente
88. 6. y sin más alimentos que amargas espinas,
88. 7. que ni nutren ni el hambre sacian.
88. 8. Y radiantes también sean, ese día, los rostros
88. 9. por sus trabajos gozosos
88. 10. en un Jardín elevado,
88. 11. en el que ya no oirán palabra vana.
88. 12. Habrá, también, manantial fluyente,
88. 13. lechos alzados
88. 14. y cálices dispuestos,
88. 15. almohadones bien ordenados
88. 16. y alfombras desplegadas.
88. 17. ¿Es que no observan a los camellos? ¿Cómo fueron creados?
88. 18. Y ¿al cielo? ¿Cómo fue alzado?
88. 19. Y ¿a las montañas? ¿Cómo fueron elevadas?
88. 20. Y ¿a la tierra? ¿Cómo fue aplanada?
88. 21. ¡Hazles recordar! Tú, que el recuerdo inspiras,
88. 22. aun si sobre ellos no tengas autoridad.
88. 23. Mas, a los que dan la espalda y son cafres,
88. 24. Allah los castigará con el mayor de los castigos.
88. 25. Ciertamente, a Nosotros todos volverán
88. 26. y entonces, en verdad, ante Nosotros las cuentas rendirán.

89. LA AURORA

En el nombre de Allah, el *Rahman*, el *Rahim*

89. 1. ¡Por la aurora!,
89. 2. y ¡por diez noches!,
89. 3. y ¡por el par y el impar!,
89. 4. y ¡por la noche que cae!
89. 5. ¿No está claro para aquellos que comprenden?
89. 6. ¿Acaso no has visto cómo tu *Rabb* trató con la gente de 'Ad,
89. 7. en Imram, la de arrogantes columnas,
89. 8. que no tenía parangón en región alguna?
89. 9. ¿Y las gentes de Thamud que tallaron las rocas en el valle?
89. 10. ¿Y al Faraón de poderosos ejércitos?
89. 11. Todos ellos, en sus tierras, excedieron los límites
89. 12. y allí la corrupción fomentaron.
89. 13. Sobre ellos un terrible castigo tu *Rabb* lanzó.
89. 14. En verdad, tu *Rabb* siempre está vigilante,
89. 15. pues el hombre, cuando su *Rabb* le prueba honrándolo y dándole placeres, le dice: «*Rabb* mío me honra»,
89. 16. Mas, cuando Él le prueba restringiéndole su *rizq*, responden: «*Rabb* mío me desprecia».
89. 17. ¡No!, y ¡no!, pues no honráis al huérfano,
89. 18. ni urgís a alimentar al necesitado,
89. 19. sino que devoráis con avaricia la herencia del otro
89. 20. y con excesivo deseo vuestras riquezas amáis.
89. 21. ¡No!, y ¡no! Cuando a simple polvo sea reducida la tierra
89. 22. y venga el *Rabb* y sus ángeles, alineados en filas,
89. 23. es cuando se manifestará, ese Día, la Gehena. Ese Día recordará el ser humano... Y, entonces, ¿para qué le servirá, ciertamente, el recuerdo?,

89. 24. y dirá: «¡Ay! Ojalá hubiera previsto la próxima vida».
89. 25. En ese Día, nadie castigará como Él castiga
89. 26. ni tampoco nadie unirá como Él une.
89. 27. ¡Oh, sí mismo! ¡Qué satisfecho estás!
89. 28. ¡Vuelve hacia tu *Rabb* gozoso y gozando!
89. 29. Con aquellos que a Mí me reconocen, ¡ve!,
89. 30. y, entonces, a Mi Jardín habrás de entrar.

90. LAS TIERRAS

En el nombre de Allah, el *Rahman*, el *Rahim*

90. 1. ¡Lo juro por estas tierras!,
90. 2. y ¡por ti, que vives en estas tierras!,
90. 3. y ¡por los padres y sus hijos,
90. 4. pues, ciertamente, creamos al hombre con sus complejidades.
90. 5. ¿Acaso cree que no hay poder sobre él?
90. 6. Dirá: «He despilfarrado muchas riquezas».
90. 7. ¿En verdad piensa que nadie le ve?
90. 8. ¿Acaso no le hemos dado dos ojos,
90. 9. una lengua y dos labios?
90. 10. ¿Y no le mostramos los dos caminos manifiestos?
90. 11. Mas, nunca intentó subir el abrupto Sendero.
90. 12. Y ¿cómo explicarte qué es el abrupto Sendero?
90. 13. Pues es liberar al esclavo,
90. 14. alimentar en días de hambruna,
90. 15. ya sea a un huérfano de los tuyos
90. 16. o un necesitado en su miseria.
90. 17. Pues pertenece a aquellos que confían y disfrutan de la paciencia y de la *rahma*.
90. 18. Esos sean los que nos acompañan a Nuestra diestra,
90. 19. pero aquellos que son cafres con Nuestros Signos, esos son los que en la siniestra están
90. 20. y un Fuego se cierne sobre ellos.

91. EL SOL

En el nombre de Allah, el *Rahman*, el *Rahim*

91. 1. ¡Por el sol y su matinal fulgor!,
91. 2. y ¡por la luna que le sigue!,
91. 3. y ¡por el día en su zénit!,
91. 4. y ¡por la noche en su nadir!,
91. 5. y ¡por los cielos y quien los ha construido!,
91. 6. y ¡por la tierra y quien la ha expandido!,
91. 7. y ¡por el respirar y por quien le dio forma
91. 8. inspirándolo en sus miserias y de Allah en su conciencia!
91. 9. Pues, ciertamente, triunfará quien lo purifique
91. 10. y aquel que lo corrompa fallará.
91. 11. Aquellos que, por su arrogancia, negaron a Thamud
91. 12. cuando los más miserables de entre ellos se alzaron.
91. 13. Entonces les dijo el Mensajero de Allah: «Dejad beber a la camella de Allah»,
91. 14. y ellos le ignoraron y le desgarraron las patas… Después les destruyó su *Rabb* por sus acciones innecesarias, a todos por igual,
91. 15. y ante eso Él no tembló.

92. LA NOCHE

En el nombre de Allah, el *Rahman*, el *Rahim*

92. 1. ¡Por la noche que cubre con su oscuridad!,
92. 2. y ¡por el día que resplandece!
92. 3. ¡Por quien creó al hombre y la mujer!
92. 4. Ciertamente, vuestros esfuerzos difieren enormemente.
92. 5. A quien se le da es a aquel que tiene conciencia de Allah
92. 6. y es sincero frente a la belleza,
92. 7. ¡la mayor facilidad le facilitaremos!
92. 8. Mas, aquel que mísero es, y cree que solo se basta,
92. 9. y la belleza niega…,
92. 10. ¡la mayor dificultad le facilitaremos!
92. 11. ¡Y de nada servirán sus posesiones cuando sea arrojado!
92. 12. Ciertamente, la guía es Nuestra
92. 13. y Nuestras son esta vida mundana y la que habrá de venir.
92. 14. Pues os prevenimos del Fuego resplandeciente
92. 15. en el que solo el infeliz arderá,
92. 16. aquel que niega y se aleja.
92. 17. De quien se apartará el que tiene conciencia de Allah,
92. 18. el que purifica sus posesiones,
92. 19. el que hace un favor sin pedir nada a cambio,
92. 20. solo por el anhelo del agrado del Altísimo.
92. 21. Ese satisfecho acabará.

93. EL DESPUNTE DEL SOL

En el nombre de Allah, el *Rahman*, el *Rahim*

93. 1. ¡Por el despunte del sol!,
93. 2. y ¡por la noche que con su oscuridad cubre!
93. 3. Ni te ha abandonado tu *Rabb* ni está descontento de ti,
93. 4. y la vida que ha de venir, mejor que esta, aún será.
93. 5. Pronto te otorgará tu *Rabb* y satisfecho serás.
93. 6. ¿Acaso no fuiste huérfano y te acogió?
93. 7. ¿No te encontró perdido y Él te guio?
93. 8. ¿No te encontró en necesidad e independiente te hizo?
93. 9. Así que no seas severo con el huérfano,
93. 10. y no rechaces a quien te pida
93. 11. y los favores de tu *Rabb* proclama.

94. LA APERTURA DEL PECHO

En el nombre de Allah, el *Rahman*, el *Rahim*

94. 1. ¿Acaso no abrimos Nosotros tu pecho
94. 2. y eliminamos aquella oscura carga,
94. 3. aquella que pesaba sobre tu espalda,
94. 4. y te ennoblecimos para que te recordaran?
94. 5. Pues, ciertamente, la dificultad va con la facilidad,
94. 6. ¡en verdad, que la dificultad va con la facilidad!
94. 7. Así que, cuando termines tan ardua labor,
94. 8. ¡vuélvete hacia tu *Rabb* y para Él sé!

95. LA HIGUERA

En el nombre de Allah, el *Rahman*, el *Rahim*

95. 1. ¡Por la higuera!, y ¡por los olivos!,
95. 2. y ¡por el monte Sinaí!,
95. 3. y ¡por esta tierra segura!
95. 4. Nosotros creamos al ser humano moldeándolo de la más bella manera
95. 5. y luego hicimos en él lo más bajo de lo bajo,
95. 6. excepto para aquellos que tienen confianza y hacen lo correcto, pues para ellos hay una recompensa que jamás menguará.
95. 7. Así, ¿cómo negar el Juicio?
95. 8. ¿Acaso no es Allah el que mejor juzga de todos los jueces?

96. EL COÁGULO

En el nombre de Allah, el *Rahman*, el *Rahim*

96. 1. ¡Lee! En el nombre de tu *Rabb*,
96. 2. que creó al ser humano de un coágulo de sangre.
96. 3. ¡Lee! Que tu *Rabb* es el más Generoso,
96. 4. que enseñó las artes del cálamo,
96. 5. que enseñó al ser humano aquello que no sabía.
96. 6. Pero, ciertamente, el ser humano excede los límites,
96. 7. pues, en verdad, se ve a sí mismo independiente.
96. 8. Ciertamente, a su *Rabb* todo retorna.
96. 9. ¿No ves a aquel que prohíbe
96. 10. hacer azalá a un sirviente?
96. 11. ¿No ves si, ciertamente, sigue la guía
96. 12. o se esfuerza en tener conciencia de Allah?
96. 13. ¿No ves si, en verdad, lo niega y se desvía?
96. 14. ¿Acaso no sabe que lo observa Allah?
96. 15. Pero ¡no! Si no desiste, seguro que le arrastraremos de un mechón de pelo,
96. 16. pues mechón de pelo que miente, mechón de pelo que yerra.
96. 17. Así que dejadle que llame a sus compañeros…
96. 18. ¡Qué nosotros llamaremos a los guardianes de las puertas de la Gehena!
96. 19. Y otra vez ¡no! No le obedezcas…, sino prostérnate y a la vera mantente. ۩

97. LA NOCHE DEL PODER

En el nombre de Allah, el *Rahman*, el *Rahim*

97. 1. Ciertamente, os lo hicimos descender en la Noche del Poder.
97. 2. Y ¿cómo explicar qué es la Noche del Poder?
97. 3. La Noche del Poder es mejor que mil meses.
97. 4. Los ángeles y el Espíritu descienden una y otra vez con el permiso de su *Rabb* con múltiples propósitos.
97. 5. ¡Que el *salam* sea hasta que el alba rompa!

98. LAS PRUEBAS EVIDENTES

En el nombre de Allah, el *Rahman*, el *Rahim*

98. 1. A aquellos que son cafres frente a la gente del Libro y a los idólatras que no cambiaron su camino frente a las pruebas evidentes.
98. 2. Un Mensajero de Allah va recitando páginas purificadas
98. 3. que un Libro verdadero contienen.
98. 4. Aquellos que no permanecen unidos, aunque les fue dado el Libro con pruebas evidentes,
98. 5. y no se les encomendó otra cosa que reconocer a Allah con sinceridad en el *din* y hacer azalá y dar el azaque. Ese es el camino correcto.
98. 6. Ciertamente, esos son cafres frente a la gente del Libro y los idólatras están en el Fuego: ¡son lo peor de la Creación!
98. 7. Aquellos que son dignos de confianza y obran bien: ¡son lo mejor de la Creación!
98. 8. Recompensados serán por su *Rabb* y permanecerán en eternos jardines bajo los que arroyos fluyen. Satisfecho está Allah con ellos y satisfechos estarán con Él. Y sea esto para los que con su *Rabb* humildes fueron.

99. EL TERREMOTO

En el nombre de Allah, el *Rahman*, el *Rahim*

99. 1. Cuando la tierra se agite con ese terremoto,
99. 2. y de ella emerjan sus entrañas,
99. 3. el hombre gritará: «¿Qué está pasando?».
99. 4. Y en ese Día se le habrá de contar
99. 5. según lo que le ha revelado su *Rabb*.
99. 6. Ese Día a la humanidad, dispersa en grupos, sus obras Él le mostrará:
99. 7. aquel que hizo el peso de un átomo de bien lo verá,
99. 8. aquel que hizo el peso de un átomo de mal también lo verá.

100. LOS CORCELES

En el nombre de Allah, el *Rahman*, el *Rahim*

100. 1. ¡Por los corceles que jadean,
100. 2. que chispas hacen saltar,
100. 3. y contra el alba acometen
100. 4. alzando nubes de polvo,
100. 5. y del ejército enemigo las filas hacen quebrar!
100. 6. En verdad, el ser humano a su *Rabb* le es ingrato,
100. 7. aun testigo siendo de esto,
100. 8. sus bienes en exceso ama.
100. 9. ¿No sabe, acaso, lo que ocurrirá cuando las tumbas revueltas sean,
100. 10. cuando se recojan los secretos de los pechos?
100. 11. Pues, ciertamente, ¡su *Rabb* ese Día bien sabrá!

101. EL ESTREMECIMIENTO

En el nombre de Allah, el *Rahman*, el *Rahim*

101. 1. ¡El estremecimiento!
101. 2. ¿Qué es lo que hace estremecerse?,
101. 3. y ¿cómo sabrás qué es el estremecimiento?
101. 4. En un día que la humanidad parezca polillas dispersas
101. 5. y las montañas bolas de lana cardada.
101. 6. Aquel que tenga la balanza bien pesada
101. 7. tendrá una vida gozosa.
101. 8. Mas, aquellos que tengan la balanza descompensada,
101. 9. ¡que su morada un precipicio sea!
101. 10. Y ¿qué te hará saber lo que eso es?
101. 11. El resplandor del Fuego.

102. LA RIVALIDAD

En el nombre de Allah, el *Rahman*, el *Rahim*

102. 1. Os distrae el afán de lucraros
102. 2. hasta que vuestras tumbas contempláis.
102. 3. ¡No! Pronto conoceréis…
102. 4. Otra vez ¡no! Pronto conoceréis…
102. 5. Pero no… !Ay¡, si de la ciencia de la Certeza supierais,
102. 6. la Gehena veríais.
102. 7. Después, con el ojo de la Certeza, ya lo veréis
102. 8. y ese día por aquellos placeres preguntados seréis.

103. CAE LA TARDE

En el nombre de Allah, el *Rahman*, el *Rahim*

103. 1. ¡Y cómo cae la tarde!
103. 2. Ciertamente, la humanidad perdida está,
103. 3. excepto para aquellos que son creyentes, que obran bien uniéndose en la Verdad, en la paciencia.

104. EL DIFAMADOR

En el nombre de Allah, el *Rahman*, el *Rahim*

104. 1. ¡Ay del difamador, aquel que critica,
104. 2. que amasa riquezas contándolas una y otra vez,
104. 3. pensando que su riqueza inmortal le hará!
104. 4. ¡No! Ciertamente, a la grieta será arrojado…
104. 5. Y ¿cómo sabrá qué es la grieta?
104. 6. Es el Fuego de Allah, resplandeciente,
104. 7. el cual consume el corazón
104. 8. y que sobre ellos se cierra en bóvedas
104. 9. de columnas alargadas.

105. EL ELEFANTE

En el nombre de Allah, el *Rahman*, el *Rahim*

105. 1. ¿Acaso no viste qué hizo tu *Rabb* al ejército del Elefante?
105. 2. ¿Acaso no viste cómo desbarató sus planes?
105. 3. Y ¿no envió, pues, una bandada de aves
105. 4. que arrojaron bloques de arcilla cocida contra ellos
105. 5. que los dejó como espigas trilladas?

106. QURAYSH

En el nombre de Allah, el *Rahman*, el *Rahim*

106. 1. ¡Sea!, ¡por el pacto con los Quraysh!,
106. 2. que aseguramos sus viajes en invierno y en verano,
106. 3. que reconozcan quién es el *Rabb* de la Casa,
106. 4. que les proveyó de comida en la hambruna y de seguridad cuando temblaban.

107. LA INDISPENSABLE AYUDA

En el nombre de Allah, el *Rahman*, el *Rahim*

107. 1. ¿Has pensado en aquel que niega el Juicio?
107. 2. Aquel que ignora al huérfano
107. 3. y no anima a dar de comer al necesitado.
107. 4. ¡Ay!, de aquellos que hacen azalá,
107. 5. sin meditar sobre ella,
107. 6. únicamente para ser vistos,
107. 7. y niegan la indispensable ayuda.

108. ABUNDANCIA

En el nombre de Allah, el *Rahman*, el *Rahim*

108. 1. En verdad, Nosotros te hemos dado la abundancia,
108. 2. así que haz azalá y sacrifica para tu *Rabb.*
108. 3. Quien te odia, ciertamente, ¡qué yermo es!

109. CAFRES

En el nombre de Allah, el *Rahman*, el *Rahim*

109. 1. Di: «¡Cafres!
109. 2. Yo no reconozco a quien vosotros reconocéis,
109. 3. ni reconocéis a quien yo reconozco.
109. 4. Y nunca reconoceré a quien habéis reconocido,
109. 5. ni reconoceréis a quien yo he reconocido.
109. 6. Vosotros tenéis vuestro *din* y yo tengo el mío».

110. AUXILIO

En el nombre de Allah, el *Rahman*, el *Rahim*

110. 1. Cuando el auxilio de Allah llegue y tu camino Él abra,
110. 2. verás a gran parte de la humanidad el *din* de Allah tomar.
110. 3. Así que ¡eleva las alabanzas a tu *Rabb* y pide que tus faltas alivie! Pues, ciertamente, es a Él al que hemos de retornar.

111. LA CUERDA DE FIBRAS

En el nombre de Allah, el *Rahman*, el *Rahim*

111. 1. ¡Sea la ruina, en sus propias manos, a Abu Lahab! ¡Ruina!
111. 2. De nada sirva ni su riqueza ni su prosperidad,
111. 3. arderá en un resplandeciente fuego,
111. 4. así como su mujer que la leña apilará
111. 5. con una cuerda en su cuello de fibras de palmera.

112. SINCERIDAD PROFUNDA

En el nombre de Allah, el *Rahman*, el *Rahim*

112. 1. Di: «Que Allah uno es,
112. 2. que Allah eterno es,
112. 3. que ni concibió ni concebido fue
112. 4. y que nada a Él comparable es».

113. ALBOREADA

En el nombre de Allah, el *Rahman*, el *Rahim*

113. 1. Di: «Me protejo en el *Rabb* de la alboreada
113. 2. frente a un mal que existe en la Creación,
113. 3. frente a un mal que se extiende en la noche,
113. 4. frente a un mal soplado por alguien en un nudo,
113. 5. frente a un mal de la envidia del envidioso».

114. HUMANIDAD

En el nombre de Allah, el *Rahman*, el *Rahim*

114. 1. Di: «Me protejo en el *Rabb* de la humanidad,
114. 2. al que rige sobre la humanidad,
114. 3. divinidad de la humanidad,
114. 4. frente a un mal que susurrante se escabulle,
114. 5. de aquel que susurra en el corazón de la humanidad
114. 6. ya sea al *jinn* o al ser humano».

Final del séptimo Manzil

Final del Corán

Este Corán se terminó de editar en la ciudad de Córdoba, conocida como *Madinat al-Jannah*, en los últimos días del mes de *Ramadán* del año 1445 del calendario lunar islámico, que corresponde al mes de abril del año solar de 2024 de la era común, en la que se rememora *Laylat al-Qadr*, noche en la que descendió por primera vez al profeta Muhammad el Corán.

وٱلْحَمْدُ لِلَّهِ رَبِّ ٱلْعَالَمِين وصَلَّى الله
عَلَىٰ سَيِّدِنَا وَمَوْلَانَا مُحَمَّدٍ
وَعَلَىٰ الِهِ وَصَحْبِهِ
وَسَلَّمَ

*